현대의 위기와 철학의 책임

한국어판 ⓒ 도서출판 b, 2014

현대의 위기와 철학의 책임

초판 1쇄 발행 | 2014년 2월 5일

지은이 비토리오 회슬레 | 옮긴이 이신철 | 펴낸이 조기조
기획 이성민, 이신철, 이충훈, 정지은, 조영일 | 편집 김장미, 백은주
인쇄 주)상지사P&B
펴낸곳 도서출판 b | 등록 2003년 2월 24일 제12-348호
주소 151-899 서울특별시 관악구 미성동 1567-1 남진빌딩 401호 | 전화 02-6293-7070(대)
팩시밀리 02-6293-8080 | 홈페이지 b-book.co.kr / 이메일 bbooks@naver.com

ISBN 978-89-91706-28-6 93100
정가 | 24,000원

Die Krise der Gegenwart und die Verantwortung der Philosophie
by Vittorio Hösle, 3rd ed. 1997, ISBN 978 3406 39274 0

Copyright ⓒ Verlag C. H. Beck oHG, München 1997
Korean Translation Copyright ⓒ b-Books, 2014

현대의 위기와 철학의 책임

― 초월론적 화용론, 최종 근거짓기, 윤리학

비토리오 회슬레

이신철 옮김

도서출판 b

| 일러두기 |

1. 이 책은 비토리오 회슬레의 다음 논저를 완역한 것이다.
   Vittorio Hösle, *Die Krise der Gegenwart und die Verantwortung der Philosophie. Transzendental-pragmatik, Letztbegründung, Ethik*, Verlag C. H. Beck, München, 1990, 1994, 1997.
2. 번역의 저본으로는 1997년 문고판을 사용했다. 각 판본은 제2판 후기와 문고판 후기가 덧붙여진 것 이외에는 모두 동일하다.
3. 본문에서 위첨자로 표시된 [100]과 같은 숫자들은 저본의 쪽수다.
4. 본문 아래의 각주는 모두 지은이의 것이다.

Adrianae Grondae   너무도 사랑스런 할머니들인

aviae carissimae   아드리아의 그론다들이야말로

magistrae morum   삶의 방식의 스승들이며

testis alii saeculi   다른 세대의 증인이자

memoriae sacrum   기억의 성소다

| 차 례 |

머리말

이제 영원한 가치의 숭고함과
광대함을 보라, 그것은 자기를 비추는
그토록 많은 거울들이 깨어져 흩어진 곳에서
그 스스로 전과 마찬가지로 하나로 머무나니.
－단테, 천국, XXIX 142 ff.

[9]내가 보기에 철학 일반의 원리와 특수하게는 윤리학의 원리에 대한
철학적 성찰은 여러 가지 이유에서 초월론적 화용론Transzendentalpragmatik으
로부터 출발해야만 한다. 첫째, 이 초월론적 화용론의 발상은 현대 철학
Gegenwartsphilosophie의 가장 많이 논의되고 있는 철학 이론들 가운데 하나다.
이 노선의 주도자인 칼-오토 아펠은 H. G. 가다머, J. 하버마스, H. 요나스
그리고 K. 포퍼와 더불어 가장 많이 인용되는 독일어권 철학자에 속한다.
그리고 외국에서도 초월론적 화용론은 수많은 철학적 흐름들에게는 주어
지지 않는 관심을 누리고 있다. (이 점은 아펠의 경우, 가다머나 하버마스
그리고 포퍼의 경우와는 달리, 그의 발상을 더욱 발전시킨 제자들이 아주
소수인 만큼 더욱더 주목할 만하다. 본질적으로 언급될 수 있는 이들은
오로지 디트리히 뵐러Dietrich Böhler와 볼프강 쿨만Wolfgang Kuhlmann뿐이다.)
둘째, 비록 아펠의 저작들이 그 영향력에서 위르겐 하버마스의 저술들에
비해 단연코 뒤처진다 할지라도, 우리는 그것들이 하버마스가 더욱더 발전

시켜 독창적이고 결실 있게 마무리해낸 수많은 사상들을 철학적으로 응집된 형식에서 포함하고 있다고 말하지 않을 수 없다. 하버마스의 보편 화용론을 좀 더 상세하게 파헤치고자 하는 사람은 아펠의 사상 세계에 대한 연구를 거의 회피할 수 없을 것이며, 더 나아가 그 사람이 아펠 사상 세계의 몇 가지 계기들에 대한 하버마스의 거부를 받아들일 경우에도 마찬가지일 것이다. 하물며 그가 하버마스의 근거짓기 이론적으로 덜 야심찬 초월론 철학 판본에 대해 만족하지 않을 경우에는 더욱더 그에 대한 연구를 회피할 수 없을 것이다. 초월론적 화용론을 좀 더 상세하게 분석해야만 하는 이유는 또한, 비록 하버마스의 이론을 매개로 해서긴 하지만, 그것이 철학 이론들에게는 그저 아주 드물게만 허락되는 공론장에 대한 영향을 행사해 왔고 또 행사하고 있기 때문이다. 사회과학자들이 해방적 인식 관심에 대해 말할 때, 신문들이 합의 원리의 의미에 대해 써댈 때 거기에는, 아무리 단편적이라 할지라도, 아펠의 영향이 놓여 있다. 우리는 그의 이념들 가운데 몇 가지가 그 사이 [10]공론장의 원리들이 되었으며, 그의 개념들 가운데 몇몇이 일상 언어의 구성 부분을 이루게 되었다고 단적으로 말할 수 있다. 하지만 그러한 과정에서 거의 어쩔 수 없이 그렇게 되어버리듯이, 논증들은 일반적으로 몰락하고 다만 희박해진 결론들만이 남아 있다. 그러한 만큼 내게는 저 논증들을 그 영향력에 비추어 검토하는 것이 더욱 중요해 보인다. 이러한 일은 여기서 교양을 갖추고 관심을 지닌 비전문가들도 접근할 수 있는 방식으로 이루어져야 할 것이다. 요컨대 이 책이 오로지 전문적인 철학자들에게만 향해 있는 것은 결코 아니라는 것이며, 그래서 저자는 의식적으로, 저자의 다른 저술들에서와는 달리, 지나치게 자세한 주해를 붙이는 것을 포기했다.

초월론적 화용론의 중요성에 대한 세 번째 근거는 아펠이 다른 어떤 철학자와도 달리 현대 철학의 거의 모든 명시적 표현들을 철저히 연구하여 대립된 입장들의 매개를 위해 노력했다는 점에 놓여 있다. 그와 비교될 만큼 분석적 전통과 해석학적 전통을, 그리고 미국의 실용주의와 맑스주의를 전문가의 눈으로 개관한 사상가는 많지 않다. 따라서 그의 작업과의 대결은 필연적으로 20세기 철학의 지극히 다양한 발상들에 대해 입장을 취하는 것으로, 심지어 내가 이 논고의 첫 번째 부분에서 시도하고 있듯이 시대정신의 많은 범주들과 의식 형식들에 대한 비판으로 확대된다. 그러나 이 논문을 위한 네 번째이자 결정적인 근거는 초월론적 화용론이 수많은 다른 발상들과 대화하고 있는 하나의 영향력 있는 이론이라는 것뿐만 아니라 그것이 현대의 오직 소수의 다른 철학들만이 그에 비견될 수 있는 완결성과 정합성을 드러내 보인다는 점에 놓여 있다. 만약 철학이 근거짓기와 모종의 관계가 있다고 한다면, 그리고 만약 무제약적인 것과 절대적인 것 그리고 최종적인 것에 대한 물음이 철학에 대해 개별 과학들의 모든 흡수 시도에 맞서 지양될 수 없는 독자성을 보장해 주는 바로 그 탁월한 철학적 문제라고 한다면, 초월론적 화용론은 스스로 최선의 의미에서의 철학이라고 주장할 수 있다. 그리고 비록 많은 사람들에게 최종 근거짓기에 대한 물음이 시대에 뒤떨어진 것으로 보일 수 있을지라도, 우리는 이런 인상에 철저히 동의하면서도 동시에 초월론적 화용론이 유행에 너무도 개의치 않는다는 바로 그 사실이야말로 초월론적 화용론으로 하여금 실체적 결과들을 산출할 수 있게 해준다는 견해를 지닐 수 있다. 그에 더하여 아펠은—내가 믿기로 그는 그들의 사태 관련성과 윤리적 진지함이 선입견에 사로잡히지 않은 모든 이에게 깊은 인상을 남기는 우리 시대의 몇 안 되는 위대한 철학적 인격들 가운데 한 사람이다—최종 근거짓기 문제 틀로 하여금 바로 윤리학의 정초를 위해 더 이상 과소평가해서는 안 되는 방식으로 열매를 맺게 하였다.

이 글의 저자가 [11]초월론적 화용론에 대해 품고 있는 경탄과 여기에서 중요한 철학이 다루어지고 있다는 확신에도 불구하고, 그리고 저자가 현대 철학의 다른 어떤 노선으로부터도 더 많이 배우지 않았다는 사실에도 불구하고, 저자는 물론 자기 자신을 결코 초월론적 화용론자로서 여기지 않는다는 점을 고백하지 않을 수 없다. 이 서술은 쿨만과 뷜러의 저술들처럼

'학파'에 속하지 않는다. 다시 말하면 이 서술은 오로지 내재적 비판만이 현실적으로 확신시킬 수 있는 까닭에 내재적으로 비판하고자 하지만 그 외부에 서 있는 것이다. 이 논고의 근저에 놓여 있는 입장은 물론 대부분의 비판자들의 입장, 요컨대 초월론적 화용론이 너무 많은 것을 기도하고 이성을 너무 많이 신뢰하며 허황된 요구들을 제기한다는 입장이 아니다. 내게는 그와 반대로 초월론적 화용론이 너무도 형식주의적인 것으로 보인다. 그리고 나는 초월론적 화용론이 비합리주의의 시대에 이성을 강화하고 계몽의 자기 해소 시기에 윤리학의 비-전통적 근거짓기를 수행하고자 하는 자기의 관심사에 부응할 수 있게 되는 것은 오로지 그것이 실질적인 내용들에 놀라 뒤로 물러서지 않고 서구의 위대한 합리주의 체계들로부터 지금까지 그랬던 것보다 더 많이 배울 때뿐이라고 믿고 있다. (사태를 바라보는 이러한 시각에서 나는 특별히 한스 요나스Hans Jonas의 영향을 받았다.) 물론 그와 반대로 전통적인 체계적 철학들에 다시 생명을 불어넣고자 하는 모든 시도는, 만약 그것이 헤겔 이후의 철학 전체가 그 주위를 돌고 있지만 초월론적 화용론이 비로소 근거짓기 이론적으로 강화된 초월론 철학의 철학 형식을 가지고 매개함으로써 개념화한 원리——내가 생각하고 있는 것은 상호 주관성 원리다——를 '지양'하지 않는다면 헛될 수밖에 없을 것이다.

이 책은 세 개의 장으로 나누어진다. 첫 번째 장에서는 초월론적 화용론의 역사적 배경, 즉 현대의 정신적 상황 및 초월론적 화용론의 주요 원천들을 다룬다. 두 번째 장에서는 초월론적 화용론의 중심 사상들을 서술하며, 마지막으로 세 번째 장에서는 그것들을 비판적으로 검토한다. 내가 이를테면 논쟁적인 서문을 서술하고 있다 할 첫 번째 장에서 철학적이라기보다는 오히려 문화 정치적으로 논증하고 있는 것은 이상하게 보일 수 있을 것이다. 나는 철학의 이념을 필연적으로 파괴할 수밖에 없는 상대주의의 비극적 귀결들을 그 상대주의를 먼저 이론적 논증들을 가지고서 반박하지 않은 채 지적하고 있는 것이다. 그러나 이 반박은 나중에 수행되기 때문에——

그것이 이 책의 핵심이다——내게는 이러한 방도가 사태적으로 정당해 보인다. 문화 정치적 반성들은 확실히 근거짓기 이론에 속하지 않는다. 그러나 그러한 반성들은 철학의 역사에서 철학에 대한 관심이 대학에 제한되지 않는 데에 결정적 기여를 해왔다. 철학은 살아 있는 문화의 유기적인 부분이다. 그러므로 비록 철학의 정당화가 문화 속에서의 그것의 위치로부터 유래할 수 있는 것은 아니라 할지라도, 철학은 [12]이러한 자신의 위치를 함께 반성할 권리 내지 심지어 의무를 지닌다. 물론 철학의 이러한 반성들의 진리 요구는 철학의 근거짓기 이론적인 성취들이 지니고 있는 진리 요구에 비해 더 적은 것일 수밖에 없을 것이다.

이 책의 주요 부분은 내가 1984년에 나의 연구 『헤겔의 체계*Hegels System*』와 연관하여 작성했지만 그 사이 새롭게 구상한 「관념론적 철학의 도전으로서의 초월론적 화용론Die Transzendentalpragmatik als Herausforderung der idealistischen Philosophie」으로 소급된다. 나아가 첫 번째 장에는 내가 1986년에 연방수상사무처를 위해 쓴 전문가 의견서 「현대 유럽 철학, 특히 독일 철학의 상태에 대하여Über den Zustand der gegenwärtigen europäischen, insbesondere deutschen Philosophie」가 완전히 고쳐 쓴 형식으로 삽입되어 있다. 이 전문가 의견서를 이 연구서 속에 포함시킬 수 있도록 허락해 준 데 대해 연방수상사무처에 감사드린다.

특별히 나는 1983년 이래로 자주 논쟁적이긴 했지만 언제나 사태로 정향된 수많은 철학적 대화를 함께 나눌 수 있었던 칼 오토 아펠, 볼프강 쿨만 그리고 알브레히트 벨머Albrecht Wellmer, 그리고 이 책 역시 비판적으로 읽어준 내 친구 크리스토프 예르만Christoph Jermann과 내가 1989/90년 겨울 학기에 이 책을 강의함으로써 많은 보완의 기회를 얻게 해준 울름의 학생들에게 감사드린다. 또한 나는 하이젠베르크 연구비를 다시 받을 수 있도록 관대하게 허락함으로써 이 저술을 신속히 끝맺을 수 있게 해준 독일연구협회에 감사드린다.

현대의 생태학적 위기가 여러 측면에서 이 저술의 정신적 배경을 이루긴 하지만 고유한 철학적 문제로서 주제화되지는 않은 까닭에, 나는 1990년 초에 같은 출판사에서 나의 모스크바 강의 『생태학적 위기의 철학에 대하여*Zur Philosophie der ökologischen Krise*』가 출판되었음을 지적해 두고자 한다.

1. 초월론적 화용론의 배경으로서의 이성의 위기

1.1. 현대 철학에서 느끼는 마음의 불편함

[13]초월론적 화용론의 관심사를 이해하고, 그것을 정신사적으로 올바르게 자리매김하며, 그것의 사태적인 의미를 적절히 평가하기 위해서는 결국 시대정신에 대한 비판으로 응축될 현대 철학의 형편에 대해 몇 가지 논평하는 것이 적절해 보인다. 이러한 분석이 그리 기분 좋은 것으로 되지는 않을 것이기 때문에, 나는 그것이 파괴적인 의도를 지니는 것이 아니라는 점을 분명히 강조해 두고자 한다. 중요한 것은 모욕을 가하는 것이 아니라 해결을 위해 무언가가 행해질 수 있었으면 하는 바람에서 문제들을 언급하는 것이다. 물론 나는 자기 입장이 지닌 결함에 대해 주목하게 만드는 사람이 그리 좋은 평가를 받지 못한다는 점을 아주 잘 알고 있다. 그러나 나 자신이 본래 개인적 잘못이 아니라 오히려 제도적 결함들에 돌려져야 하는 앞으로 묘사될 결함들로부터 결코 자유롭지 않고, 따라서 뒤따르게

될 것들 가운데 많은 것이 자기비판으로서 이해되고 있기 때문에, 악의는 아마도 일정한 한계 내에 머무르게 될 것이다. 그렇지만 자동화된 일상사로 굳어진 자신의 행함을 등을 기댄 채 일정한 거리를 두고 관찰하고 그 배후를 캐묻는 능력은 특별한 정도로 철학자의 특징을 이룬다. 그리고 철학자는 그러한 일을 자기 자신에게서 시작하고자 하지 않는다면 자기 문화의 가능한 모든 하위 체계로부터 이렇듯 종종 유익한 거리두기를 실천할 권리를 지니기 어렵다. 그에 더하여 다음의 비판은 비판되는 것의 타당성과 의미를 전제한다. 비판에 대한 포기는 언제나 고결한 관대함에서가 아니라 많은 경우에 단연코 슬퍼할 수 없다고 하는 특징을 지니는 냉소주의에서 유래한다. 이제 앞으로 살펴보게 될 이유들로 인해 철학에 대한 믿음을 포기하는 것은 그러한 메타 반성 자체가 철학적이라고 하는 것에서 결과하는 모순들에 휘말리지 않을 수 없다. 그러나 바로 우리가 무슨 일이 있어도 철학에 대한 이러한 믿음──이는 마땅히 더 이상 믿음이라고 불릴 수 없다──을 견지함과 동시에 또한 학생들 가운데 가장 지적일 뿐 아니라 철학적 재능을 타고난 사람들이, 그것도 나름의 훌륭한 이유들로 인해, 철학자로서의 학문적 이력을 결단할 수 없게 되었음을 침울한 마음으로 확정하지 않을 수 없다면, 우리는 현대 철학이 더 이상 철학의 이념에 부응하지 못하고 있다는 의혹을 제기하지 않을 수 없을 것이다.

[14]사실 현재 세계 철학의 최소한의 공통분모가 보편적 좌절이라는 견해를 지닌다고 해서 우리가 반드시 비관주의자인 것은 아니다. 사실 어떤 시대도 우리 시대만큼 철학을 위해 더 많은 것을 나누어 주지는 못했다. 철학 교수의 숫자가 세계에 이토록 많았던 적은 결코 없었으며, 더 많은 철학 회의가 개최된 적도 없었고, 더 많은 철학 책들이 출간된 적도 없었을 뿐 아니라 더 많은 철학 잡지가 출판된 적도 없었다. 대중 매체들은 철학에 대해 분명히 점증하는 관심을 기울이고 있으며, 심지어 경영인, 정치인 그리고 성직자들마저 이따금씩 철학자들을 찾아와 그들에게 견해를 표명해 줄 것을 부탁하고 있다. 하지만 확실히 즐거운 이 모든 성과들에도

불구하고 한때 학문의 여왕의 지위를 차지했던 이 학문의 지위가 오늘날 학문들의 영역에서 아주 하찮으며, 철학적 반성의 결과가 통틀어 볼 때 지극히 빈약하고, 비용과 성과 사이에 고통스러운 불일치가 존재한다는 사실이 가려질 수는 없다. 자기 스스로를 기만하지 않는 어떠한 사람도 다음과 같은 점을 의심할 수 없을 것이다. 즉, 이 분주한 시대에 산출된 철학적 산물들 가운데 오로지 소수만이 살아남게 될 것이며, 만약 우리가 제2차 세계 대전 이후에 저술된 철학 저작들 가운데 한 세기가 지난 후에도 여전히 읽혀지리라고 생각하는 것이 그리 잘못되지 않을 작품들을 열 두엇 정도 거론할 수 있다면 우리는 만족할 수 있으리라는 것이다. 요구와 현실 사이의 이러한 불일치의 사회적 결과로서 출현한 것은 자유시간과 오락의 문화에서 철학이 차지하는 점점 더 커다란 공간에도 불구하고 철학이 사회적 삶의 중심들에게 점점 더 적게 말을 건네고 있다는 점이다. 이러한 일은 실체적 철학에 대한 수요가 공급보다 더 큰 까닭에 그 사회적 삶의 중심들이 더욱더 초라한 대용품들에 만족하고 있음에도 불구하고 이루어지고 있다. 하지만 스피노자와 라이프니츠 그리고 칸트의 위대한 텍스트들과는 달리 현대의 대부분의 철학적 출판물들은 오로지 다른 철학자들을 위해서나 철학자가 되고 싶어 하는 사람들을 위해서만 저술되고 있으며, 나름의 훌륭한 이유들이 없는 것은 아니지만 철학자가 되고 싶어 하는 사람들의 숫자도 점점 더 적어지고 있다.

현대 철학의 결함들에 대한 지적을 시작하자면 첫째, 아주 명백히 드러나듯이 커다란 종합이, 심지어 그러한 종합에 대한 시도마저도 결여되어 있다.[1] 통찰력, 해박함, 상상력이 서로 고립되어 발견되긴 하지만, 전통에 대한 지식, 자기 시대의 개별 과학들의 원리들에 대한 개관, 근거짓기 이론적인 통찰력, 구성적인 상상력 그리고 마지막으로 이 모든 지적 재능을 헛되지 않게 만들 수 있는 실체적 진리에 대한 실존적 동경을 하나의 인격

• • •

1. 하나의 주목할 만한 예외는 가령 클라인[H. D. Klein](1973 ff.)이다.

속에 통합하고 있는 사람은 거의 존재하지 않는 것으로 보인다. 이 모든 능력들은 확실히 위대한 철학을 위한 충분조건은 아니지만 필요조건이다. 그리고 만약 그것들이 통합되어 발견되지 않는다면 진지하게 받아들일 수 있는 체계란 존재할 수 없다. 그런데 [15]이런 탄식에 대해서는 쉽사리 그러한 체계, 그러한 종합이란 더 이상 가능하지 않다는 반론이 제기될 수 있을 것이다. 그리고 증명될 수 있기보다는 오히려 내세워질 수 있을 뿐인 이러한 증명되지 않는 불가능성 주장에 대해 언제나 의심이 제기된다 할지라도, 종합적인 철학이 학문들의 진보 및 지식의 분화와 더불어 점점 더 어려워지리라는 점은 전적으로 분명하다. 물론 나로서는 과거의 여러 철학자들이 그들 시대에 달성한 그러한 종합이 객관적인, 다시 말해 이성이나 세계의 본성 속에 근거지어진 원인들로 인해 불가능하다고 하는 어떠한 확실한 논증도 알지 못한다. 그와 반대로 나는 그러한 종합이 최소한 자기 자신을 이해하는 모든 철학적 반성의 규제적 이념이며, 한 시대의 의식의 분열을 화해에 이르게끔 할 수 있는 전체와 하나에 대한 탐구야말로 우리가 철학함이라고 부르는 바로 그것이라고 믿는다. 그러나 거의 어느 누구도 논박하고자 하지 않을 것은, 한편으로 우리 시대의 기하급수적으로 증대되는 지식은 더 이상 한 개인에 의해 개관될 수 없기 때문에 개별적인 한 개인에 의해 그러한 종합이 더 이상 수행될 수 없다는 점과, 다른 한편으로 상호 주관적인 연구자 공동체가 지적될 경우에는 그러한 '종합적' 작업을 수행할 수 있는 (다시 말해 그러한 종합적 작업을 위해 무엇보다도 필요 불가결한 조건으로서 본질적인 정보들을 수집하고 비본질적인 정보들을 무시할 주권을 지닌) 어떠한 기관도 현대에는 존재하지 않는다는 점이다.[2] 대학, 다시 말해 특히 유럽의 대중 교육 기관으로서의 대학은

• • •

2. 비판·비평이 필요한 선택에 앞서 거의 이루어질 수 없다는 것은 명백하다. 아니, 부분적으로는 그 비평이야말로 문제를 증대시킨다. 왜냐하면 바로 많은 비평가들은 의미 있고도 능력 있는 비평을 쏠 수 있기 위해 필요한 교양 배경을 거의 지니고

지식의 원리들에 관한 보편적인 학제 간 의사소통의 장소라고 하는 그것의 본원적인 사명에 충실하지 못하게 될 위험에 처해 있다. 연구를 희생시킨 학설들과 관료적 작업의 만연, 연구에 도덕적 차원을 부여할 뿐만 아니라 진리 추구를 의미 있는 성취의 동기로 삼을 수 있게 해주는 유일한 것인 저 심오한 정서적 체험을 가능하게 할 수 있는 학생들과 교수들 사이의 생활 공동체의 파괴, 점점 더 적은 것에 관해 점점 더 많은 것을, 그리고 나서는 결국 아무것도 아닌 것에 관해 모든 것을 알게 되는 때 이른 전문화를 강요받고 있는 젊은 학자들 사이의 더욱더 난폭해지는 경쟁 전투와 결합된 대학들 사이의 모든 참된 경쟁의 결여, [16]전통적 교양 내용들의 경시와 유행들에 대한 애호, 쏟아지는 책들을 요구되는 분별력을 가지고서 다룰 줄 모르는 사람들을 현실적으로 중요한 것들에 관한 독서로부터 떼어 놓는 책들의 과잉 생산,[3] 보편적으로 인정된 가치 평가 척도들의 몰락,[4] 많은 학자들에게서 관찰될 수 있고 허영심이나 성마름 그리고 르상티망 Ressentiment과 같은 범주들을 가지고서는 그저 불충분하게만 파악될 수 있는 완고한 사회 심리학적 현상들, 이 모든 것들로 인해 많은 대학들은

• • •

있지 못한 아주 미숙한 학자들이기 때문이다. (왜냐하면 오직 그러한 사람들만이 비평이라고 하는 보람 없는 작업을 할 준비가 되어 있기 때문이다.) 그리고 또 다른 비평가들은 다른 이의 작업을 혹평하는 데서 자기의 정당성을 발견하기 위해 공연히 남의 잘못을 트집 잡는 반쪽짜리 교양인들이다.

3. 스스로를 오로지 정치철학자로서만 표시하는 한 사람이 지녀야만 하는 지식은 엄청나며, 그래서 그는 스스로를 그 밖의 다른 부가적 표현을 지니지 않는 철학자로서 간주하는 사람이 지녀야만 하는 것들에 대해 침묵한다. 이런 지식을 아주 대충이나마 획득하는 것은 다만 우리가 온갖 새로운 출판물들에 접하여 성실하게 다음과 같이 물을 때에만 가능하다. "내가 아직 플라톤, 아리스토텔레스 등등의 전체를 읽지 못했다면 이 책을 연구하는 것이 과연 정당한가?"

4. 이 현상은 자연과학들에서보다는 정신과학들에서 더 심하지만, 철학에서는 정신과학들에서보다도 더 심하다. 철학은 그 구조가 곧바로 명확해지지 않는 극도로 어려운 시도라는 바로 그 이유 때문에 여기서는 아주 쉽사리 모호함이 심오한 통찰력의 모습을 띠는 일이 가능하다.

더 이상 전혀 정신의 피난처로서 나타날 수 없으며, 근세^{Neuzeit} 초기에, 특히 훔볼트 개혁 이전에 가장 중요한 예술가들과 과학자들 그리고 철학자들이 대학을 거의 상대하려고 하지 않았듯이, 21세기에 대학이라는 이 기관이 그리 커다란 사회적 인정을 받지 못하는 교육산업으로 전락하지 않을 수 없으리라는 두려움도 전혀 근거가 없는 것이 아니다.[5]

둘째, 커다란 종합들과 체계들에 대해 침묵하는 가운데 좀 더 겸손한 연구로 넘어가고 있는 대학의 철학이 또한 그저 전문 영역적인 사유의 극복만을 위해서라도 점점 더 적은 기여를 하고 있다는 점에 대해서는 사실상 거의 의심이 있을 수 없다. 조금 전에 언급한 전문화의 강요——이것은 물론 불가피하지만 그에 맞서는 무언가 제도적인 방책이 마련되어야만 한다——는 내가 보기에 물론 모든 학문들에서 분명한 유용성을 지닌 것이지만, 또한 본래적으로 이론적인 분야에 대해서든 사회에 대한 학문의 결과와 관련해서든 엄청난 해독을 끼치고 있다. 오로지 숫자로만 생각할 수 있고 좀 더 포괄적인 국민 경제적 연관들에 대해서는 도대체 관심을 기울이지 않는 전문 경영인, 생태학에 대한 지식에서 생물학 능력별 강좌의 그 어떤 수강자의 지식에도 미치지 못하는 유전학자, [17]인간 영혼의 법칙들에 대해서는 아무것도 알지 못하는 내과 전문의, 이 모든 전문가들은 인류에 대해 위험스러운 이들이며, 우리가 처해 있는 세계사적 상황은 그들에게서 비롯되었다고 할 수 있을 것이다. 그러나 전체로부터 부분의 분리가 일반적으로 단지 질병을 의미하는 반면——유기체에서든 문화들에서든(그리고 우리 문명은 이 기준에 따르자면 심각한 질병을 앓고 있다)——, 철학에서의 전문화는 직접적으로 철학의 개념과 철학의 실존 정당화의 절멸로 이어진다. 왜냐하면 만약 철학이 개별 과학들과 더불어 하나의 의미를 지녀야만 한다면, 그 의미란 바로 철학이 자기의 위치를 개별 과학

• • •

5. 생물학의 경우 독일연방공화국에서는 그 사이 최첨단 연구의 중요한 한 부분이 막스플랑크연구소에서 이루어지고 있는 것으로 보인다.

들로서의 개별 과학들이 개관할 수 없는 지식의 전체 속에서 규정한다는 점이기 때문이다. 환원주의는 자기의 아주 제한적으로 타당할 뿐인 관점을 절대화하여 부당하게도 모든 것으로 확장시키는 이 위험한 전문 영역성의 고전적 결과이다. 가령 생물학자에게 모든 것은 진화론적 범주들로 설명될 수 있는 것으로 보이며, 사회학자는 모든 이론을—또한 자연과학 이론마저도—제도들의 이해관계의 결과로 간주하고, 문예학자는 자기의 학문에서 적절할 수 있는 '해석학적' 진리 개념이 다른 모든 학문과 철학에 대해서도 타당하다고 생각한다.

그런데 현대의 상황에서 우리를 슬프게 하는 것은 철학이 일반적으로 이러한 환원주의들에 맞서지 않을 뿐만 아니라 그 스스로가, 대부분 지식 사회학적으로 해당 철학자가 연구한 부전공으로부터 설명될 수 있는 변형들에서, 그것을 지지하고 있다는 점이다. 수학적 증명, 물리학적 실험, 법학적 논증 그리고 시문 해석의 본질에 마찬가지로 현존하는 여러 학문들의 가장 보편적인 근본 원리들을 개관하고 있는 철학자는 점점 더 적어지고 있다. 그러나 그러한 보편적 원리의 개관이야말로 누군가가 인식 일반에 관해 말하기 시작할 때 우리가 반드시 요구해야만 하는 바로 그것이다. 학문들의 한계를 넘어서서 의사소통할 수 있는 철학자는 더욱더 적다— 아펠은 중요한 예외다—. 아니, 대부분의 철학자들은 그렇게 할 수 없을 뿐만 아니라 그것을 전적으로 불쾌하게 생각한다. 그들은 만약 누군가가 이를테면 객관적 정신에 관한 헤겔의 학설과 제3세계에 관한 포퍼의 학설이 부분적으로 동일한 문제를 다룬다는 점을 보이고자 할 때 그것을 부적절한 것으로 간주한다. 독일이 칸트나 헤겔의 창조성을 지닌 철학자를 더 이상 갖지 못한다는 점을 우리는 감수할 수 있을 것이고 또 그리해야만 할 것이다. 왜냐하면 철학적 영광의 시기에 살 권리란 존재하지 않기 때문이다. 그러나 카시러나 하르트만과 같은 보편적 정신의 소유자가 더 이상 존재하지 않는다는 것은 가슴 쓰라린 일이다. 이 점은 대학에서의 교육과 연관되는데, 여기에는 제도적인 문제들 이외에 가령 한 학문 이론가가 자신의 미래의 조교가 [18]일차적으로 해석학적 본성의 관심을 지닌 동료의 강의에 참석하는 것을 기꺼이 받아들이지 않는다고 하는 위에서 암시한 심리학적 현상들이 일정한 역할을 하고 있다. 그 결과는 철학이 점점 더 개별 학문들의 오만한 보편성 요구들에 능력 있게 맞서 그것들을 적절한 방식으로 상대화할 수 없다고 하는 것이다. 요컨대 철학은 다른 개별 학문을 알지 못하는 까닭에 하나의 개별 학문을 통째로 받아들이거나, 아니면 하나의 개별 학문을 전혀 알지 못하는 까닭에 그것을 통째로 거부하는 것이지만, 그 두 가지 모두 다 철학에 대한 개별 학문들의 존경을 획득하기에 적합하지 않다. 이러한 방식으로는 철학은 종합의 능력뿐만 아니라 — 다음의 비판적 태도는 종합을 위한 다만 첫 번째 조건일 뿐이다 —, 우리 사회가 긴급히 필요로 하는 사태적인 학문 비판의 능력마저도 박탈당할 것이다.

하지만 셋째, 철학은 시대의 아주 긴급한 개별 물음들에 대해서도 점점 더 침묵하고 있다. 이 점은 물론 위에서 서술한 것들로부터 직접적으로 따라 나온다. 왜냐하면 우리 문화의 실존적 물음들에 대한 좀 더 심오한 분석들은 전체에 대한 지식을 전제하기 때문이다. 확실히 우리는 철학이 (인정할 수밖에 없듯이 두려울 만큼 복잡한) 근대^{modernen} 세계와 함께 진행되고 있는 급속한 변화들을 점점 더 파악하지 못하게 됨으로써 자기 시대 앞에서 포기하고 또 좌절하게 되었음을 인정하지 않을 수 없다. 제공된 범주적 도구와 근대 세계의 현실 사이의 거리를 우리는 독자로서 현대의 거의 모든 철학 저작들에서 감지하게 되며,[6] 더 나아가 바로 새로움을 자부하면서 전통에 의해 이미 획득된 것을 무시하는 저술들의 경우에서도,

• • •

6. 나 자신에게는 가령 내게 무언가 신고딕 양식의 성당과 같은 것으로 보이는 나의 저작 『헤겔의 체계』(1987)의 책장을 훑어 넘겨나갈 때 그런 일이 벌어진다. 물론 우리는 오로지 위대한 체계들에 대한 아주 철저한 연구를 통해서만 철학적 정역학의 법칙들을 배울 수 있다. 그 법칙들에 대한 지식은 자기 시대를 파악하고자 하는 모든 사유를 위한 (충분조건은 아니지만) 필요조건이다.

아니 바로 그 경우에서 그 거리를 감지하게 된다. 이러한 거리는 본질적으로 (특히 분석적 진영에서의) 철학의 역사Geschichte der Philosophie에 대한 지식을 지니지 않는 체계적 철학과 진리를 역사학적historische 올바름으로 환원시키고 있는 철학사학Philosophiehistorie으로의 불길한 분열과 연관된다. 왜냐하면 한편으로 철학은 자기의 역사에 대한 지식이 없이는 성과 있게 영위될 수 없기 때문이다. 역사를 알지 못하는 자는 그 역사를 되풀이하지 않을 수 없다는 산타야나의 명제는 두려울 만큼 가차 없이 정신의 역사에 대해서도 적용되며, 자기의 과거를 무시하는 자는 그로부터 해방되지 못한 채 오히려 그저 맹목적으로 그에 의해 추동되는 것이다. 특히 분석 철학자들이 이미 수천 년 전부터 잘 알려져 있는 훌륭한 논증들을 비록 변형된 모습으로긴 하지만 새로운 발견들로서 제출하는 그 순진함은 이따금 무언가 [19]희극적이라고까지 할 만한 것을 지니고 있다. 하지만 이런 애교 있는 희극은 마찬가지로 수천 년 전부터 잘 알려져 있을 뿐만 아니라 이미 수천 년 전부터 반박되어 있는 이론들을 옹호하는 것보다는 좀 더 다행스럽다. 전통에 대한 무지는 필연적으로는 아니지만 일반적으로 그 전통이 도달한 수준보다 저하되는 데로 이어진다. 가령 확실히 높은 가치가 있는 것이긴 하지만 일반적으로는 다만 실제로 창조적인 과거의 성취들에 친숙해졌을 때에만 달성될 수 있는 창조성에 대한 과도한 언급이 유대적-기독교적 창조 신앙을 통해 그 가치 차원을 획득했고 가령 그리스인들에게는 낯설었던 범주를 얼마나 공공연히 추구하고 있는지를 보지 않을 수 없는 것은 흥미로운 일이다. 여기서 우리는 전통을 무시하려는 시도 자체가 어떻게 전통적 범주 체계들의 일관되지 못한 재고품을 가지고 일하고 있는지를 분명히 보게 된다.[7]

하지만 다른 한편으로 좀 더 중요한 철학사학자들이 마음속에 품고 있는 과거에 대한 태도 역시 그에 못지않게 불길하다. 그 태도는 아류라고

• • •

7. 이에 대해서는 크리스텔러P. O. Kristeller의 훌륭한 논문(1983)을 보라.

하는 우울한 느낌 속에서 전통을 생산적으로 계속 발전시키려는 모든 시도를 마비시킨다. 위대한 철학자들의 근거짓기 이론적인 문제들에 대한 많은 연구들이 섬세하면 섬세할수록 이 연구들 가운데 대부분이 오늘날의 문제 제기와의 다리 놓기에 성공하지 못하는 것을 보게 되는 것은 아주 우울한 일이 아닐 수 없다. 어쨌든 여기서는 진리 물음이 제기되어 있지 않은데, 바로 이 점이야말로 그 사이 대부분의 정신사학자들(가령 대다수의 고전 문헌학자들)의 모습이다. 과거에 대한 전통적 태도가 그로부터 배우고자 하는 욕구에서 유래한 대화적 태도였던 데 반해——바로 그것이 페트라르카Petrarca로부터 몸젠Mommsen에 이르는 모든 고전 문헌학의 문화적 의미를 이루었다[8]——, 오늘날 대다수의 역사학자들에게 문제되는 것은 다만 과거에 대해 배우는 것일 뿐이다.[9] 물론 그렇게 함으로써 [20]좀 더 커다란 '객관성'이 달성되었을 수도 있을 것이다. 하지만 점증하는 전문화 자체는 단순히 문헌학적인 이해에 대해서도 점점 더 해로워지고 있다. 왜냐하면 가령 그리스 수학에 대해 아무것도 이해하지 못하는 그리스 철학사의 전문가는

• • •

8. 내 생각에 몸젠으로부터 빌라모비츠Wilamowitz로의 이행에서 고전 문헌학의 역사에서 이루어진 관점 변화가 아주 잘 제시될 수 있다. ——고전 문헌학에 대한 전통적 태도가 김나지움 교사들에게서 대학 교수들의 경우에서보다도 더 잘 발견될 수 있다는 것은 지식 사회학적으로 아주 흥미로운 일이다. 이 점은 아마도 김나지움 교사들이 한편으로는 덜 전문화되어야만 하고 또 그럴 수 있으며, 다른 한편으로는 학생 시기에 고갈되어 버리는 젊은이들의 의미 욕구에 부딪쳐 있다고 하는 사실의 결과일 것이다.

9. 『인문학 연구Research in the Humanities』(1986), 97-102에서의 그랜트G. Grant의 적확한 논문을 보라. 프리츠K. von Fritz(1978; 11)가 소개한 다음 일화는 의미심장하다. 중요한 아리스토텔레스 연구자인 데이비드 로스David Ross는 아리스토텔레스가 특정 구절에서 말하고 있는 것이 도대체 참인지를 묻는 한 여학생의 물음에 대해 "그것은 내가 알 바 아니다That is not my business"라고 대답했다는 것이다. 프리츠——그는 20세기의 가장 위대한 고전 문헌학자들 가운데 한 사람으로서 그리스 문화의 거의 모든 영역들을 알고 있었고, 가령 빌라모비츠와는 달리 그리스 수학과 철학 등등과 결부된 사항들도 꿰뚫고 있었다——가 이러한 정신적 자기 제한을 비난하는 것은 당연하다.

플라톤을 결코 정당하게 평가할 수 없겠기 때문이다. 사실 위대한 철학자들은 결코 철학의 전문가들이 아니었다. 하지만 아리스토텔레스나 라이프니츠와 같은 좀 더 보편적인 철학자들을 그들 시대에 제기된 물음들로부터 이해할 수 있는 교양 배경을 지니고 있는 철학사학자들은 점점 더 적어지고 있다.[10] 그러나 특히 19세기 말과 20세기 초에 저술되었고 현대의 대부분의 출판물들과는 전혀 달리 긴 생명력을 보유하고 있는 저 위대한 역사학적 표준 저작들의 저자들마저도(그러므로 물론 과거에 대해 배우고자 했을 뿐만 아니라 최소한 이 일을 훌륭한 방식으로 수행할 수 있는 수공업적 능력을 지니고 있었던 저자들마저도) 그들이 추구했던 객관성이 결국 객관화를 의미할 뿐이며, 따라서 공통의 진리 탐구가 더 이상 상호 주관성을 구성하는 것이 아닐 때에는 언제나 거기에 등장하는 과거 주관의 주관성의 절멸을 의미할 뿐이라는 점을 전혀 파악하지 못했다.[11] 과거 주관을 단순한 객관으로 삼고 있는 근대적 주관은 자기 스스로도 객관으로 환원한다.

• • •

10. 잘못된 천재 숭배를 말하고자 하는 것은 아니지만, 우리는 과거에 모든 평범한 사람들이 '고전적 사상가들'로서 여겨진 사람들 앞에서 느꼈던 두려움과 부끄러움이 오늘날 폭넓게 사라져 버린 것을 유감스럽게 생각하지 않을 수 없다. 오늘날에는 플라톤과 같은 사람에게 정신적으로 접근할 수 있기 위해서는 아주 다양한 분야들에서의 상당히 풍부한 지식과 어느 정도의 지성, 심지어 (어느 정도의 도덕적 통합성과 같은) 모종의 인격 구조를 필요로 한다는 점을 거의 어느 누구도 의식하지 못하고 있다. 뿐만 아니라 더 나아가 우리는 아주 진지하게 자기들이 플라톤의 환상을 '꿰뚫어 보았다'는 견해를 지닌 사람들을 점점 더 많이 발견하게 된다. 물론 플라톤은 확실히 오류를 범할 수 있다. 그러나 플라톤을 읽으면서 엄청나게 탁월한 지성에 맞서 있다는 분명한 느낌을 지니지 않는 사람에 대해 우리는 그저 축하의 말을 건넬 수 있을 뿐이거나 아니면 그와 정반대의 태도를 보일 수 있을 뿐이다.

11. 전통의 텍스트들에 대한 단순히 객관화하는 접근을 극복한 것이 아무리 가다머 해석학의 주요 업적들 가운데 하나라 하더라도, 그 발상에 구속력 있는 진리 개념이 결여되어 있는 것은 그 역시 결국 역사학주의[Historismus]에 여전히 붙들려 있다는 것을 의미한다. 아래 S. 97 ff(1.3.3. '실존 철학과 해석학'의 뒷부분. 이하에서 이렇게 표시되는 것은 모두 번역의 저본 쪽수를 가리킨다 — 옮긴이)를 보라.

그러한 주관은 자기 자신과 현대 세계를 이해할 수 있는 그 자신의 고유한 능력을 파괴한다. 왜냐하면 그 주관은, 널리 인정되고 있듯이 역사 과정의 가속화로 인해 점점 더 어려워지는, 과거로부터 [21]현재로의 전이를 더 이상 성취할 수 없기 때문이다. (여기서 주관은 이러한 자신의 무능력을 일반적으로 전통의 위대한 이들에 대한 '오늘날 우리들'이라는, 그 무엇에 의해서도 근거지어지지 않는 탁월성 느낌을 통해 잊고자 한다.) 그와 같은 전이는 고대 후기와 중세 그리고 근대의 대부분의 플라톤 수용과 아리스토 텔레스 수용을 단순히 철학사학적인 것이 아닌 철학적 성취로 만들었으며, 마키아벨리의 리비우스 수용을 단순히 해박한 것이 아닌 정치학적인, 심지 어 정치적인 성취로 만들었다. 이러한 능력의 파괴는 역사학주의의 유산이 다. 요컨대 역사학주의야말로 그 모든 업적에도 불구하고 과거에 대한 (따라서 지나치는 김에 말하자면 죽음에 대한) 무관심에 대해 단연코 공동 의 책임을 짊어져야 하는 것이다. (죽음의 이러한 추방은, 주관적으로 참여 함으로써 과거를 더욱 전개시키고 살아 있는 전통을 보호하며 위대한 고인 들의 영속적인 업적을 보존하는 것이야말로 인간 문화에서 달성될 수 있는 죽음에 대한 정신의 가장 위대한 승리인 한에서, 말할 것도 없이 죽음의 은밀한 대승리이다.)

그런데 우리가 '학문적으로' 몰두하는 바로 그것과 우리가 그 속에서 살고 있는 세계를 매개할 수 없는 이러한 무관심 내지 무능력은 그 모든 부지런한 활동과 객관적인 학자이고자 하는 열정에도 불구하고 지속적으 로 숨길 수 없는, 대부분의 정신과학자들이 느끼는 내적인 불만족과 그들 의 소외감 내지 정서적으로 척박한 느낌의 가장 심오한 근거이다.[12] 확실히

• • •

12. 따라서 한편으로 상투적으로, 다른 한편으로 ── 이것이 더 나쁜데 ── 현 시대의 비일관성으로부터 과거의 위대한 사상가들을 '선구자들'로서 현재에도 주목해야 한다는 권유에 그 본질이 놓여 있는 저 '현실화Aktualisierung'의 형식들에 대해서는 물론 그 말이 사용되어서는 안 된다. 그러한 현실화들에서는 단지 역사학적으로 일할 뿐인 자의 양심의 가책이 표현되고 있다. 그러나 그것들은 저 소외의 느낌을

마르쿠스 아우렐리우스를 읽는 모든 사람은 훌륭한 판본을 원하며, 그런 한에서 우리는 방금 음미해 본 교정이 그에게 측량할 수 없을 정도로 중요하지 않은 사람은 훌륭한 학자가 될 수 없다는 막스 베버의 말에 철저히 동의할 수 있다(1919; 589). 그러나 그 모든 것은 자기 시간의 대부분을 하찮은 것들에 쏟아 붙는 사람이 무엇보다도 우선 위대한 철학자가 되지 못하리라는 점을 전혀 변화시키지 못한다. 왜냐하면 위대한 철학자에게는 전체의 원리가 문제로 되어야만 하기 때문이다. 그리고 둘째, 보편 인간적으로(다시 말해 본래적으로 중요한 차원과 관련하여) 말하자면, 동료의 조교가 제출한 교수 자격 논문을 심사할 때 그를 어떻게 함정에 빠뜨릴 것인지와 강연에 초대되었을 때 어떻게 하면 특별히 높은 사례비를 받아낼 수 있을 것인지의 문제에 주된 관심을 기울이는 철학자에 대해서는 [22]그가 마르쿠스 아우렐리우스를 이해하지 못했을 뿐만 아니라 또한 그가 텍스트로부터 결국 새로운 편집을 유일하게 정당화해 주는 것, 요컨대 자신의 삶을 위한 가르침들을 이끌어내는 것에서 성공하지 못했다고 밖에는 달리 판단할 수 없다. 이러한 판단은 우리가 바로 그 학자야말로 최상의 텍스트 비판적인 요구들을 만족시키는 새로운 마르쿠스 아우렐리우스 판본의 편집자이자 마르쿠스 아우렐리우스의 지금까지 소홀히 여겨진 원전 자료들을 새로운 논증을 통해 발견해냈다는 것을 보게 될 때에도 여전히 타당할 것이다. 우리가 끌고 돌아다니는 문화적 보따리가 과거의 위대한 사상들의, 의심할 바 없이 좀 더 수고스러운 내면화를 대체하는 것은 아니다. 정보들의 축적과 사람들이 하이데거의 '몰아세움Gestell'에 기대어 말할 수 있을 단순한 '탐구Geforsch'는 여전히 참된 철학의 존재를 가능하게 할 수 있는 저 영혼의 전환이 아닌 것이다.

비코에 대한 도리아의 영향, 크로체의 비코 저술, 크로체의 비코 저술에 대한 콜링우드의 번역(이는 무한히 계속된다)에 대한 탐구들이나 단일한

• • •

극복할 수 있는 적절한 수단이라 할 수 없을 것이다.

용어들의 기능 방식에 대한 새로운 종류의 정식화들이 부당하다는 것이 아니다. 그러한 것들은 비록 제한적이기는 하지만 철저히 관심을 받을 만하다. (그것은 특히 세부적 작업들이 언제나 거듭해서 좀 더 포괄적인 통찰들을 자극해 왔기 때문이다. 세세한 문헌학 없이는 커다란 기획들이 생각될 수 없다.) 심지어 향후 몇 십 년간 강력한 정치적 위기가 초래되지 않는다면(이는 거의 확실하다), 전적으로 자연스럽고도 불가피하게 육체 노동이 점점 더 필요 없어질 자동화된 세계에서 살게 될 제1세계 인구의 점점 더 커다란 부분이 그러한 알렉산드리아적인 달콤한 교양 요소들을 섭취하게 될 것이다. 그리고 한편으로 전문적 내용에로 정향되어 있고 그런 까닭에 친절할 수 있겠지만, 다른 한편으로 그 영혼과 정신에서 위축 된 학자 계층의 주요한 즐거움은 자신들의 저작이 얼마나 자주 인용되었는 지를 찾아내는 데 존재할 것이다. 따라서 그들은 동일한 하위 계층 구성원 들의 모든 저술들(특별히 그들의 인명 색인)을 알게 되겠지만, 그들은 점점 더 세계에 대해 알지 못하고 세계 역시 그들에 대해 아무것도 알지 못하게 될 것이다.[13] 여기서 지극히 고유한 전문성의 선택을 조건짓는 심리적 메커 니즘은 일상적 심리학의 근본 법칙에 따르면 자기 활동의 계속적 수행이나 아니면 그 활동의 보상으로 환원될 것이다. 따라서 희화적으로 표현하자면 좌절을 느낀 책상물림은 그와 혼동될 만큼 비슷해 보이는 17세기의 중요하 지 않은 철학자에 관한 여러 권의 표준 저작을 쓰거나, 아니면 [23]그가 책들로부터만 알고 있는 실존적 한계 상황에 관한 이론적 연구들을 저술하 게 될 것이다.[14]

• • •

13. 인용에 대한 병적인 욕망에서 문제가 되는 것은 상호 주관성의 주목할 만한 대상화 형식이다. 우리는 참다운 철학적 대화에서 아무런 기쁨도 느끼지 못하는 사람들에 게서 자주 그러한 욕망을 만나게 된다.
14. 평범한 철학자의 언급할 만한 가치가 있는 변형은 자기 동시대인들의 평범함에 대한 고발을 자기의 중심 과업으로 하고 있는 철학자이다. 왜냐하면 아무리 이러한 고발이 정당하다 하더라도 그것은 결코 자기 목적이나 심지어 자기 충족적인 기대

하지만 아무리 그러한 종류의 연구들이 정당하다 할지라도, 어떤 경우에도 그것들을 본래적인 철학으로 내세우는 것은 부당하다. 철학은 "사상 속에서 파악된 그의 시대"이며——뿐만 아니라 내 생각에 언제나 일차적으로 그렇다——, 우리 시대가 철학적 사상에 대해 그러한 종류의 연구들을 가지고서는 부응할 수 없는, 결코 과소평가되어서는 안 되는 요구를 제기한다는 점을 논박하기는 어려울 것이다. 그러므로 현대 철학이 현실적 문제들의 해결을 위해 거의 아무런 일도 하지 못하고 있는 것은 답답한 일이다. 가속화되는 과학적-기술적 발전과 퇴보하는 것은 아니지만 정체되어 있는 윤리적 의식 사이의 간격은 점점 더 넓어지고 있다. 따라서 우리는 기술 문명의 윤리적 물음들에 대한 훌륭하게 근거지어진 동시에 세부적이면서 구체적인 논구들이 점점 더 적어지고 있다는 점에 대해 놀라지 않는다. 그 물음들의 해결을 위해서는 두 문화[15] 사이의 갈라진 틈을 메우는 것이 요구됨에도 불구하고, 윤리학적이고 자연과학적인 이중적 능력은 거의 발견되지 않는다. 여기서 전적으로 새로운 연구 과정들이 도입되어야만 한다는 요구는 내가 보기에 지나친 것이 아니다. 가령 정치 철학의 물음들에 관하여 오늘날 우리는 생태학에 대한 지식이 없이는 더 이상 의미 있게 말할 수 없을 것이다. 전통적 철학의 대변자들이 거의 예외 없이 그러한 물음들에 접근하고 있지 않은 까닭에, 그 물음들은 자주 필요한 문화적 배경을 지니지 못하고 따라서 뭔가 지속적인 것을 거의 성립시키지 못하는 사상가들에 의해 다루어진다. 분명히 눈에 띄는 일이지만, 가령 생태학적 위기의 철학적 함축에 관한 논의는 그야말로 자주 철학 교수들이 아니거나 심지어 단적으로 대학에서 가르치는 학자가 아닌 저자들에 의해 지배된다.[16] 물론 이러한 일이 필연적으로 [24]결함인 것은 아니다.

• • •

로 되어서는 안 되기 때문이다.

15. 이에 관해서는 스노[Ch. P. Snow](1969)를 보라.

16. 아메리[C. Amery](1976), 마렌-그리제바흐[M. Maren-Grisebach](1982), 카프라[F. Capra](1983)

하지만 일정한 방법적인 소박함이 일반적으로 그런 종류의 저술들이 지닌 특징인바, 의심할 여지없이 우리는 철학적 전통에 대한 포괄적 지식과 현재 연관이 결합될 수 있기를 소망할 수 있을 것이다.

그러나 철학이 스스로 자기 시대의 물음들을 제기해야만 한다는 확신은 좀 더 근본적인 분석을 필요로 한다. 왜 20세기에는 인류의 역사가 계속해서 진보하지 못했던가? 왜 바로 유럽의 가장 중요한 문화 민족들 가운데 하나가 역사적으로 유례없는 범죄를 저질렀던가? 이것들은 사유하는 모든 사람들을 실존적으로 괴롭힐 수밖에 없는 물음들이다. 그러나 무엇보다도 우선 과연 인류가 이 지구상에서 살아남게 될 것인가 하는 물음이 다음 몇 십 년 사이에 결정적이게 될 것이라는 의식에 대해서나, 이 지구상의 수많은 사람들의 얼굴이 낭떠러지로 돌진하는 두더지의 흉측한 얼굴로

• • •

를 생각해 보는 것만으로도 충분할 것이다. 물론 전문 철학자들이 카프라의 성공에 대해 인상을 찡그리는 것은 이해할 만하다. 가령 근대 물리학과 인도 신화에 대한 카프라의 비교(1984)는 어떤 한 불교 텍스트에서 공간과 시간이 한갓된 이름들일 뿐이며, 아인슈타인 역시 마찬가지로 공간과 시간이 연관되어 있다는 것을 보여주었다는 식의 정식화 수준을 거의 넘어서지 못한다. 아주 일반적으로 이야기해서 카프라는, 극동의 전체가 다만 추상적일 뿐이고, 그것에서는 서구적 개별성을 보존하기 위해 필요 불가결한 저 분화로 나아가지 못하며, 서구적 합리성은 변증법적이고 전체적인 사유로 나아가는 논증적인 도정을 견지해야만 한다는 점을 인식하지 못한다. 이런저런 모든 단언들에도 불구하고 카프라는 목적 합리적인 지성과 전체적인 느낌과의 종합에 결코 성공하지 못한다. 그는 다만 하나의 극단에서 다른 극단으로 옮겨갈 뿐이며 사변적 사유의 수준에 도달하지 못한다. 그러나 인상을 찡그리는 저 학자들은 카프라의 성공이 또한 자신들에 대해서도 반대한다는 사실을 알지 못하고 있다. 왜냐하면 만약 그가 자주 비전문적인 방식으로 취급하긴 하지만 당연히 결정적인 것으로서 제기하는 문제들을 학문적인 철학이 진지한 형식으로 다루었다고 한다면, 그의 책들은 그와 같이 구입될 수 없었을 것이기 때문이다. 생태학적 물음들을 합리적인 사유 발상 속으로 통합하는 데 성공하지 못한다면, 현재 형성되고 있고 일정한 영역들에서 맑스주의 세계상을 해소하는 것처럼 보이는 저 문명 비판적이고 자주 비합리적이기도 한 '생태학적' 세계관이 더욱더 광범위하게 확대될 것이다.

변했다고 하는 무시무시한 경험에 대해서는 도대체 뭐라고 말할 수 있을 것인가?[17] 전통의 대부분이 그 속에서 신의 형상을 인식했던 저 존재가 이제 처음으로 스스로와 창조의 상당 부분을 낭떠러지로 몰아갈 능력을 지니게 되었다는 인식은 실천적 차원에 형이상학적 차원을 덧붙이며 철학적 반성에 충분한 소재를 제공하고 있다. 눈에 띄는 것은 이 물음들을 철학적으로 가장 심오하게 따져본 사상가가 [25]87세의 노인인 한스 요나스, 따라서 아마도 그 스스로에게는 마지막에 언급한 발전들이 더 이상 닥쳐오지 않을 사람인 반면, 좀 더 젊은 세대의 대부분은 그들 생애 중에 발생할 가능성이 지극히 높은 위기들에 대해 지적으로나 도덕적으로 준비되어 있지 않다는 점이다.

그러나 바로 철학자들이야말로 이러한 결정적인 인류의 문제들에 대해 태도를 취해야 할 의무를 지니는 것이 아닌가? 이 물음에 대해서는 모든 사람이 그 문제들과 대결해야만 하는 한에서 너무도 당연히 이미 긍정적으로 대답될 수 있다. 철학자들도 사람인 것이다. 하지만 독일인들에게 저 물음은 특별한 절박성을 지닌다. 왜냐하면 우리 세대 모든 독일인들의 가장 깊숙하고도 고통스러운 경험들 가운데 하나는 바로 우리의 압도적인 다수가 (그것도 철저히 정당하게) 우리의 아버지와 할아버지의 대부분이 나치에 대해 요구되는 저항을 수행하지 않았다는 이유로 그들에 대해 전통들 일반의 연속성을 위해 필요한 것보다 더 적은 존경심을 느낄 수밖에

• • •

17. 나로서는 여기서 내가 왜 다가올 몇 십 년 사이에 거의 상상할 수 없을 규모의 전 지구적 재앙이 대단히 개연적이라는 점을 아주 그럴듯한 것으로 여기고 있는가 하는 것에 대해 그 근거를 해명할 수 없다. 이에 대해서는 월드워치연구소의 최근의 보고서(『세계의 상태*Zur Lage der Welt*(지구환경보고서)』, 1989)만을 지시하고자 한다. 그에 덧붙여 그 연구소가 모범적인 방식으로 실천하고 있듯이 오로지 참된 학제 간 작업에서만 해결될 수 있거나 그나마 기술^{記述}이라도 될 수 있는 현재의 위험이 전체적 학문으로서의 철학의 이념을 되살아나게 할 수 있으리라는 주목할 만한 역설도 존재한다. 우리는 전문가적인 사유가 이론적으로 잘못일 뿐만 아니라 실천적으로도 대단히 위험하다는 점을 인식하고 있다.

없었던 데에 그 본질이 있었기 때문이다. 그러나 첫째, 인간적 평가에 따르자면 1939-1945년의 대재앙도 그와 비교해서는 그리 엄청난 것으로 나타나지 않을 생태학적, 사회적, 정치적 대재앙이 준비되고 있다면, 둘째, 최소한 이 사회의 파괴적인 소비주의로부터 거리를 취하는 것이 제3제국에서와는 달리 언급할 만한 개인적 위험과 전혀 결부되어 있지 않다면, 도대체 우리의 아이들은 우리 세대의 지적, 도덕적, 정치적 태만에 대해 어떻게 생각해야 할 것인가? 그들은 특히 이 세대의 지식인들과 철학자들에 대해 어떻게 생각하게 될 것인가? 이 지식인들과 철학자들이 실제로 역사의 판단을 견디낼 수 있을 것이라 믿을 수 있을 것인가? 특권적인 사회적 지위를 차지하는 자, 스스로를 형성할 더 많은 기회를 가지는 자는 또한 더 많은 의무도 지닌다. 이러한 거의 동어 반복적인 명제를 고려할 때 인류의 실존 물음들에 대한 집단적 억압은 실로 모든 인간에게 있어 보편자에 대한 심각한 경멸의 표현으로서 더욱더 거리낌 없이 자기의 특수 이익에 몰두하도록 압박하지만, 그것은 말 그대로 '지혜에 대한 사랑의 고백자'라는 칭호를 달고 있는 누군가의 경우에는 특히 용서하기 어렵다. 본래적으로 격분하지 않을 수 없는 것은 특수자에 대한 몰두가 아니라 ──그에 대해서는 또한 사회의 다른 영역들로부터도 충분히 그리고 훨씬 더 끔찍하고도 위험스러운 형식들로 친숙해져 있다── 인류의 최고 이념들에 헌신해야 할 직업의 요구와 이 이념들에 대한 실존적 무관심성 사이의 모순인바, 이 이념들은 몇몇 사람들에게서는 분명히 다만 외적이고 이기적인 동기들로부터만 추구되고 있는 것이다. 말의 숭고한 의미에서 정치적인 것, 다시 말하면 [26]공적인 것의 존엄성이 무너져 내리는 것을 보게 되는 것은 항상 고통스러운 일이지만, 정치적인 것이 실천적 대응물을 이루는 저 보편자를 이론에서 대변해야 할 철학자들이 사소한 특수 이익의 기능자들로 타락할 때에는 특히 비극적이다.

방금 언급한 것은 철학이 자신의 이념에 더 이상 부응하지 못하고, 개별 과학들에 맞서 자신의 실존 정당화에 실패하게 되었으며, 또한 철학이 자기 시대의 구조 요청을 더 이상 듣지 못하거나 그 구조 요청을 들어야 할 때 그것을 진지하게 받아들이지 않는다고 하는 것으로 귀착된다. 철학은 상황을 이를테면 희망 없는 것으로서 정리하지만 진지하게 그리하지는 않는 것이다. 그럼에도 불구하고 자연과학자들 —— 물리학자들, 화학자들 그리고 그 사이에 또한 생물학자들 —— 이 일반적으로 자기들의 작업이 선에 더 많이 기여할지 악에 더 많이 기여할지를 알지 못하는 반면, 철학적 활동은 관대한 정당화 개념에 비추어 볼 때 최소한 어떠한 해로움도 야기하지 않는다는 점에서 정당화될 수도 있을 것이다. 이러한 관점에서 볼 때 정신과학자를 자주 좌절시키는 느낌, 즉 자기의 작업을 가지고서 아무것도 변화시키지 못한다는 느낌과 그로부터 결과하는 의혹, 즉 특히 먼 나라들에서의 호사스런 회의들에서 아서 케스틀러^{Arthur Koestler}가 훌륭하게 묘사한 한 기둥서방과의 잡담에서 생겨나는, 우리가 기생충이 아닌가 하는 의혹은 차라리 마음의 짐을 덜어 주는 것으로 받아들여질 수도 있을 것이다. 그러나 그 느낌은 거짓이다. 유감스러운 일이지만 철학자들이 자기들의 해석을 통해 세계를 변화시켰으며 날마다 변화시키고 있다는 점은 의심할 수 없는 것이다. 사실 이것은 현대 철학에 대해 행해져야만 하는 네 번째의 가장 진지한 비난이다. 요컨대 철학은 아마도 현대의 위기를 극복할 수 있을 소질들의 파괴에 대해 공동의 책임이 있다는 것이다. 내가 생각하는 그 소질들은 이성 그리고 도덕적 가치들과 의무들에 대한 믿음이다.

독일 관념론 이래로 가치 합리적인 이성의 자기 해체 과정이 진행되어 왔다는 것은 우리가 루카치의 『이성의 파괴』(1954)를 모든 점에서 뒤따르고자 하지 않고 또 무엇보다도 이 과정에 대한 그의 일차적으로 사회 경제적인 설명을 피상적인 것이라고 여길 때에도 논란의 여지가 있을 수 없다. 뒤에서 좀 더 상세히 이 과정을 살펴보게 될 것이기 때문에 여기서는 간략하게 바로 다음과 같은 점만을 확정해 두고자 한다. 즉, 최종적 가치와 규범에 대한 합리적 근거짓기가 있을 수 없다는 것이 19세기 후반과 20세기의 아류적이지 않은 철학의 거의 대부분의 공통분모를 이루고 있으며, 초월론적 화용론의 의미는 그것이 이 주장에 대해 강력한 논증들로 뒷받침된 의문을 제기하는 소수의 철학들 가운데 하나라는 점에 있다는 것이다. (종교적인 사람뿐만 아니라) 소박한 사람이 자기의 실존이 인륜적 규정을 지닌다고 믿고 이러한 확신으로부터 자기의 존엄성을 이끌어내며, 전통적 철학이 이 믿음을 좀 더 고차적인 차원 위에 근거짓고자 한 반면, 이러한 확신의 해체야말로 [27]근대 철학의 주요 결과들 가운데 하나다. 이러한 결과가 그 사이 강단 철학에만 제한되어 있지 않다는 점에 대해서는 어느 누구도 부인할 수 없을 것이다. 그것은 마치 전염병처럼 퍼져 나갔으며, 비록 변형된 형식으로긴 하지만 대부분의 사람들의 영혼 속에 침투하여 그 사이 심지어 제1세계의 거의 모든 나라의 공론장의 원리가 되었다. 기독교회조차 이 과정에서 벗어날 수 없었다. 한편으로 물론 근대 세계의 고유한 과제들을 파악하지 못하고 그런 한에서 자기에게 맡겨진 사명에 부응하지 못하게 된 점점 더 많은(너무도 많은) 신학자들이 있는 반면, 다른 한편으로 우리로서는 온갖 유행을 뒤따르는 가운데 기독교를 총체적 관용의 계명으로 환원하고 있는 신학자들을 이해하기가 너무도 힘들지 않을 수 없다. 자명한 일이지만 신을 믿지 않는 것은 정당하다. 그러나 내적인 일관성이 도덕성을 위한 (확실히 충분조건은 아니지만) 필요조건이라면, 근대의 기독교적 무신론 신학자들에 대해 경탄하기는 곤란하다. 확실히 신의 죽음의 신학은 한동안 대중 매체의 주목을 받을 수 있다. 그러나 내게는 기독교의 모든 것을 역사학적이고 주관적인 것으로 여기는 개인들은 그로부터 수미일관한 결론들을 끌어내 교회를 단호히 저버리는 것이 좀 더 정직해 보인다. 기독교의 내실들을 합리화하고 이성 앞에 세우는 것이 정당하고 심지어 필수 불가결한 과제라는 점은 확실하다. 그러나 그렇게 함에 있어 결정적인 내실들이 상실되어서는 안 된다. 따라서 어느 누구도 고통스럽게 하지 않으면서 모든 것을 수용하는 구속력 없고 편리한 '인간주의'가 기독교의 진리로 과대평가되는 것은 조금은 너무 단순하다.

기독교가 인간주의적인 종교가 아니라는 것이 아니다—기독교는 사실 모든 종교들 가운데 가장 인간주의적인 종교다—. 그러나 그것이 인간주의적인 까닭은 기독교의 신이 오로지 정신적 존재들만이 다가설 수 있는 부정성과 수난의 심연을 통과했기 때문이다. 이러한 심연을 무시하는 것은 기독교의 본질을 놓친다는 것을 의미한다.

지금까지 묘사한 상대주의의 확산 과정이 계통 발생적인 것만은 아니다. 개체 발생적으로도 우리는 젊은 학생들이—그들이 확신을 가진 상대주의자로서 고등학교를 떠나는 것은 아니라고 전제한다면—대학에서의 첫 학기 동안 방향 정립의 위기에 빠져 인류적 가치들에 대한 믿음을 상실한다는 것을 관찰할 수 있다. 철학에 대한 연구는 그들 가운데 많은 이들을 자기 자신의 움직임의 결과를 더 이상 예측할 수 없는 달 표면에 옮겨놓는 것으로 보인다. 이 위기는 특히 학문 후속 세대를 이루는 정신과학들의 학생들에게서 대부분 30대에 이르기까지 계속되는데, [28]그 위기는 연구 과정 동안 학문 외적 현실과의 접촉이 거의 완전하게 단절되고, 대화 상대자가 거의 비슷한 문제들을 지닌 같은 종류의 사람들일 뿐이며, 이러한 조건 아래서 사람들이 자기의 나르시시즘을 실현하고 자신의 자아를 찾아나서는 발견 여행을 떠나게 되는 예기치 못한 가능성들을 획득한다고 하는 사실에 의해 강화된다. 그리고 아주 다양한 분야들에서의 일반적으로 때때로 희극적이고 때때로 비극적인 여러 경험 이후에[18] 마침내 자기의 자아가

• • •

18. 정신적 실존의 근본적인 문제는 그것이 본능에 의해 조정되지 않는다는 점에 놓여 있다. 자연은 인간을 가령 자연적 욕구를 통해 조종함으로써 도와주는 것이 아닌 것이다. 이러한 사태가 아무리 엄청난 자유의 기회를 나타낸다고 할지라도, 그러한 만큼 그것은 또한 훌륭한 교육을 통해 일찌감치 이러한 상황의 극복을 위해 필요한 자기 규율과 실체적 논증 등의 능력을 획득하지 못한 사람들에게 감당하기 어려운 요구를 제기한다. 그것은 정신적 노동에서의 자기 대상화가 육체적 노동에 속하는 것과 같은 직관성과 직접성을 지니지 않는 까닭에 사람들을 거의 불가피하게 고통스러운 자기 회의로 몰아간다. 허영심은 그러한 자기 회의를 보상하는 하나의 형식이다.

발견되고(이는 자주 기만이다), 결국 대학에서 약간의 구체적인 책임과 결합되어 있는 자리를 얻게 되면, 그것은 몇몇 사람의 경우 때때로 바로 청년기 위기의 연장으로 나타나는 중년의 위기로까지 더 이상 지속되지 않으며, 획득된 모든 것은 다시 의문에 붙여진다. (어쨌든 절대적 가치들에 대한 믿음의 상실은 실천적 태도에 대해 아무런 영향도 미치지 않은 채 이론에 한정될 수 있다. 실천적 태도는 좀 더 일찍이 획득된 까닭에 한동안 이론에 저항할 수 있다. 비윤리적인 도덕론자들이 있는 것과 마찬가지로 역으로 윤리적으로 매우 깨끗한 이론적 허무주의자들도 존재하는 것이다. 그러나 일반적으로 이론과 실천의 연관은 아주 밀접하다.) 나아가 윤리학에서 행복주의를 날카롭게 거부하는 자도 마침내 상대주의로 기울어지는 사람들이 결코 그리고 그 언제든 행복해지지 않는다는 것을 현대의 상황에 반대하는 논증으로 간주할 수 있게 될 것이다. 인간의 영혼에는 규범적인 근본 물음이 해결될 때에만 좀 더 심오한 만족이 주어질 수 있는 층들이 존재하는 것이다. 그리고 하나의 문화가 그 물음에 대한 실체적인 해결책들을 제공하지 않음으로써 특히 젊은이들에게 부가하는 고통은 엄청나다. 그러한 문화는 바로 젊은이들 가운데 좀 더 재능 있고 일관된 이들에게 일단 습관화되면 더 이상 탈출할 수 없는 냉소주의를 강요하는 것이다. 사실 상대주의에 귀착시킬 수 있는 우리 문화의 잠재적인 정신적 발전 가능성의 파괴는 측정할 수 없을 정도이다. 왜냐하면 한 젊은이가 결국 객관적 가치란 존재하지 않는다고 확신하게 될 때 그에게는 자신의 재능을 완전히 이용하기 위해 최선을 다할 동기가 부여되지 않기 때문이다. 기껏해야 [29]성공의 전망과 같은 외적 요인들만이 그를 움직이게 되는데, 그런 요인들은 그저 도덕적으로 타락해 있을 뿐만 아니라 일차적으로 그것들에 힘입은 어떠한 정신적 성취도 지속적이지 않다. 그러나 시대정신의 영향을 뿌리칠 수 있는 개인도 그러한 환경에서는 자기가 성취할 수 있는 모든 것을 성취하지 못할 것이다. 왜냐하면 인간의 정신은 본질적으로 상호주관적이며, 특정한 시기에 축적된 중요한 문화적 성취들은 하나의 재능이 다른 재능을 촉진시키고 함께 이끌어간다는 점을 너무도 분명히 증명해 주기 때문이다.

그렇지만 사실 인륜적 가치들에 대한 믿음이 해롭지 않은 순진무구함에 지나지 않았고 또한 가치 회의주의가 올바른 통찰을 나타내는 것일 수도 있을 것이다. 특히 인정될 수 있는 것은 전승된 가치들 가운데 많은 것이 합리적으로나 도덕적으로 견지할 수 없는 것이 아니었더라면 가치 위기가 그렇게 근본적이지 않으리라는 점이다. 그런 한에서 그 가치들의 몰락은 결코 나쁜 것이 아니다. 그리고 가치 상대주의가 끼치는 해악이 중대하다 해도 이 점이 그에 반대하는 논증은 아닐 것이다. 왜냐하면 바로 형이상학 자는 사회적 유용성에 대한 고려보다 진리를 더 앞세워야만 하기 때문이다 (물론 그만이 — 어째서 허무주의자가 진리에 관심을 가져야 할 것인가?). 아니, 고유한 가치 합리성이 존재해야 한다 하더라도, 또 저 회의주의가 명백히 거짓이라 하더라도, 그럼에도 불구하고 회의주의는 자기의 사회적 해악을 보충할 수 있는 중요한 철학적 기능을 행사할 수도 있을 것이다. 오로지 허무주의를 직시한 자만이 철학을 일정한 수준에서 영위할 수 있을 것인데, 여기서 '직시한다'는 것은 어떠한 살롱 상대주의자들에게서도 발견될 수 없는 진지함을 포함한다. 사실 확신을 지닌 어떠한 반상대주의자 도 철학사가 알고 있는 회의주의의 여러 단계들이 철학을, 심지어 바로 형이상학을 촉진시켰다는 점을 결코 반박할 수 없을 것이다. 고르기아스가 없었다면 플라톤은 없었을 것이며, 흄이 없었다면 칸트와 독일 관념론이 존재하지 않았을 것이다. 그리고 흄의 회의주의를 공유하지 않고 윤리학에 대한 그의 긍정적인 수행들을 그에 의해 비판된 것들보다 더 나쁜 것으로 여기는 사람도 첫째, 범주들을 경험적으로 근거지을 수 없고 둘째, 당위 명제를 존재 명제로부터 도출할 수 없다는 그의 통찰이야말로 그에게 위대 한 철학자들의 반열에 들 지위를 보장해 주는 두 가지의 지속적인 정신적 성취라는 점을 언제나 인정해야 할 것이다. 내 생각에 물론 그는 형이상학 을 논박하지 못했다. 하지만 그는 왜 형이상학이 다른 형태를 받아들여야만 하는지를 보여주었다. 진리 문제가 완전히 사상될 수는 없다 하더라도 만약 우리가 철학자들의 지위에 관해 결정하고자 한다면, 우선은 우리가 근본적으로 동의하지 않는 철학자들에게도 해당될 수 있는 형식적 기준들을 제시하는 것이 의미 있어 보인다. 그리고 만약 우리가 통찰력, 형식적 일관성, 문제의식, 실질적 연관들에 대한 이해, 경험적 지식과 같은 기준들을 근저에 놓는다면, [30]가령 흄이나 니체와 비트겐슈타인과 같은 근대의 가치 회의주의자들이 그들과 다르게 사유하는 사람들에 의해서도 위대한 사상가들로서 인정되어야만 한다는 점에 대해서는 어떠한 의심도 있을 수 없다. 그러나 상대주의적인 현대 철학에서 우리를 우울하게 만드는 것은 그 철학이 그 사이 여전히 그렇듯 형식적인 기준들을 근저에 놓으면서 성실히 노력하는 가운데 또한 스스로에게서 중요한 오류들만이라도 인식하는 것이 점점 더 어려워지고 있다는 점이다. 우리는 오래 전부터 더 이상 상대주의를 위한 새로운 논증들을 듣지 못했다. 우리는 물론 좋은 상대주의적인 철학에 계속해서 관심을 기울이지만, 만연한 나쁜 상대주의적인 철학들이 단적으로 지루할 뿐이라고 말하지 않을 수 없다. 상대주의적인 지성이 언제나 새로운 변형들에서 자기의 '약한 사유'의 제한을 이성 그 자체의 한계와 기묘하게 혼동하는 것 — 나는 『약한 사유*pensiero debole*』의 저자들에게 그러한 혼동이 있다고 단적으로 확신한다[19] — 이상을 말할 수 없다는 점을 보여주는 논문들과 잡지들은, 가령 가장 날카로운 적대자마저도 만약 그가 공정하기만 하다면 니체의 작품에 대해 거부할 수 없는 저 경탄을

• • •

19. 한 번도 프랑스 비합리주의들의 활력을 소유하지 못한 채, 이탈리아 철학의 특히 수용적인 성격에 상응하게 철학이 종언에 도달했다는 것에 관해 애처롭게 한탄할 뿐이고, 하이데거적인 숙명론, 맑스주의의 위기에 대한 실망 그리고 해석학, 변증법, 동시대의 프랑스 철학으로부터 빌린 개별적 범주들을 식은 죽으로 뒤섞어버린 이러한 약한 사유가, 비록 그러한 '생기사건들'을 위해 유보된 겨우 몇 달 동안만 지속되었다 하더라도, 국제적인 주목을 받고 진지하게 논의될 수 있었다는 것은 서구 문화의 빈곤 증명서이다.

불러일으키는 그러한 정신적 위업들이 아니다. 모든 것을 상대적으로 설명하면서도 아주 갑자기 브레이크를 당기고서는 그 발상의 실천적 결론들이 꺼림칙하다는 이유로 일정한 규범들을 인정하는 철학의 종언에 관한 수다스러운 논구들을 훑어보게 될 때, 그 어느 누구가 서구 허무주의의 최초의 철학적 기념물인 비존재자에 관한 고르기아스의 저술이 지닌 투명한 명확성을 그리워하지 않겠는가?

모든 지적인 기준들을 제외한다면 사실상 근대 상대주의의 위대한 선구자들을 그들의 애처로운 후계자들로부터 너무도 분명히 구별시켜 주는 하나의 징표가 있다. 그것은 전자의 인륜적 진지함과 후자의 도덕적 진부함이다. 실존적 당혹감이 논증은 아니지만, 그것은 모든 지속적인 철학적 노력의 특징을 이룬다(그것은 아마도 특히 자기의 실존적 참여가 [31]지루함에서 벗어나 센세이션을 추구하는 문화 경영에게 배반당할 것을 잘 알기 때문에 그 실존적 참여에 관해 이야기하지 않은 사람들의 철학적 노력도 특징짓는다고 말할 수 있을 것이다). 가령 니체가 첫째, 독일 제국의 과학, 철학, 예술의 천박함을 어느 누구보다도 꿰뚫어보고, 둘째, 그로 하여금 저 짝퉁 문화에 대해 문제를 제기하게 했던 자신의 — 실재적인 또는 상상적인 — 도덕적 발견들에서 고통을 겪었으며, 급기야 자기 절멸에까지 이르게 되었다는 점에 대해서는 어떠한 의심도 있을 수 없다. 마찬가지로 우리는 비트겐슈타인이 『논고』에서 평범한 형이상학들과의 관계를 청산한 후 유일하게 가능한 결론을 끌어내 학문적인 철학자로서의 경력을 포기했던 데 대해(그는 이 때 자기의 엄청난 재산에 기대지 않고 잘 알려져 있는 것처럼 그것을 나누어주었다) 그에게 경탄하지 않을 수 없다. "너는 네 삶을 바꿔야만 한다"는 외침은 고대 아폴론의 토르소뿐만 아니라 각각의 모든 위대한 철학적 저작들로부터 울려나오거니와, 비트겐슈타인의 『논고』에 대해서는 그것이 그 저자에게 그러한 영향을 행사할 수 있었다고 말할 수 있는 것이다. 니체와 비트겐슈타인이 겪은 진부함은 한편으로는 더 이상 기독교적이지 않으면서도 다른 한편으로는 여전히 자기 종교의 상실을 고백할 용기를 내지 못하는 그들 시대의 희박하게 된 문화의 진부함이었으며, 진부함에 대한 결연한 반대가 철학자의 가장 고귀한 특징이라면 그들의 반응은 중요한 철학적 반응이었다. 그러나 진부함이 오늘날 상대주의의 주요 징표가 되었다는 것은 어렵지 않게 간파될 수 있는데, 사실 이 점은 희망을 품을 동기를 제공한다. 왜냐하면 철학적 인격들은 이러한 상대주의가 자신들의 기준점이 아니라 주요 표적이어야만 한다는 점을 파악할 수밖에 없겠기 때문이다. 가령 니체는 오늘날 자신의 반시대적 고찰들을 다양한 탈근대적인postmodernen 유행들로 향하게 할 것이다. 철학교수직과 결부되어 있는 특권들로부터 분리될 수 없을 뿐만 아니라 또한 자신들의 선조들을 특징지었던 저 정신적이고 정서적인 긴장을 상실하기도 한 철학의 종언의 포고자들이 얼마나 주목할 만한 가치가 없는지를 그가 통찰하지 못할 수는 없을 것이다. 물론 그들은 인간 자신보다 더 실체적인 그 모든 것에 대립된 탁월함에 대한 부정주의적인 지적 느낌, 즉 자기의 흐릿한 눈길이 그 자체에 특유한 명확성 속에서 파악할 수 없었던 모든 것을 통찰했다고 하는 망상이 영혼의 평화와 행복에로 이어지지 않는다는 점에 대해 염려한다. 그러나 일단 이러한 관점을 자신의 것으로 삼은 자는 아무리 원한다 하더라도 이러한 악덕으로부터 다시 벗어나기가 단적으로 어려울 수밖에 없을 것이다.

이러한 상대주의적인 '유한계급leisure class' —— 이들은 다행스럽게도 대학 졸업자의 아주 소수일 뿐 어디까지나 그 대다수를 이루고 있지는 않다 —— 의 베블런Th. Veblen은 여전히 나타나지 않고 있다.[20] 그를 위한 주제들은 [32]가령 더 무의미하고 더 주변적이면 그럴수록 그만큼 '더 흥미로운' 이념들의 타당성 소비, 대단히 견실한 성취들에 대해서도 결코 전혀 만족할 줄 모를 뿐만 아니라 위대한 이로부터 감명 받을 수 있다고 하는 인간을 고귀하게 하는 능력을 상실한 미학적 '감수성', 피해망상증, 그리고 모든

• • •

20. 대학의 사회학에 대해서는 부르디외P. Bourdieu의 흥미로운 책(1988)을 보라.

기회를 자기 자신으로부터의 도피를 위해 이용하는 비합리적인 여행 욕구, 궁극적으로 그의 영혼의 근본에서 자기 자신에게 만족하고 있다고는 전혀 생각되지 않는 다른 계급 동료들에 의한 인정에 대한 타율적인 의존, 인간 자체보다 전혀 더 나쁘지 않고 다음 회의에서 그에 관한 훌륭한 말을 듣고자 하는 희망에서 별쇄본을 건네준 동료들에 관한 깎아내리는 수다, 자기의 권력 영역 내의 자그마한 악의들에 의해 자기 지위의 궁극적인 무의미함을 잊어버리는 자기 목적이 된 권력욕과 같은 것들일 수 있을 것인데, 이 모든 주제들은 침울하게 만들긴 하지만 읽을 가치가 있는 사회학 책을 쓰기에 충분할 것이다. 대학들은 그 현상 형태들 가운데 많은 곳(확실히 모든 곳은 아니고 심지어 대다수의 곳도 아니다)에서 환원주의의 적대자들에 의해서도 단연코 사회학적이고 심리학적인 범주들을 가지고서 접근될 수 있다. 철학적으로 특히 흥미로운 것은 그 자체에서 이미 일관되지 않은 상대주의와 다양한 사회적이고 정치적인 조건들의 결합이 결과하지 않을 수 없는 다양한 모순들에 대한 분석일 것이다. 가령 다른 사람들뿐만 아니라 또한 언제나 자기 자신도 기만하는 독일적 영혼의 심오한 욕구에 있어서 어째서 상대주의자가 어떠한 객관적 가치 기준도 더 이상 지니지 않음에도 불구하고 자기의 권력 정치적으로 제약된 개인적 결정들을 사태 자체에 대한 자신의 흔들림 없는 관심을 가지고서 근거지어야만 하는지가 쉽게 설명될 수 있다. 교수 신분에 대한 전형적으로 독일적인 높은 평가는 예를 들어 상대주의적인 위원회 성원으로 하여금 개인적 결정들에서 그에게 문제되는 것이 오로지 대단히 높은 객관적 기준뿐임을 분명히 천명할 뿐만 아니라, 심리학적으로 주목할 만한 가치가 있는 일이지만, 이것을 스스로도 현실적이라고 믿도록 강요한다. 그리고 이 점은 비록 그가 자기의 강의들에서 특수한 이해관계들에 의해 규정되지 않은 기준들이란 존재하지 않으며 가치 판단들은 그저 주관적일 뿐 등등이라고 가르친다 하더라도, 그리고 그가 비록 학술회의에서 자신의 강연에 앞서 스스로에게 문제되는 것은 다만 그 어떤 다른 사람도 어떠한 상황에서든지 간에 자기의 견해에 머물 수 있는 한에서 받아들이도록 강요받지 않는 지극히 개인적인 자기 자신의 견해를 말하는 것일 뿐이라고 밝힌다고 하더라도 마찬가지다. 다원주의적인 철학자 사회의 이러한 보편적인 인권을 의문시하는 자, 그러므로 어떤 견해가 다른 견해보다 더 훌륭하게 근거지어져 있는지를 발견하는 것이 학술회의의 의미라고 생각하고 바로 [33]견해들의 전적으로 무정형한 영역으로부터 벗어나고자 하는 까닭에 철학에 대해 관심을 지니는 자는 흥을 깨트리는 자로서 여겨지고 혐오의 대상으로 간주되지 않을 수 없을 것이다.

그러나 좀 더 우울해지는 것은 상대주의자가 더 이상 진리를 믿지 않음에도 불구하고 자신의 전문적인 품격에 대한 의식으로 삼투되어 있을 뿐만 아니라 또한 스스로를 '진보'와 '좌파'로서 정의하고 있을 때의 그 모순들이다. 여기서 문제되는 것은 결코 좌파에 대해 싸잡아 하는 비판이 아니다. 첫째, 전통적인 정치적 대립들은 새로운 종류의 위험들에 직면하여 점차 그 의미를 상실하고 있으며, 둘째, 철학은 온전히 보편적으로 좌파나 우파가 아니라 이성의 편에 서야 하고, 셋째, 이성에 대해 관심을 지니는 모든 사람은 좌파가 처음부터 범했던 (가령 전통과 상징, 감정 및 가족과 특히 종교와 같은 제도들에 대한 저평가와 같은) 일정한 오류들에도 불구하고 전통적 좌파가 보편주의적인 이상들을 높이 평가했고 인류의 진보에 의미 있는 기여를 했음을 인정한다— 여기서 나는 다만 사회적 문제에 대한 민감성, 경제적인 것을 정치적인 것 밑에 두기, 민주적 제도들의 촉진, 민족주의에 대한 투쟁에 대해서만 언급해 두고자 한다—. 그러나 바로 이러한 성과들의 개척자들에 대해 공감을, 아니 바로 존경을 느낄 때 놀라지 않을 수 없는 것은 좌파 지성의 대부분이 처해 있는 정신적 혼란을 목도하게 된다는 점이다. 여기서 내가 생각하고 있는 것은, 더 이상 아무것도 믿지 않을 뿐만 아니라 맑스가 아닌 통속화된 니체가 그들의 영웅이 되었으며,[21] 이성의 자기 파괴 과정을 불합리한 논증들로 더욱 촉진하고

• • •
21. 적절하게도 블룸A. Bloom(1987)은 좌파의 니체주의화에 대해 말하고 있다. ——블룸

있고, 그러함에 있어 그들의 정체감이 1960년대와 1970년대의 학생 시절 동안에 형성되었고 나아가 오로지 전혀 다른 지적인 전제들 아래서만 그 의미를 지닐 수 있는 개념들을 심리적 안정의 보존을 위해 계속해서 사용하고 있기 때문에 스스로 어떻게든 '비판', '좌파', '진보'로서 행동하고 있는 저 지식인들이다.[22]

늙은 68세대 좌파들의 변신과 맑스주의적 범주들의 포기가 손해였다는 것이 아니다. 오히려 맑스주의적 발상에서의 논리적 비일관성, 맑스의 분석이 그 사이 [34](부분적으로는 단연코 바로 맑스주의의 역사적 강력함으로 인해) 근본적으로 변화된 세계에 관계된다는 사실, 세계가 맑스주의적 정권과 더불어 겪은 그리 고무적이지 못한 경험들, 그리고 마지막으로 네오 맑스주의가 유럽에서 야기한 많은 해악들을 고려할 때 자기비판은 철저히 바람직했다.[23] 그래서 '진보'와 '보수'가 서로를 배제하지 않는다는

• • •

이 고전적 사상가들의 타당성 요구의 근거들에 대한 물음을 제기하거나 전혀 대답하고 있지 않는 만큼, 그와 관련해서는 곧바로 자기의 고유한 형성에서 근거들에 대한 경시야말로 결국 자기의 고유한 진리 능력의 가능성 조건들을 더 이상 알지 못하는 저 정신적 제한성에 이르게 된다고 주장될 수 있다.

22. 누군가가 더 이상 역사의 필연적인 발전 법칙을 믿지 않는다면, 그것은 진지하게 논의될 수 있는 하나의 입장이다. 그러나 그가 그럼에도 불구하고 스스로를 여전히 맑스주의자라고 부르는 기저機底에 놓여 있는 핵심은 전혀 다른 문제이다. ——이데올로기의 일반적인 해소 상황에서 정합성을 고려하기는 점점 더 어려워진다. 이론적이고 실천적인 태도는 점점 더 종잡을 수 없게 되는데, 다시 말하면 점점 더 자제하지 못한 채 무책임하게 자기의 특수한 이해관계로 향하는 것이다.

23. 따라서 글뤽스만André Glucksmann과 같은 사람과 관련하여 마음에 걸리는 것은 그가 맑스주의의 전체주의적 측면을 꿰뚫어보고 인권의 중요성을 발견한 사실이 아니다. 물론 그 통찰은 스탈린과 중국의 문화 혁명의 전율이 네오 맑스주의의 전성기에 이미 철저히 알려져 있었던 까닭에 너무 늦은 것이긴 하다. 그것은 또한 이러한 신조의 변화가 모종의 독창적인 통찰과 결부되어 있지 않았다는 사실도 아니다(이 점에 대해서는 카뮈를 읽어보는 것으로 충분할 것이다). 물론 새로운 저자들에 의해 표명된 낡은 통찰들이 출판자에 의해 이용될 수 있고, 문화 경영은 '새로운'이라는 술어를 가진 자기표현에 대해 언제나 열광적으로 반응하지만 말이다. 마음에

것이 일반적으로 파악된다면 그것은 대단히 중요할 것이다. 왜냐하면 진보
가 공고화되고 보존되어야만 하며, 파괴된 것을 대체할 수 있는 제도들이
구축되지 않는 문화 해체적인 과정의 만연은 오로지 문화의 퇴락에만 기여
할 수 있고, 마지막으로 서구 문화는 스스로를 진보적인 것으로 위장하는
경향들에 반대하여 옹호되어야만 하는 수많은 계기들을 포함하기 때문이
다. 물론 이러한 일은 특정한 다른 분야들, 즉 의식 및 제도들에서 근본적인
(아마도 혁명적인) 변화들이 발생할 때에만 가능해질 것이다. 후자를 깨닫
지 못하는 것은 점차로 산업 사회에 적응해 왔으면서도 그 내재적 발전
경향들이 한 마디로 말해서 계속될 수 없다는 것을 파악하려고 하지 않고
또 가치 합리성을 점점 더 목적 합리성으로 대체하고 있는 보수주의의
커다란 정신적 한계를 이룬다. 바로 우리가 만약 저 다른 것을 보존하거나
고차적인 단계로 끌어올리고자 한다면, 결정적인 것은 한편의 현 상태에
대한 변호와 다른 한편의 추상적 유토피아에 대한 변호가 아니라 무엇이
보존될 가치가 있는지와 구체적으로 무엇이 변화되어야만 하는지에 관한
내용적인 논의가 성립하는 것일 것이다. [35]그러나 (19세기에서 유래하여
현재 통용되고 있는 질서 정치적인ordnungspolitischen 관념들이 19세기에 비
해 엄청나게 변화된 현대의 과제 앞에서 전체적으로 실패하리라는 것을
보여줄) 그러한 논의는 거의 성립하지 않았고, 어쨌든 여기서 문제되고
있는 좌파의 탈근대적인 변형에서는 성립하지 않았다. 그 주창자들은 계몽
의 후계자로서 현대의 긴급한 문제들에 관해 폭력으로부터 자유로운 의사
소통을 가능하게 해줄 유일한 것인 저 합리성 기준을 보존하고 있는 오랜
학파의 도덕적으로 깨끗하고 정직한 좌파들과는 엄밀히 구별되어야만 한

• • •

걸리는 것은 오히려 글뤽스만이 1984년의 그의 책에서 야스퍼스와는 달리 자기의
자유를 결국 전 인류의 절멸을 위협함으로써 옹호하는 것이 허락될 수 있는가
하는 어려운 윤리적 물음을 윤리적 깊이 없이 다루고 있다는 사실이다. 여기서는
하나의 이데올로기가 다른 이데올로기와 교환될 뿐이며, 따라서 응용 윤리학에
대해서는 결코 이바지하는 바가 없을 것이다.

다.[24]

하지만 탈근대주의자들 가운데서 이성에 대한 증오를 그 주요 특징으로 하는 사람들에서의 사정은 다르다.[25] 자기 과거의 전체주의적 계기들에 대한 비판은 그들에게 있어 완전한 정치적 무관심주의로, 심지어 공공연한 윤리적 허무주의와 냉소주의로 전환된다.[26] 더 이상 거대한 세계 혁명을

• • •

24. 우적友敵 대립이 바뀌는 것은 변혁기에 속한다(그리고 우리는 그러한 시기에 살고 있다). 내가 보기에 오늘날 정치의 근본 물음은 다음과 같다. 우리는 생태학적 위기를 극복하고 이를 위해 요구되는 국제적인 제도들을 구축하고자 하는가? 이 물음에 대한 긍정 내지 부정은 모든 전통적 정치 진영들을 관통하고 있으며, 따라서 전적으로 새로운 연합들이 형성될 것이다. 가령 잘 알려져 있는 하버마스의 보수 유형론을 빌려 이야기하자면, 내가 보기에 '구보수'(하버마스는 요나스를 이로 간주한다)는 저 물음에 대해 긍정하며, '신보수'는 그에 대해 부정한다. (내 눈에는 탈근대적으로 변형된 좌파와 구별될 수 없는) '청년보수'는 여기서 긍정-부정 물음 일반을 합리적으로 이해할 수 있는 능력을 박탈당했다. 그러나 바로 그렇기 때문에 나는 하버마스가 모든 구별에 있어 이러한 세 가지 서로 다른 그룹들을 '보수'라는 상위 개념 아래 포섭하고, 특히 '진보' 내부에서 마찬가지로 쉽게 대립물들이 발견될 수 있게 한 것은 부적절하다고 생각한다. 생태학적 상황의 진지함을 파악하지 못하고 신보수에서 자신들의 자연스러운 동맹자를 지니는 전통적 좌파가 존재하는가 하면, 마지막에 언급된 그룹과 청년 시기에 공통된 경험들을 지니고 있음에도 불구하고 그들보다는 구보수에 사태적으로 더 가까운 생태학적으로 일깨워진 좌파도 존재한다.

25. '탈근대'라는 말을 둘러싸고 애쓰는 모두가 그렇지는 않다는 점은 확실하다. 가령 코슬로프스키P. Koslowski의 견실한 책(1988)을 보라.

26. 맑스주의라는 악마가 비합리주의적인 무정부주의라는 바알세불에 의해 추방되는 이러한 이행의 비극적인 하나의 예가 리오타르J.-F. Lyotard이다. 그는 삶을 총체성의 강박 관념으로부터 해방하기 위해 보편성의 이념으로부터의 이별을 촉구하며, 근대의 편집증 이후 기독교로부터 맑스주의에 이르는 모든 거대 신화들과 결별하여 미학적 쿠데타를 즐기는 탈근대의 여명을 노래하고, 심지어 이제 자본주의의 무정부주의적 경향들 내에서 리비도적인 것이자 따라서 긍정적인 것을 다시 인식한다. 누군가가 자기의 맑스주의적인 과거에서 진지한 문제들을 지닌다는 것은 철저히 이해될 만한 일이다. 그러나 비일관성의 산물이 과연 바로 그 문제들과 더불어 모든 것이, 다시 말하면 맑스주의에 포함되어 있던 이성의 계기들마저

믿지 않는다는 것은 의심할 바 없이 진보이다. 그러나 더 이상 아무런 규범도 인정하지 않는 것, 가령 이 행성을 미래의 세대들도 거주할 수 있게 유지하는 것을 절대적 의무로 여기지 않는 것은 퇴보이다. [36]추상적 계몽이 충분하지 않으며, 그에 의해 규정된 근대가 그 한계에 부딪쳤다는 점을 파악하는 것은 중요한 통찰이다. 그러나 위험에 처한 길을 보여줄 수 있는 모든 도로 표지판을 '해체'한다면 그것은 다만 근대의 위험을 강화하는 데에 기여할 뿐이다. 탈근대주의자들은 자기 도취하여 그들이 부끄러움 없이 기생하며 자연스럽게 안정화시키는 방식으로 그에 속해 있는 체제의 몰락을 기다리는 것으로 보인다. 왜냐하면 궁중의 익살광대가 봉건 군주제의 통합적인 구성 요소인 것과 마찬가지로, 후기 하이데거를 읽은 탈근대주의자는 — 세계의 종말은 어차피 확정되어 있다는 이유로, 또는 세계가 이해되기에는 너무 복잡하기 때문에, 또는 마지막으로 인간이 역사에 영향을 미칠 수 있다는 믿음은 서구 문명의 원죄라는 이유로 — 변화란 본래 가능하지 않다고 확신하는 가운데 자연스럽게 보수주의의 힘들을 강화하기 때문이다. 탈근대주의자는 당연히 비판을 병적인 혐오의 전달 이상의 것으로 만들어주는 유일한 것인 객관적 기준을 믿지 않음에도 불구하고 스스로 비판적이라고 자처한다. 또한 그는 구체적인 일과 구체적인 포기의 필요성을 지시받을 때 곧바로 회의적인 유보 사항을 주장함에도 불구하고 뭔가 더 나은 세계에 대해 열광한다.[27] 어떤 식으로든 어느 누군가

• • •

부정됨으로써 정당화될 것인가?

27. 물론 거대한 세계 혁명에 대한 믿음은 이미 60년대 후반에도 본래적으로 진지하지 못했다. 1968년 5월 파리 시민들이 분명히 보여주듯이, 그 당시 거의 어느 누구도 돌이킬 수 없는 결과들을 지니는 필요한 행동들을 실제로 행하고자 하지 않았다. 그러나 최소한 사람들은 그 당시 그것을 진지하게 믿고 있다고 상상했다. 위선은 인간의 영혼이라고 하는 저 주목할 만한 형성물에서 종종 그렇듯이 최소한 여전히 무의식적이었다. 소홀히 여겨지고 있다고 느끼는 아이가 부모의 주목을 끌기 위해 아프게, 그리고 더 나아가서는 실제로 아프게 되듯이(물론 오히려 솔직하게는 부끄러워하겠지만 그럼에도 불구하고 존재하는 이러한 연관을 의식함이 없이), 이 세대는

에게 고통을 줄 수 있는 모든 것이 허락되지 않는다고 하는 모호한 인간주의적 관념들은 어떠한 구체적인 투입도 거부할 수 있는 탁월한 수단으로서 입증되는데, 왜냐하면 모든 결정은 부정이기 때문이다. 그리고 구체적 부정에 대한 두려움은 [37]완전한 부정주의에 머무는 것을 허락한다. 자기나 다른 이에 대해 비난할 만한 것을 비난할 힘을 상실한 사람은 최소한 정신에 대해 아무런 요구도 행하지 말아야 할 것이다. 왜냐하면 정신은 살라버리고 해치면서도 물론 정화하고 순화하는 불이기 때문이다. 그 안에서 자신들의 창조성을 보호하고 새로운 형식의 감수성을 발견하는 『그랑호텔 무너지다*Grand Hotels Abgrund*』의 미숙한 소비 욕망에 사로잡히고 책임에 대해 무능력한 저 투숙객들이,[28] 물론 그들이 어떤 무언가에 관해 말해야만 하는 까닭에 자연 파괴에 관한 자신들의 당혹감을 공표한다 하더라도, 세계에 대해 뭔가 긍정적인 것을 수행할 수 있다는 것을 누군가가 실제로 진지하게 믿을 수 있을까? 갈라진 틈새들·심연들^Abgründen을 고려할 때 쿠르티우스^Marcus Curtius들이 요청되지만, 더 이상 쿠르티우스를 배출할 수 없는 문화는 피할 수 없게 자기에게 닥쳐오는 문제들을 극복하지 못할 것이다.

어쩌면 탈근대주의자들이 현실적으로 옳을지도 모른다. 가능한 일이지

• • •

더 나이 든 세대에게 자신들의 불쾌함을 전달하기 위해 맑스주의에 몰두했지만, 그 까닭은 그들이 (예외를 제외하면) 레닌의 세대에 비교될 수 있는 실존적인 의미에서 맑스주의를 믿었기 때문이 아니다. 오히려 그들이 실현 불가능한 유토피아를 선택했던 것은 바로 그들 영혼의 근거에서 뭔가 떠들썩한 것을 갖고 있긴 하지만 본래적으로는 아무것도 변화시키고자(특히 자기의 특권을 뒤흔들고자) 하지 않았기 때문이다. 의식되진 않았지만 최종적인 의미를 지니는 것인 행동들에서 분명히 드러나는 이러한 본능이 이성의 간지였다 하더라도, 그만큼 더 이러한 간지의 도구들은, 비록 그들이 위에서 언급된 바 있고 또 스스로 아무것도 더 이상 믿지 않는다는 것을 정확히 알고 있는 의식적인 냉소주의자들보다 더 존경을 받을 만하다고 하더라도, 도덕적으로 진지하게 받아들여질 수 없을 것이다.

28. 루카치^G. Lukács(1963), 17 f.에서의 그 투숙객들에 대한 장대한 묘사를 보라.

만 서구 문화는 사실상 완전히 소진되었을 수도 있는 것이다. 가령 탈근대 postmoderne 건축—이와의 연관에서 저 주목할 만한 탈근대라는 용어가 최초로 각인되었다—을 놀란 눈으로 바라보게 될 때 우리는 탈근대 철학을 읽을 때와 마찬가지로 이러한 방향으로 느끼지 않을 수 없다. 왜냐하면 건축학적인 근대에 대해 그토록 많은 의구심을 품을 수 있다 할지라도, 요컨대 그것이 도시의 거주 가능성을 파괴했고, 그 규모에서 '중용의 상실'을 감지할 수 있으며, 그것이 인간 한도를 벗어났다고 하는 견해를 지닐 수 있다 할지라도, 일반적으로 통일성이 위대한 예술의 최소한 하나의 필요한 징표라고 한다면 그것이 위대한 예술이었다는 것은 언제라도 인정되어야만 할 것이기 때문이다. 19세기 후반의 역사성을 강조하는 건축에 따르면 그것은 하나의 원리의 각인이었던바, 그것은 기술 시대의 고딕 양식이었다. 그것에서 한 시대는 스스로가 믿는 것을 표현했고, 스스로에게 고유하고 독창적인 언어를 발견했다. 그에 반해 더 이상 독자적인 것을 지니지 않는 까닭에 다만 근대의 부정을 통해서만 정의될 수 있는 탈근대 건축은 그 형식의 많은 것들에서 ꂌ낡은 건축의 너무도 다양한 재고품들을 가지고 행하는 아류적인 놀이이며, 그것도 신고딕 양식, 신바로크 양식 등의 역사성을 강조하는 건축에서처럼 한 시대의 그것들을 가지고서 행하는 것이 아니라 하나의 건축물에서 모든 시대의 그것들을 가지고서 뒤범벅으로 행하는 놀이인 것이다. 여기에는 구부러진 박공, 저기에는 바로크 시계, 또 다른 곳에는 말쑥한 돌출창, 이 모든 것이 그 근본 구조에서 근대적이고자 하는 하나의 건물의 장식들로서 자리 잡고 있다.

앞에서 말했듯이 우리의 지적인 다다이스트들이 현실적으로 옳을 수도 있을 것이다. 유럽의 문화가 가까운 미래에 완전히 천박해지지 않고, 미학적, 철학적, 도덕적, 정치적으로 모든 위대함을 상실하지 않으며, 거대한 생태학적이고 정치적인 대재앙에 휩쓸려가지 않도록 선험적으로 보장해 주는 것은 존재하지 않는다. 그러나 이것은 첫째, 위대한 철학적 전통을 반박하지 않을 것이다. 왜냐하면 플라톤에서 비코와 헤겔에 이르는 가장 위대한 형이상학자들과 역사 사유자들은 문화 퇴락의 현상에 대해 현대의 이해를 위해 기여할 수 있는 철저히 의미 있는 것을 말할 수 있었기 때문이다. 둘째, 유럽의 문화는 상대주의와 비합리주의 때문에 몰락할 것이다. 왜냐하면 그것은 정신과 영혼의 면역 체계를 절멸시키는 까닭에 시대의 도전들에 적절히 대응할 모든 능력을 이제 막 파괴하려 하고 있기 때문이다. 그리고 바로 그 때문에, 또한 자연스러운 일이지만 종말에 대한 어떠한 선험적 보장도 존재하지 않기 때문에, 이성의 파괴에 대항할 의무가 존재한다. 이하에서는 이성의 자기 파괴 과정에서의 주요 행위들과 따라서 합리주의 철학을 개혁하고자 하는 초월론적 화용론의 프로그램이 전개되게 된 배경에 대해 서술하고자 한다.

1.2. 1830년 이래의 이성의 파괴. 유럽의 전통적 정당화 체계로서의 기독교의 해소

현대 철학의 상태를 역사학적으로 이해하기 위해서는 이전의 철학사로 되돌아가지 않을 수 없다. 본질적으로 여기서 문제가 되는 것은 헤겔의 죽음 이후의 시대이다. 왜냐하면 헤겔의 체계를 망상의 산물로 간주하는 사람들도 헤겔이 철학사에서 중요한 하나의 전환점을 나타낸다는 것을 논박하기는 어려울 것이기 때문이다. 내 생각에는 그와 함께 심지어 하나의 고유한 시대, 즉 근세 철학의 시대가 끝나고 이를 근대 철학이 뒤따른다. 시대들에 대해 말할 때 그것으로 내가 생각하는 것은 단지 일정한 완결성을 드러내는 시기들만이 아니다. 다른 곳에서(1984) 나는 오히려 철학사의 서로 구분될 수 있는 시대들이 서로 간에 눈에 띄는 구조적 유사성을 드러낸다는 점을 보이고자 시도했다. [39]가령 그리스 철학, 헬레니즘-로마 철학,

중세 철학, 근세 철학 그리고 근대 철학은 모두 처음의 소박한 형식의 형이상학적 사유가 경험주의적 발상의 도전을 받고, 경험주의적 발상은 필연적으로 회의주의의 하나의 형식에로 이어진다는 점에서 일치하는 것으로 보인다. 회의주의적-상대주의적 위기로부터 모든 비판에서 이미 전제되는 합리성에 대한 초월론적 반성들이 전개되며, 객관적 관념론의 구조 유형을 지닌 종합적인 철학이 하나의 순환을 완결한다. 이 유형의 철학들이 구조적 완전성을 요구할 수 있다 할지라도 그들은 물론 그 실질적 내용에 따라서는 불완전하며, 그 자신의 순환기의 비종합적인 철학들과 학문들의 실질적 성과들에 대한 고려에 그 순환들을 넘어서는 진보의 근거가 놓여 있다.

더 나아가 내가 보기에 철학사의 이러한 나선 이론은 비록 사유의 역사의 그야말로 중심적인 측면은 아니라 하더라도 하나의 측면을 파악하고 있다. 내게는 특히 상대주의의 상대화가 그 주요 성과를 이루는 것으로 보인다. 상대주의가 이미 자주 철학사에 현존했었고 또 이미 자주 극복되었었다는 것을 파악하는 사람은 뭔가 좀 더 폭넓은 역사학적 관점을 지니지 못한 사람이 그 암시력("따라서 비트겐슈타인에 따르면 우리는 더 이상 아무것도 말할 수 없다!")에 훨씬 더 쉽게 굴복하는 근대 상대주의의 전적으로 과도한 요구들을 덜 진지하게 받아들일 것이다. 확실히 유행들에 대한 일정한 냉정함은 철학적으로 뒷받침된 역사학적 교양의 가장 즐거운 성과들 가운데 하나다. 플라톤의 소피스트 비판을 읽고 그 무시간적인 본질적 핵심을 이해한 사람에게는 동시대 철학의 많은 것이 이미 친숙한 것으로, 심지어 모든 새로움에 대한 열정에도 불구하고 주목할 만하게 김빠진 것으로 나타날 것이다. 순환 이론의 거의 아무것도 현재의 내게는 잘못된 것으로 보이지 않는다. 물론 많은 것이 일면적이다. 가령 나는 1984년의 책(그것의 제3부는 제1, 2부와는 너무나도 차이 나게 취약하다)에서 유사성들과 평행들에 대한 강력한 관심으로 인해 순환들 사이의 차이들이 너무 짧게 다루어졌다고 믿는다. 요컨대 순환들을 넘어선 진보에 대한 물음이 충분히 대답되어 있지 않은 것이다. 그리하여 첫째, 철학사의 발전이 세 개의 패러다임, 즉 객관성, 주관성(의식 철학) 그리고 상호 주관성(언어 철학)의 패러다임에 따라 나누어질 수 있다는 아펠의 테제가 그저 외면적으로만 받아들여져 구체적인 해석의 근저에 놓여 있지 않다.[29] 둘째, 철학 외적이지만 [40]당연히 그 자체가 사유의 발전에 의해 제약된 요인들, 특히 기독교, 근대 과학(이는 오로지 두 번째 패러다임의 기반 위에서만 발생할 수 있었다) 그리고 특정한 정치적 발전 경향들이 순환들을 넘어선 진보를 얼마나 규정하는지가 인식되어 있지 않다. 가령 근대의 과학적 세계에서 상대주의가 고대에 그것에 귀속될 수 없었던 파괴의 힘을 얼마만큼이나 가지는가 하는 것은 철저히 독자적인 논의의 가치를 지닌다.

이하에서 나는 진보 차원을 고려하는 가운데 헤겔에 이르기까지의 철학사의 주요 단계들을 아주 간결하게 요약한 다음, 헤겔 이후의 철학을 좀 더 상세히 다루고자 한다. 나로서는 이러한 역사학적인 이야기가 현대를 이해하는 데 도움이 된다고 생각한다. 이 이야기가 진행되는 데서는 확실히 단순화들이 수반되지 않을 수 없겠지만, 이 작업의 맥락에서 그것들은 분명히 정당할 것이다. 게다가 단순화들이 동반되지 않고서는 아무것도 파악될 수 없으며, 순수한 세부 사항들 앞에서 포괄적인 연관들을 더 이상 파악할 수 없는 저 세부적인 박식함은 어느 경우에도 여기서 문제로 되고 있는 것이 아니다.

1. 본래적인 논증적 의미에서의 철학적 반성은 그리스인들에게서 시작되었던바, 그들과 더불어 비로소 자기를 파악하는 이성의 모험이 시작된다. 자연철학과 존재론의 단계 이후 이 반성은 소피스트학의 형태를 띠고

• • •

29. 상호 주관성을 소홀히 여기는 관점에서의 매혹적인 플라톤 해석을 예르만[Ch.] Jermann(1986)이 제안한 바 있다. 나는 (1987a)에서 헤겔에 대해 유사한 문제 제기를 추적했다.

서 도덕적-정치적인, 요컨대 문화적인 현상들로 향했으며, 포괄적인 계몽
운동으로서 그리스 문화의 인륜적 기초, 즉 전승된 에토스와 종교에 의문
을 제기하고는 놀랄 만큼 짧은 시간 안에 해소되었다. 관례적인 것의 자명
성을 파헤치고 정의롭지 못한 제도들을 공격한 것이 소피스트학의 공적이
었다 할지라도, 그것에서 이미 패러다임적인 방식으로 모든 계몽의 변증법
이 입증될 수 있다. 즉 추상적 부정으로서의 소피스트학은 나쁜 것뿐만
아니라 그 경향에 따라서는 전승된 모든 것을 해체했던 것이다. 그것은
세계사에서 처음으로 모든 실체적인 조건들로부터 벗어나 스스로 반성하
고자 하는 데서 자기의 정체성을 끌어내는 저 고집스러운 사회 심리학적인
태도를 산출하기 시작했다. 오로지 파괴적이었을 뿐인 까닭에 그것은 그로
부터 긍정적인 가치들을 전개할 수 있는 기준을 지니지 못했고 일반적인
몰방향성을 남겼다. 소피스트학은 만약 그것이 일관적이었다면 결국 권력
실증주의로 나아갈 수 있었을 뿐이다. 왜냐하면 마침내 모든 가치 척도가
그것의 희생물이 되었던 까닭에, 사실적인 것을 좋다거나 나쁘다고 평가할
수 있게 해주는 것이 더 이상 아무것도 남아 있지 않았기 때문이다. 그리고
그것이 순진무구한 삶의 옹호로서 등장한 곳에서마저도 그것은 항상 반성
된 순진무구함, 다시 말하면 살아 있는 모순이었는데, 왜냐하면 사람들은
순진무구하고자 원할 수 없기 때문이다. 이러한 위기적 상황에서 [4]사람들
이 당연히 철학자의 이념의 실현으로 본 저 인물이 등장했다. 여기서 내가
생각하는 것은 바로 소크라테스다. 소크라테스는 소피스트학에서 이성의
자기 파괴를 보았으며, 순수한 부정성의 논증적인 극복을 철학의 과제라고
인식했다. 이러한 목적을 위해 그는 자기 지양의 논증 형식을 발전시킨
최초의 사유자였다. 그는 예를 들어 진리의 부정이 얼마만큼이나 진리를
언제나 이미 전제하는지를 보여주었다. 또한 그는 대화에의 참여 안에
기초적인 윤리적 규범들이, 그러므로 우리가 초월론적 화용론과의 연관에
서 좀 더 상세하게 다루게 될 것들이 얼마만큼이나 이미 전제되어 있는지
를 보여주었다. 물론 그 발상은 그가 실질적인 규범들을 발전시키지 않은

한에서 형식적인 것에 머물렀다. 윤리학이 국가철학으로 확대되지 않았으며, 소크라테스 이전의 자연철학과 존재론이 하나의 커다란 종합으로 지양되지 않았던 것이다. 이 모든 것은 그의 가장 위대한 제자이자 객관적 관념론의 정초자이고 모든 시대를 통틀어 가장 천재적이고 가장 창조적인 사유자의 작업에서 이루어졌다. 물론 플라톤의 철학도 그리스의 퇴락을 저지할 수 없었다.

2. 헬레니즘 세계는 그리스 세계와 비교하여 아류적인 특징을 강하게 띠고 있다. 거기서 새로운 것은 바로 역사상 처음으로 하나의 철학적 문화가 스스로를 아류적인 것으로서 간주했다는 점과 스스로가 과거의 성취들에 도달할 수 없다고 하는 철저히 근거지어진 의식을 지녔다는 점이다. 오랜 신들과 가치들에 대한 믿음이 사라졌으며, 인간을 그 실존의 불안으로부터 구해내고자 하는 명확한 요구를 지닌 철학 학파들이 만연한다. 이러한 부분적으로 구원론적인 철학들은 물론 점점 더 (결국 그 자체도 구원론적으로 근거지어진) 근본적인 회의주의와 주관주의에 굴복하고 마는데, 이 회의주의와 주관주의는 로마에 의한 그리스 정복 이후 로마 제국에서도 확대되어 고대 로마의 인륜성의 붕괴로 이어진다. 스토아와 에피쿠로스주의 그리고 회의주의가 지적인 실체에 있어 위대한 아티카 철학에 이르지 못한다 할지라도, 그들에게는 말할 것도 없이 주관성의 보편성을 파악하고 이러한 방식으로 전통적인 폴리스 사상을 파열시켰다고 하는 공적이 속한다. 헬레니즘과 로마에서 철학사상 처음으로 보편 국가의 사상이 형성되며, 이러한 전제들 아래서는 사람들이 우연히 그 속에서 태어난 우연적인 정치적 형성물에 대한 완전한 헌신을 정당화하기가 점점 더 어려워지지 않을 수 없다. 이것은 한편으로 포괄적인 제도들의 창조를 가능하게 하며, 다른 한편으로는 이제 그 정체성을 더 이상 사실적으로 주어진 상호 주관성의 구속으로부터 끌어내지 않는 고유한 주관성의 절대화로 이어지는데, 이는 가장 급진적인 소피스트들마저도 [42]지적으로 여전히

이룰 수 없었던 추상의 성취였다. 공화정 후기의 혼란 속에서 그리고 (특징적으로 반회의주의적인 스토아 철학의 기반 획득과 결부되어 있는) 일시적인 안정화 단계에도 불구하고 황제의 통치 거의 전 시기 동안 제국의 거의 보편적인 권력과 지도층의 정신적인 몰방향성 및 도덕적인 타락 간의 모순이 그 정점에 도달한다. 인륜적인 쇠퇴와 지적인 공허함에 대해서는 한편으로 본래의 플라톤주의에 비해 주관성의 사상에 훨씬 더 커다란 공간을 허락하지만 상당한 수준의 철학적 성취로서 여전히 지적인 엘리트들만이 다가설 수 있는 새로워진, 특히 스토아의 계기들로 풍부해진 플라톤주의가 대립하며, 다른 한편으로는 여러 가지 점에서 신플라톤주의와 본질적으로 친숙하면서도 단순한 사람들을 위해 실체적인 인륜적이고 형이상학적인 내용을 표상의 언어로 옮겨놓을 수 있었던 기독교가 대립한다. 이후의 철학사를 이해하기 위해서는 잠시 기독교의 인류사적인 의미를 살펴볼 필요가 있는데, 그 의미에 대해서는 기독교의 교리들과 도덕을 거부하며 그에 맞서 있는 사람들도 논박할 수 없을 것이다. 요컨대 기독교에서 처음으로 그리고 이러한 형식으로는 마지막으로 전승된 가치들의 전도가 이루어졌던 것이지만, 기독교가 점차로 소멸해 가는 문화 속에 있는 우리로서는 십자가에서 죽은 신의 복음이라는 것이 그리스인들의 귀에 어떤 전대미문의 사건으로 들릴 수밖에 없었는지를 추체험할 수 없는 까닭에 그 전도의 철저함 자체를 거의 떠올려 그려볼 수 없다. 십자가와 비교하면 망치와 낫은 절대적으로 전통적인 상징들이다. 더 나아가 윤리적 감수성의 기독교적 전환은 그것과 비교하면 가장 가치 없는 혁명들의 영향마저도, 그러나 그와 마찬가지로 철학의 영향도 그저 일시적인 것으로 나타날 만큼 지속적이었다. 고대 후기의 엄청난 의미 위기 속에서 다수의 인간들로 하여금, 만약 그것이 없다면 너무나도 빛나는 지성에게서마저도 어떠한 존엄도 존재할 수 없는 저 인륜적 발판을 다시 발견할 수 있도록 한 힘은 신플라톤주의가 아니었다(비록 시대 전환의 저 매혹적인 핵심 형태를 신플라톤주의자 쉬네시오스Synesios가 파악했을지라도). 결국 플라톤주의로부터 끌어낸 철학설들과 구상적인 표상들의 결합만이 그리고 순교로까지 나아가는 새로운 윤리적 계명들에 대한 책임과 그 구체적인 모범적 삶만이 세계사적인 성과를 낳았던바, 오로지 그러한 것만이 오랜 문화의 잔존물을 유약해진 반성적 야만인들을 향해 돌진하는 좀 더 본원적인 야만인들에게 매개해 줄 수 있었다(그리고 고대 철학의 보존을 통해 동시에 르네상스와 함께 시작되는, 물론 이교적 계기들의 해방에 의해 함께 제약되는 고유한 세속화를 가능하게 했다). [43]확실히 여기서는 이성의 자율성 사상이 제거되었다. 그러나 이러한 일이 없었다면 아무것도 구제될 수 없었을 것이며, 심지어 이러한 일을 통해서만 윤리적 의식의 좀 더 고차적인 형식, 즉 폴리스 윤리의 특수한 이타주의와 헬레니즘의 보편적 이기주의의 종합이, 요컨대 보편적 사랑의 사상과 성과 신분, 민족이 어떠하든(갈라디아서 3장 28절) 모든 인간이 신의 자녀라는 도덕적 경험이 최소한 이상으로서 그 모든 과학적이고 기술적인 퇴보에도 불구하고 결국 인류 정신사의 좀 더 심오한 시대에 생기를 불어넣고 빛을 비추어줄 수 있었다.[30]

3. 중세의 철학은 좀 더 원시적이지만 좀 더 생기가 넘치는 민족들의 그 근거가 물어지지 않는 보편적 이데올로기로서의 기독교에 의해 지배된다. 물론 이 이데올로기에 대한 해석은 본래적인 도전 과제이며, 11세기 이래로 신앙 내용을 이성과 관계시키고자 하는 다양한 시도들이 전개된다.

• • •

30. 철학적으로 보아 기독교는 두 가지 원칙적으로 서로 다른 측면들에서 문제가 된다. 한편으로는 그것의 진리에 대한 형이상학적-종교 철학적인 물음이 존재한다. 하지만 이 물음이 부정적으로 대답될 때에도 어째서 그토록 역설적인 이 종교가 관철될 수 있었는가 하는 역사 철학적인 물음이 남는다. 또한 기독교가 (아마도 불교와 더불어, 그러나 어쨌든 다른 두 일신론적인 종교들과는 분명히 달리) 대단히 지적인 문화의 의미 위기로부터 성립한 유일한 종교인 한에서도 그에 대해 특수한 역사적 지위를 부인할 수 없다. 따라서 19세기와 20세기에 그것의 해소는 두 번째 포텐츠[Potenz]의 위기이다.

통례적인 순환이 구체적으로 형성되어 드러나는 가운데 우선은 이성과 신앙의 경향적인 동일성에서 출발하며(안셀무스, 빅토리누스), 그 다음 신앙이 이성보다 위에 놓여 있지만 그것에 모순되지 않는 것으로서 해석되고(토마스), 그에 이어 신앙과 이성의 가능한 한 포괄적인 대립으로 전진하며(유명론), 그 대립은 중세 철학의 최종적인 위대한 체계, 즉 안셀무스의 프로그램을 좀 더 고차적인 차원에서 다시 실현하고자 시도하는 쿠자누스의 체계에서 다시 받아들여진다. 새로운 철학적 범주들을 형성한 것과 더불어 중세 철학의 의미는 첫째, 자기 자신을 파악하는 주관성이 절대적으로 문제가 되는 것이 이제 바로 신 자신인 까닭에 이 주관성을 헬레니즘의 성과들마저도 훨씬 뛰어넘는 새로운 깊이로까지 끌고 갔다고 하는 점과 둘째, 근대 과학을 준비했다고 하는 점에 놓여 있다. 오로지 일신론의 틀 내에서만 안정적인 자연법칙의 가정이 의미를 지니며, 나아가 오로지 초월적인 신에 대한 관련만이 인간으로 하여금 [44]자연 지배 프로그램을 불경으로서 느낄 수밖에 없게 만드는 저 그리스적인 자연과의 통일로부터 벗어날 수 있게 해준다.

4. 이성의 자율성에 대한 지울 수 없는 욕구가 근세 철학의 시원에 놓여 있다. 근세 철학은 그 시작에서 본질적으로 합리적 신학, 다시 말하면 기독교적 신 개념에 대한 새로운 이성적 파악의 시도이다. 물론 그 신 개념은 이러한 새로운 파악 속에서 필연적으로 변형되어 일관되지 못한 계기들로부터 해방된다. 특히 데카르트, 스피노자, 라이프니츠에게 문제가 되는 것은 근대 자연과학 프로그램 및 고유한 주관성의 방법적인 자기 경험과 양립할 수 있는 신 개념을 발전시키는 것이다. 물론 근거짓기 이론적으로 형이상학의 방도는 철학의 결정적인 물음, 즉 선험적 종합 명제들에 대한 물음의 해결을 위한 명확한 방법을 제시하지 못할 뿐만 아니라 또한 이 물음이 결코 명확히 정식화되지 않는 한에서 만족스럽지 못하다. 전통 형이상학의 무시간적인 것으로 간주된 수많은 '진리들'을 의심스럽게 만

드는 근대 과학의 점점 더 빨라지는 발전에 대해 경험주의가 부응하고자 시도한다. 물론 흄은 윤리학이든 근대 과학의 기초적 원리들이든 모두 경험 (또는 분석 명제들) 위에 근거지어질 수 없다는 것을 보이는데, 곧 회의주의가 경험주의의 결론이다. 그에 더하여 근대 과학의 많은 성과들은 종교적 세계상의 기초적 진술들을 뒤흔든다. 유물론적 세계관과 더불어 그 세계관 내부에서 인간도 자연의 산물로서 해석하는 것이 확산되기 시작하는 것이다. 18세기에 합리적 신학, 즉 종교와 과학의 통합을 허락했을 뿐만 아니라 뉴턴과 라이프니츠, 비코와 같은 사상가들과 과학자들에게서 자연과학들 및 정신과학들을 위한 자기의 가장 중요한 대변자를 발견했던 저 웅대한 철학적 프로그램의 위기가 시작된다. 자연과학이 그리고 마침내 19세기에는 정신과학이 철학적 세계 해명의 이념으로부터 풀려난다. 철학으로부터 과학의 이러한 해방은 논란의 여지없이 과학의 발전을 가속화했다. 문제의 여지가 있는 온갖 결과들을 지니는 가치 합리성과 목적 합리성의 분리는 과거에 대한 대화적 관계의 파괴와 마찬가지로 말할 것도 없이 바로 그 과학의 발전에로 환원된다.

자연과학 프로그램에서 지성이 거둔 위대한 성과의 경험은 또한 실천의 영역도 합리화하고자 하는 원망의 배후에, 다시 말하면 관료제적 국가와 자본주의적 경제의 배후에 놓여 있다. 이러한 구조들에서 특유한 것은 그 깊숙한 이중성이다. 한편으로 오로지 경제와 정치의 자율화만이 근대를 특징짓는 바의 이 하위 체계들의 최고의 효율성 증대를 가능하게 했다. [45]다른 한편으로 그것에는 그 내적인 성과 기준들이 다른 모든 가치들을 대가로 치르고서 관철됨으로써 좀 더 포괄적인 윤리적 전망들에 대항한다고 하는 위험이 놓여 있다. 요컨대 근대 과학과 그에 근거한 경제와 정치에는 비도덕적일 뿐만 아니라 도덕의 원리에 단적으로 대립되는 계기가 놓여 있는 것이다. 내가 여기서 생각하는 것은 진리가 만들어진 것이라는 원리 verum-factum-prinzip이다. 근대 과학의 성과는 (개념 필연적으로는 아니라 하더라도) 본질적으로 실험에서 자연이 '모조'된다는 것과 연관된다. 인과적 연관들은 그것들이 '재구성'될 수 있을 때 파악된 것들로 간주된다. 이러한 관점에서 과학과 기술은 뗄 수 없이 결합되어 있으며, 제작이 근대적 합리성의 지배적인 범주가 된다. 그러나 객관적인 윤리적 가치들의 본질은 바로 그것들이 만들어진 것으로서 간주될 수 없다는 데 존재한다. 특히 인간들 사이의 윤리적 관계는 다른 이의 전략적인 조작에로 환원될 수 없다.

따라서 소피스트학과 비교하여 근세적 계몽의 전체 프로그램에 고유한 것은 근대 과학의 이념을 통해 강화된 변증법인바, 그 변증법은 항상 과학적 진보와 윤리적 퇴보를 결합하느라 여념이 없다. 일정한 자동성을 가지고서, 다시 말하면 자기 자신에 대한 충분한 반성 없이 진행되는 이러한 합리화 과정을 그것의 철학적 원리들로 되돌려 이성을 좀 더 포괄적인 방식으로 자기 자신에 관해 계몽시킨 것은 의심할 바 없이 칸트의 획기적인 성취이다. 칸트는 첫째, 윤리학과 도덕적으로 뒷받침된 법질서 그리고 정치(및 미학)의 토대로서 필요한 규범적 명제들이 자연과학의 경험적 명제들로 환원될 수 없다는 것을 인식하며, 그러므로 그는 자연과학의 절대성 요구들에 빗장을 채우고, 실천 이성에게 모든 이론적 인식들에 맞선 지양 불가능한 자율성을 보장한다. 인과 과학적인 통찰들은 결코 규범적 물음들을 해결할 수 없으리라는 것이다. 다른 한편으로 칸트에게서의 윤리학과 자연과학의 이원론은 완전하지 않은데, 왜냐하면 칸트에 따르면 선험적 종합 명제들이 윤리학(과 미학)을 위해 필요할 뿐만 아니라 또한 근대 자연과학의 필증성 요구 내지 통일적인 세계 경험에 대한 믿음을 정당화하기 위해서도 필요하기 때문이다. 이 명제들은 자기의식의 통일에 근거지어지며, 신은 더 이상 (데카르트에게서처럼) 근대적 과학 프로그램의 보증이 아니다. 이론적 인식의 기초적인 선험적인 것들은 경험적 탐구를 위한 틀을 정립하며, 오직 이러한 탐구를 가능하게 하는 한에서만 타당하다. 이러한 방식으로 칸트는 [46]합리주의와 경험주의의 조정에 성공한다. 자연과학에 의해 전제된 선험적 종합 명제들의 근거짓기를 칸트는 경험의 가능성의 조건들을 반성함으로써 수행한다. 그리고 그는 정언 명령의 연역을 포기하지 않을 수 없다. (물론 중요한 것은 칸트가 이러한 연역에서 과학의 타당성을 언제나 이미 전제한다는 점과, 자기의 고유한 이성 비판의 조건들이 아니라 과학의 가능성의 조건들만을 반성한다는 점이다. 이성 비판의 조건들에 대한 반성은 피히테가 칸트 철학을 더욱 발전시키는 데서 비로소 이루어진다.) 가능적 경험을 넘어선 대상들(영혼, 전체로서의 세계, 신, 따라서 전통 형이상학의 대상들)에 관한 선험적 진술들은 칸트의 이론 철학의 틀 내에서는 정당하지 않다. 마지막으로 선험적인 것들에 대한 칸트의 완고한 해석이 언급될 수 있다. 즉 선험적인 것들이 경험이 아니라──주관적인 것으로서 이해된──이성에서 유래하는 까닭에, 그것들은 원리적으로 인식 불가능한 사물 자체의 본래적인 현실이 아니라 오로지 현상들만을 파악한다는 것이다. 그런 까닭에 생각될 수 있는 것은 초월론적인 의미에서의 예지적 자아가 자유로운 반면, 현상적 자아는 인과성 원리에 근거하여 선행하는 사건들에 의해 완전히 미리 결정되어 있다고 가정하는 것이다.

플라톤 철학과 합리적 신학의 전통을 새롭게 하는 셸링과 헤겔의 객관적 관념론의 핵심은, 바로 세계가 이성에 낯선 것이 아니라 절대적 이성에 의해 원리지어진 것인 까닭에, 동시에 존재론적 가치를 지니는 선험적인 것들을 가정한다는 데 놓여 있다. 그리하여 헤겔에게서는 이성과 자연이라는 칸트적인 이원론 대신에 논리-자연-정신이라는 삼분법적으로 나누어진 체계 기획이 나타난다. 여기서 논리는 자연과 정신의 근저에 놓여 있는 선험적 원리들을 주제화한다. 정신은 자연으로부터 이러한 이념적 영역에로의 복귀이다. 확실히 객관적 관념론의 근본 사상은 극도로 요구하는 바가 많은 것으로 나타난다. 그것은 대단히 중요한 인물들이 그 사상의 진리를 다른 어떤 것보다도 더 확실한 것으로 여겨왔을 정도로 그것에 사로잡혀 있었다는 것을 많은 사람들이 그저 심리적으로라도 떠올리기 어려울 정도로 오늘날의 생활 감정에 반대되는 것이다. 어쨌든 여기서는 강력한 논증이 그 사상에 찬성한다는 점에 대해서만 간단히 언급하고자 한다——이에 대해서는 나중에 다시 좀 더 상세하게 다루게 될 것이다 ——. 즉 종합적-선험적 명제들이 존재한다면, 그리고 원리적으로 인식 불가능한 사물 자체에 대한 칸트의 가정이 자기 모순적이라는 것이(따라서 저 명제들이 단지 주관적 타당성만을 가질 수는 없다는 것이) 제시될 수 있다면, 객관적 관념론의 근본 사상을 회피하기가 그리 간단하지 않다는 것이다. 더 나아가 객관적 관념론의 중요한 장점은 바로 그것이 [47]선험적 규범들과 가치들에 대한 견지뿐만 아니라 인간에 대한 자연주의적 설명과 도 양립할 수 있다는 것에 존재한다는 점이 언급될 수 있다. 왜냐하면 자연 자체가 선험적인 구조들에 의해 구성되어 있는 까닭에, 정신이 철저 히 그에 의해 매개되어 있을 수 있음에도 불구하고 무시간적인 것을 파악 하여 표현할 수 있기 때문이다. 헤겔의 철학은 객관적 관념론의 지금까지 최후의 위대한 체계인바, 그것은 기독교 신앙을 이성의 자율성의 사상 및 그의 시대까지 성취된 개별 과학적인 발견들과 통합될 수 있고 심지어 이러한 발견들 대부분을 근거지을 수 있는 개념적 형식으로 번역하고자 하는 시도이다.

내가 보기에 그 이후의 어떤 것도 그 분화성과 근거짓기 이론적인 복합 성 그리고 내용적인 풍부함에서 이 체계에 그저 대충으로라도 견줄 수 없긴 하지만, 첫째로 이 체계가 근대 세계의 수많은 현상들과 19세기 후반 과 20세기의 과학적 혁명들의 대부분을 정당하게 평가하지 못한다는 점은 명확하다(그렇다고 해서 그 체계가 그것들과 양립할 수 없다는 것은 아니 다). 그러나 둘째로——이 이의 제기는 더 멀리 나아간다——내가 보기에 헤겔 체계의 중심 문제는 그것이 한편으로 18세기에 시작된 상호 주관적 정신세계의 이론화를, 따라서 사회과학들과 문화과학들을 웅대한 방식으 로 개념화한다는 점에 놓여 있다. 칸트가 오로지 외감에 의한 자연적 대상 의 경험과 내감에 의한 자기 경험만을 알았던 데 반해, 헤겔은 주관-주관-관계들이 자연과학들이나 전통적 심리학에 의해 적합하게 파악될 수 없는 고유한 존재 영역을 구성한다는 점을 보고 있다. 그러나 다른 한편으로 헤겔은 순수한 주관성으로서의 절대자라는 신플라톤주의적인 구상을 견지하는데, 여기에는, 즉 절대적 주관성 이론으로서의 논리학과 상호 주관적 구조들에서 정점에 도달하는 실재 철학 사이의 이러한 긴장에는 헤겔 체계의 일관성을 위험에 빠뜨리는 단절이 놓여 있을 뿐만 아니라 그것은 또한 이후의 철학사를 미리 지시해 보여주기도 한다. 그러나 셋째로 헤겔의 체계는 실천 철학(과 미학)에 대한 이론주의적인 전도로 인해 불만족스럽지 않을 수 없는데, 물론 이러한 전도는 다만 주관 철학의 귀결일 뿐이다. 왜냐하면 헤겔의 객관적 정신의 철학에서 관건이 되는 것은 미래를 향해 선을 상호 주관적으로 실현하는 것이 아니라 과거에 실현된 선을 고독한 철학자의 주관적 이성을 통해 파악하는 것이고, 또한 이러한 구상에서는 전통적으로 실천 철학에서 과제로서 간주되어 오고 또 계속해서 그렇게 간주되어야만 하는 것, 즉 "나는 무엇을 해야 하는가?" 내지 보편자로 향하자면 "역사적으로 작용하는 어떤 힘들을 위해 나는 애써야 할 것인가?"라는 물음에 대한 대답이 지양되어 있지 않다고 하는 키르케고르와 맑스의 느낌은 철저히 근거가 있는 것이었기 때문이다. 확실히 인간의 정신은 [48]순수한 관찰자의 입장에 설 가능성을 지닌다. 하지만 그가 언제나 거듭해서 그렇게 해야만 한다고 할지라도, 그를 이러한 입장에로 제한함으로써 그로 하여금 현실에 대한 어떠한 참여의 의무로부터도 벗어나게 하는 견해는 잘못이며 결국 비도덕적이다. 언제나 다만 관찰자이고자 하는 것, 다시 말하면 결국 무관심하고자 하는 것은 도덕적으로 너무도 비난받을 만하며, '이것인가-저것인가'에서 A에 대한 B의 비판은 사실상 헤겔적인 이론주의의 몇 가지 측면들에 들어맞는다(아무리 헤겔의 이론주의에 있어 문제되는 것이 감성적 향유가 아니라 이론적 향유라 할지라도). 물론 이론적 토대를 지니지 않는 실천주의는 인류에 대해 엄청난 위험이며, 헤겔 이후의 거의 모든 철학들의 유한주의^{Finitismus}는 명백히 일관적이지 못하다. 그러나 그렇다고 해서 종합적 철학이 유한한 존재에 대해 필연적으로 구성적인 실천적 태도의 측면을 헤겔이 했던 것보다 더 정당하게 평가할 수 있도록 노력할 필요가 없다는 것을 의미하는 것은 아니다.

5. 헤겔의 철학과 함께 유럽 정신사의 한 시대가 끝난다. 뒤따르는 것은 많은 점에서 헬레니즘–로마 철학을 상기시키는데, 그리스 철학에 대한 그것의 관계는 근세 철학에 대한 근대 철학의 관계와 유사하다. 철학적 이성의 체계 형성적 힘은 소멸된 것으로 보이며, 경험 과학의 성과는 철학으로 하여금 자기의 고유한 프로그램을 실행하는 것을 점점 더 어렵게 만들고, 얽매이지 않은 새로운 시작을 마비시키는 역사학적 의식이 확대된다. 특히 사회적이고 정치적인 본성을 지닌 철학 외적인 고려 사항들이 사유에 대해 전통적 철학에게는 낯설었던 의미를 획득한다. 이 점은 스스로를 보편적인 것으로서 파악한 이성이 현실 속의 비이성에 대해 무관심하게 머물기 어려운 까닭에 단연코 단지 부정적으로만 평가되어서는 안 된다. 그러나 결정적인 것은 19세기에 이르러 유럽의 정신적 기초를 형성해 온 바의 전前철학적 정당화 체계, 즉 기독교의 해소가 시작되어 토대를 이루는 세계관이기를 그친다는 점이다. 철학에 관해 이야기하자면, 부정적인 최소한의 공통분모로서 철학이 플라톤과 함께 시작된 철학적 신학의 전통과 작별하고 사유의 근본 개념으로서의 절대자 개념을 포기한다는 점이 제시될 수 있다. 긍정적인 최소한의 공통분모는 객관성과 주관성의 범주 이후 상호 주관성 범주가 철학적 반성의 전면에 나서게 된다는 점이다. 이 점은 포이어바흐의 인간학, 퍼스의 실용주의, 에브너로부터 부버에 이르는 대화 철학, 후설의 현상학, 실존 철학, 해석학과 같은 아주 다양한 흐름들에 적용된다. 언어와 사회가 철학적 반성의 두드러진 대상이 되며, 이 분야들에 바쳐진 개별 과학들, 즉 언어학과 사회학이 새롭게 형성되는데, [49]한편으로 분석 철학에 대한, 다른 한편으로 맑스주의에 대한 그들의 영향은 아무리 높이 평가해도 지나칠 수 없다. 이 시대의 가장 중요한 정치적 성과들에 관해 이야기하자면, 명확한 것은 민주주의뿐만 아니라 사회 국가

도 상호 주관성이라는 새로운 원리와 관계되는 반면, 절대주의와 소유 개인주의는 주관 철학의 명확한 표현들이라는 점이다. 하지만 이러한 새로운 긍정적 원리—즉 근대 철학을 아무리 비판한다 하더라도 논리가 역사를 지배한다는 객관적-관념론적 확신에서 출발할 때 바로 그 근대 철학 속에서 작용하지 않을 수 없는 긍정적 원리—의 의미를 다루기 전에, 요컨대 근대 철학의 세 가지 가장 중요한 철학적 흐름들에서의 이 원리의 표현을 분석하기 전에, 기독교와 형이상학의 위기에 기여한 요인들이 언급되고 이 위기의 정신사적-정치적 결과들이 논구되어야 할 것이다.

　a) 전통적인 종교적 신 개념에서의 비일관성들은 본래적으로 신학적 본성의 것들이다. 전지전능하고 전선한 존재의 표상은, 만약 우리가 동시에 신이 어떻게든 이해될 수 있어야만 한다는 점을 견지한다면, 악 및 더 나아가 나쁜 것의 실존과 양립할 수 없는 것으로 보인다. 그러나 신학이 즐겨 피난처를 찾는 신의 파악 불가능성의 가정은 너무나도 분명히 인간 이성의 포기할 수 없는 자율성 요구를 훼손한다. 변신론 문제가 더 이상 제기되지 않는 신 개념을 발전시키고자 하는 철학적 시도들은 한편으로는 쓸모가 없었으며, 다른 한편으로는 좀 더 광범위한 대중의 지식으로 받아들여질 수 있기에는 지나치게 분화되어 있거나 직접적인 종교적 느낌에 너무 낯설었다. 그리고 비록 가장 중요한 변신론의 저자가 성장한 세기가 확실히 유럽 역사의 가장 행복했던 세기로 여겨지지 않는다 할지라도, 그럼에도 불구하고 확정될 수 있는 것은 이 저주 받은 20세기에 자연과 대중 지배를 위한 기술들에서의 엄청난 발전들과 결합되어 너무나도 끔찍한 범죄로 이어진 도덕적 퇴보가 변신론 문제를 더욱더 첨예화했다는 점이다. 아우슈비츠는 리스본 지진이나 30년 전쟁보다도 훨씬 더 경악할 만한 형이상학적 악이다. 그리고 마지막으로 악이 객관적으로 증대되지 않은 분야들에서도 악에 대한 우리의 감수성은 성장했다는 점이 부인될 수 없다. 바로 세계사적으로 전무후무한 안락함 속에서 성장한 자는 고통에 부딪쳤을 때 처음부터 그것에 친숙한 사람보다 그것을 견디기가 더 어려울 것이

다.

b) 18세기에 시작되고 19세기에 강화된 자기 문화 및 낯선 문화들의 역사에 대한 연구는 [50]전통적 형이상학의 중심에 놓여 있던 영원한 존재자의 범주를 멀리하게 만들었다. 생성과 변화가 역사의 규정적인 범주들인 것으로 보이는 것이다. 나아가 낯선 법체계와 신앙 체계와의 만남은 발생Genesis과 타당성Geltung의 결정적 차이를 파악하지 못한 사람들로 하여금 쉽사리 자기 문화가 상대적이라고 가정하게 만든다. 세계 속에 다른 법체계들이 존재하거나 존재해 왔다면, 무엇이 우리 법체계의 선험적 타당성을 보증할 것인가? 더 나아가 상대주의는 앞에서 언급된 정신과학들에서의 관점의 변이를 제약했는데, 요컨대 역사성이 무시간성에 맞서 지배적인 범주로 되었기 때문에, 낯선 것으로서 감각된 과거는 대화 상대방의 성격을 상실하고 순수한 대상이 되는 것이다. 나아가 점증하는 전문화로 인해 거의 어느 지식인도 자기의 작업을 정신적이고 규범적인 통일점에 더 이상 관계시킬 수 없게 되기에 이른다.

의심의 여지없는 일이지만 19세기에 관철되는 민족주의도 보편적인 타당성 요구들에 의문을 제기하는 데 마찬가지로 기여했다. 인간으로서의 인간이 아니라 자기 민족의 특수성들이 전면에 등장한다. 이러한 관점의 변화가 비록 개별적으로는 좋은 결과도 낳았고 또 전체적으로는 필연적이었다 하더라도, 전반적으로 보아 그것이 18세기 이전으로의 퇴락을 나타낸다는 점을 논박하기는 어렵다. 유럽의 자기 파괴와 후속적 재앙을 낳은 제1차 세계 대전의 비극은 공동의 정치에 도달하지 못하고 공동의 이익을 민족적 이기주의보다 상위에 놓을 수 없었던 유럽 엘리트들의 무능력이 낳은 최종적 결과였다.

c) 자본주의의 관철로 인해 수세기 동안 그 근거가 물어지지 않았던 사회 제도들이 급속히 해소되게 되었으며, 특히 화폐라는 추상적 매체가 전통적인 속박에 맞서 엄청나게 평가 절상되었다. 그리하여 자본주의는 의심할 바 없이 상대주의를 촉진시켰다. 짐멜의 『화폐의 철학』(1900)의

근본 테제에 동의할 수 있는 것이다. 더 나아가 산업화와 더불어 과학적 발견들이 단순한 사람들의 생활세계에도 미친 훨씬 더 강력한 영향은 수세기 동안 지배적이었던 자연에 대한 생활세계적인 접근을 의문시하도록 만들었다. 생활세계가 20세기에 철학적 반성의 중요한 주제가 된 것은 정확히 이와 연관된다. 하지만 철학이 자명한 것을 알아차리게 되는 것은 거의 대부분 그것이 실제로는 사라져가고 있을 때이다. 게다가 과학 혁명과 산업 혁명은 인구의 대부분에게 유물론적 확신들을 점점 더 강요했다. 인간을 우주의 중심에서 추방한 태양 중심 체계 이상으로 진화론적 생물학은 [51]동물 세계로부터의 인간의 자연적 발생이라는 테제를 가지고서 기독교와 합리적 신학에서 인류사적으로 가장 강력하게 표현되었던 인간의 자기 이해를 동요시키는 데 기여했다. 여기서 교회가 단지 자연과학들의 포괄적인 세계 설명 요구에 맞설 뿐만 아니라(이 점에서 교회는 철저히 정당했다) 개별 과학적인 발견들의 올바름에 대해서도 이의를 제기한 것은 너무도 부적절했다. 코페르니쿠스의 세계상과 진화론에 대한 투쟁은 교회에 대해 극도로 반-생산적인 영향을 미쳤는데, 왜냐하면 저 대립 이후에 결국 교회에 의해서도 인정될 수밖에 없었던 과학들의 승리는 동시에 실체적인 기독교적 내용의 패배로 해석되지 않을 수 없었기 때문이다. 전체적으로 보아 근대 기술에 의해 엄청나게 확대된 인간 행위의 결과들을 충분히 통제하는 윤리를 발전시키는 것은 성공되지 못했다. 가치 합리성과 목적 합리성은 점점 더 서로로부터 멀어지고 있다.

d) 마지막으로 기독교의 해소에는 정치적 이유들이 함께 작용했다. 교회는 개별 과학들과 기술의 개선 행렬과 함께 필요해진 사회적이고 정치적인 개혁들에 대항해 투쟁했으며, 신 앞에서의 모든 인간의 평등이라는 기독교의 기본적인 믿음에 맞서 낡은 특권들을 옹호했다. 교회는 자주 반동적 권력의 역할을 담당했다(교회, 특히 가톨릭교회는 부분적으로는 여전히 그러한 역할을 수행하고 있다). 그것은 남성과 여성의 평등화를 방해했으며, 기독교로부터의 제4신분의 소외에 충분히 맞서지 않았고, 식민화와

결부된 불법을 자주 정당화했다. 비종교적인 힘들에 대한 급작스럽고도 격렬한 두려움으로 인해 교회는 가장 반동적인 권력들을 뒷받침하게 되었는데, 그 까닭은 다만 교회가 그들을 종교를 거부하는 모든 힘들에 대한 투쟁에서 동맹자로 평가했기 때문이다. 물론 그러함에 있어 교회는 단지 정치적 이유들에서만 종교에 관심을 기울였고 따라서 공공연한 무신론보다 교회의 본질에 더 커다란 해악을 끼칠 수밖에 없었던 반계몽의 권력들에 의해 도구화되었을 뿐이다.

그런데 서구의 지배적인 이데올로기로서의 기독교의 소멸은 철저히 긍정적인 측면들도 지닌다. 근대 과학, 종교적 관용 사상, 프랑스 혁명과 함께 획득된 근대 법치 국가의 원칙들, 남성과 여성의 평등화, 신분적 차별의 제거, 비종교적 예술의 발전 그리고 모종의 특수하게 기독교적인 위선 형식들의 제거를 긍정하는 사람은 저 긍정적인 측면들을 인정하지 않을 수 없다. 앞에서 언급된 원리들의 관철이 기독교의 위기로 인해 유리해졌다는 것은 명백하다. 그러나 다른 한편으로 첫째, [52]좀 더 깊은 고찰을 통해 명확히 드러나는 것은 근대 세계의 이러한 성과들이 근본적으로 기독교적 사상 내용의 계속적 발전('세속화')에 빚지고 있다는 점이다. 요컨대 모든 인간의 인간적 존엄의 이념은 기독교적 원천을 지니며, 비록 종교 영역으로부터 정치 영역으로 그 이념이 전이된 것이 기독교의 근원적 지향에 상응하지 않는다 하더라도, 그것이 사태적으로(따라서 단순히 역사적으로가 아니다) 기독교의 본질적 핵심과 저 근대적 원리들 간에 필연적인 연관이 존재하지 않는다는 것을 의미하는 것은 아니라는 것이다. 근대 법치 국가 속에서 기독교적 원리들의 실현을 간취한 헤겔의 견해는 철저히 진지하게 받아들여져야 하며, 어떤 경우이든 헤겔의 철학과 같은 기독교의 철학적 지양이 20세기의 너무나도 추악한 현상, 즉 전체주의에 대해 모종의 책임을 짊어져야 한다는 견해보다 더 불합리한 것은 없다. 전체주의의 정신사적 뿌리는 오히려 기독교의 위기에 놓여 있는 것이다.[31] 바로 그렇기 때문에 둘째, 바로 저 성과들을 견지하는 사람으로서는 그 성과들을 정당화하는 기초, 즉 종교적 내지 철학적 신 개념의 탈락이 그것들의 존속을 위험에 빠뜨리지 않을까 하는 염려에 사로잡히지 않을 수 없다. 왜냐하면 선험적 원리들 없이는 최종적 가치들과 정언적 규범들이 근거지어질 수 없는바, 종합적–선험적 인식에 대한 승인은 필연적으로 그 타당성이 일반적 의식 속에서 19세기 이래의 기독교의 위기와 더불어 점차 의문시되어 온 일정한 형이상학적 결론들을 함축하는 것으로 보이기 때문이다. 그러나 바로 그로 인해——이는 대우법에 의한 추론이다——시간과 더불어 필연적으로 저 규범들과 가치들의 절대적 타당성에 대한 의식도 침식된다.

[53]사실 기독교의 위기가 유럽의 의식 속에 우려할 만한 가치 공백을 산출했다는 것은 부인할 수 없다. 근본적으로 인류는 기독교가 고대 후기에 그로부터 인류를 해방시킨 저 집단적 미성숙의 위기 상황으로 다시 던져졌다. 정당화를 위한 오랜 세계관이 물러났다는 것이 본래적으로 위험한 것은 아니다. 그러한 종류의 위기가 없다면 어떠한 진보도 있을 수 없으며, 따라서 위기들은 원리적으로 긍정되어야 한다. 우려할 만한 것은

• • •

31. (그 공적이 인식론에 있지 정치 철학이나 단적으로 정신사학에 있지 않은) 포퍼를 추종하여 플라톤과 헤겔의 철학을 전체주의와 결합시키는 것은 무가치한 형식의 정신사학적 작업이다. 본래 소렐Sorel과 파레토Pareto의 사유 발상들과 가령 나치즘 (국가 사회주의)의 기본 저작——로젠베르크A. Rosenberg의 『20세기의 신화Der Mythus des 20. Jahrhunderts』——이 비합리주의적인 삶의 철학에 의해 담지되어 있다는 것은 역사학적으로 명백하다. 로젠베르크의 저작에서 우리는 가령 최종 근거지어진 것을 부인하는 모든 이들의 근본적인 고백을 발견한다. "무전제적 학문은 존재하지 않으며, 오로지 전제들을 지닌 학문만이 존재한다."(1937; 119) 그러나 이론적 수준에서도 (근대 법치 국가가 양도 불가능한 인권이라는 형태로 전제하는 것과 같은) 절대적 규범들을 부인하는 것이 전체주의에 대한 비판을 위한 수단을 제공할 수 없다는 점은 쉽게 파악될 수 있다. 왜냐하면 상대적인 것의 절대화가 정치적으로 아무리 불행할지라도, 그것이 다만 절대적인 것의 상대화의 논리적 귀결일 뿐이라는 점은 명확하기 때문이다. 왜냐하면 도덕적으로 그 어떤 것도 절대적으로 금지되어 있지 않다고 한다면, 또한 특정한 비합리적인 이데올로기들을 모든 수단을 가지고서 관철시키고자 하는 시도도 금지되지 않기 때문이다.

오히려 새로운 세계관이 뒤쫓아 오거나 시야 속에 들어오기만이라도 하지 못한 채 저 세계관이 좀 더 빠르게 부서진다는 점이다. 그러한 상태는 위험하지 않은 것이 전혀 아닐 뿐만 아니라 또한 문화에 대해서도 필연적으로 불안정성을 의미하며, 이러한 불안정성은 유럽 문화가 20세기에 세계 문화가 된 한에서, 그리고 가령 기원전 5세기 후반에 고대 그리스적 인륜성의 해소가 로마의 발전을 결코 방해하지 않았던 반면, 유럽의 정신적이고 도덕적인 위기가 간접적으로라도——그리고 이슬람 근본주의와 같이 반동으로 설명되어야 할 비합리적 이데올로기들의 산출을 통해서라도——영향을 미치지 않는 장소가 지구상에 더 이상 거의 남아 있지 않은 한에서 그만큼 더 우려할 만하다. 이러한 불안정성은 또한 가치 합리성이 위기에 처한 결과 목적 합리성의 기하급수적인 발전에 대해 어떠한 제한도 더 이상 정립될 수 없는 까닭에 더욱더 우려스러워지는데, 사실 그 사이 이러한 전문 영역적인 기술적 합리성은 생태계와 같은 극도로 복잡한 전체성들에 파괴적으로 관여했으며, 그리하여 최소한 지구상에서 인류의 삶을 절멸시키는 것이 실재적 가능성으로 정립되었던 것이다. 물론 이러한 상황의 극복을 위해서는 광범위한 영역의 기술적이고 정치적인 변화들이 요구될 것이며, 이러한 변화들은 이기주의, 악의, 나태 그리고 무지몽매의 힘들과의 극도로 어려운 대결을 통해서만 관철될 수 있을 것이다. 단지 훌륭한 논증들만 가지고서 필요한 것이 달성될 수 있으리라고 생각하는 것은 어리석을 것이다. 하지만 또한 가치 위기——따라서 철저히 정신적인 현상——가 인간과 그의 역사의 좀 더 이성적인 관계에 이르는 도정에서 주요 장애물들 중 하나라는 점도 명확하다. 모든 이가 스스로 인간적으로 수용 가능하지만 바로 개인적으로 대단히 다양한 사적인 도덕을 발전시킨다 하더라도, 공동의 상호 주관적으로 인정된 가치들이 결여되게 되면 공동의 행위가 극도로 어려워질 것이다. 다른 한편으로 전혀 아무것도 믿지 않는 자는 자기의 순간적인 이익을 넘어서는 것을 위해 전력을 기울일 준비가 되어 있지 않을 것이며, 나아가 우리 앞에 닥쳐 있는 역사적인 예외적 상황들에

서 자기의 너무도 저급한 본능을 즐기지 않아야 할 의무를 느끼지 않을 것이다.[32]

[54]계몽에 의한 기독교의 해체가 지니는 지극히 위험한 결과들에 대한 이러한 비판이 근대 철학의 주요 흐름들 중 하나를 이루면서 반성에 대해 감정들, 제도들, 상징들, 신화들 및 종교들——특히 기독교——을 대립시키고 있는 반계몽의 편에 가담하는 것으로서 이해되어서는 안 된다.[33] 그와는 정반대로 내가 보기에 반계몽은 그것을 계몽보다 더 치명적이고 위험한 것으로서 입증하는 변증법에 지배 받고 있다. 왜냐하면 공동의 상호 주관적 행위를 불가능하게 만드는 단순히 공허하고 파괴적인 반성이 실제로 극복되어야 함은 물론이지만, 그러한 일은 오로지 그러한 반성이 긍정적인

• • •

32. 오해가 일어나지 않도록 이야기해 둘 것이 있다. 기독교에 대한 앞서 제시된 지식 사회학적 성찰들은 사실상 일차적으로 관건이 되는 그것의 내적인 진리에 대한 탐구를 대체하고자 하지 않는다. 그러나 (내가 뒤에서 좀 더 제시하고자 하듯이) 보편주의적인 이상들이 논리적 근거들에서 진리에 대한 요구를 제기할 수 있다면, 그 다음에는 사회적으로 작용하는 어떠한 정당화 체계가 그러한 종류의 이상들의 발전에 유리한 조건을 제공하고 어떤 것이 그것을 방해하는지의 물음이 허락된다. 그리고 내게는 기독교가 저 이상들을 물론 단지 제한적으로긴 하지만, 어쨌든 공공연한 가치 상대주의보다 좀 더 그럴듯하게 뒷받침한다는 테제가 잘못된 것으로 보이지 않는다. 나는 하나의 이론이 지닌 사회적 의미에 대한 반성이 오늘날 훌륭한 철학적 발언에 속하지 않는다는 점을 의식하고 있다. 그러나 지식 사회학적 환원주의가 거부되어야 한다고 하더라도, 나로서는 규범적 물음이 해결되어 있을 때 무엇이 인식된 규범들을 사회적으로 관철하는지에 대한 탐구는 허락될 수 있다고 생각한다. 왜냐하면 상호 주관적 타당성은 규범들의 최종적 의미이기 때문이다. 고대인들은, 비교秘敎의 사상이 확증해 주듯이, 진리의 전달이 마찬가지로 참된 것으로서 인식된 선 이념의 실현을 위태롭게 할 때에는 그것이 제한되어야 한다는 점에 대한 날카로운 감각을 지니고 있었다. 진리에 대한 의무와 사회적 악의 방지에 대한 의무는 우리가 아마도 다시 배워야 할 방식으로 조절되었는데, 그것을 우리가 배워야 하는 까닭은 그 방식이 철학에게는 아무런 손해도 끼치지 않고 오히려 많은 경우에는 바로 간접적 전달의 매혹적인 형식들을 촉진시켰기 때문이다.

33. 계몽과 반계몽의 변증법에 대해서는 V. Hösle (1987c)를 참조.

실체적 사유로 지양되는 것을 통해서만 참으로 이루어질 수 있기 때문이다. 그에 반해 반성이 무언가 부정적인 것이자 제거되어야만 한다는 것에 관해 지속적으로 반성하는 것보다 더 불합리한 것은 없다. 아마도 소박한 전(前)계 몽적인 문화가 이 상태 속에 그대로 머물러야 한다고 생각하는 것은 있을 수 있는 일일 것이다. 그러나 어떠한 상황에서도 가능하지 않은 것은 반성 이 전력을 기울여 그러한 상태로 되돌아가고자 하는 것이다. 메스트르 Maistre, 드 보날de Bonald 및 도노소 코르테스Donoso Cortés와 같은 19세기 초의 가톨릭 전통주의자들이 그들이 대변하는 것을 여전히 믿는 것으로 보이는 반면, 가령 키르케고르에게 있어 자기의 주관적인 비합리적 신앙 행위에 대한 반성은 거의 전적으로 [55]신앙의 객관적 내용을 쫓아낸다. 이러한 불합리는 콩트의 인위적인 에스페란토 종교 기획에서 증대된다. 이 종교는 대중들에게 사회적 구속력을 제공해야 하지만, 그 창안자도 ― 비록 그 근저에 놓여 있고 공익을 사익보다 위에 놓을 것을 가르치는 윤리적 근본 사상에 대해서는 믿는다 할지라도 ― 자연스러운 일이지만 그 종교를 직 접적으로는 믿지 않는 것이다. 마지막으로 그 불합리의 정점에 이르게 되는 것은 자기의 윤리적으로 제약 받지 않은 권력 희구의 실현을 목적으 로 종교의 윤리적 가치들을 공공연히 도구화하는 것에서인데, 이에 대해서 는 소렐 및 가령 마우라스Maurras에서의 무신론적 가톨릭주의 프로그램을 생각해 보는 것으로 충분할 것이다. 정치에서 반계몽은 파시즘과 나치즘 (국가 사회주의)으로서 나타난다. 그것들은 의심할 바 없이 서구의 가치 위기 및 맑스주의라는 새로운 역사 권력적 정당화 체계의 위협에 대한 서구의 (종종 비합리적인) 느낌에 함께 제약되어 있었다. 특히 나치즘에서 는 냉소주의와 도덕의 절멸이 가장 파괴적인 계몽가마저도 전율하게 만들 지 않을 수 없는 차원을 펼쳐 보였다. 어쨌든 추상적 계몽으로 인해 다가와 있는 위험에 대한 올바른 반계몽주의적인 통찰은 이러한 체계들과 더불어 인류의 생존과 존엄에 대한 가장 경악할 만한 위험으로까지 발전되었다.

　20세기의 역사는 허무주의의 구호 아래 우리 세기의 유럽에 대해 문화적 불안정성, 도덕적 몰락 그리고 정치적 끔찍함을 예언했던 도노소 코르테스와 니체와 같은 너무도 다양한 사상가들의 저 어두운 예측들이 계몽의 전통에 서 있는 낙관주의적인 역사 철학자들의 예측보다 더 적절했다는 것을 확증해 보였다. 그런데 우리는 유감스럽게도 새로운 위험들을 고려할 때 후세(그러한 세계가 존재해야 한다면)에게 20세기가 21세기와 비교하여 인간성과 행복의 목가적인 시대로서 나타날 것이라고 추측하지 않을 수 없다.

허무주의의 역사에서 니체는——그는 가장 철저한 계몽가인 동시에 반계몽가이다——확실히 핵심 인물이다. 이 점은 물론 그가 그의 시대의 가치 위기를, 그것도 그것이 여전히 지면 밑에서 곪고 있었고 또 겉으로는 화려하지만 속으로는 공허한 시대가 허장성세하는 몸짓으로 그 위기에 관해 자기기만하고 있던 시점에 진단했기 때문만이 아니라 또한 그 자신이 허무주의를 결정적으로 촉진시켰기 때문이기도 하다. 니체의 비판적–분석적 지성은 그와 비교할 수 있는 구성적 능력과 짝을 이루지 못했으며, 니체는 긍정적인 새로운 가치 질서를 발전시키고자 하는 그의 최종적 관심사에 거의 부응할 수 없었다. 정신적 귀족 지배에 대한 그의 고백이 문화의 천박화 시대에 이해할 만할 뿐만 아니라 더 나아가 대중문화가 [56]평범함을 넘어서는 모든 것을 흡수하여 절멸시키려고 하고 있는 우리 시대에 깊은 인상을 줄 수밖에 없긴 하지만, 강조하지 않으면 안 될 것은 참된 위대함은 자기가 그렇다는 것을 지속적으로 소리 높여 외치지 않는다는 점이다——이에 대해서는 스피노자와 칸트를 생각해 보는 것으로 충분할 것이다——. 오히려 자기 자신에 대한 지속적인 반성보다(더 나아가 자신의 강함에 대해서와 마찬가지로 자신의 약함에 대한 지속적인 반성보다 —— 왜냐하면 그것은 허영심이기 때문이다) 약한 철학적 개성을 더 분명하게 보여주는 증거는 거의 존재하지 않는다. 플라톤은 잘 알려진 일화에서 아테네 체류의 마지막에 도달한 손님들이 자기들에게 같은 이름의 유명한 철학자를 보여 달라는 부탁을 받았을 때 웃으면서 자기를 가리켰는데, 그 일은 내가 보기에

『이 사람을 보라』와 같은 저술의 작성보다도 더 고귀하다.[34] 이 점은 니체의 열정이 때때로 감동적이고, 그의 성실함과 비타협성이 19세기 후반에(더 나아가 20세기 후반에도) 일반적으로 결여되어 있는 철학적 덕목들이며, 나아가 니체 스스로가 진단과 시대 비판으로부터 자기 자신의 기획들로 넘어가는 곳에서 자기의 성취를 다시 전적으로 의심스러운 것으로 만드는 과장과 불성실함을 간과하지 않았음에도 그러할 것이다. 반은 영웅, 반은 협잡꾼이자 익살꾼이라는 판단을 우리는 회피할 수 없다.[35]

사실 니체의 빛나는 심리학적 통찰들과 그의 대가다운 언어가 그의 인식론과 존재론 및 윤리학이 그 변증법적 비일관성에서 전통의 거의 모든 기획들을 능가한다는 점을 숨길 수는 없다. 그리고 니체와 같이 그토록 전문 영역적인 지성을 지닌 사상가의 철학이, 요컨대 가령 그의 시대의 자연과학이나 법학에 대해 거의 아무것도 이해하지 못했고 근거짓기 이론적인 물음들에 대한 그의 감각이 최소한 그리 발전되어 있지 않았던 사상가의 철학이 플라톤과 라이프니츠 또는 칸트의 체계와 동시에 언급된다든지 심지어 하이데거의 니체 해석(1961)에서처럼 서구 형이상학의 논리 정연한 발전과 완성으로서 해석되는 것은 단적으로 부적절하다. 그러나 [57]만약 현대의 니체-르네상스[36]에서 니체의 사유와 독일의 도덕적이고

• • •

34. 물론 중요한 인물——니체는 중요한 인물이다——의 자기중심주의는 니체 모방자들의 그것보다는 한결 견딜 만하다. 자기중심주의는 언제나 악덕이지만, 거기서 관건이 되는 것은 바로 그 자기 · 자아이다.

35. 내가 보기에 폰타네Fontane의 마지막 소설에서 늙은 슈테힐린Stechlin은 초인Übermensch 개념에 대해 말해야 할 것을 말했다. "지금 사람들은 현실적인 인간 대신에 이른바 초인을 확립했지. 그러나 본래 존재하는 것은 단적으로 하인들Untermenschen일 뿐인데, 때때로 사람들은 바로 그들을 철저히 '초인Über'으로 만들고자 하지. 나는 그러한 사람들에 대해 읽고 또한 뭔가를 보았다네. 다행히도 내가 느끼기에 그들은 언제나 결정적으로 희극적인 인물들인데, 그렇지 않다면 사람들은 절망할 수밖에 없을 걸세."(1975, 347)

36. 이 르네상스의 대표자로서는 가령 들뢰즈G. Deleuze(1976)를 보라.

정치적인 대재앙 사이의 관계가 반박된다면, 그것은 더욱더 잘못이다. 니체가 반유대주의자나 민족주의자가 아니었다는 점은 확실히 인정될 수 있으며, "그토록 고귀한 사람이 히틀러에게 마부의 직을 맡겼을 리가 없다"는 것은 철저히 그럴 수도 있는 생각이다(이 문제에 관해서는 니체 전문가들이 판단해야 할 것이다). 그러나 그가 그렇지 않았다는 것은 그의 윤리학으로부터 근거지어질 수 없으며, 그 모든 것은 그의 철학의 핵심이 인류가 간난신고의 발전을 통해 획득한 보편주의적인 이상에 대한 너무도 끔찍한 부정을 나타낸다는 점과 모든 것을 잘못으로 규정하는 동시에 모든 것을 허락하는[37] 철학이 가장 조야한 권력 실증주의로 귀착되지 않을 수 없을 뿐만 아니라 또한 그렇게 된 것이 우연이 아니라는 점에 아무런 변화도 일으키지 못한다.

그런데 보통의 모든 인간에게 있어 상당히 본능적인 태도는 순수한 권력 실증주의로의 전환에 저항한다. 그리고 사실상 기독교의 소멸이 뒤에 남긴 가치 공백은 여전히 절대적이지 않다. 그러나 유럽의 근본 문제는 여전히 남아 있는 그리스적-기독교적 윤리학의 잔존물들이 더 이상 확고한 세계관적 토대를 제공하지 못한다는 점과, 더 나아가 유럽과 특히 독일에 있어 언제나 중심적인 지적인 논리 정연함이라는 관점에서 볼 때 공공연한 허무주의가 제설 혼합주의적인 어중간함에 비해 필연적으로 좀 더 커다란 매력을 지닌다는 점이다. 왜냐하면 니체의 원리가 아무리 일관적이지 않다 할지라도——요컨대 진리를 부정하는 자가 자기의 이론에 대해 진리를 요구한다든지, 진리를 삶을 촉진하는 것으로서 '꿰뚫어 보았다'고 믿는 사람이 '그 배후에' 또 다른 진리가 있다는 것을 전제하거나 아니면 그의 메타 이론이 전통 형이상학보다 확실히 삶을 덜 촉진하는 것인 까닭에 거짓된 것을 말하고 있다든지, 나아가 모든 것이 허락된다고 여기는 자가 만약 도덕적 위선에 대해 분노한다면 더 이상 진지하게 받아들여질

. . .

37. F. Nietzsche (1955 ff.), III 424.

수 없다고 한다든지 할지라도——그에게 있어서는 이 원리가 엄격한 완결성 속에서 전개되는 반면, 좀 더 약한 형식의 상대주의는 분명히 방금 언급한 너무도 극단적인 변증법적 근본 모순을 회피하면서도 의미론적 차원에서는 그에 찬성하여 지속적으로 자기 자신과 모순되는 가운데 어떠한 결론도 회피함으로써 그 어떤 경우에도 위대한 철학인 바의 것, 즉 혼연일체를 이룬 전체가 아니기 때문이다. 따라서 근대의 바로 그 반-철학자로서의 니체는, 허무주의의 극복이 상대주의적인 근본 정조 및 상식과의 내키지 않는 타협을 넘어서지 않는 한에서——짧고 명확하게 말하자면, 허무주의에 대한 대답이 자유주의 그 이상이 아닌 한에서——, 언제나 거듭해서 관심을 불러일으킬 것이다.

[58]여기서 내가 이해하는 자유주의는 19세기에 이 이름 아래 발전된 질서 정치적인 표상들이 아니다. 내가 보기에 오히려 이 자유주의 이념들 중 여럿은 특히 국가적 영역에 대해 포기할 수 없는 의미를 지니며, 인류의 진보에 지속적인 것을 기여했고, 실체적인 철학의 기초 위에서도 철저히 근거지어질 수 있다(비록 자유주의의 이념들이 이성적 국가를 위해 필요할 뿐만 아니라 충분하기도 하다고 믿는 것이 치명적인 오류라 할지라도). 또한 나로서는 자유주의적인 마음가짐, 요컨대 편협성의 반대가 가장 중요한 개인적인 덕목들 중 하나라는 점을 의심할 수 없다. 여기서 철학적 세계관으로서의 자유주의라고 하는 것으로 생각되고 있는 것은 오히려 낡은 가치 표상과 새로운 가치 표상 사이에서 갈팡질팡하며 무원칙하고 수미일관하지도 못하게 핑계만 대는 것, 즉 외부에 서 있는 자에게는 외재적인 동기——그 대부분은 자기의 이해관계——가 그 다양성을 제약한다는 것이 명백함에도 불구하고 왜 여기서는 이렇게 저기서는 저렇게 생각하는지 결코 근거지을 수 없는 태도를 말한다. 철학에서 관건이 되는 것이 추상적인 이것인가-저것인가라거나 심지어 반계몽이 선전하는 맹목적인 결단들이라는 것이 아니다. 그와는 정반대로 합리적으로 근거지어진 종합적 사유를 위한 능력이야말로 철학자의 본래적인 재능이다. 하지만 종합적

입장 역시(나아가 '세부적 구별Distinguos'에 대한 합리적 설명마저도) 무질 Robert Musil이 기술한 가능적인 인간 존재, 즉 한 번은 이것을 다른 한 번은 저것을 시험하되 결코 자기를 망각한 채로는 객관적 주제에 관여할 수 없는 그러한 인간 존재로부터 멀리 떨어져서는 결단할 수 있는 능력을 지니지 못한다.[38]

1.3. 근대 철학의 주요 흐름들

[59]한편으로는 현대 철학의 비참한 상태에 관한, 다른 한편으로는 이성의 자기 파괴 과정에서의 주요 행위들에 관한 처음 두 절이 아직 초월론적 화용론을 다루지 않았던 데 반해, 이 세 번째 절에서는 물론 여전히 명시적으로는 아니지만 이 발상이 문제가 된다. 그러나 내가 20세기 철학에 대한 아펠의 해석을 본질적 측면에서 따르는 한 그것은 이미 현재적이다. 사실 내가 보기에 아펠의 가장 설득력 있는 성취들 가운데 하나는 아마도 그의

• • •

38. 그런 한에서 도노소 코르테스Donoso Cortés의 「가톨릭과 자유주의 그리고 사회주의에 관한 에세이Ensayo sobre el catolicismo, el liberalismo y el socialismo」에서 기독교와 사회주의 사이에서 결단할 수 없는 동시대의 자유주의에 대한 경멸은 철저히 올바른 요점을 제기하고 있다(1970, Ⅱ 517 ff., 596 f., 643). 물론 도노소 자신의 반동적인 표상들은 자유주의의 그것들보다 정치적으로 훨씬 더 위험하다. 그럼에도 불구하고 우리는 오랜 귀족 정치적 지도층이 근대의 금권 정치로 대체된 것이 이중적 가치를 지닌 과정이라는 점에서 그에게 동의할 수 있다. 도노소에게 반대하여 사회에서의 인간의 지위가 출생에 의해 규정되어서는 안 된다는 점을 견지해야 한다 할지라도, 그와 마찬가지로 명확한 것은 전통적 귀족 정치가 그것과 함께 몰락한 덕들과 가치들을 지녔으며, 민주주의 사회에서의 지도층도 그 덕들과 가치들을 결여할 수는 없다는 점이다.

가장 중요한 논문일 「의사소통 공동체의 선험적인 것과 윤리학의 기초. 과학의 시대에 윤리학의 합리적 근거짓기 문제에 대하여」(1972a)에서 그가 현재의 세계 철학 상황을 두 가지 경향간의 적대성, 즉 한편으로는 정통 맑스주의에 의해, 다른 한편으로는 서반구에 특징적인 분석 철학과 실존주의의 상호 보완성에 의해 형성되는 적대성으로서 해석한다는 점에 존재한다.[39] 이 해석은 여러 가지 이유에서 매혹적이다. 첫째, 이원적 구분은 분명히 — 최소한 얼마 전까지 — 지구를 규정했던 가장 중요한 두 정치 체제의 대립에 상응한다. 아주 정당하게도 아펠은 서구의 상호 보완성 체계에서 교회와 국가의 분리 및 그와 연관하여 사적인 삶과 공적인 삶의 분리에 대한 이데올로기적 표현을 인식하고 있다. 둘째, 분석 철학과 실존주의라는 두 개의 서로 대립하는 것처럼 보이는 흐름들을 상호 보완적인 것으로서 파악한 것은 아펠의 중요한 통찰이다. 그것은 일반적으로 변증법적 발전의, 자기 내에서 이중화되어 있는 반정립에 상응한다. 왜냐하면 가령 과학주의 Szientismus, 즉 분석 철학의 가장 전형적인 현상들 중 하나와 실존주의는 서로 대립하는 것처럼 보이는 만큼이나 또한 가치 물음에 대한 합리적 근거짓기가 가능하지 않다는 확신에서 일치하기 때문이다. 이러한 해석에서 과학주의는 가치로부터 자유로운 과학의 분석 측면을 떠맡으며, 실존주의는 자기의 삶의 영위를 규정해야 할 가치들을 위한 비합리적이고 단지 주관적으로만 타당한 결단들과 관계한다.[40] 사실 [60]아펠이 비트겐슈

● ● ●

39. K.-O. Apel (1975; 11 ff.)의 구분은 조금 다르다. 거기서는 분석 철학을 실용주의가 대신한다.

40. 형식주의와 비합리주의의 상호 보완성은 법철학이라는 특수한 분야에 있어 켈젠과 슈미트의 내적인 가까움에서 제시될 수 있다(이에 대해서는 M. Hartwig (1987)을 보라). 왜냐하면 슈미트에게 법실증주의와 투쟁한 공적이 속할지라도, 그는 또한 초실정적인 자연법사상에로 복귀하지 않기 때문이다. 그는 실존주의자들과 마찬가지로 비합리적인 결단주의 Dezisionismus에 빠져드는데, 결단주의에 있어서는 법적 규범성이 그 타당성을 끌어내는 최종적 결단이 어떠한 선험적 기준에도 따라서는 안 된다. 한편에서는 초실정적인 규범들에 의해 통제되지 않는 실정법의

타인이라는 매력적인 인물에서 적확하게 보여주듯이 대단히 실존주의적인 윤리적 확신들이 심지어, 아니 바로 그『논고』배후에 놓여 있다는 것은 어렵지 않게 입증될 수 있다. (아니, 근본적으로는 20세기의 모든 위대한 철학자들 중에서 오로지 비트겐슈타인만이 철학적 삶의 영위라는 실존주의적인 이상에 부응했다고 말할 수 있다.)[41] 그리고 셋째, 아펠에 의해 제시된 주요 흐름들은 쉽사리 모든 철학사적 순환의 처음 세 단계에 상응될 수 있다. 맑스주의는 순환에서의 정립에, 즉 객관성을 주관성보다 위에 놓는 교조주의적이고 실재론적인 철학에 상응한다. 분석 철학의 과학주의적 단계는 —— 논리학적으로 뒷받침된 —— 경험주의에 의해 특징지어지는데, 경험주의는 더 나아가 회의적–상대주의적 입장으로 귀착된다. 실존주의는 처음부터 주관주의적으로 정향되어 있다. 그에 반해 초월론적 화용론에서는 유한한 초월론 철학의 의미에서의 반성적 논증들을 가지고서 가치 회의주의의 극복이 추구된다.

하지만 내가 보기에 이러한 구성에는 두 가지 문제가 있다. 첫째, 아펠에 의해 언급된 세 흐름들이 지난 20년간 가장 영향력 있는 것들이었다는 것은 물론 올바르다. 그러나 근대 철학 전체의 가장 중요한 노선들을 제시하는 것이 문제로 된다면 또 다른 흐름들, 그것도 초월론적 화용론처럼 상대주의와 비합리주의의 극복을 시도한 흐름들을 언급하지 않을 수 없다. 아펠이 이러한 목표를 설정한 유일한 사람은 아닌 것이다. 사실 아펠은

• • •

절대적 준수, 다른 한편에서는 어떠한 윤리적 규정도 지니지 않는 권력에 대한 결단. 이 두 법철학적 입장들은 서로 함께 국가 사회주의자들의 권력 장악과 그들의 지배의 안정화를, 따라서 독일의 대재앙을 가능하게 만들었다.

41. 지적으로나 인격적으로 여러 가지 점에서 비트겐슈타인과 본질적으로 친숙한 막스 베버라는 그에 못지않게 위대한 인물에서도 그와 유사하게 첫째, 좀 더 넓은 의미에서의 실존주의적인 삶의 감정이 얼마만큼이나 그의 객관성 열정의 근저에 놓여 있었으며, 둘째, 실존주의에 대한 그의 영향이 얼마나 깊었는지가 제시될 수 있다. 가령 야스퍼스는 그의 철학적 자서전에서 어떤 사상가도 자기의 철학에 대해 베버만큼 본질적이지 않았다고 고백한다(1977; 34).

자신과 유사하게 칸트 철학의 상호 주관성 이론적인 변형을 추구한 퍼스를 그러한 사상가로서 취급했다. [61]그러나 퍼스의 철학보다 훨씬 더 영향력 있는 것이 후설의 현상학이다. 물론 하이데거 및 사르트르와 더불어 현상 학은 실존 철학으로 더욱 발전되었다. 그러나 그것은 후설의 본원적인 발상도 서반구의 상호 보완성 모델 내에 자기의 자리를 차지한다는 것을 의미하지 않는다. 오히려 내가 보기에 후설의 철학은 너무도 다양한 형식 의 상대주의와 역사주의 등등을 넘어서고자 하는 20세기의 가장 중요한 시도인바, 아펠의 근본 사상, 즉 자기 지양식과 『논리 연구』(특히 제1권 제7절에서)의 많은 논증들 사이에는 눈에 띄는 유사성들이 존재한다. 그리 고 비록 후설학파로부터 후설의 가장 고유한 관심사와는 정반대로 대립되 는 사유 노선들이 발전된 것이 우연이 아니라 할지라도, 아마도 20세기의 가장 중요한 비상대주의적인 도덕 철학적 저작, 즉 셸러의 『윤리학에서의 형식주의와 실질적 가치 윤리학』이 마찬가지로 현상학에 속한다는 점을 잊어서는 안 된다. 따라서 아펠이 후설 및 셸러와 아주 드물게만 대결한 것은 유감스러운 일이다.

두 번째 이의 제기는 아펠이 상대주의의 유일하게 가능한 극복을 부당하 게도 유한한 초월론 철학에서 보고 있다는 것으로 귀착된다. 앞 절 서두에서 묘사한 순환 이론이 옳다면 오히려 이 형식의 철학은 다만 '객관적 관념론' 구조 유형의 종합적 철학으로의 이행 단계일 뿐인 것으로 보이는데, 사실 나는 우리의 순환에서도 그러한 철학이 가능하고——확실히 단순하게 획 득될 수는 없다 할지라도——심지어 필연적이라는 가정으로부터 출발한 다. 물론 시간이 아직 성숙하지 않았고, 가령 과학들이 여전히 필요한 발전 수준에 이르지 못했으며, 특히 임박해 있는 생태학적, 사회적, 정치적 위기 들이 그러한 철학의 조탁을 허락하지 않는다는 것은 철두철미 있을 수 있는 일이다. 그러나 그 모든 것은 그러한 철학의 근본 명제가 내게 철저히 의미 있어 보인다는 점과 그것이 이 논구에서 초월론적 화용론에 대한 비판의 터전이 될 입장이라는 점에 아무것도 변화시키지 않는다.[42] 여기서

[62]우리 세기에는 어느 누구도 더 이상 이 입장을 견지하지 않았다고 하는 이의 제기는 내게 아무런 영향도 미치지 못한다. 왜냐하면 첫째, 내 생각에 우리는 역사학적 상대주의로부터 최소한 다음과 같은 것, 즉 철학에는 직선적 진보가 존재하지 않는다는 것을 배워야 했기 때문이다. 그리고 그로부터 따라 나오는 것은 한 동안 아카데메이아마저도 회의주의의 온상이 되었다고 해서 플라톤주의가 세계로부터 제거되지 않았던 것과 마찬가지로, 객관적 관념론이 우리 세기에 거의 그 대변자를 발견하지 못했다고 해서 끝장난 것은 아니라는 것이다. 철학적 입장들은 논증에 의해 논박되지 다수의 의견에 의해 논박되지 않는다. 철학에서 목소리들은 철저히 숙고되는 것이지 그 숫자가 헤아려지는 것은 아닌 것이다. 그에 더하여 객관적 관념론의 기반 위에서는 그것의 주기적인 축출이 의미를 지닌다는 점이 인정될 수 있다. 즉 '체계 강제'로부터의 해방만이 경험적 탐구에게 필요한 공간을 제공하고, 또한 철학에서의 새로운 현상들에 대한 거리낌 없는 접근도 그에 의해 가능해지거니와, 사실상 우리는 근대 철학과 과학이 너무나도 중요한 발견들, 즉 그 정신적 중심이 상호 주관성의 문제인 것으로 보이는 발견들을 수행했다고 말할 수 있는 것이다. 이러한 발견들을 객관적 관념론의 조직 속으로 통합하는 것은 내게는 철학을 위한 가장 의미 있는 과제로 보인다. 왜냐하면 통제되지 않은 팽창, 전문화, 통일점의 해소의 시대들이 존재해야 하는 것과 마찬가지로, 또한 특수자를 다시 보편자로 환원하고 대립된 것들의 종합화가 이루어져야만 하는 시대들도

• • •

42. Apel (1986a), 104 참조. "내가 볼 수 있는 한에서 회슬레는 (하버마스와 나에 의해 주장된) 담론 윤리학의 요점을…… 첫째, 이해했고 둘째, 너무 요구하는 바가 많은 것으로서가 아니라…… 충분히 요구하지 못하는 것으로서 고찰한 독일에서 최초의 철학자이다. …… 그러므로 회슬레의 대담하고 사변적인 입장은 초월론적 화용론적인 담론 윤리학에 대해 자기의 입장을 두 측면에 따라, 다시 말하면 두 개의 악을 회피하는 전략으로서 변호함으로써 그것을 가능한 한 명료하게 만들 기회를 만들어 준다."

존재하기 때문이다.

사실 내가 보기에 — 이것으로 나는 두 번째 요점에 도달한다 — 현대
에는 세계를 이성적 통일로 파악하는 그러한 종합적 이론에 대한 욕구가
증대되고 있다. 생태학적 위기는 이원론적 대립을 넘어서는 자연과 정신의
관계 구상에 대한 욕구를 확산시키고 있는데, 그러한 구상은 객관적 관념
론에게 모든 형식의 유한한 초월론 철학에 대한 우월성을 보증해 주는
바로 그것이다. 따라서 객관적 관념론의 근본 사상이 우리 세기에 수많은
자연과학자들, 특히 물리학자들에게서 발견되는 것은 확실히 우연이 아니
다. 가령 아인슈타인은 비록 그 용어를 사용하고 있긴 않지만 명백히 객관
적 관념론자이다. 이성을 현실 속에서 발견한다는 것에 대한 그의 신뢰,
물리학을 사변적 도정에서 추동해 가고자 하는 그의 시도, 양자론에 대한
그의 객관주의적 해석, 지고한 윤리적 신념과 결부된 그의 결정론, 현대의
정치적 문제(요컨대 세계 정부)를 합리적으로 해결할 필요에 대한 그의
명확한 통찰은 그 모두가 특히 스피노자의 체계와 너무도 강력한 친화성을
지닌 합리주의적 세계관에 근거하고 있다. 객관적 이성의 가정에 대해
[63]우리 세기의 자연과학자들은 대부분의 철학자들과 정신과학자들보다
본질적으로 더 충실히 머물러 있었다. 따라서 언젠가 20세기의 철학사를
쓰게 될 사람은 그 속에서 이 시대의 위대한 자연과학자들의 철학적 사상
들에게 단지 전문가들에게만 알려져 있는 수많은 철학자들의 견해들보다
더 커다란 공간을 할애하게 될 것이다.

I.3.I. 맑스주의

헤겔 이후 시대의 철학들 중에서 맑스주의가 역사적으로 가장 강력하게
되었음은 의심할 바 없다. 아니, 근본적으로 그것은 기독교의 위기 이후
세계의 몇몇 부분들에서 지배적인 이데올로기로서 관철될 수 있었던 유일

한 정당화 체계였다. 본질적으로 엥겔스와 레닌에 의해 완성되고 이하에서 일차적으로 문제가 되는 정통적이고 표준적인 형태의 맑스주의가 거의 철학적 섬세함을 보이지 않긴 하지만, 그것의 세계사적 성과에 대해서는 생각해볼 만하다. 19세기와 20세기의 수많은 지식인들에 대한 그것의 매력은 어떻게 설명될 수 있을까? 그것은 어째서 현실에서의 좌절 이후에도 대중뿐만 아니라 또한 바로 지식인들도 움직일 수 있었던가? 이 물음은 우리 세기에 형성된 다양한 네오 맑스주의적인 변형들이 부분적으로 맑스주의의 근본 사상으로부터 멀리 떨어져 나온 만큼 더욱더 대답을 필요로 한다. 정통 맑스주의의 '정립적' 특징들과 가령 아도르노의 '부정적 변증법' 사이에는 심연이 존재하는데, 내가 보기에 토마스 아퀴나스와 맑스 사이에서 맑스와 아도르노 사이에서보다 더 커다란 지적 친화성을 알아보는 것은 그리 과도한 것이 아니다. (이 점은 어떠한 정치적 노선에 대해서도 '자유주의적' 맑스주의자들에 대해서보다 더 커다란 불신을 표명하지 않았던 소련의 정치에서 너무도 분명히 드러난다.) 정언적 도덕규범들이나 역사의 발전 법칙들, 더 나아가 현실의 인식 가능성마저도 믿지 않는 지식인들이 왜 스스로를 맑스주의자라고 일컫는 것일까?

내가 보기에 대답은 상대적으로 단순한 듯하다. 첫째, 근대의 모든 이데올로기들 중에서 맑스주의가 과학성의 열정을 인간 활동에 대한 포괄적인 실천적 의미 부여와 결합한 유일한 이데올로기이다. 만약 근대 과학에 대한 믿음과 세계 속에서의 실천적 책임에 대한 소망이 근대적 의식의 결정적인 근본 규정들이라면, 오로지 맑스주의만이 하나의 기획 속에서 그 두 지향 모두에 부응하는 것을 창출했다고 인정하지 않을 수 없다. 그에 따르면 선善은 [64]물질의 내적인 변증법에 따라 관철되게 될 바로 그것이며, 마침내 오로지 선만이 관철되리라는 것이 목적론적으로 미리 결정되어 있다. 그에 반해 한편으로 인간의 삶의 영위에 대해 단적으로 과제를 정립하는 기독교는 근대 과학의 요구에 부응할 수 없거나 단지 좀 더 겸손한 발상들에서만 그럴 수 있었다. 그것은 계속해서 이전과 똑같이 사물들에 대해 가르쳤거나 가톨릭주의로서는 심지어 근대 과학과 양립할 수 없는 새로운 교의들을 창안했다. 다른 한편으로 과학주의는 분명 과학의 발전에 철저히 부응했다. 그러나 그 발상 내부에서는 "나는 무엇을 해야 하는가?"라는 물음이 아무런 의미도 지니지 못한다. 마지막으로 니체의 철학은 근대 과학의 진리 요구뿐만 아니라 절대적 가치들과 규범들의 타당성도 부정한다. 그리고 만약 칸트 철학을 되돌아본다면 우리는 분명 그것이 진리에 대한 과학의 요구뿐만 아니라 책임에 대한 윤리의 요구에도 부응하지만, 다만 인간 사유의 지울 수 없는 일원론적 근본 욕구를 만족시키지 못하는 이중적 이성의 이론 틀 내에서만 그러하다는 점을 인정하지 않을 수 없다. 반면에 헤겔의 일원론적 발상에서는 실천 철학이 이론주의적으로 재해석되는데, 요컨대 과거에 이성적인 것으로서 실현된 것에 대한 사후의 파악으로 전도되는 것이다. 그러므로 근대 과학과 양립할 수 있는 동시에 윤리에도 자리를 부여하는 일원론적 이론에 대한 수요가 커다랗다면, 맑스주의의 유통 가치는 바로 대안이 없기 때문에 필연적으로 높지 않을 수 없다.[43]

• • •

43. 따라서 맑스주의의 성취들을 그 오류들을 회피하는 체계에서 지양하는 데 성공하지 못하는 한 언제나 거듭해서 ── 그것도 철학적인 근거들에서 ── 그 맑스주의로 되돌아가게 될 것이다. 그러므로 60년대에 서유럽을 뒤흔든 '네오 맑스주의적인 문화 혁명'을, 비록 이러한 연관에서 의심할 수 없을 만큼 지성적인 인간들에게서 마주칠 수 있는 실재성 상실과 정신적인 자기 부인이 부분적으로는 생각 가능한 것의 한계를 넘어섰다고 할지라도, 오로지 비합리성의 폭발로서만 해석하는 것은 잘못이다. 단지 아버지 세대의 좌절과 전제적 지배의 시대 동안 거의 설득력을 지니지 못한 교회의 역할에서, 그리고 전통적으로 경제보다 상위에 있는 정치적 본성의 힘들에 대한 경제적 힘의 지속적인 확대에서나 이제 더 이상 자기 나라에서가 아니라 민족들 사이에서의 사회적 대립들의 첨예화에서, 나아가 인류의 전 지구적인 위기에서 마음의 보편적인 불편함을 산출하는 동기들이 형성될 수 있을 뿐만 아니라, 또한 맑스주의의 매력은 그것이 오늘날까지 규범들에 대한 근거짓기를 수행할 것을 약속하는 유일한 포괄적인 세계 설명 체계라는 점에 기반하고 있다.

맑스주의의 성공을 위한 두 번째 이유는 그것이 윤리적 문제 제기와 정치적 문제 제기를 [65]시대에 적합한 것으로서 받아들여진 방식으로 결합했다는 점이다. 미래 지향적인 정치적 힘들 편에 서는 것에서 본래적인 윤리적 명령이 파악되었던 것이다. 여기서 개인 윤리가 너무 축소되고 있다 할지라도, 그리고 정치로 환원될 수 없으면서도 너무나도 중요한 윤리적 영역들이 존재한다는 점이 견지되어야만 한다 할지라도, 자기의 탁월성을 향유하는 것이 아니라 오직 세계의 개선에 기여할 수 있는 행위만이 본래적으로 도덕적이며, 따라서 그 말의 완전한 의미에서의 도덕적인 인간에게 있어서는 정치적 발전들에 관한 사상만이 장기적인 개선을 달성할 수 있는 까닭에 그러한 것을 형성하는 것이 필수 불가결하다는 통찰은 여전히 올바르다.

셋째, 맑스는 그의 철학적 기획 속으로 몇 가지 '근대' 과학들, 요컨대 국민 경제학, 사회학, 역사과학을 통합하는 데 성공했는데, 이 점은 본질적으로 그의 발상이 시대에 적합하게 작용하는 데 기여했다. 역사학주의적인 출발점은 이를테면 신을 최고의 정당화 심급으로서의 역사로 대체했다. 그것은 상이한 문화들의 세계 표상들에서의 변화들에 대해 해명해 주었으며, 특히 이데올로기 비판적인 방식으로 도덕적 의식의 왜곡들을 설명할 수 있었다. 맑스가 성공했듯이 인간의 경제적 행위를 좀 더 포괄적인 사회과학적 관점에서 고찰하고 그것 안에서 내적인 논리를 드러내 보인 것은 대단히 훌륭했으며 또 여전히 그러하다. 개별적인 그 모든 오류에도 불구하고 맑스는 최초의 경제 철학을 그려보였다고 주장할 수 있다.

그리고 넷째, 맑스는—니체나 프로이트와 유사하게—근대 세계의 수많은 병리적인 현상들을 이 현상들로 인해 고통을 겪는 모든 이들에게 엄청난 인상을 주었음에 틀림없이 대단히 날카로운 눈길로써 인식했다. 맑스주의는 특히 산업화를 통해 첨예화된 사회적 문제와 그 영향 범위를 포착했으며, 19세기에 경제와 국가의 전통적인 관계의 전도가 발생하여 국가가 경제에 점점 더 종속하게 되었다는 점을 파악했다. '프티부르주아'

라는 범주를 가지고서 맑스주의는 하나의 정신 상태를 개념화했는데, 그것은 두 가지 요인, 즉 근대적 자아의 절대자로부터의 해방과 자본주의적 생산 양식에서 발생한다. 이 정신 상태는 19세기 후반과 20세기의 가장 강력한 역사 요인들 가운데 하나인데, 사람들은 반드시 그리스 문화와 기독교를 이상화함이 없이도 그 정신 상태에서 인간의 이념의 위축을 인식할 수 있을 것이다.

하지만 이 모든 성취들에도 불구하고 맑스주의가── 오늘날에도 그로부터 배울 것이 아무리 많다 할지라도── 철학적으로 만족스럽지 못한 입장이라는 점에는 아무런 변화도 있을 수 없다. 여기서 특히 [66]첫 번째 요점에 집중하자면, 명확한 것은 헤겔 체계의 '유물론적' 전복과 더불어 이론적 수준에서 필연성(가령 발전들)에 대해 말하는 것이든 본래적으로 실천적인 수준에서 규범적 명제들을 세우는 것이든 그 모든 가능성이 상실된다는 점이다. 왜냐하면 두 경우에서는 종합적-선험적 명제들을 필요로 하는데, 유물론적 인식론과 존재론이 어떻게 그러한 명제들을 보장해야 할 것인지 단적으로 이해할 수 없기 때문이다. 다만 한 가지 주의할 것이 있다. 여기서 내가 유물론이라는 것에서 이해하는 것은 자연 세계가 인과 과학적으로 완전하게 설명될 수 있으며, 그러므로 가령 어떠한 기적도 있을 수 없다는 견해가 아니다. 이러한 입장은── 아니, 심신 문제의 비-이원론적 해결마저도── 관념론과 단연코 양립할 수 있다. 오히려 하나의 입장이 유물론적인 것은 그것에게 있어 경험적으로 기술될 수 있는 자연적 존재가 일차적이고 근본적이며 심지어 유일한 존재일 때인데, 맑스주의가 이러한 의미에서의 유물론적 입장이라는 점에 대해서는 의심의 여지가 없다.

물론 오로지 경험적 명제들만이 존재할 때에도 가언적 필연성에 대해 말할 수 있을 거라는 점은 인정될 수 있을 것이다. 즉, 만약 세계 전체의 임의의 순간을 위한── 귀납적으로 추론된── 자연법칙들과 선행 조건들이 주어져 있다면, 고전적 결정론의 틀 내에서 이후의 모든 사건들이 필연적이라는 것이다. 그러나 어떤 이유에서 계급 없는 사회의 건설이 이러한 법칙들과 조건들로부터 따라 나오는가 하는 것은 아직 어느 누구도 제시하지 못했으며, 무엇보다도 우선 세계 전체를 위한 선행 조건이 단지 대략적으로만 알려져 있을 수 있는 까닭에 어느 누구도 결코 제시할 수 없을 것이다.[44] 하지만 자연법칙들과 선행 조건들이 결국 이상적 상태의 달성에 도달할 수 있도록 정비되어 있어야만 한다는 선험적인 목적론적 요청은 세계가 목적을 향해 창조되어 있을 때에만 의미를 지닐 수 있을 것이다. 그러나 만약 세계가 더 이상 헤겔에게서처럼 '이념'에 의해 원리지어진 어떤 것이 아니라면 도대체 무엇이 이것을 보장해야 할 것인가? 그런데 내가 생각하기에 맑스주의는 그것이 ── 고전적 형이상학처럼 ── 세계(자연과 역사)의 목적론적 해석을 주장하는 점에서 잘못을 범하는 것이 아니다. 오히려 나는 초월론적 화용론에 대한 비판에서 바로 그러한 해석에 찬성하게 될 것이다. 맑스주의에서 당황스러운 것은 [67]오히려 그것이 목적론을 견지하지만 세계를 더 이상 원리지어진 것으로서(대중적으로 말하자면 신의 창조로서) 간주하지 않는다는 사실이다.[45] 여기서 맑스주의는 본질

• • •

44. 게다가 Karl Popper (1965)에 의해 설득력 있게 다듬어진 오이디푸스 효과는 미래에 대한 예측 가능성을 어렵게 만든다. 사회과학에서의 예측들은 자연과학에서와는 달리 그것들이 기술하는 실재성의 부분을 형성하는 까닭에, 그 예측들은 ── 바로 그것들이 설득력 있다면 ── 이 실재성에 영향을 미칠 수 있다. 가령 맑스의 분석은 그에 의해 묘사된 악을 완화함으로써 혁명을 저지하는 반작용을 불러일으킬 수 있었다.

45. 여기에 그 밖의 점에서는 내가 그의 맑스주의 비판으로부터 강하게 영향 받고 있는 아펠과 나의 주된 차이점이 존재한다. 나는 맑스주의에 대한 다음과 같은 그의 분석에 동의한다. 즉, 그 분석에 따르면 맑스주의는 " ── 최소한 그것의 '정통적' 형태에서 ── 올바르게 이해된 존재자가 선과 동일하다는 목적론적 존재론의 고전적인 아리스토텔레스–토마스적인 요청을 다소간에 의심할 여지없이 견지하고 있다. 좀 더 정확히 하자면, 그것은 고전적 존재론의 역사 변증법적 변형이라는 의미에서 헤겔과 더불어 역사적으로 현실적인 것을 이성적인 것으로 그리고 이성적인 것을 현실적인 것으로 이해한다."(1972a; 364) 그러나 아펠과 달리 내가 보기

적으로 가령 전적으로 정당하게 신학과 더불어 또한 목적론(과 역사 형이상학)을 포기하는 과학주의보다 더 일관적이지 못하다.[46] 그러나 이 문제가 해결될 수 있다 하더라도, 즉 우리가 계급 없는 사회가 언젠가 달성될 거라는 것을 실증적으로 알았다 하더라도, 과연 이것이 규범적 문제를 해결하고 가령 자연주의적 오류 추리를 회피하게 될 것인가? 결코 그렇지 못할 것이다. 왜냐하면 '존재하게 될 것은 존재에 속하는바, 어떤 것이 있거나 있었던 까닭에 그것이 있어야 하는 것이 아닌 것과 마찬가지로 단지 어떤 것이 있게 될 것이라고 해서 그것이 있어야 하는 것도 아니기 때문이다. 주의해야 할 것은 맑스주의적인 발상 내부에서의 이러한 이를테면 '미래주의적인' 타당성 근거짓기가 내적 논리를 지니지 않는 것은 아니라는 점이다. 즉, 맑스주의는 비판적이고자 하는 까닭에 규범적 심급으로서의 현재에 기반할 수 없지만, 또한 이념적인 존재를 인정하지 않는 까닭에 그것에게는 오로지 미래만이 현재에 반하는 사실적 존재의 부분으로서, 즉 정당화하는 심급으로서 남는 것이다.[47] (우리는 초월론적 화용론도 미래주의적인 선취에 의한 정당화라는 동일한 오류를 범한다는 것을 보게 될 것이다.)

• • •

에는 존재자와 선의 궁극적인 동일성 테제의 역사 철학적 변형은 단연코 오로지 이 테제의 근저에 놓여 있는 사변적이고 심지어 신학적인 전제들이 해명될 때에만 의미를 지닌다.

46. 목적론은 아주 상이하게 이해된다. 여기서 문제되는 것은 분명히 내적 합목적성을 지니는 존재자들, 그러므로 목적 정립적인[teleonomer] 유기체들의 실존이 아니다. 이것은 과학주의적인 세계상과도 양립할 수 있다. 그와 마찬가지로 여기서 문제되는 것은 자연법칙들의 체계가 필연적으로 단적으로 특정한 존재자들을 산출할 수 있는 것이라는 것도 아니다. 여기서 내가 '목적론적'이라고 이해하는 것은 오히려 특별히 가치 있는 것으로서 특징지어질 수 있는 우주 발전의 나중의 결과가 '우연적'일 수 없다는 세계상, 즉 오히려 세계가 필연적으로 이러한 결과를 산출하도록 짜여 있다는 생각이다.

47. 규범적 문제를 해결하지 않는 보수적인 철학들에서는 과거가 최종적인 근거짓기 심급이다. 이 점과 관련해서는 가령 하이데거를 생각해볼 수 있을 것이다.

그러나 여기서 좀 더 나아가야 한다. 맑스주의는 [68]자연주의적 오류추리에 빠지고, 따라서 자기의 역사 형이상학을 가지고서 스스로가 근거짓고자 하는 것을 근거짓지 못하는 것만이 아니다. 심지어 그 역사 형이상학은 어떤 의미에서는 윤리학의 근거짓기를 어렵게 하는 것으로 보인다. 왜냐하면 인간적 행위의 존엄에는 바로 다음과 같은 것, 즉 그 인간의 행위가 투쟁의 목표로 삼는 선이 관철될 것이라는 지식에 의해 그 행위가 담지되지 않는다는 것이 속하기 때문이다. 미래의 개방성은 나중에 좀 더 상세히 다루어져야 할 특정한 의미에서 윤리적 행위의 조건인 것으로 보인다. 물론 윤리적 명령들이 의미를 지니기 위해서는 자연의 본질 및 미래 발전의 본질에 관한 특정하고도 매우 보편적인 존재론적 전제들이 만들어져야만 한다는 것도 참인 것으로 보인다──여기서 나는 초월론적 화용론에 반대하여 맑스주의의 옳음을 시인하게 될 것이다──. 그러나 어쨌든 이 전제들은 확실히 맑스주의에 의해 근저에 놓이게 된 것과 같이 구체적이지 않으며, 전적으로 확실한 일이지만 그 전제들은 명령들의 타당성이 바로 그것들에 상응하는 것이 실제로 관철되리라는 것에서 따라 나오는 그러한 해당 명령들의 근거짓기로서 이바지하지 않는다. 오히려 그와 반대로 저 윤리적 명령들이야말로 실재성이 특정한 유보적인 조건들 밑에 놓여 있다는 것에 대한 근거일 수 있을 것이다. 만약 우리가 맑스주의와 더불어 이원론적 체계들을 거부한다면, 그러나 동시에 규범적 명제들이 기술적de-skriptive 명제들로부터 도출될 수 없다는 것을(또한 우리가 미래의 발전에 관한 명제들을 기술적 명제들로 간주할 때에도 도출될 수 없다는 것을) 파악했다면, 규범적 명제들로부터 존재론의 근본 원리들을 도출하고자 하는 그러한 시도에 대해서는 다른 대안이 존재하지 않는 것으로 보인다. 우리는 이 문제로 다시 돌아오게 될 것이다.

이 연관에서는 윤리에 대한 미래주의적 근거짓기가 이론적으로 견지될 수 없을 뿐만 아니라 실천적으로도 위험한 결과들을 가진다는 점을 지적하는 것으로 충분할 것이다. 유일하게 가치 있는 것으로서 여겨지는 것이 계급 없는 사회라는 종말론적인 최종 상태인 까닭에 그 실현을 위해서는 모든 수단이 정당한바, 목적이 수단을 신성화하는 이데올로기는 맑스주의에서 세계사적으로 유일무이한 방식으로 강화된다. 모든 것이 허락된다고 하는 니체의 준칙은 맑스주의에서는 물론 계급 없는 사회의 달성을 위해 필요한 수단인 모든 것이 허락된다는 것으로 한정된다. 하지만 이것이 한편으로 장점이라 하더라도 다른 한편으로는 이제 나쁜 것이 명시적으로 정당화되어 있다는 사실은 위험이다. 전통적인 규범 체계의 위기의 시대에 항상 함께 나타나는 욕망, 즉 전승된 속박들을 파괴하고자 하는 욕망은 맑스주의에 있어 모든 것을 단지 하나의 절대적으로 선한 목적 때문에 행하고자 하는 공공연한 의도에 의해 도덕적으로 정당화될 수 있다. 이것이야말로 어째서 맑스주의의 가장 역겨운 형식인 스탈린주의마저도 나치즘과는 전혀 다른 규모로 그 자체로 중요한 지식인들뿐만 아니라 [69]일정한 도덕적 감수성을 부인할 수 없는 사람들까지도 획득할 수 있었던 이유이다.

어쨌든 목적이 수단을 신성화한다는 논증식에 대해서는 일정한 정당성이 부인될 수 없다. 아펠 윤리학의 B 부분은 바로 이 요점 주위를 돌고 있다. 그러나 관건이 되는 것은 구체적으로 바로 그 수단과 목적이거니와, 확실히 시간적으로 멀리 떨어져 있거나 완전히 유토피아적인 이상적 상태는 명백한 가치들의 훼손을 정당화할 수 없다. 그러나 맑스주의에서 유혹적인 것 — 즉 그것의 끔찍한 단순성 — 은 바로 그것의 미래주의적 전망 속에서는 일반적으로 인정된 거의 모든 다른 가치들이 희미해진다는 점에 존재한다. 이러한 전망 속에서는 예를 들어 친구들과 친척들에 대한 배신은 더 이상 전혀 하나의 (상황에 따라 정당화될 수 있는) 악이 아니라 일반적으로 악이 아닌데, 왜냐하면 선한 사태에 무조건적으로 헌신하지 않은 사람들에 대한 충실함은 전혀 가치가 아니기 때문이다.

볼셰비키에게 있어 어쨌든 형식적 영웅주의를 위한 기초를 이루었던 맑스주의의 추상적 미래주의는 세계 혁명에 대한 희망을 장사지낸 그 네오맑스주의적인 모방자들에게 있어서는 이제 흥미로운 변증법에 따라 자기의 안온함에 대한 정당화로 전환된다. 왜냐하면 단적으로 맑스주의적인 전통에서는 비정치적인 개인 윤리적 의무들이 더 이상 인정되지 않는 까닭에, 그리고 정치적으로는 어차피 아무것도 달성될 수 없는 까닭에, 사람들은 사적으로 전혀 노력할 필요가 없기 때문이다. 정부와 산업이 인류가 부딪쳐 있는 생태학적 재앙을 촉진했기 때문에 그들을 꾸짖긴 하지만, "개인은 어차피 아무것도 할 수 없는 까닭에" 계속해서 자기 차를 몰고 다니는 비판적 맑스주의자는 친숙한 현상이다.

또한 맑스주의가 역사과학들과 사회과학들을 자기의 체계 속에 통합한 것도 철저히 양가적인 것으로서 판정될 수 있다. 왜냐하면 한편으로 19세기 이래로 '상호 주관적' 정신의 이론을 포함하지 않은 철학은 더 이상 완전성에 대한 주장을 제기할 수 없다는 것은 올바르기 때문이다. 18세기에 이르기까지 대부분의 철학자들이 수학과 자연과학에 대한 탁월한 전문적 능력을 소유했던 반면, 19세기에 어떤 전이가 발생하는 것은 우연이 아니다. 가령 콩트, 스펜서, 맑스, 셸러, 호르크하이머, 아도르노, 하버마스는 철학자인 동시에 사회과학자이다. 상호 주관성이 근대 철학의 핵심 범주라면 사회과학이 패러다임적인 의미를 획득하는 것은 놀라운 일일 수 없다. 하지만 다른 한편으로 간과할 수 없는 것은 이러한 패러다임 전환과 더불어 아무런 문제없이 환영할 수는 없는 철학적 과정이 진행되기 시작했다는 점이다. 사회적 체계들의 복잡성은 쉽사리 [70]그것들도 법칙 밑에 놓여 있다는 진리를 보지 못하게 한다. 근대 사회과학 대부분의 모호성은 쉽사리 상대주의적 인식론으로 유혹해 갈 수 있는데, 이런 일은 수학과 물리학과 같은 '경성 과학들hard sciences'에 대한 철저한 연구의 경우에는 단적으로 가능하지 않은 것이다. (20세기에 가장 열정적으로 철학의 학문성의 이념을 견지한 철학자들 가운데 두 사람, 요컨대 후설과 화이트헤드가 수학에서 철학으로 나아간 것은 놀라운 일이 아니다.) 만약 사회 체계들과 그 '이데올로기들' 사이에 명백히 존재하는 연관들에 대한 연구가 이 이데올로기들을 반박하게 해주는 가정에로 나아가게 된다면 사회과학적인 출발점은 특히 위험해진다. 왜냐하면 진리는 인과 과학적으로 재구성될 수 없는 범주인바, 망상 체계와 같은 독창적인 통찰들도 마찬가지로 원인들 Ursachen을 지니지만 그 원인들을 제시하는 것으로써는 근거들Gründen을 가지고서 결정되어야만 하는 진리 문제가 조금도 거론되지 않기 때문이다. 이데올로기 비판자가 그의 — 종종 유용한 — 활동의 결과로 인해 결국 원인들과 더불어 또한 근거들도 존재한다는 것을 잊는다면, 그리고 그가 근거들을 내재적으로 분석할 수 있는 능력을 상실한다면, 그의 입장이 총체적인 상대주의로 자기 지양되는 것은 피할 수 없으며, 이데올로기 비판의 비판적 잠재력은 진리가 아니라 오로지 이해관계들과 그것들의 정식화만이 존재한다는 냉소적인 확신으로 붕괴해 버리고 만다.

마지막으로 근대의 병리적인 것에 대한 분석에 관해 이야기하자면, 여기서는 의심할 바 없이 맑스주의의 위대한 성취들 가운데 하나를 볼 수 있다. 다만 공정하게 인정되어야만 하는 것은 그것이 건설적인 것에서보다 파괴적인 것에서 훨씬 더 강력했다는 점과, 심지어 그것이 한편으로 새로운 병리적인 것을 산출했고 다른 한편으로 많은 점에서 그것이 대항한 입장의 약점들에 사로잡혀 있기까지 했다는 점이다. 가령 경제 자유주의적인 국가 파악, 즉 경제적인 것을 정치적인 것보다 상위에 놓는 것에 대한 비판은 철저히 설득력을 지닌다. 그러나 맑스주의는 문제에 대한 쓸모없는 해결책을 제안했을 뿐인데, 사회주의적인 해결책은 사회 국가적인 해결책보다 본질적으로 비효과적인 것으로서 입증되었다. 뿐만 아니라 맑스주의는 그 스스로가 19세기의 경제주의에 사로잡혀 있는데, 왜냐하면 근본적으로 그것도 경제적 문제들의 해결과 더불어 정치적 문제들도 자동적으로 해결될 거라고 가정하기 때문이다. 맑스주의는 가령 근대 인간의 소외가 일차적으로 특정한 경제 형식에 의존하지 않을 뿐만 아니라 심지어 전혀 그것에 달려 있지 않다는 것을 보지 못하고 있지만, 명확한 것은 모든 가치의 상품 성격이 오로지 사회화와 국가화를 통해서는 제거될 수 없다는 점이다. 여기서는 의식 전환이 요구되지만, 그것이 유물론적인 토대에서 달성될 수 없음은 물론이다. 특히 맑스주의는 자본주의의 산업주의적인 선택지를 [71]아무런 문제없이 공유한다고 비판될 수 있다.[48] 맑스주의는 자연에 대한 범죄를 저지할 수 있을 어떠한 자연 개념도 결여하고 있으며, 심지어 그것의 목적 표상은 모든 이들로 하여금 너무도 불합리한 욕구들을 충족할 수 있게 해준다. 하지만 결정적으로 관건이 되는 것은 근대적 욕구들의 대부분을 비도덕적인 것으로서 파악하고 그것들의 충족이 아니라 그것들의 극복에서 자기의 자유를 발견하는 것이다.[49] 금욕주의적 이상들을 소생시키지 않고서는 생태학적 위기는 극복될 수 없을 것인바, 맑스주의는 그것의 가장 내적인 구조로부터 그러한 종류의 이상들에 호의적이지 않다.

I.3.2. 과학주의, 비판적 합리주의, 언어 분석

맑스주의는 (비록 개인 윤리나 미학과 같은 다양한 전통적 분과들이 맑스주의 틀 내에서 지나치게 축소된다 할지라도) 자기 시대의 모든 지식을 하나의 체계로 통합하고자 하는 최후의 영향력 있는 철학이다. 특히

• • •
48. 이 점은 아주 정당하게 고르츠A. Gorz(1985)에 의해 강조되었는데, 그에 따르면 현재의 자본주의와 사회주의는 그들의 '산업주의적인' 성격에서, 다시 말하면 산업과 생산 그리고 자기 목적으로서의 노동에 대한 높은 평가에서 일치한다. 고르츠는 근대의 산업주의적인 사회에서 일차적으로 문제가 되는 것이 이윤 최대화가 아니라 욕구의 통제와 조작, 즉 일정한 표준에 대한 욕구의 적응이라는 것을 아주 명확하게 파악한다. 소비자들은 심지어 소비를 위해 보수를 받게 되는 것이다. 이러한 타율적인 소비주의의 이면은 완전 고용을 목표로 하는 정치일 터인데, 그것은 필요한 경우에는 또한 낭비를 위한 생산, 심지어는 전쟁을 위한 생산을 대가로 치른다. 고르츠는——그는 노동자들이 아니라 실업자들에게서 진보적 발전들의 담당자를 추측한다——결실 있는 현대 분석에 기여한 맑스주의자들에 속한다.
49. 에른스트 블로흐Ernst Bloch에 대한 한스 요나스Hans Jonas의 응대한 비판(1979; 327 ff.)을 보라.

그것의 관심사는 이론 철학과 실천 철학을 통일하는 것이다. 이 관심사는 20세기의 거의 모든 철학들에서 포기되었다. 서구의 상호 보완성 체계에서 자연과학의 객관성에 대한 과학주의적 이데올로기에는 근거지을 수 없는 주관적 가치 결정 주위를 맴돌고 있는 다양한 비합리주의적 흐름들이 대립한다. 아주 대략적으로 이야기하자면, 첫 번째 노선은 분석 철학에 의해, 두 번째 노선은 해석학적 철학에 의해 구성된다고 말할 수 있다. 이 주장이 아주 대략적인 까닭은 분석 철학에는 해석학적 철학과 마찬가지로 그 최소한의 공통분모를 제시하기가 종종 아주 어려운 전적으로 상이한 발상들이 속하기 때문이다. 어쨌든 여기서 문제가 되는 것은 결과보다는 방법인 것으로 보인다. 분석 철학의 경우에 [72]이 방법은 철학에 대해 지니는 근대 논리학의 의미에 대한 견지와 더불어 언어 분석에 대한 관심에 그 본질이 놓여 있다. 물론 언어 분석은 다음과 같은 딜레마 앞에 서 있다. 분석 철학의 초기 국면에서처럼 규범적 언어가 구성되어야 한다면, 이 규범적 언어의 원리들을 정당화하는 것에 대한 물음이 제기된다. 이 원리들은 일반적으로 과학 언어에 대한 추상화하는 분석에서 얻어진다. 따라서 이 원리들의 토대 위에서 정밀과학의 언어가 부각되어야만 하는 것은 전혀 놀라운 일이 아닐 뿐만 아니라 오히려 순환이다. 또는 그와 달리 분석 철학의 후기 국면에서처럼 구체적인 일상 언어가 분석되기도 한다. 그러나 그 경우에는 이러한 분석으로부터 철학적으로 중요한 어떤 것이 따라 나올 것인지의 물음이 제기된다. 어쨌든 분석 철학의 방법과는 교조주의적 입장뿐만 아니라 회의주의적 입장도, 합리주의적 입장뿐만 아니라 경험주의적 입장도, 실재론적 입장뿐만 아니라 관념론적 입장도 양립할 수 있다. 방법 그 자체는 고전적인 논쟁 문제들을 해결하는 데로 나아가지 못했다.[50]

• • •

50. 내가 보기에 분석 철학자들 중에서는 초월론적 논증을 사용하는 사람들, 가령 더밋M. Dummett, 스트로슨P. Strawson 그리고 점점 더 하게는 퍼트넘H. Putnam이 가장 흥미롭다.

분석적 입장들의 다양성을 떠올리기 위해서는 가령 무어의 『윤리학 원리*Principia Ethica*』를 생각해볼 수 있을 것이다. 한편으로 이 저작은 확실히 분석적 전통에 속하며, 주지하다시피 분석 윤리학을 근거짓고 있다. 그럼에도 불구하고 이 저작의 정신은 과학주의의 그것으로부터 생각할 수 있는 한에서 아주 멀리 떨어져 있다. 그 성과들에서 이 저작은 오히려 현상학적 학파에 속하는 셸러의 가치 윤리학을 강하게 상기시킨다. 하지만 다른 한편으로 도덕 명제들로부터 모든 객관적 구속성을 박탈한 분석 윤리학의 정서주의적인 발상들이 —— 가령 스티븐슨^{C. L. Stevenson}을 생각할 수 있다 —— 무어에 근거하고 있었다는 것은 거의 우연이 아니다. 이미 그에게는 윤리에 대한 주관주의적 재해석으로 귀결되는 계기들이 함축되어 있는 것으로 보인다. 사실 해석학적 철학뿐만 아니라 분석 철학도 점점 더 강력하게 상대주의적이고 비합리주의적인 경향들에 의해 규정되었다고 말할 수 있다. 어쨌든 분석 철학과 해석학적 철학에 대해 어느 정도 패러다임적인 의미를 지니고 일반적으로 20세기의 가장 영향력 있는 철학자들로서 여겨지고 있는 두 사람의 사상가, 즉 비트겐슈타인과 하이데거의 발전에서 어떤 평행성을 알아보는 것은 어렵지 않다. 요컨대 그 모든 차이에도 불구하고 『논고』와 『존재와 시간』은 여전히 초월론 철학의 —— 물론 인정될 수 있다시피 고전적인 것과는 구별되고 좀 더 취약한—— 형식을 견지했지만, 그것이 『철학적 탐구』에서나 [73]하이데거의 후기 철학에서 좀 더 '기술적이고' 방법적으로 구속되지 않는 발상을 위해 포기된다는 점에서 일치하는 것이다. 이하에서 나는 저 두 노선의 전형적인 대표자로서 비트겐슈타인과 하이데거에 집중하고자 한다. 이것은 지금 이 연구의 맥락에 비추어 아펠의 최초의 실제로 독창적인 작업들이 두 사유의 비교를 내용으로 했던 만큼 정당화될 수 있을 것이다(1966; 1967; 1968a).

비트겐슈타인이 언어 분석 철학의 상징적 인물이 될 수 있었던 것은 확실히 그가 이 철학적 흐름의 두 국면, 즉 논리 실증주의의 교조주의적 진리 요구를 가지고서 등장하는 발상과 화용론적–상대주의적인 일상 언어 철학을 비록 직접 발동시킨 것은 아니지만 강령적으로 개념화했다는 점에도 그 근거가 놓여 있다. 내가 먼저 향하고자 하는 『논리철학 논고*Tractatus logico-philosophicus*』에 관해 이야기하자면, 그것의 정신적 뿌리들은 의심할 여지없이 첫째, 근대 과학의 개선 행진과 (과거에 부당하게도 자주 개별 과학적인 물음들에 대한 대답을 가진다고 믿었던) 철학으로부터의 그것의 가상적인 해방에서, 둘째, 프레게, 러셀, 화이트헤드와 같은 사상가들에 의해 수행된 논리학의 새로운 근거짓기에서, 그리고 셋째, 전통적 규범 체계의 급속한 해소의 경험에서 찾아볼 수 있다. 이 세 가지 요인들은 곧바로 객관적인, 다시 말하면 상호 주관적으로 구속력 있는 진리가 오로지 논리적으로 근거지어진 경험적 자연과학들에서만 달성될 수 있을 뿐, 가치문제들에서는 그럴 수 없다는 견해를 시사한다. 게다가 19세기 후반과 20세기 초반의 자연과학들에서의 빠른 진보는 본질적으로 그것들의 선입견 없음에, 다시 말하면 비록 모든 과학적 이론들이 지금까지 믿어져온 모든 것들, 곧 전통적인 철학과 과학에 의해 선험적인 것으로서 간주된 것들과 모순되는 가정들에 기초한다 할지라도 그것들을 경험에 비추어 비판적으로 검증하고자 하는 태도에 기인하는 것으로 보였다. 사실 근대 과학의 많은 성과는 (가령 특수 상대성 이론과 일반 상대성 이론 그리고 양자론에 대한 특정한 해석들에서 절대 시간과 공간의 유클리드적인 성격 내지 고전적 결정론의 가정과 같은) 전통적인 '선험적인 것들'에 대해 문제 제기한 것에 기인한다. 이 모든 것은 합리적 인식에는 선험적 종합 명제들이 본질적으로 낯설다는 가정을 시사했다. 합리적 인식은 오로지 형식 논리학과 경험의 결합에만 의거한다는 것이다.

비트겐슈타인의 『논고』, 즉 논리 경험주의 선언의 획기적인 의미는 이 저술이 논리학을 현실에 적용하는 데 대한 철학적 근거짓기를 제시하고자 한다는 점에 존재한다. 두드러진 방식으로 그리고 주관 범주를 상호 주관성 범주로 대체하고자 하는 근대 철학의 근본 성격과 일치하여 [74]비트겐슈타인은 세계와 의식의 틈이 아니라 세계와 언어의 틈을 극복하고자 한다.

"기호 언어에 대한 나의 연구는 철학자들이 논리학의 철학에 대해 그토록 본질적인 것이라 간주한 사유 과정에 대한 연구에 상응하지 않는가?"(1979; 4.1121) 명증성이라는 주관적 범주는 "언어 자체가 모든 논리적 오류를 회피한다"(5.4731)는 것을 통해 불필요한 것으로 되어야만 한다. 그러나 언어는 어떻게 세계를 재현할 수 있는가? 『논고』는 잘 알려져 있듯이 각각의 모든 명제에는 가능한 사실이 상응한다는 데서 출발한다. 이 사실이 그 경우이면 그 명제는 참이고, 그렇지 않으면 거짓이라는 것이다. 요소 명제들과 사실들 사이에는 동형성Isomorphismus이 존재한다. 복합 명제들은 요소 명제들의 진리 함수들이다. 그러나 세계와 명제들 간의 동형성은 어떻게 존재할 수 있는가? 언어는 사실들의 총괄 개념으로서의 세계와 그 논리적 형식을 공유하며, 오로지 그것을 통해서만 세계와 관계한다 (2.161, 2.17, 2.2). 언어의 한계들은 세계의 한계들이 된다(5.6). 이 논리적 형식은 세계와 언어의 공통의 기초이다. 오로지 그것을 통해서만 하나의 명제는 일반적으로 참이거나 거짓일 수 있으며(4.06), 다시 말하면 의미를 가질 수 있다. 이로부터 드러나는 것은 논리적 형식에 상응하지 않는 명제는 참도 거짓도 아니며 따라서 의미가 없다sinnlos는 것이다. 그리고 전통 철학의 대부분의 주장들은 그에 속하는 것들이었다. "철학적인 것들에 관해 쓰여 온 대부분의 명제들과 물음들은 거짓이 아니라 무의미unsinnig하다. 따라서 우리는 이러한 종류의 물음들 일반에 대답할 수 없으며 다만 그 무의미함을 확정할 수 있을 뿐이다. 철학자들의 대부분의 물음들과 명제들은 우리가 우리의 언어 논리를 이해하지 못한다는 데 기인한다. (그것들은 과연 선이 다소간에 미와 동일한지의 여부에 관한 물음과 같은 종류의 것들이다.)"(4.003)

놀랍긴 하지만 명백한 것은 비트겐슈타인의 논리적 형식logische Form이 그 기능에서 자연과 정신의 공통의 구조로서 정신에 의한 자연의 인식 가능성을 보장하고 의미가 있는 물음들의 한계들을 확정하는 헤겔의 논리적인 것das Logische에 상응한다는 점이다. 비트겐슈타인의 논리학도 "초월론적이다."(6.13) 역으로 일정한 물음들에 대한 의미 비판의 방법이 이미 헤겔에게서도 발견된다. 그의 예나 시기의 한 아포리즘은 어떤 의미에서는 "물음이 일반적으로 제기될 수 있다면, 그것은 또한 대답될 수 있다"는 비트겐슈타인의 명제를 뒤집어놓은 것이다. 그 아포리즘은 다음과 같다. "철학이 대답하지 않는 물음들은 그것들이 그렇게 만들어져서는 안 된다는 식으로 대답되어 있다."(1969 ff.; 2.547; 『논리의 학*Wissenschaft der Logik*』에서 5.169 f.를 참조) 물론 비트겐슈타인의 『논고』와 객관적 관념론의 근본 사상 간의 명확한 친화성에도 불구하고 두 가지 본질적인 차이가 간과될 수는 없다. 첫째, 이미 말했듯이 의식이 아니라 언어가 [75]세계와의 관계 속에 정립되어야 하는 관계항이다. 그리고 이 점에서 우리는 단연코 부분적인 진보를 인식할 수 있지만, 물론 주관성의 근본적인 배제 ── "사유하고 표상하는 주체는 존재하지 않는다"(5.631) ── 는 그러한 진보로서 거의 간주될 수 없다. 둘째, 비트겐슈타인의 논리적 형식은 전적으로 비반성적이라는 점에서 헤겔의 논리적인 것과 내용적으로 구별된다. 그에 따라 오로지 직접적으로 세계와 관계하는 자연과학의 명제들만이 참일 수 있으며(4.11), 반면에 자기 자신을 주제화하는 명제들뿐만 아니라 세계에 대한 자기의 관련을 ── 그러므로 논리적 형식을 ── 주제화하는 명제들도 의미가 없다. 첫 번째 경우를 비트겐슈타인은 러셀의 유형 이론과 관련하여 배제한다(3.332; 4.442, 6.123을 참조). 두 번째 경우에 대해서는 다음과 같다. "명제는 전체 현실을 서술할 수 있지만, 현실을 서술할 수 있기 위해 명제가 현실과 공유해야만 하는 것 ── 논리적 형식 ── 을 서술할 수는 없다." 그에 대한 근거짓기는 다음과 같다. "논리적 형식을 서술할 수 있기 위해서는 우리는 명제를 가지고서 논리 바깥에, 다시 말하면 세계 바깥에 설 수 있어야만 할 것이다."(4.12) 여기에는 분명히 논리의 자기 주제화가 가능하지 않다는 것이 전제되어 있다. 그런데 이 전제는 그리 강력한 것이 아니다. 그것은 명제 일반에 관해(따라서 또한 자기에 관해) 말하거나 아니면 명제들과 세계에 공통된 것에 관해 말하는 『논고』의 모든 명제들이 의미가 없다는 결론에로 이어지며, 더군다나 그러한 것들이 그 저술의 명제들의 거의 대부분이다. 비트겐슈타인이 대부분의 과학주의자들과는 달리 이러한 결론을 절대적으로 명확하게 파악하고 언명했다는 것은 그의 위대함에 대해 말해 준다. "나의 명제들은 나를 이해하는 사람이 만일 그가 나의 명제들을 통해 ─ 나의 명제들을 믿고서 ─ 나의 명제들을 넘어 올라간다면 결국 나의 명제들을 무의미한 것으로서 인식한다는 점에 의해 해명된다. (그는 말하자면 사다리를 믿고 올라간 후에는 그 사다리를 던져버려야만 한다.) 그는 이 명제들을 극복해야만 하며, 그때 그는 세계를 올바르게 바라본다."(6.54)

그러나 아무리 자기 입장의 자기 지양에 대한 비트겐슈타인의 통찰이 그에게 그의 프로그램을 완성하고자 한 논리 실증주의의 그 모든 기술자들(가령 카르납을 생각할 수 있다)에 맞서 위대한 정신적 탁월성을 보장해 준다 할지라도, 비일관성의 현존을 인정한다고 해서 이미 그 비일관성이 사라지는 것은 아니다. 사실 논리 실증주의의 근본 사상들이 ─ 가령 오로지 자연과학의 명제들만이 참일 수 있다는 사상이나 선험적 종합 명제들이 존재하지 않는다는 사상이 ─ 모두 다 변증법적으로 비일관적이라는 점에 대해서는 의심할 수 없다. 그것들은 바로 그것들인 바의 것에서, 즉 그것들이 말하고 있는 바로 그것에서 모순된다. 가령 오로지 자연과학의 명제들만이 참일 수 있다는 명제 자체는 분명히 자연과학적 명제가 아니며, 따라서 거짓이거나 의미가 없다. 그러므로 오로지 자연과학의 명제들만이 참일 수 있다는 것은 참되거나 의미가 있는 주장이 아니다. 또한 선험적 종합 명제들이 존재하지 않는다는 명제는 [76]명백히 선험적 종합 명제이다. 왜냐하면 그것은 확실히 경험적 명제가 아닌바, 그것은 바로 사람들이 제기한 적이 있는 명제들이 아니라 정당한 방식으로 제기할 수 있는 명제들에 관해 말하고 있기 때문이다. 그리고 모든 규범적인 ─ 또한 모든 인식론적으로 규범적인 ─ 명제는 선험적이다. 그러나 그것은 또한 분석 명제도 아니다. 왜냐하면 그것의 부정, 즉 "선험적 종합 명제가 존재한다"에 아무런 모순도 없기 때문이다. 그러므로 여기에는 한 명제가 모순적인 것이 다만 그 명제의 부정이 모순적이지 않기 때문이라고 하는 흥미로운 경우가 존재한다. 그런데 이러한 사태는 확실히 아연하지 않을 수 없으며 게다가 타당하지 않다. 그러나 논리 실증주의의 주된 오류들 중의 하나는 유한하고 개별 과학적인 인식에 대해 타당한 합법칙성들을 그로부터 추상화하여 보편적으로 타당한 것으로서 절대화하는 점에 존재한다. 그러나 모든 인식이 자연과학적 인식의 모범에 따라 진행되어야만 한다는 가정을 강요하는 것은 아무것도 없다. 아니, 어떤 것이 어째서 한갓된 의견이 아니라 인식으로 간주될 수 있는지를 비로소 근거짓는 철학의 경우에서는 여기, 즉 제약하는 것에 대해서는 제약된 것에 대해서와는 다른 척도들이 적용되어야만 한다는 가정이 그 자체로 이미 처음부터 효력을 지니는 것이다. 우리는 이 중요한 생각으로 다시 돌아오게 될 것이다.

논리학의 새로운 근거짓기가 아주 진지하게 받아들여져야 하고 또 그 빛 가운데서 고전적 철학자들의 많은 논증들이 설득력이 없는 것으로서 그리고 많은 경우 단적으로 공상적인 것으로서 나타났다는 점에 대해서는 확실히 의심할 수 없다. 그러나 근대 논리학이 철학적 분석을 위해 모든 철학자가 능란하게 구사해야 하는 좀 더 날카로운 도구를 나타낸다는 견해가 곧바로 모든 비-경험적 문제들이 형식 논리적인 본성의 것이라는 것을 함축하는 것은 아니다. 그렇지 않아도 명확한 일이지만, 일정한 복잡성을 지닌 도구는 다만 그것이 필요하고 적절할 때에만 이용되어야 한다. 그렇지 않으면 물신숭배의 의혹에 처하게 된다. 그러나 어차피 어느 누구에 의해서도 논박되지 않을 것들을 엄청나게 낭비적인 형식화로써 증명하는 것은 일반적으로 부적절하다. 비용과 결과의 적절치 못한 비율은 그러한 작업들에서 자주 드러나며, 이따금씩은 형식적 기구가 본래적으로 철학적인 물음들, 다시 말하면 원리 물음들이 전혀 언급되어 있지 않다는 점을 보지 못하게 한다. 더 나아가 명백한 것은 타당성 이론적으로 오직 논리적 연역들만이 관건이 되는 분야들에서조차 발생적 관점 아래서는 오로지 논리만 가지고서는 아무것도 이루어질 수 없다는 점이다. 가령 수학에서 논리적 재능은 중요한 발견들을 조금도 보장하지 않는다. 일정한 상상력이 없다면, 즉 수학적 대상들에 대한 직관적 친숙성이 없다면 창조적 성취에 대해서는 생각할 수 없다. 그러나 이 점은 수학에 대해서보다도 철학에 대해서 훨씬 더 해당된다. 말의 가장 엄밀한 의미에서 가장 비합리적이고 심지어 이성의 온갖 겉모습에도 불구하고 [77]20세기의 가장 망상적인 교설은 철학이 논리학으로 환원될 수 있다고 가정하는 것이다. 경험 및 형식 논리학 자체는 누군가가 빛나는 논리학자이면서 피상적인 철학자일 수 있다는 것을 확증해 준다. 가령 논리학자로서의 콰인의 능력은 그의 자연주의적인 인식론이 어째서 우리가 논리를 세계에 적용할 수 있는가 하는 데 대해 아무런 설명도 제시할 수 없다는 것을 거의 숨길 수 없을 것이다.

이제 타당성 이론적인 차원에 집중하자면, 첫째, 위에서 언급된 것으로부터 따라 나오는 것은 논리학의 특정한 원리들이 보편타당한가 아니면 오직 유한한 인식에 대해서만 타당한가 하는 것이 단연코 문제라는 점이다. 바로 근대 논리학의 명확한 공리적 구성은 그것이 자기 스스로는 그에 대한 근거짓기를 수행할 수 없는 공리들로부터 출발한다는 것을 보여준다. 바로 그렇기 때문에 다양한 논리 체계들이 존재하는 것이다. 논리학이 철학에 의해 근거지어져야만 하지 그 역이어서는 안 된다고 하는—피히테에 의해 너무나도 명확하게 다듬어진—전통적인 견해가 잘못일 수도 있다(물론 내 생각에 그것은 올바르다). 그러나 그것을 전혀 논의하고자 하지 않거나 심지어 그 문제 제기를 전혀 이해하지 못하는 것, 그리고 근대 논리학의 발전을 참조하여 그 문제 제기를 무시하는 것은 너무나도 비철학적이다. 형식 논리학은 사유하지 않는다. 그리고 이러한 확정이 논리학에 대한 비난을 내포하지 않는 만큼이나 그것은 논리학을 철학과, 그리고 도구(내지 하나의 도구)를 사태 자체와 혼동하는 자들에 대한 비난을 의미한다.[51] 둘째, 형식 논리학이 보편적으로 타당하다는 것과 그것이 철학적 근거짓기를 필요로 하지도 또 그렇게 될 수도 없다는 것이 증명될 수 있다 하더라도, 실질적인 철학적 원리들의 문제가 해결되지 않은 채 남는다는 것은 사실상 명백하다. 왜냐하면 논리학은 일정한 가정들로부터 무엇이 따라 나오는지를 가르칠 뿐, 이 가정들 자체가 과연 올바른지의 여부에 대해서는 가르칠 수 없기 때문이다. 그렇다면 이 가정들은 어떻게 결정되어야 하는가? 경험 과학들의 경우에는 문제가 아주 단순해 보인다 (물론 우리는 곧바로 형편이 그렇지 않다는 것을 보게 될 것이다). 경험이 우리에게 어떤 원리들을 가정해야 하는지 말해 주는 것이다. 그러나 철학은 최소한 그 주요 분과들에서는 경험 과학이 아니며, 따라서 논리 경험주의는 다만 전통적인 철학 분과들을 절멸시키는 데 이를 수 있을 뿐이다. 이 점은 특히 규범적 내지 평가적 명제들을 필요로 하는 인식론과 윤리학 그리고 미학에 적용된다. 그러나 이런 종류의 모든 명제들은 선험적으로 종합적이다(물론 모든 선험적 종합 명제가 규범적 내지 평가적인 것은 아니다). [78]따라서 논리 실증주의는 윤리적 및 미학적 명제들을 오직 주관주의적으로 해석할 수 있을 뿐이며 객관적 가치 판단의 사상을 포기하지 않을 수 없다.[52]

그러나 경험 과학들의 경우에서조차 내 생각에는 선험적 종합 명제가 없으면 근거짓기가 수행될 수 없다. 자연과학들은 보편적인 법칙들을 다룬다. 그러나 오로지 개별적인 것에 대한 경험들만이 존재한다. 자연법칙들의 가정이 어떻게 경험들과 형식 논리학 위에 근거지어져야 할 것인가? 귀납의 개념은 언제나 이미 자연법칙이 존재한다는 것을 전제하며, 따라서 바로 귀납을 통해 추론되어야 할 바로 그것을 전제한다. 자연법칙의 존립의 개연성에 대해 말할 수 있는 것도 다만 근거지어진 방식으로 불변성

• • •

51. 철학과 교수직의 반 이상을 논리학자들이 차지하고 있는 미국의 대학들이 존재한다는 사실은 이러한 그릇된 생각의 결과다. 이러한 결과는 사회 전체적으로 쓰라린 결과를 초래할 것이다.

52. 가령 R. Carnap (1931), 236 f.를 참조.

기대들로부터 출발할 수 있을 때뿐이다. 가령 일정한 개연성을 가지고서 추론된 자연법칙이 내일 무효로 된다고 가정하는 것은 확실히 논리적으로 모순적이지 않다. 그리고 자명한 일이지만 경험은 미래의 사건을 배제할 수 없다. (불변성 기대들이 지금까지 확증되었다고 하는 것에 대한 지시는 순환을 범한다.) 따라서 귀납에 대한 포퍼의 이의 제기(1935)는 설득력을 지닌 것으로서 인정되어야만 할 것이다. 그러나 이것은 포퍼의 반증주의가 선험적 종합 명제를 전제함이 없이 과학적 이론들의 합리성에 대한 근거짓기 문제를 해결할 수 있을 거라는 것을 의미하지 않는다.[53] 왜냐하면 반증된 이론 T_2보다는 지금까지 확증된 이론 T_1을 따르는 것이 합리적이라는 테제 역시 실제로는 불변적인 자연법칙과 같은 어떤 것이 존재한다는 것을 전제하기 때문이다.[54] 왜냐하면 비록 T_2가 반증되었다 하더라도, 아직 도달되지 않았지만 바로 앞에 다가와 있는 시점 t_1에 이르기까지 T_1이 타당하며 그 후에는 T_2가 타당하다는 데서 출발하는—논리적으로 일관된—이론 T_3은 반증되어 있지 않기 때문이다. 그리고 비록 T_3가 t_1 이후에는 아마도 반박될 수 있긴 하겠지만, T_2의 타당성이 t_2부터 비로소 시작된다는 T_4는 반박될 수 없겠기 때문이다.[55] [저]요약하자면, 반증의 사상도 불변적인 자연

● ● ●

53. 본래 콰인의 전체론적인 입장은 실험이 과학의 개별 명제를 거의 검증하거나 반증하지 못하며 언제나 다만 명제들의 연언들만을 그럴 수 있다는 것에 동의하는 데로 나아간다.

54. 물론 제약된 자연법칙들은 변화될 수 있다. 케플러의 행성 운동의 법칙들은 만약 우주 속의 모든 행성 체계들이 파괴된다면 '그칠' 것이다. 그러나 그것들을 파괴하는 행위 그 자체는 좀 더 보편적인 자연법칙(과 선행 조건들)에 근거하여 설명될 수 있어야만 할 것이다. 반면에 선험적 자연법칙의 변화라는 그 어느 것에 의해서도 근거지어지지 않은 가정은 배제되어야만 한다.

55. 크리스토프 예르만$^{Christoph\ Jermann}$은 내게 이 논증이 반증된 이론이 끝장났다는 가정이 이미 자연법칙들의 불변성을 전제한다는 식으로 정식화될 수 있음을 지적해 주었다. 왜냐하면 만약 그렇지 않다면 오늘 반증된 이론이 내일부터 타당하다는 것이 배제되지 않겠기 때문이다.

법칙이 존재한다는 것을 전제하며, 근대 자연과학과 같은 어떤 것을, 요컨대 기획하는 경험을 비로소 가능하게 하는 이 명제는 선험적 종합 명제로서 정리되어야만 한다는 것이다. 그러나 이러한 보편적인 선험적 종합 명제를 넘어서서 내 생각에는 근대 과학 이론들의 몇 가지 근본 원리들도 선험적으로 참이라는 것이 배제될 수 없다. 상대성 이론에서 사유 실험이 지니는 중요성은 최소한 이 이론의 부분들이 선험적이라는 생각을 시사하며, 어쨌든 오랫동안 중요한 철학자들 및 과학자들에 의해 부당하게도 선험적으로 참인 것으로 간주된 뉴턴 역학이 그런 것이 아니라는 사실로부터 결코 상대성 이론도 그런 것일 수 없다는 것이 따라 나오는 것은 아니다. 하물며 이 이론과 양자론의——언젠가 현존하게 된다면 아마도 그 단순성으로 인해 모두를 놀라게 하고 몇 개의 기초적이고 철학적으로 근거지어질 수 있는 공리들로 환원될 수 있을——미래의 통합도 선험적으로 참일 수 없다는 것이 따라 나오는 것은 아니다.

그러나 이론 철학에서의 결함은 포퍼의 비판적 합리주의의 주된 문제가 아니다.[56] 주된 문제는 과학주의에서와 마찬가지로 또한 윤리학과 미학의 규범적 원리들을 근거지을 수 없는 이 발상의 무능력이다. 비판적 합리주의 내부에서 근거지어질 수 있는 것은 오로지 가언적 명령들뿐이다. b를 달성하고자 할 때 a를 하는 것이 어째서 의미가 있는지는 경험적 명제들에 근거해서——물론 위에서 제시된 제한을 가지고서——제시될 수 있다. 그러나 그렇게 해서는 다만 특정한 목적을 위해 어떤 수단이 유용한지의 물음에 대해서만 대답할 수 있다. 이 발상 내부에서는 어떤 목적들이나 가치들이 좋은지의 물음에 대해서는 대답할 수 없다. 가치 합리성을 부인하는 기술적인 목적 합리성에 대해서는 "내가 어떻게 세계 속의 굶주림에

• • •

56. 비판적 합리주의가 (비판 이론과 마찬가지로) 비판을 인식의 근본 형식으로 간주하는 반면, 그것이 참으로는 긍정적·실증적 형식(직관 내지 최종 근거짓기)을 언제나 이미 그것의 가능성 조건으로서 전제한다는 점은 특징적이다.

맞서 가장 잘 싸울 수 있는가?"와 "내가 어떻게 세계 속의 굶주림을 가장 잘 영속화시킬 수 있는가"의 물음이 같은 수준에 놓여 있다. 이러한 전망에서는 주관적이고 결국 임의적인 선호들에 달려 있는 목적 정립 자체가 아니라 수단의 선택만이 합리적이다. 이 선호들은 물론 이해관계들에 의해 규정되게 된다. 그러나 비판적 합리주의의 사회 공학적인 발상 내부에서는 특정한 이해관계들이 과연 정당한지의 물음은 의미를 지니지 못한다.[57] 따라서 [80]비판적 합리주의의 윤리학과 사회철학이 일반적으로 보수적이며, 더 나아가 도노소 코르테스와 같은 반동적인 사람마저도 그렇지 않았던 의미에서 보수적이라고 확정하는 것은 지나친 일이 아니다. 왜냐하면 자연스러운 일이지만 코르테스는 자신의 선호들에 대한 근거짓기를 자기의 의무로 간주하며, 자기의 이해관계에 대한 정당화가 전혀 필요 없다는 생각은 그에게는 당연히 비도덕적인 것으로 나타날 것이기 때문이다. 아니, 심지어 합리성은 오로지 수단-목적-합리성으로서만 존재하며 가치 물음들을 객관적인 것으로 간주하는 것은 불합리하다는 확신이 확산되어 나간 것이야말로 20세기에 특유한 범죄의 수행을 비로소 가능하게 했다고까지 말할 수 있다. 물론 목적 합리성의 절대화가 결코 범죄적인 목표들에 대한 선택을 의미하는 것은 아니다. 하지만 그것은 그러한 목표들에 대한 결단이 내려지면 아무것도 그 목표들에 맞설 수 없으며, 오로지 그것들을 기술적으로 완전하게 실현하기 위해서만 일할 수 있다는 것을 의미한다.

• • •

57. 내용적인 모든 차이에도 불구하고 맑스주의와 과학주의적인 사회 공학이 다른 주체를 객체로 전환시키는 한에서 아무리 두 발상 사이에 방법적인 공통성이 존재한다 하더라도(가령 Apel (1976a), 18은 정당하다), 맑스주의가 최종적 가치의 근거짓기 문제를 비록 잘못된 방식——요컨대 역사 형이상학——으로 해결하고자 했긴 하지만 최소한 그 문제를 파악했다는 점은 견지되어야만 한다. 비판적 합리주의는 심지어 여기에 문제가 숨어 있다는 것마저도 더 이상 파악하지 못하며, 그런 한에서 비판적 합리주의가 맑스주의보다 물론 정치적으로는 덜 위험하겠지만 철학적으로는 덜 심오하다고 밖에는 달리 판단될 수 없다.

제3제국의 현상은 허무주의적인 비합리주의와 기능적인 목적 합리성의 결합 없이는 설명될 수 없다.

여기서 묘사된 가치 회의주의는 20세기의 거의 모든 사회학 이론들의 근저에도 놓여 있다——물론 위르겐 하버마스의 이론은 예외다. 이 시대의 사회과학 내부에서 그것이 거둔 성과와 유일무이한 의미는 기술적 합리성 이상의 것을 견지한다는 것에 의해 설명될 수 있다——. 고유한 가치 합리성의 부정은 직접적으로 과학주의의 영향을 받은, 가령 행태주의적인 발상의 사회과학들에서만 발견되는 것이 아니다. 그것은 또한 막스 베버의 이해 사회학에서도 발견된다. 왜냐하면 베버가 사회과학적 이해를 자연과학적으로 객관화할 수 있는 설명에로 환원하는 것을 거부한다 할지라도(그리고 그런 한에서 과학주의로부터 근본적으로 분리되어 있다 할지라도), 그는 사회과학들이 가치로부터 자유로워야 한다는 점을 견지하기 때문이다(1904; 1917; 1919). 그런데 첫째, 막스 베버의 거시 사회학적인 연구 프로그램이 가령 종교 사회학과 경제 사회학 분야에서의 그의 구체적인 분석들과 마찬가지로 20세기의 가장 중요한 정신적 성취들에 속한다는 것은 논란의 여지가 없으며, 둘째, 그와 마찬가지로 가치문제가 [81]사회과학들에 의해 해결될 수 없다는 것이 인정되어야 한다. 기술적deskriptive 학문으로서의 사회과학들은 특정한 사회가 어떤 가치들을 지니는지를 다만 기술할 수 있을 뿐이다. 그것들은 잘해야——기능주의와 체계 이론에서——하나의 사회 형식의 존립을 위한 특정한 가치의 기능이 무엇인지를 설명할 수 있을 뿐이다. 그러나 사회과학으로서의 그것들은 확실히 원시 기독교의 가치들과 나치스 친위대의 가치들 가운데 어느 것이 더 나은지를 결정할 수 없다. (그것들은 기껏해야 기독교의 가치들이 나치스 친위대의 그것들보다 더 오래 살아남았다는 것을 확정할 수 있을 뿐이며, 물론 그와 마찬가지로 나치스 친위대의 가치들이 백장미회의 그것보다 더 오래 존속했다는 것도 확정할 수 있다.) 그러므로 베버와의 견해 차이가 그 점에 놓여 있는 것은 아니다. 베버의 입장에서 곤혹스러운 것은 오히려 그가 지속적으로 어떤 가치들이 더 나은 것들인지의 물음이 일반적으로 합리적으로 대답될 수 없다고, 따라서 사회과학에 의해서뿐만 아니라 철학에 의해서도 대답될 수 없다고 가정한다는 점이다. 물론 그럴 수도 있을 것이다. 그러나 명확한 것은 첫째, 이 가정은 그것을 근거짓기 위해서는——사회과학자로서의 사회과학자가 어떤 가치들이 더 나은 것들인지의 물음에 대한 해명에 대해서와 마찬가지로 그에 대해서도 능력을 지니지 못한——특수하게 철학적인 논증을 필요로 하는 철학적 테제라는 점이다. 그러나 베버는 자신이 철학 자체를 부정함으로써 철학을 행하고 있음을(더 나아가 무반성적으로 니체를 따르고 있음을) 보지 못한다. 그리고 둘째, 베버는 과학자 그 자신이 가치들을 위해 노력해서는 안 된다고 하는 과학자의 지적인 성실성에 대한 자신의 호소 자체가 언제나 이미 가령 지적인 성실성이 주관적 선호 이상이라는 것을 전제한다는 것을 파악하지 못한다. 그러나 그 점을 전제하지 않는다면 과학적 물음들과 가치 물음들을 혼동하는 동료들에 대한 그의 도덕적인 분노는 그가 그들에 대해 비난하는 것과 동일한 불공정함의 표현이 될 것이다.[58]

베버 사회학의 근저에 놓여 있는 다양한 문화 형식들과 삶의 형식들에 대한 관심은 내가 이제부터 다루고자 하는 비트겐슈타인의 후기 철학에서 다시 발견된다. 『논고』에서와 마찬가지로 『철학적 탐구』에서도 언어는 여전히 철학의 결정적인 범주이다. 그럼에도 불구하고 두 저술 사이의 간격은 그야말로 대단히 큰데, 우리는 단연코 자기 자신의 입장을 그토록 철저하게 변화시킨 철학자가 많지 않았다고 말할 수 있을 것이다. 후기 저작에서는 하나의 논리적 형식 대신에 언어놀이 단자들의 무매개적인 다원성이 중심에 놓여 있다. 그리고 그에 상응하여 문체상의 변화가 생겨난다. 논리적으로 구축된 논구 대신에 짧은 경구들과 연상적으로 결합된 관찰들이 들어선다. 논리적 통일 언어의 프로그램은 포기되었는데, 그에

• • •

58. 레오 스트라우스^{L. Strauss}(1977), 49 f.의 적절한 비판을 보라.

대해 비트겐슈타인은 그것이 근거지어져 있지 않다는 것을 통찰했다. "논리학의 수정과 같은 순수성은 [82]내게 나타난 적이 없다. 오히려 그것은 요구였다."(1977; Ⅰ § 107)

오히려 지금은 원칙적으로 동등한 자격을 지닌 방법들(Ⅰ § 133)과 언어놀이들이 지배적이다. '언어놀이'라는 용어를 가지고서 비트겐슈타인은 언어의 화용론적 성격을 시사하고자 한다. "'언어놀이'라는 말은 여기서 언어의 말하기가 활동 내지 삶의 형식의 한 부분이라는 것을 강조해야 한다."(Ⅰ § 23) 따라서 연극 공연이나 강강술래와 같은 표현 형식들도 언어놀이에 속한다. 말들이 사물들을, 명제들이 사태들을 대표한다고 하는, 비트겐슈타인이 『논고』에서도 여전히 매달렸던 언어 철학의 전통적인 지시 관계 모델을 그는 이제부터 거부한다. 표현의 의미는 오히려 그 사용에서 입증된다(Ⅰ § 43). 자기의 언어 외적인 사상의 표현 수단들로서의 단어들에 이를테면 이제 막 손을 뻗어 붙잡는 사유를 가정하는 것은 환상일 것이다. 자기의 모국어 습득에 관한 아우구스티누스의 허구적인 보고(『고백』 Ⅰ 8)에 대해 비트겐슈타인은 다음과 같이 불평한다. "아우구스티누스는 인간의 언어 학습을 마치 아이가 외국에 와서 그 나라의 언어를 이해하지 못하는 것처럼, 다시 말하면 그 아이가 다만 이 나라의 언어가 아닐 뿐 이미 언어를 가지고 있는 것처럼, 또는 마치 아이가 다만 아직 말하지 못할 뿐, 이미 생각할 수 있는 것처럼 기술한다."(Ⅰ § 32; § 329 참조)

언어로부터 자유로운 사유와 마찬가지로 사적 언어도 존재할 수 없을 것인데, 이는 이제부터 좀 더 상세하게 살펴보아야 할 『철학적 탐구』(Ⅰ § 199)의 가장 중요하고도 가장 영향력 있는 주요 테제들 가운데 하나다. 오로지 삶의 형식들, 즉 관습들, 제도들의 총체성으로부터만 개별적 명제들이 이해될 수 있다. 언어의 학습이란 길들임이며(Ⅰ § 5), 누군가가 이러한 길들임 과정으로부터 독립하여 파악할 수 있는 의미란 존재하지 않는다. 개인은 자기 문화의 언어놀이에 적용해야만 하고 그 속에서 자기의 최종 심급적인 심판자를 가지는 까닭에, 언어놀이에 대한 비판적 심급이란 존재하지 않는다. 비판적 반성으로서의 철학이라는 사상에 대해 비트겐슈타인에게는 오로지 조롱만이 남아 있다. 『논고』와 마찬가지로 『철학적 탐구』도 철학을 위한 자리를 가지고 있지 않다. 아니, 이 후자는 이제 단적으로 더 이상 일상 언어를 비판하고 정확히 규명하는 과제를 지니지 않는다. 따라서 '이상적' 언어에 대해 말하는 것은 오해일 것이다. "왜냐하면 그것은 이 언어들이 우리의 일상 언어보다 더 훌륭하고 더 완전한 것처럼, 그리고 올바른 명제가 어떤 모양이어야 하는지를 마침내 사람들에게 보여주기 위해 논리학자가 필요한 것처럼 들리기 때문이다."(Ⅰ§81) 모든 명제는 그것들이 존재하는 그대로 질서 속에 존재할 것이다(Ⅰ§98). 따라서 철학은 언어 사용에 손을 대서는 안 되며, 그것을 다만 기술할 수 있을 뿐이다. "왜냐하면 철학은 그것을 또한 근거지을 수 없기 때문이다. 그것은 모든 것을 존재하는 그대로 허용한다."(Ⅰ§124) 전통적 철학이 언어의 한계를 공격하면서 초래한 종양(Ⅰ§119)을 회피하기 위해서는 [83]"형이상학적으로 사용되는 단어들을 다시 그들의 일상적 사용에로" 되돌리는 자연 언어를 견지해야만 한다(Ⅰ§116). 오로지 이러한 방식으로만 철학의 목표, 요컨대 파리에게 자기반성이라는 파리통에서 빠져나오는 길을 보여준다고 하는 목표가 달성될 수 있을 것이다(Ⅰ§309).

비트겐슈타인의 후기 철학이 현대 철학에 미친 영향은 아무리 높이 평가해도 지나칠 수 없다. 일상 언어 철학의 프로그램이 비트겐슈타인에게로 환원될 수 있고 또 콰인의 번역 불확정성의 테제(1960)와 같은 후기 분석 철학의 유명해진 테제들이 후기 비트겐슈타인의 근본이념들로부터 직접적으로 따라 나올 뿐만 아니라, 또한 윈치P. Winch의 이론(1966)이나 쿤Th. Kuhn의 과학사 모델(1976)과 같은 사회과학적 이론들도 근본적으로는 비트겐슈타인의 언어놀이 이론을 두 가지 구체적 영역들에 적용한 것에 다름 아니다. 『철학적 탐구』의 성공은 특히 거기서 심지어 가장 중요하기까지는 않다 하더라도 하나의 중요한 분석 철학자가 해석학적 전통에 대한

강력한 접근을 수행했다는 사실로부터 설명된다.[59]

비트겐슈타인은 『철학적 탐구』에서 논리 실증주의에서 너무 적게 받아들여진 언어 현상의 측면을 발견하고 주제화했거니와, 후기 저작에서는 언어의 **화용론적**이고 상호 주관적인 차원이 의미론적 차원보다 상위에 놓인다. 언어들은 전체성들로서 파악되며, 그리하여 논리적 원자론이 근본적으로 극복된다. 과학주의적 환원주의는 그것의 최선의 전문가로부터 유래하는 만큼 더욱더 설득력 있는 비판에 처하게 된다. 게다가 『철학적 탐구』는 [84]다양한 주제들, 특히 여기서는 다룰 수 없는 심리학의 철학에 대한 대단히 풍부한 매혹적인 성찰들을 담고 있다. 그러나 그 모든 것은 그 저술이 자기의 발견들을 적극적으로 활용할 수 없다는 점에 아무것도 변화시키지 못하는데, 사실 가령 언어놀이들(및 또한 이론들)의 전체론적인 성격에 대한 입증은 쉽사리 상대주의적인 결론들로 이끌어가는 아주 특수한 문제들을 제기하며,[60] 내 생각에 그 문제들은 오직 선험적 범주들이

• • •

59. 이 점은 또한 로티[R. Rorty](1981), 즉 물론 그 중요성에서 『철학적 탐구』보다 훨씬 뒤처지는 저작의 성공을 위한 지식 사회학적 근거이기도 하다. 후기 분석 철학이 비록 너무 늦긴 했지만 실재론적 경험주의에 반대하는 부분적으로 낡은 논증들을 인식하고 가령 미학적 본성의 현상들, 즉 논리 실증주의에서 전혀 자리를 차지하지 못한 현상들에 대해 관심 갖기 시작하는 것은 일반적으로 그 철학의 공적으로서 인정되어야 한다. 그러나 유감스러운 것은 이러한 보충 욕구가 대부분의 경우에 새롭게 발견된 현상들에 대한 규범적 기준들을 발견하는 데 성공하지 못하는 까닭에 결국 규범적인 것과의 작별로 귀착한다는 점이다. 굿맨은 이러한 정신적 변화에 대한 흥미로운 예이다. 그는 정당하게도 학문적 이론들과 예술 작품들 사이의 유사성을 인식하지만, 그 둘 사이의 특수한 차이들을 제시하는 데 소홀하며, 따라서 정당화와 타당성의 이념들에 작별을 고한다. N. Goodman/C. Elgin (1988)을 보라.

60. 이 점은 가령 Th. S. 쿤에 의해 도입된 과학 이론에서의 패러다임 전환의 결과들에서 제시될 수 있다. 한편으로 그의 정상 과학과 과학 혁명 간의 구별이 대단히 유익하다는 점에 대해서는 의심이 있을 수 없다. 일반적으로 패러다임 전환에 이르러서야 비로소 언제나 이미 특정한 이론적 틀을 전제하는 일정한 물음들의 제기와 일정한 실험들의 실행이 가능해진다. 그로부터 특히 철학적 범주들이 과학사의 구체적 진행에 대해 지녔고 언제나 여전히 지니고 있는 영향력이 나타난다.

부각되는 것을 허락하는 발상에서만 해결될 수 있다. 아니, 『철학적 탐구』는 완전한 변증법적 비일관성이며, 더 나아가 근본적으로 그것은 유일한 변증법적 비일관성이다. 지속적으로 (『논고』의 철학도 포함하여) 전통적 철학에 대해 부당하게도 규범적이라는 비난이 쏟아지지만, 이 비난 그 자체가 철학의 규범적 능력을 전제한다는 것은 파악되지 않고 있다. 도대체 어떻게 모든 언어놀이들이 철학적 통제 없이도 훌륭하게 기능한다고 정당하게 주장하는 동시에 전통적 철학의 언어놀이에 대해 그토록 집요한 비판을 쏟아 부을 수 있단 말인가? 그리고 "철학은 모든 것을 존재하는 그대로 허용한다"는 명제는 만약 이 명제가 모든 것을 존재하는 그대로 허용하지 않을 것을 목표로 하는 그러한 언어놀이들에 반대된다면 어떻게 자기모순 없이 언명될 수 있을 것인가? 또한 이러한 자기모순과는 독립적으로 후기 비트겐슈타인의 발상에서의 윤리학과 미학의 형편이 [85]『논고』에서보다 더 좋지 않다는 것은 명확하다. 확실히 『논고』에서 무시된 윤리적이고 미학적인 현상들이 지금 눈길에 들어오고 있다. 그러나 그것들은 그것들에 특유한 규범성을 박탈당하며, 그에 의해 『논고』에 함축된 윤리적 허무주의가 전혀 제거되지 않는다. 아니, 인식론과 관련하여 『논

• • •

그러나 다른 한편으로 쿤이 정당하게도 낡은 패러다임의 대변자들이 새로운 패러다임에 대해 수행하는 저항을 지시할 뿐만 아니라 결국에는 발생과 타당성 간의 포기할 수 없는 구별을 내던지고 현실에 대한 자기 나름의 시각을 지닌 불연속적인 패러다임들 사이에서 결정할 수 있는 합리적인 기준이 존재하지 않는다는 결론으로 기울어지는 것은 거부되어야 한다. 어쨌든 쿤은 중요한 책을 저술했는데, 우리는 파이어아벤트P. Feyerabend의 인식론적 무정부주의 선언(1976)에 대해서는 확실히 그렇게 말할 수 없다. 철학이 정체하고, 점점 더 부러운 눈으로 과학의 훌륭한 성과들을 쳐다볼 수밖에 없으며, 그 성과들을 그저 수동적으로 추수행하는 것마저도 거의 더 이상 가능하지 않은 시대에 '무엇이든 좋다'와 같은 테제가 철학자들의 열등의식 콤플렉스를 보상하는 데 기여할 것이고, 따라서 그것의 커다란 성공이 확실하다는 것은 예측될 수 있었다. 그리고 일정한 의미에서 이 성공은 사실상 이러한 문화 경영에서는 실제로 모든 것이 가능하다는 테제를 확증해 주었다.

고』에 남아 있던 규범적 차원마저도 그 사이 전적으로 사라져 버렸는데, 이 점은 퇴보라고밖에는 달리 평가되기 어렵다. 왜냐하면 『논고』에 따르면 "이 여인은 마녀다"라는 명제가 어쨌든 의미가 없는 것으로서 처리될 수 있었던 데 반해, 『철학적 탐구』의 입장에서는 특정한 언어놀이에서의 이 표현의 사용을 분석하는 것 이외에 다른 아무것도 남지 않기 때문이다. 근대 과학과 계몽 그리고 그들의 위축된 상속자이긴 하지만 어쨌든 여전히 논리 실증주의에 특유했던 비판적 능력이 여기서는 전적으로 희미해져 있다.

크립키S. Kripke는 사적 언어 논증과 연관하여 좀 더 정확히 살펴보아야 할 그의 중요한 비트겐슈타인 책(1982)에서 후기 비트겐슈타인을 흄과 비슷하게 회의주의적 역설을 발견하고——물론 귀납 문제가 아니라 의미 문제와 관련해서——이 역설에 대한 회의주의적 해결을 제안한 회의주의자로서 특징지었다. 크립키가 이해하는 회의주의적 해결(66 f.)이란 '직접적인 해결'과는 달리 회의주의자에 의해 제기된 문제가 해결될 수 없다는 것을 인정하지만, 이 문제에 의해 의문시된 우리의 일상적 실천이 그럼에도 불구하고 그 문제의 해결과 따라서 전통적인 의미에서의 정당화를 필요로 하지 않기 때문에 정당하게 존립한다고 생각하는 해결을 말한다. 그리하여 흄에 따르면 인과성은 존재론적으로 재구성될 수 없지만, 단순히 두 가지 상이한 사건 유형들에 관한 우리의 관념들 사이의 습관적인 이행의 느낌에서 유래한다. 이와 유사하게 비트겐슈타인에 따르면 "누군가가 어떤 것을 가지고 무엇을 생각하는가?"의 물음은 그 자체에서 존재하는 의미 영역과 관련해서가 아니라 다만 언어놀이에서의 길들임을 새롭게 받아들임으로써만 대답될 수 있다.

크립키가 흄과 비트겐슈타인을 비교한 것은 단연코 올바르다. 두 사상가는 한편으로 엄청난 통찰력을 가지고서 일상적 눈길에서 벗어나는 문제들을 보지만 동시에 그들의 심정의 깊이에서 상식의 단순성을 그리워한다는 점에서 일치한다.[61] 그리하여 그들의 철학은 [86]형이상학적 가정이 그들을 다만 혼란에 빠트릴 수 있을 뿐인 까닭에 어떠한 형이상학적 가정도 지니지 않는 상식의 옹호이고자 한다. 그러나 이러한 시도에서 근본 모순은 상식이 아마도, 의심할 바 없이 규범적 차원에 대한 믿음이 그에 속하는 자기의 소박한 형이상학적 가정들의 복잡한 함축들에 아마도 당황하게 될 것이라는 것, 그러나 상식은 스스로가 그것을 가정하는 까닭에 그리고 오직 그 까닭에만 어떤 것이 올바르다고 하는 입장에 의해 훨씬 더 많이 혼란에 빠지지 않을 수 없다고 하는 것이다. 인과성에 대해 말하는 자는 의심할 바 없이 주관적 습관을 생각하지 않는다——그러한 생각이 정당한지 부당한지는 다른 문제이다. 그러나 주관적 사태에 대해서는 아무런 의심도 존재하지 않는다——. 그리고 의미들에 대해 말하는 자는 그것들이 오직 모든 통제로부터 벗어난, 즉 그에 의해 언어가 학습되는 길들임 과정에만 존재한다고 믿지 않는다. 특히 철학을 언어 분석으로 축소시키고자 하는 일상 언어 철학의 시도보다 더 상식에 대립된 것은 아무것도 존재하지 않는다.[62] 확실히 응고된 정신으로서의 언어는 중요한 통찰들의 보고이다. 어원들 및 그 구조에 대한 분석들은 철학을 언제나 거듭해서 자극할 수 있다. 그러나 가령 윤리학의 근본 문제가 '좋음'이라는 단어가 어떻게 사용되는지를 확정함으로써 해결될 수 있다고 믿는 것은 그 잘못됨에서

• • •

61. 그리하여 비트겐슈타인은 지금 "내가 원할 때 철학함을 중단"(Ⅰ § 133)할 수 있는 것을 자신의 주요한 성과로서 자부한다. 자신의 반성을 더 이상 다 마무리할 수 없는 사유자의 이러한 행복의 느낌이 흄의 『인간 본성에 관한 논고』 제1책의 결론(Ⅰ 4, 7)을 상기시키는 것은 우연이 아니다. 거기서 흄은 식사와 카드놀이 그리고 잡담에서 자신의 철학적 골똘함으로부터의 방향 전환을 발견할 수 있는 것에 관한 기쁨을 표현하고 있다.

62. 우리 시대의 가장 중요한 자연과학자들 중 한 사람은 이러한 발상에 대해 정당하게 다음과 같이 쓰고 있다. "철학자들은 자신들의 탐구 영역을 이 세기의 가장 유명한 철학자인 비트겐슈타인이 '철학에 대해 남아 있는 유일한 과제는 언어 분석이다'라고 말할 정도로 축소시켰다. 이 얼마나 아리스토텔레스로부터 칸트에 이르는 위대한 철학 전통으로부터의 영락인가!"(S. Hawking (1988), 174 f.)

거의 능가할 수 없는 제안이며, 바로 철학뿐만 아니라 또한 사실 문제가 말 문제 그 이상이라는 것을 항상 알았던 상식도 최종적으로 저버리게 되는 자연주의적 오류 추리의 가장 조야한 형식들 가운데 하나다.

특히 언어놀이들의 통약 불가능성에 관한 비트겐슈타인의 테제에 관해 이야기하자면, 그것은 상이한 삶의 형식들이 서로로부터 전개된다든지 서로를 이해할 수 있다고 하는 모든 사람에게 친숙한 과정에 반한다. 우리는 언어들을 서로 번역할 수 있는 것만이 아니다. 우리는 일반적으로 가령 'virtus'라는 특정한 단어가 독일어에서 하나의 단어로 재현될 수 있다고 확정할 수 있는데, 왜냐하면 우리는 원리적으로 그 단어가 라틴어에서 무엇을 의미하며 그것이 부분적으로 우리와는 차이나는 로마인들의 세계 표상들에 근거하여 어떤 뉘앙스들을 지니는지 등등을 이해할 수 있기 때문이다. 그리고 우리는 이러한 상이한 뉘앙스들을, [87]비록 자주 의역에 의해서나 경우에 따라서는 우리의 언어에 새로운 표현들을 도입함을 통해서이긴 하지만, 상호 주관적으로 이해될 수 있게 재현할 수 있다. 그러므로 번역의 불확정성에 관한 테제는 그것이 부인하고자 하는 것, 즉 외국어의 이해 가능성을 전제한다.

그러나 아주 일반적으로 말하자면 각각의 모든 근본적으로 다원론적인 철학들이 변증법적으로 모순적이라는 것이 어렵지 않게 파악될 수 있다. 다른 — 주관적이거나 상호 주관적인 — 모나드에 대한 접근이 원리적으로 막힌 누군가가 이 두 번째 모나드가 세 번째 모나드와 탁월하게 의사소통할 수 없다는 것을 도대체 어떻게 알 수 있단 말인가? 전통적 철학의 언어놀이는 확실히 『철학적 탐구』의 그것과는 구별된다. 따라서 비트겐슈타인은 그것을 오로지 외부로부터만 기술할 수 있다. 그렇다면 그는 모든 언어놀이의 본질을 파악한다는 이 언어놀이의 보편적 요구가 그의 전제들에 따르면 불가능한 것을 그 언어놀이에 도입한다든지 아니면 마찬가지로 불가능해야 할 것이지만 모든 언어놀이의 본질에 관한 보편적인 선험적 진술들을 행한다든지 하지 않고서는 근거지어져 있지 않다는 것을 도대체 무엇으로부터 알고자 할 것인가?(Ⅰ § 67 참조) 비트겐슈타인은 철학에 대한 자신의 파괴를 위해 그가 자기의 언어 이론을 가지고서 파괴하고자 하는 저 보편성 요구를 언제나 이미 전제한다는 것을 알지 못한다. 철학에게 겸손함을 가르치고자 하는 그의 언어놀이가 그렇게 할 수 있는 것은 다만 그것이 철학에 대해 비난하는 것과 정확히 똑같은 메타 입장을 내세우기 때문일 뿐이다. "우리는 비트겐슈타인이 『논고』에서 그를 역설로 이끌어간 자기 자신의 진술들의 구속력에 대한 물음을 후기 저작에서 만족스럽게 대답했다고는 주장하고자 하지 않을 것이다."(Apel (1967), 272)

I.3.3. 실존 철학과 해석학

사회과학들이 맑스주의의 근저에 놓여 있는 패러다임적인 학문을 나타내고, 정밀 자연과학들에서의 진리 체험이 최소한 분석 철학의 시작 단계를 규정한 데 반해, 정신과학들은 근대 철학의 세 번째 주요 흐름의 근본 학문이다. 특히 예술 경험이 실존 철학과 그로부터 전개된 것의 대부분의 배경을 형성한다. 실존주의자들 가운데 몇몇이, 가령 사르트르와 카뮈가 중요한 작가였고, 철학적 해석학의 가장 중요한 저작, 즉 가다머의 『진리와 방법』(1975)의 제1부가 '예술 경험에서의 진리 물음의 개현'을 시도하며, 하이데거의 후기 철학이 시작의 문제를 중심으로 하고 있다는 것은 우연이 아니다. 사실 이 노선의 특히 독일적인 판본의 주요 공적으로서 제시될 수 있는 것은 ⸬이해, 그러므로 우리가 다른 주관들의 — 필연적으로는 아니지만 주로 언어적인 — 객관화를 파악하는 저 정신적 활동의 특수한 지위에 대한 명확한 인식이다. 이해란 명백히 경험적인 인식 양식이며 따라서 논리적 연역들로 환원될 수 없는 것이긴 하지만, 분명히 데카르트로부터 칸트에 이르기까지(아니, 『논고』의 비트겐슈타인에 이르기까지) 철학의 중심에 서 있던 경험의 저 두 가지 형식, 즉 객체들에 대한 외적 지각과 자기 지각과는 구별된다. 다른 사람이 내게 뭐라고 소리치는 지 이해하고자 한다면, 나는 그저 선험적으로만 연역해서는 안 된다. 물론 나는 들어야만 한다. 그러나 나는 내가 듣는 것을 또한 한갓된 청각적 현상들로서 구분해서는 안 된다.[63]

이러한 특별히 난해한 정신적 활동이 철학사에서 뒤늦게야 비로소 그러한 것으로서 주제화된 것은 우연이 아니다. 비코는 상호 주관적 정신의 새로운 학문을 기초한 최초의 인물이다. 그 이후에는 특히 슐라이어마허와 딜타이가 독자적인 해석학적 이론들을 다듬어낸다. 이해의 특수한 어려움이 쉽사리 상대주의적–회의주의적 결론들로 이어지는 것은, 모든 이해 이론이 자신의 확증을 지나간 시간의 이해에 대한 파악에서 발견하고 따라서 거의 강제적으로 역사의 문제로 나아가는 한에서 그리 놀랄 일이 아니다. 또한 이해의 가장 난해한 대상, 즉 예술——그것의 본질에는 아무리 간접적인 형식의 것일지라도 전달이 속한다——은 사람들에게 쉽사리 객관적이고 방법적으로 재구성될 수 있는 전달과 같은 것이 결코 존재하지 않는다는 가정을 강요한다. 수많은 예술 작품들에 속하는 모호성은 쉽사리 주관주의적으로 오해되며, 따라서 예술 작품이 참으로는 객관적으로 다의적인 데 반해 한 사람이 그것을 이렇게 이해할 것인지 저렇게 이해할 것인지 하는 것은 그 사람 자신에게 달려 있는 것처럼 오해된다. 따라서 이해와 자연과학적 설명의 특수한 차이에 대한 분석을 위해 노력해 온 철학자들 대부분은 다수의 분석 철학자들보다 물론 내용적으로는 더 포괄적이지만 형식적으로는 '더 부드럽고' 더 방법적이지 않은 진리 개념을 근저에 놓았다. 하이데거의 『존재와 시간』의 획기적인 의미는 그것이 이해에 관한

• • •

63. 행태주의는 다른 자아들에 대한 경험 문제를 그들의 외면들에 대한 경험의 문제로 환원하고자 하는 조야한 시도이다. 타인의 내면에 우리가 직접적으로 접근할 수 없다는 것이 확실히 옳다 할지라도, 외면 '배후에' 놓여 있는 내면에 대한 부정은 다른 주관을 한갓된 객관과 구별해 주는 것에 대한 부정이다.

그에게 이르기까지의 이를테면 '영역 존재론적인' 반성들을 [89]기초 존재론적으로 드높인다는 점에 놓여 있다.[64] 그의 주저에서 하이데거는 존재 물음을 철학의 근본 물음으로 다시 펼치고자 한다. 그러함에 있어 그는 —— 유한한 초월론 철학의 의미에서 —— 이 물음을 제기할 수 있는 그러한 유한한 존재자, 즉 현존재를 통한 접근을 선택한다. 당연히 하이데거는 이 현존재의 규정들(실존 범주들Existenzialien)과 대상적 존재자의 규정들(범주들Kategorien)의 차이를 고집한다. 전통적 존재론에 대해 그는 그것이 이른바 보편타당한 범주들을 사물들로부터 추상했다고 비난한다. 하이데거의 발상에서 결정적인 것은 현존재가 본질적으로 세계-내-존재In-der-Welt-sein로서 해석된다는 점이다. 하이데거는 주체가 그 자체에서 존재한다는, 즉 단지 우연적인 방식으로 덧붙여질 뿐인 세계 연관 없이 자기의 본질에서 존재한다는 표상을 거부한다. 오히려 그에 따르면 세계에 대한 그때마다의 구체적인 관련은 오로지 "현존재가 세계-내-존재로서 존재하기 때문에"(1979; 57)만 가능하다. 현존재와 세계와의 교섭에서 사물들은 도구 존재자로서(68 f.), 다시 말하면 개별적인 목적들에 관계된 것으로서 현시된다. 더 나아가 도구에는 타자들에 대한 연관이 놓여 있다. 우리가 산책하는 들판은 그 누군가에게 속하며, 읽고 있는 책은 그 누군가의 선물이다. 현존재에게 세계 연관이 외면적이지 않은 것과 마찬가지로 도구에게도 타자들에 대한 관계가 외면적이지 않다. "그렇듯 도구적이고 환경 세계적인 도구 연관에서 '만나는' 타자들은 가령 무엇보다도 우선 다만 현전할 뿐인 사물에 덧붙여져 사유되는 것이 아니다. 오히려 이 '사물들'은 그들이 타자들을 위해 도구적으로 존재하는 세계로부터 생겨난다."(118) 더 나아가 중요한 것은 하이데거가 타자들을 개별적 자아를 삭제한 채 이해하지 않는다는 점이다. "타자들은 오히려 우리 자신이 대개 그들로부터 구별되지 않고,

• • •

64. '의사소통'에 관한 야스퍼스의 상론들(1932; II 50~117)은 하이데거에게 다다르지 않는다.

우리도 역시 그들 가운데 존재하는 그런 자들이다.'(118) 바로 그런 까닭에 공동존재Mitsein는 세계-내-존재에 대해 구성적인 실존 범주이다(121). 이 공동존재가 비로소 존재 이해와 자기 이해를 가능하게 한다. 자기 인식을 포함하여 인식은 공동존재에 선행하는 것이 아니라 오로지 공동존재를 배경으로 해서만 생각될 수 있다. "자기를 앎은 근원적으로 이해하는 공동존재에 근거한다."(124) 이러한 성찰에 토대해서 하이데거는 저 '자기 이입 Einfühlung'의 구상, 즉 "무엇보다도 우선 다만 주어져 있을 뿐인 고유한 주관으로부터 무엇보다도 우선 일반적으로 폐쇄되어 있는 다른 주관에로 비로소 다리를 놓는"(124) 구상을 물리칠 수 있다. 오히려 자기 이입이 공동존재를 구성하는 것이 아니라 전제한다는 것이다(125). 내-존재의 세 가지 방식, 즉 정황성, 이해 그리고 말에 대한 그의 분석에서 마지막 것은 특수한 의미를 획득한다. 조온 로곤 에콘ζῷον λόγον ἔχον이라는 인간에 대한 그리스적 정의를 '이성적 동물animal rationale'로 옮기는 전통적인 번역은 [90]물론 잘못은 아니라 하더라도 은폐적이고 일면적이다. 오히려 "인간은…… 말하는 존재자로서"(165) 나타난다.

현존재의 퇴락 형식들에서 말의 힘은 수다의 형태로 입증된다. 피해석성 Ausgelegtheit에로 성장해 들어가는 현존재는 그의 피해석성으로부터 "결코 벗어날 수 없다. 그 속에서 그리고 그로부터 그리고 그에 맞서 모든 참된 이해와 해석 그리고 전달과 재발견 및 새로운 전유가 수행된다. 각각의 현존재가 이러한 피해석성에 의해 움직여지거나 미혹되지 않고서 '세계' 그 자체라는 자유로운 땅 앞에 세워져 자기가 만나는 것을 그저 쳐다볼 뿐인 것은 아닌 것이다."(169)

아펠(1967; 264)이 상세하게 평가한 이 구절은 여러 가지 이유에서 특징적이다. 한편으로 그 구절에서는 개별적 주관의 상호 주관적 구성에 대한 명확한 통찰이 나타난다. 『존재와 시간』 이전에는 존재하지 않았던 설득력과 개념적 날카로움을 가지고서 하이데거는 (여기서 하이데거 자신은 버리게 될 전통적인 용어법을 사용하자면) 주관-객관-관계가 언제나 이미 주관–주관–관계에 의해 담지되어 있다는 것을 다듬어낸다. 다른 한편으로 그 구절에는 요컨대 하이데거의 후기 철학을 특징짓는, 사유하는 주관의 자율성에 대한 저 부정이 이미 포함되어 있다. 첫눈에 보기에도 사람들이 비트겐슈타인의 삶의 형식들에서 벗어날 수 없듯이 수다로부터도 벗어날 수 없는 것이다. 물론 『존재와 시간』의 제2편은 그 책의 성공을 결정적으로 함께 근거지은 세인으로부터의 해방, 즉 죽음에로의 선구에서의 본래적인 자기 존재를 인정한다. 자기의 사실성과 유한성에 대한 이러한 파악에서, 즉 이러한 '결의성'에서 현존재는 일상성에로 퇴락되어 있음에서 벗어난다. 그러나 그 무엇도 이러한 탈출 시도가 전통적 철학의 목표였던 저 자율성을 회복하지 못한다는 점을 보지 못하게 할 수는 없다. 결의성은 황량하고 공허하며, 그 내용들은 이성적이고 자유로운 상호 주관성의 기초를 제공할 수 있을 어떠한 객관적인 것에 의해서도 규정되어 있지 않다. 뢰비트K. Löwith가 전해주는 일화, 즉 하이데거의 한 학생이 자기가 엄청나게 결연하지만 다만 무엇을 위해서 그래야 하는지 알지 못한다고 이야기했다는 일화는 유명하다. 과학주의에서와 마찬가지로 『존재와 시간』의 근저에도 놓여 있는 윤리적 허무주의에 대해 특징적인 것은 죄와 양심 개념에 대한 하이데거의 분석이다. 전통적 개념들을 다시 정의하는 것이 허락되지 않는다는 것이 아니다. 또한 하이데거가 유한한 현존재가 유한한 자로서 모든 가능성을 실현할 수 없다는 사실에서 일종의 존재론적인 죄를 인식하고 있다는 것도 탓할 수 없다. 오히려 이러한 사상에 대해서는 심오함이 부인될 수 없다. 하이데거의 상론에서 마음에 걸리는 것은 그가 전통적 죄 개념을 실천적으로 제거한다는 점이다. 『존재와 시간』의 개념 구조에 기초해서는 아돌프 히틀러와 아시시의 프란체스코가 [91]똑같은 정도로 죄가 있다고밖에 달리 판단될 수 없는 것이다. 『존재와 시간』의 존재론적 기획에서는 윤리적 규범들이 자리를 차지하지 못한다. 한편에는 세인의 사실적 관례들이 서 있고, 다른 한편에는 결의성의 형식주의가 놓여 있다. 만약 사람들이 이 두 계기가 세계사적으로 보아 나치주의자들을 권력에

올려놓은 저 방향을 상실한 소시민들의 절망적인 외침 속에서 조우했으며, 따라서 나치즘 시기에 하이데거의 태도가 단지 개인적인 잘못으로서가 아니라 철저히 그의 철학의 결과로서 생각될 수 있다고 확정한다면, 그것은 지나친 것이 아니다.[65]

그러나 『존재와 시간』이 근대 철학의 특징을 이루는 규범적 공허를 극복하지 못하는 것만이 아니다. 그것이 좀 더 진지하게 받아들여져야 하는 것은 현존재로부터 출발하는 것이 존재 물음에 대답하기에 적합한 길이 아니라는 (후기 하이데거 자신이 물론 다른 방향 설정 아래 행한) 비난이 내재적이기 때문이다. 사실 하이데거의 뛰어난 현상 분석들은 그것들이 지닌 심오한 진리 내용에도 불구하고 그 자신이, 비록 역전된 부호 아래서긴 할지라도, 전통적 존재론에 대해 비난하는 것과 동일한 오류를 범하고 있으며, 또한 그가 영역 존재론을 근거지어지지 않은 기초 존재론적 요구들을 가지고서 추진해 나간다는 점을 숨길 수 없다. 이 전통의 대부분이 본성적으로 존재자에 속하는 규정들을 부당하게 보편 존재론적인 것들로 과대평가한 데 반해, 하이데거는 존재에 속한다거나 다만 모든 존재자에게 속한다는 것만이라도 결코 필연적으로 명백하지는 않은 현존재의 규정들로부터 출발한다. 이 점은 특히 시간성에 대해 적용된다. 어느 누구도 그것으로써(그와 마찬가지로 그로부터 따라 나오는 가사성으로써) 가령 칸트의 제1비판에서도 적절한 역할을 수행하는 반면 '연장 사물res extensa'에 관한 데카르트의 이론에서는 완전히 무시된 현존재의 근본적인 고유성이 파악되어 있음을 의심하지 않을 것이다.[66] 그러나 어째서 그로부터 모든 존재자 또는 심지어 존재가 시간적이라는 것이 따라 나와야 하는 것일까? 본래적으로는 존재 물음에 대한 엄밀하게 선험적인 접근이 앞에 놓여야 할 것이다. 그러나 만약 누군가가 이미 이를테면 귀납적인 도정을

• • •

65. 이에 대해서는 바로 파리아스V. Farias(1989)를 보라.
66. 칸트에서 초월론적 상상력에 대한 하이데거의 해석(1929)을 보라.

걷기로 결정한다면, 그는 아무리 탁월한 것이라 하더라도 하나의 존재자에 만족할 수 없으며 오히려 상이한 존재 유형들을 조망하려고 시도해야만 한다. 그러나 규범들과 가치들 그리고 수학적 실재들은, 아니 심지어 자연 법칙들마저도 어떠한 상황에서도 시간적인 것으로서 해석될 수 없거니와, 그가 이러한 현상들을 본질적으로 무시한다는 사실은 하이데거의 접근이 지닌 적절성에 유리한 이야기를 하는 것이 아니다. [92]그러나 시간성 및 (그가 딜타이의 역사학주의를 좀 더 심오하게 근거짓는 가운데 시간성으로 환원하는) 역사성 개념을 존재론적으로 확대함으로써 하이데거가 일군의 현상들 전체를 간과할 수밖에 없게 되는 것만이 아니다. 그는 또한 변증법적 비일관성에로도 나아간다. 모든 인식을 역사적인 것으로 간주하는 것은 그와 동시에 또한 이 인식도 역사적인 것으로서, 따라서 원리적으로 이미 능가된 것으로서 입증되지 않고서는 가능하지 않다.

또한 시간 현상에 대한 하이데거의 분석도 선입견에 의한 선택 기준들로 부터 출발한다. 세 가지 시간 탈자^{Zeitekstasen}에 대한 그의 탐구가 아무리 인상적이라 하더라도, 그리고 현존재에 대해 장래가 '기재성'에 비해 우위성 을 지닌다고 하는 그의 논거가 아무리 설득력이 있다 하더라도, 이것이 그가 시간 개념의 모든 측면을 포착하고 있다거나 학문적 시간 개념을 그가 현존재의 시간성으로 환원하는 것이 발생적 의미 이상을 소유한다는 것을 의미하는 것은 아니다. 또한 그것은 학문이 세계와 아마도 또한 시간 의, 생활세계보다 더 심오하고 '더 존재적인' 차원들을 파악한다는 것을 배제하지 않는다. 존재와 시간에 관한 1905년 이후에 출간된 책의 독자에 게는 아인슈타인에 의한 시간 개념의 혁명화가 각주에서만 언급된다는 것이 기이하게 보일 것이다. 과학주의가 정신과학들을 정당하게 평가하지 못하듯이 하이데거도 자연과학들을 정당하게 평가하지 못한다. 두 발상 가운데 어느 것도 어떻게든 학문들의 총체성을 파악하거나 심지어 근거짓 기한다고 주장할 수 없다.

더 나아가 하이데거의 현존재 개념에도 문제가 있다. 한편으로 현존재는 분명히 인간에게 제한되어 있지 않다. 현존재 분석은 인간학적 논고 이상이고자 하며, 사실 가령 성적 특성과 같은 인간의 수많은 본질 징표들이 그 저작에서는 아무런 역할도 하고 있지 않다. 하이데거는 오히려 다른 유한한 정신적 본질에도 적용될 수 있을 인간의 몇 가지 근본 특징들로부터 출발하는 것으로 보인다. 현존재는 가사적이고 반성적이며(특히 자기의 가사성에 대해 알고 있으며), 상호 주관적이고 대상들과 교제하는 본질에 속하는 것이다. 그러나 무엇이 이러한 징표들이 **필연적으로** 함께 등장하는 것(이 점은 그 발상이 한갓 인간학적인 것 이상이고자 하고 인간적 특성들의 선택이 임의적인 것 이상이고자 한다면 그 발상의 핵심이어야만 한다)을 보장하는가? 어째서 가령 유한한 본질은 필연적으로 상호 주관적인가? 그리고 그것이 사실이 아니라면, 즉 존재론적 자기 이해가 또한 사인^{Privatus}에게서도 생각될 수 있다면, 공동존재에 관한 진술들의 유효한 의미는 무엇인가? 어째서 그 진술들이 인간적 현존재 형식에 대한 기술들 이상인가? 여기서 하이데거가 필증적인 진술들을 근거짓는 방법을 지니지 못하는 것은 나쁜 결과를 초래한다. 이 점에서 그의 초월론 철학 판본은 칸트의 그것이나 결국은 또한 후설의 그것보다도 훨씬 못한 방식으로 그들과 구별된다. [93]왜냐하면 후설이 명증성에 호소하는 것이 아무리 문제가 있다 할지라도, 여전히 인정되어야 하는 것은 후설이 타당성 문제를 하이데거와는 전혀 다른 방식으로 주제화했다는 점, 아니 하이데거는 비록 그의 실질적인 분석들 대부분이 후설보다 훨씬 앞으로 나아간 것이라 하더라도 근거짓기 이론적인 관점에서는 후설보다도 더 뒤로의 중요한 퇴락을 나타낸다는 점이다. 후설의 주관성이 지닌 몰세계성의 극복은 사실상 그것이 만족스러운 것으로 받아들여졌다는 사실을 오늘날에도 이해할 수 있는 훌륭한 성취이다. 하지만 그것은 (후설의 주관적 관념론이 객관적 관념론으로 지양되지 않는 까닭에) 방법론적인 퇴보를 대가로 치르고서 이루어지는데, 이 점은 특히 통제되지 않은 방식으로 어원들을 끌어들이는 데서 드러나며, 후기 저작에서 그것은 훨씬 더 자의적인 형태를 취한다. 일상 언어 철학에서는 어쨌든 다수의 언어들에 고유한 구조들이 문제가 된다. 그러나 여기서는 개별 언어에서 단어들 사이에서 우연히 발견되는 도출 관계들이 본질 연관들을 위한 논증들로 된다.

초기 하이데거와 비교한 후기 하이데거에 대한 판단은 비트겐슈타인의 경우와 비슷하게 이중적인 것으로 나타나지 않을 수 없다. 한편으로 인정되어야 하는 것은 말의 좀 더 넓은 의미에서의 실재론적 철학, 즉 객관에게 주관에 비한 명확한 우위를 인정하는 철학에로의 하이데거의 전환이 근대 철학의 대부분의 발상들에서는 상실되었지만 전통적인 철학의 근본 핵심에 속했던 계기들을 재발견한다는 점이다. 진리가 만들어질 수 없다는 것은 아무리 크게 외친다 하더라도 충분할 수 없는 인식이다. 그러나 하이데거의 후기 저술들에서 과거의 위대한 철학을 상기시키는 예감들이 발견된다할지라도, 이 점이 하이데거의 후기 철학이 전통의 이러한 통찰들을 몇몇 구절에서 곧바로 전자를 후자의 희화화로서 묘사할 수 있도록 허락하는 방식으로 왜곡한다는 점을 숨길 수는 없다. 그리고 더 좋은 사변적 철학의 결여로 인한 것이겠지만, 수십 년 동안 위대한 철학의 이러한 희화화에 매혹될 수 있었던 것은 20세기에 대해 좋은 이야기가 아니다. 물론 지식 사회학적으로 보아 여기서 후기 하이데거의 성공은 그의 숙명론적인 발상이 유럽과 특히 독일로 하여금 하이데거의 생애 동안 세계에 닥쳐온 범죄와 재앙에 대한 책임으로부터 벗어나게 해준 점에 의해 촉진되었다.

플라톤에서 헤겔에 이르는 위대한 객관적 관념론적인 전통의 근본 통찰들 가운데 하나는 객관적 존재가 가장 빠르게 파악되는 것은 이성이 선험적으로 진행할 때, 다시 말하면 경험적인 것이자 따라서 이러한 의미에서 객관적으로 주어진 것에 의거하지 않고서 진행할 때인 데 반해, 경험과 같은 인식의 좀 더 객관주의적인 형식들은 [94]다만 필연적이지 않은, 다시 말하면 말의 좀 더 엄밀한 의미에서 객관적이지 않은 결과들만을 초래할 수 있다는 것이다. 이러한 방식으로는 자율성과 객관성을 함께 사유할 수 있는데, 이는 특히 윤리학에서 대단히 중요한 의미를 지닌다. 그러나 정확히 객관성과 자율성의 이러한 통일이 하이데거에 의해 파괴된다. 그 자체로 환영해야 할 객관성에로의 전환이 그에게서는 자율성과의 작별을 의미하는 것이다. 바로 그런 까닭에 하이데거의 주장들은 어떤 식으로든 방법적으로 통제될 수 없으며, 만약 그것들이 논증적으로 재구성될 수 있다면 그것은 바로 그 주장들이 근대적 주관성의 산물이자 따라서 존재로부터 멀리 떨어져 있다는 징표일 것이다. 그러나 바로 그런 까닭에 하이데거의 객관주의는 20세기의 철학이 산출한 가장 무시무시한 주관주의로 돌변한다. 가령 정신적 지도자 하이데거를 따르고자 하지 않는 자, 그와 함께 존재에 귀 기울이고자 하지 않는 자는 바로 구원받을 수 없다. 물론 하이데거의 주관주의는 객관주의적인 복장들로, 가령 어원학적인 도출 연관들에 대한 분석들과 시문들이나——특히 고대의——철학적 명제들에 대한 해석들로 덮여 있다. 그러나 이 해석들이 합리적으로 제어될 수 없는 까닭에,[67] 그 문제는 더 높은 수준에서 다시 한 번 나타난다. 이제 문제가 되는 것은 하이데거의 해석들을 무비판적으로 따르는 것이다. 왜냐하면 모든 비판은 사람들이 존재 망각에 빠져 있다는 것, 즉 사람들이 우리의 전통 전체와 더불어 늦어도 플라톤 이래로 존재에 귀 기울이기를 잊었다는 것을 증명할 것이기 때문이다. 따라서 하이데거의 후기 철학은 이중적으로 요새화된 교조주의의 전형적인 예가 된다. 그것은 비판을 이데올로기적 현혹의 표현으로 설명함으로써 처음부터 비판에 대해 면역되어 있으며, 그에 의해 이 비판에 관심을 기울여야 하는 데서 면제되어 있는 것이다. 그런데 존재에 대해서는 논증들이 적절하지 않다는 하이데거의 테제, 즉 "로고스 망각"(Apel (1967), 273)은 아마도 그것이 명백히 변증법적으로 모순적이지 않을 때에만 옳을 수 있을 것이다. 왜냐하면 존재 망각에 관한 이론 전체는 바로 왜 우리가 논증하고자 해서는 안 되는지에 대한 논증을

• • •

67. 내가 나의 반론들 가운데 많은 것을 끌어내고 있는 K. Weimar/Ch. Jermann (1984)의 적절한 비판을 보라.

제공할 것이고, 따라서 그것은 그것이 비난하는 것을 전제하기 때문이다. 만약 하이데거가 실제로 일관적이라면, 그는 철학을 포기하고 시를 지었을 것이거나 그렇지 않으면 침묵함으로써 사유를 완성에로 가져왔을 것이다. 그렇지 않아도 어떻게 하이데거의 천재적인 사유에 도달하게 되었는지는 그 직선적 성격이 전통적 진보 모델의 비분화성을 다만 역전된 부호 아래 반복하는 하이데거의 철학사의 철학의 틀 내에서는 전혀 설명되지 않은 채로 남아 있다. 도대체 2500년간의 퇴락 이후에 이 웅대한 현상은 어디서 온 것일까? [95](비슷한 물음이 보편적인 사회적 현혹 연관에 관한 아도르노의 테제, 즉 그 비일관성에 속지 않기 위해서는 자기의 부정적 변증법을 필요로 한다는 식으로 명백히 변증법적으로 비일관적인 테제와 관련해서도 제기된다.[68])

그럼에도 불구하고 후기 하이데거의 영향력은 또한 (진부한 것을 말하는 것이지만) 의심할 바 없이 20세기의, 아닌 전체 철학사의 가장 강력한 것에 속하는 그의 사유의 중요한 핵심이 인정되지 않는다면 파악될 수 없다. 이 핵심은 하이데거가 근대 기술의 위험을 지배적인 문화가 집단적으로 그것을 깨닫지 못하고 있던 시대에 파악했다는 점에 놓여 있다(특히 (1962)를 참조). 하이데거는 우리의 기술 문명의 정신적 뿌리들을 파악하고 가령 기술 문명이 다만 일련의 다행스러운 발명들과 발견들의 결과일 뿐이라는 소박한 선입견을 깨트림으로써 기술의 철학을 전혀 새로운 수준으로 올려놓았다. 오히려 고유한 정신 형식이 근대 기술의 근저에 놓여 있다는 것이다. 그러나 하이데거는 기술의 자립화를 근대 형이상학의 필연적 결과로서 해석할 때 잘못을 범한다. 기술적인 목적 합리성의 절대화는 다만

• • •

68. 모순율의 절대적 타당성의 문제에 또 다시 관여해야 할 것이다. 여기서 이미 변증법적 이론들이 의미를 지닐 수 있는 유일한 가능성은 모순율의 특정한 판본을 무조건적으로 견지하는 데 존재한다는 것이 확정될 수 있을 것이다. 헤겔의 사변적 변증법은 아도르노의 부정적 변증법과는 대립되게 바로 이것을 행한다.

그것에 어떠한 한계도 정립할 수 없는 가치 합리성의 (결국 반형이상학적인) 퇴락을 배경으로 해서만 이해될 수 있다. 하이데거와 더불어 상이한 형식의 합리성들이 존재하며 합리성에 대한 싸잡아 하는 비방은 문제를 해결하지 못할 뿐만 아니라 오히려 강화한다는 것을 파악하지 못하는 저 무차별적인 합리성 비판이 시작된다. 그리하여 하이데거는 지성^{Verstand}과 이성^{Vernunft}, 즉 그 근거가 물어지지 않은 원리들로부터 출발하는 사유 형식과 이 원리들을 반성하는 다른 사유 형식과의 고전적인 구별을 적절하게 파악하지 못했으며, 그것도 체계적으로도 철학사학적으로도 파악하지 못했다. 그와 마찬가지로 그는 고유한 가치 합리성과 같은 어떤 것(즉 윤리학에서의 이성)이 존재한다는 것도 이해하지 못했는데, 가치 합리성은 목적 합리성의 거침없는 확대로 인해 이미 상당한 손상을 입었지만, 더 나아가 그것은 종적인 합리성 비판의 소용돌이 속에서 그 필요 불가결성이 자기의 이해관계에 있어 항상 직접적으로 분명해지는 목적 합리성보다 훨씬 빠르게 사라질 것이다. 따라서 단연코 말할 수 있는 것은 과학주의와 실존 철학이 똑같은 정도로 [96]가치 합리성의 해체에 기여했으며, 그런 한에서 또한 실존 철학에 대해서도 기술적 합리성의 만연에 대한 간접적인 책임이 부인될 수 없다는 점이다.

더 나아가 근대 기술의 문제가 물론 기술적 합리성을 초월함이 없이는 해결될 수 없지만, 그와 마찬가지로 기술적 합리성이 물론 자립화되어서는 안 되는 수단으로서 관여하지 않고서는 해결될 수 없다는 점도 명확하다. 하이데거의 정적주의적인 해결책, 즉 내맡김에 대한 찬양은 적절한 대안이 아니다. 왜냐하면 그것은 숙명에 자기의 진로를 맡기는 것이자 모든 구체적인 책임으로부터 물러남을 의미할 것이기 때문이다. 인식으로서의 힘에의 의지에 관한 하이데거의 테제──가령 『니체』 논고의 제3편──도 무책임하기는 마찬가지인데, 그 테제는 현대 철학에 커다란 영향을 미치고 있는 것으로서, 푸코의 많은 사상들은 그것에로(마찬가지로 또한 계몽의 변증법에 대한 호르크하이머와 아도르노의 분석에로(1971)^{69}) 환원될 수 있다. 물론 힘에의 의지는 최소한 그것이 지적일 때 인식에의 의지를 함축한다. 왜냐하면 인식된 세계는 인식되지 않은 세계보다 더 잘 지배될 수있기 때문이다. 그러나 그것은 첫째, 그 역도 타당하다는 것을 의미하지 않는다. 세계에 관여하고자 함이 없이 세계에 대한 파악에 만족하며, 그럼에도 불구하고 논증적인 매개를 위해 전력을 기울이는 순수하게 이론적인 인식관심이 존재한다는 것은 의심할 여지가 없다. 수학과 순수 자연과학이 그 예이다. (확실히 인식에의 의지도 의지로서 자기 자신에 대한 지배를 전제한다. 그러나 그것은 비록 힘의 한 가지 형식이긴 하겠지만 이성적인 인간이라면 누구도 그에 대해 이의를 제기해서는 안 되는 그런 힘의 형식일 것이다.) 그리고 둘째, 힘에 대한 일반적인 악마화에 대해서도 경고해야한다. 경우에 따라서는 일정한 통찰들을 지니는 사람에게 있어서는 힘을 행사하는 것만이 커다란 악을 저지할 수 있을 때 그렇게 하는 것이 곧바로 도덕적 의무일 수 있는 것이다. 확실히 힘은 언제나 그런 것은 아니지만 대개 타락한다. 그러나 바로 그렇기 때문에 도덕적으로 통합된 개인들이, 특히 그에게 있어서는 순수한 인식이 가치 그 자체인 그러한 사람들이 힘을 행사하는 것은 의미 있을 수 있다. 이것은 잘 알려져 있듯이 플라톤의 논증이었다. 이러한 사상을 전혀 제어되지 않고 객관적인 가치들과 진리들로부터 해방된 힘에의 의지와 동렬에 놓는 것은 이론적으로 기이할 뿐만 아니라 [97]또한 이렇듯 동렬에 놓는 것이 결국 20세기에 특유한 범죄로 귀착하는 까닭에 실천적으로도 기괴하다. 그렇게 되면 바로 모든 힘이, 요컨대 천재의 인식에의 의지로부터, 아니 성자의 자기완성의 의지로부터 정치적 범죄자의 절멸의 의지에 이르기까지의 모든 힘이, 그리고

• • •

69. 호르크하이머와 아도르노가 계몽 과정에서의 변증법을 인식했다는 것은 단연코 의미 있는 성취이다. 그러나 그들은 하이데거와 마찬가지로 계몽에 대한 일관된 비판이 사변적인 고유한 입장을 전제하며, 그것이 없으면 그 비판 자체가 계몽의 연장이거나 반계몽의 표현일 수밖에 없다는 점을 인식하지 못한다.

또한 하나의 의지를 도덕적으로 다른 힘보다 우위에 놓는 것을 가능하게 할 수 있는 규범적 기준들에 대한 추구가 다만 숙명적인 힘에의 의지의 표현일 뿐이다. 이러한 관점에서는 의지 행위들 사이의 모든 규범적 차이가 증발되며, 이러한 정체 폭로 배후에서 처음에 인식될 수 있는 의도, 즉 비판적으로 위험들을 지시하고자 하는 의도는 비판의 입지가 그 내부에서 더 이상 의미를 지니지 못하는 입장으로 몰락하고 만다.

　동시대의 프랑스의 하이데거 수용이 본질적으로 이러한 노선에서 움직이는 데 반해, 가다머의 위대한 업적은 초기 하이데거의 가장 실체적인 문제들 가운데 하나인 이해의 문제를 받아들여 좀 더 사유했다는 점이다. 하지만 『진리와 방법』이 지식의 과학주의적 축소에 대한 균형추로서 중요한 기능을 지녔다 할지라도, 나아가 정신사적인 전통에 대한 포괄적인 지식으로 가득 찬 이 저작이 철저히 연구할 만한 가치를 지닌 전후 철학의 몇 안 되는 책들에 속한다 할지라도, 그것은 물론 해석학적 문제에 대한 일관된 해결책을 제공했다고 주장할 수 없다. 한편으로 가다머는 정당하게도 이 글의 서두에서 묘사된 견딜 수 없는 상황, 즉 그에 따르면 정신과학들이 과거로부터가 아니라 과거에 관해 배워야 하는 상황을 극복하고자 한다. 나아가 그에 못지않게 정당하게도 가다머는 그러한 발상을 위해 적절한 이해란 저자의 주관적 의도에 대한 파악으로 환원되어서는 안 된다는 것을 파악하고 있다. 그러나 이해 문제에 대한 이러한 이를테면 '정립적인' 소박한 해결책의 거부는 종합적인 해결책과 결합되어 있지 않다. 오히려 가다머의 반정립적인 해결책은 이해를 방법적으로 통제되지 않는, 즉 정신과학들의 학문성을 파괴하는 과정으로 만들 위험에로 치달아간다. 왜냐하면 첫째, 비록 결실 있는 이해를 위해서는 해석되어야 할 저자의 의도들을 상황에 따라 초월해야만 한다 할지라도, 원리적으로는 언제나 어떤 지점에서 이 의도들을 초월하는지가 입증될 수 있어야만 한다. 다시 말하면, 자명한 일이지만 가령 칸트 저술을 해석함에 있어 그에게 아마도 모호하게만 떠올랐을 문제들을 날카롭게 조탁해내는 것은 정당할 뿐만 아니라 심지어

바람직하기까지 한 것이다. 그리고 이러한 것이 개별적 경우에 어려울수 있을지라도, 원리적으로는 무엇이 해석자의 책임이고 무엇이 해석되어야 할 것 그 자체에 함축되어 있을 뿐만 아니라 또한 명시적으로도 생각되었는지를 발견해내는 것이 가능해야만 한다.[70] [98]만약 사람들이 가다머처럼 우리는 언제나 다만 다르게 이해할 뿐 결코 더 좋게 이해할 수 없다(1975; 280)고 설명한다면, 그들은 어렵다고 고백하지 않을 수 없는 이 과제 앞에서 물러나 근본적으로 정신사를 더 이상 추구할 수 없다. 왜냐하면 그들은 결국 인식의 진보뿐만 아니라 정신적 발전도 전혀 더 이상 확인할 수 없기 때문이다. 그 경우에는 언제나 쿠자누스를 단지 근대 물리학의 선구자로서가 아니라 근본적으로 뉴턴과 똑같은 것을 생각한 누군가로서 해석하는 것이 가능하다. 가령 오해와 같은 것은 전혀 있을 수 없는 것이다. 그러나 그것은 마찬가지로 자기 지양으로 이어진다. 왜냐하면 그렇게 함으로써 가다머는 자신에게 불합리를 전가하는 사람에 대해 "유감이지만, 당신은 나를 오해했소"라고 말할 수 있는 권리를 박탈당하기 때문이다. 그의 입장은 근본적으로는 결코 더 이상 상호 주관적으로 논의될 수 없다. 왜냐하면 그러한 논의는 최소한 규제적 이념으로서 언제나 이미 객관적 해석과 같은 어떤 것이 존재한다는 것을 전제하기 때문이다.

둘째, 가다머에게는 그의 이론이 주관적 의견들이 아니라 객관적 문제들의 세계와 관계되는 이해의 좀 더 흥미로운 차원과 관련해서도 어떠한 진리 기준도 결여하고 있다는 비난이 제기될 수 있다. 가다머에 따르면 우리는 저자의 의도들에 더 가까이 다가갈 수 있는 가능성을 지니지 못하는 것만이 아니다. 우리는 하나의 해석이 물론 문헌학적으로는 억지이기는 하지만 사태적으로는 결실을 맺을 수 있다는 것을 결코 내재적으로 근거지을 수 없다. 더 나아가 우리가 그렇게 할 수 없는 까닭은 이해를 주관적

• • •
70. 이러한 분리는 플라톤의 대화들처럼 예술 작품일 뿐만 아니라 또한 그러한 것으로서 의식적으로 단지 암시할 뿐인 저작들에서는 특히 어렵다.

이성을 언제나 이미 초월하는 사건으로 간주하는(XXVII) 가다머가 자신의 철학적 진리 요구를 정당화하지 못하고, 따라서 규범적으로 적절하고 구속력 있는 자기 이해라는 목적을 위해서 해석되어야 하는 것과 자기 입장을 매개시키는 것을 포기해야만 하기 때문이다. 가다머의 영향작용사 개념은 하이데거의 존재사와 전적으로 마찬가지로 내적인 진리 기준들에 대한 추구를 관철되는 것의 사실성으로 대체한다. 이러한 관점에서 고전적 사상가들이 위대한 것은 그들이 객관적 문제들에 대한 진지하게 받아들여져야 할 해결책들을 제안했기 때문이 아니라 오히려 그들이 우리가 그 속에서 생각하고 또 그로부터 생각하는 영향작용사를 규정해 왔기 때문이다. 해석자에 대한 해석되어야 할 것의 원리적인 우월성(왜냐하면 사실적인 것은 의심할 바 없이 많은 경우들에 존립하기 때문이다)에 관한 이러한 그의 테제와 더불어 가다머는 이성의 자율성을 포기한다.[71] 특히 완고한 것은 가다머가 [99]진리의 더 이상 그 뒤로 물러설 수 없음에 관한 논증을 가지고서 스스로에게 진리를 기대하지 않는 역사학적 입장의 비일관성을 입증하는 반성 철학을 다루는 모습이다(327 f.). 논증이 형식적이라는 이의 제기는 무엇을 의미해야 하는가? 하지만 그로써 논증은 좀 더 논리 정연해지는데, 왜냐하면 그것의 타당성은 분명히 내용적인 전제들에 의존하지 않기 때문이다. 그것을 거부함으로써 가다머는 오히려 비판에 대한 자기 면역으로 기울어지는 경향을 보여주는데, 이는 하이데거를 상기시킨다.

• • •

71. 정당하게도 이에 대해 Apel (1976a; 47 f.)은 다음과 같이 말하고 있다. "해석학이 계몽의 유산을 비판적으로 보존해야 한다면, 그것은 내 생각에 해석되어야 할 것의 잠재적 우월성을 간직하는 것과 더불어 또한 이해에서의 정신의 반성적 자기 관철이라는 원리적 요구에 대한 헤겔의 통찰도 보존해야만 하며, 그로부터 원리적인 해석자의 판정 우위를 끌어내야만 한다. 만약 해석자가 이해되어야 할 것에 대한 비판적 판정에 대한 권리와 그런 한에서 진리를 스스로에게 기대하지 않는다면, 그는 여전히 철학적 해석학의 입장에 선 것이 아니라 교조주의적 믿음에 봉사하는 해석학의 입장을 고집하는 셈이다.

이 모든 것은 해석학적 학문들의 정초가 가다머 이전으로 되돌아갈 수 없으며, 심지어 흥미로운 변증법에서 고전가들에 대한 가다머의 가치 절상이 독일 철학을 후기 하이데거의 매혹으로부터 해방시키고 그것에게 현대의 것보다 더 위대한 철학적 전통을 다시 성찰할 수 있는 기회를 제공했다는 점에 아무런 변화도 불러일으키지 못한다. 가령 독일 관념론에 대한 좀 더 깊은 이해는——우리는 곧바로 이성의 간지에 대해 말할 수 있을 것이다——가다머와 그의 제자들로부터 출발했다.

1.3.4. 퍼스와 로이스의 무제한적 (해석-)공동체 구상에서의 초월론적 화용론의 선취

우리가 비트겐슈타인과 하이데거 그리고 가다머를 비교하게 되면, 그 모든 구별에도 불구하고 두 가지 공통성이 확정될 수 있다. 첫째, 세 사상가 모두에게 결정적으로 문제가 되는 것은 상호 주관적 구조들과 과정들이다. 언어의 의미론적 차원이 화용론적 차원보다 우세하고 이해 과정이 아무런 역할도 하지 않는 『논고』에서조차 의식이 아니라 언어가 분석의 중심에 놓여 있다. 그리고 『철학적 탐구』의 삶의 형식들은 분명히 해석학에서 이해로서 주제화되는 전달 과정 주위를 맴돌고 있다. 위에서 언급된 사상가들의 두 번째 공통점은 그들이——최소한 그들의 후기 국면에서——타당성 문제를 진지하게 취급하지 않는다는 점이다. 그 점은 한편으로 실천철학의 물음들에 적용되는데, 비트겐슈타인도 하이데거도 가다머도 "우리는 무엇을 해야 하는가?"라는 물음에 대한 대답을 지니고 있지 않다. 다른 한편으로 그 점은 그들의 고유한 입장에 적용된다. 하지만 그들이 단지 그들 자신의 진술들을 정당화하지 않는 것만이 아니다. 그들은 사물들에 대해 이야기하지만, 이 사물들이 이해되고 참으로서 인식될 수 있기 위해 그들이 전제해야만 하는 것에서 [100]한 마디로 말해 단적으로 비일관적인 것이다. 언어놀이들의 상호간의 환원 불가능성에 관한 비트겐슈타인의 학설과 철학의 특수한 지위에 대한 그의 부인, 어느 누구도 벗어날 수 없는 존재 망각에 관한 하이데거의 테제, 우리는 결코 더 잘 이해할 수 없고 언제나 다만 다르게 이해할 수 있을 뿐이며 생기사건의 이해하는 부분으로서 존재한다는 가다머의 주장, 이 모든 진술들은 그들이 이성의 자율성 요구를 부인함으로써 자신들의 진리 요구를 지양한다는 점에서 일치한다.

물론 위에서 언급된 입장들에서 흥미로운 것은 두 가지 공통점들이 첫 눈에 그렇게 보이는 것보다도 더 밀접하게 연관되어 있다는 점이다. 요컨대 근본적으로 상호 주관적인 심급이 타당성 문제를 해결해야 한다는 것인데, 그리하여 비트겐슈타인의 사적 언어 논증의 요점은 의미 문제가 언어놀이를 배워나가는 길들임 과정을 통해 해결되어야만 한다는 것이고, 가다머는 ㅍ—비트겐슈타인에게서 공시적인 것이 이를테면 통시적인 것으로 전환되어— 진리 물음을 영향작용사의 상호 주관적-역사학적 과정으로 환원하는 것이다. 그러나 타당성이라는 특수하게 규범적인 차원을 이렇듯 무언가 사실적인 것으로 대체하는 것은 이러한 사실적인 것이 자연적 대상이나 의식 사실이 아니라 상호 주관적인 구조인 경우에도 수용될 수 없는 것으로 보인다. 왜냐하면 이러한 방식에서도 이성의 자율성 요구가 무화되기 때문이다. 확실히 규범적인 것의 고유한 존재 방식에 대한 파악은 철학의 가장 어려운 과제들 가운데 하나, 아니 심지어는 아마도 가장 어려운 과제일 것이며, 규범적인 것을 사실적인 것과 밀접히 연결하고자 하는 유혹은 매우 크다. 우리는 그의 중심 사상이 상호 주관성 문제틀을 자율성 사상과 결합하는 데 놓여 있는 아펠마저도 이러한 유혹에 굴복했음을 보게 될 것인데, 어쨌든 그의 진리 합의론이 결정적으로 공허한 것이 아닌 것으로 해석된다면 그러한 것이다. 그러나 여하튼 그에게서의 이러한 결함은 자율성 사상을 20세기에 그와 같은 것을 추구하는 방식으로 철저히 정당하게 평가하는 좀 더 복잡한 이론의 틀 내에서 발견된다.

그 자신의 고유한 발상에서 아펠은 사람들이 점점 더 근대 논리학의
아버지들 가운데 한 사람(특히 관계 논리의 창시자)일 뿐만 아니라 또한
제임스의 심리학적 판본이나 듀이의 사회학적 판본과 비교하여 논리적으로
근거지어진 실용주의의 선구적 사상가로 바라볼 것을——그것도 무엇보다
도 우선 아펠의 선구적인 논문(1975)에 근거하여——배워온 퍼스에게서
전적으로 특별한 정도로 영향 받고 있다.[72] 미국에서는 퍼스의 실용주의와
[101]형식 논리학의 발전에 대한 그의 기여가 주된 관심사가 되고, 그와
비교하자면 그의 발상 내의 초월론적 계기들뿐만 아니라 더 나아가서는
또한 '진화적 사랑evolutionary love'의 개념에서 정점에 다다르고 객관적 관념
론의 구조 유형에 속하는 그의 후기의 진화론적 형이상학은 소홀히 여겨졌
다. 그에 반해 아펠은 특히 퍼스에서의 칸트의 '기호학적 변형'의 계기들을
조탁해냈다. 비록 퍼스가 근대의 가장 영향력 있는 사상가들에 속하지는
않는다 할지라도, 또한 그의 작품이 아펠의 그것과 비슷하게 분산되어
있고 또 그가 그것을 결코 자신의 입장에 대한 포괄적인 서술로 가져오지
는 않았다 할지라도, 여기서 초기 퍼스의 근본 사상들 가운데 몇 가지에
관심을 기울이는 것은 해볼 만한 일이다. 왜냐하면 퍼스는 한편으로 고전
적인 합리성 개념을 견지했지만, 다른 한편으로는——물론 많은 점에서
후기 퍼스와 결합되는 후설[73]과는 달리——근대 철학에 특유한 [102]상호

• • •

72. 퍼스에 대한 또 다른 문헌과 관련해서는 가령 J. von Kempski (1952), H. Wennerberg
(1962), R. Bernstein (1965), G. Wartenberg (1971)을 보라.

73. 이 논문의 틀 내에서 후설을 그저 대강으로나마 정당하게 평가하는 것은 가능하지
않다. 따라서 나는 아주 간결하게 언급하는 데 만족하고자 한다. 한편으로 후설은
20세기의 가장 열정적인 반상대주의적 철학자들 가운데 한 사람으로서, 즉 엄밀하
고 체계적인 학문으로서의 철학이라는 사상을 견지하고 유럽이 처했던(그리고
계속해서 여전히 처해 있는) 위기에 직면하여 철학에 커다란 과제를 지정해 준
사람으로서 최고의 존경을 받을 만하다. 다른 한편으로 철학을 직관들 위에 세우고
자 하는 후설의 시도, 그의 이를테면 기술적인 발상, 연역들에 대한 그의 포기가
과연 회의주의에 의해 침식된 시대에 설득력이 있을 수 있는가 하는 점에 대해서

주관성 테마를 철학의 정초를 위해 투입한 소수의 근대 철학자들 가운데 하나라고 주장될 수 있기 때문이다. 게다가 아펠은 퍼스에 대한 지식이 없이는 거의 올바르게 정리될 수 없다. 물론 지금 이 틀에서는 퍼스의 후기 철학, 즉 그의 진화의 형이상학이나 많은 점에서 전통적인 의식 철학으로의 귀환을 함축하는 그의 현상학 개념은 고려될 수 없다.

이미 신속하게 퍼스는 인식 과정의 고전적인 2항의 주관-객관-관계를 불충분한 것으로 여겼다. 오히려 문제가 되는 것은 기호 과정^{Zeichenprozeß}을 모든 인식에 대해 구성적인 것으로 파악하는 것이다. 그러나 이 과정은 3항의 것이며, 따라서 그것은 퍼스 철학의 세 가지 최고 범주들 가운데 세 번째 것, 즉 '삼차성'('Thirdness')에 대한 가장 가까운 예이다. '일차성^{Firstness}'이 직접적으로 성질들을 포괄하는 반면, '이차성^{Secondness}'은 성질과 의식의 충돌을, '삼차성'은 바로 기호 과정을 나타낸다. 왜냐하면 기호는 객체·대상을 나타내며, 해석자에게 의미를 매개하기 때문이다. "철학적

• • •

는, 비록 현상학적 학파가 내면의 분석에 관한 한 이전의 모든 철학을 무색하게 하는 성취를 가져왔다 할지라도, 강력한 의심이 제기되지 않을 수 없다. 그와 마찬 가지로 후설에게 있어 규범 윤리학의 결여는 과연 이것이 우발적인 우연 이상은 아닌지, 오히려 현상학적 발상은 필연적으로 현상을 초월하는 규범적 차원을 포기 할 수밖에 없는 것은 아닌지의 물음을 던지지 않을 수 없게 만든다. 그리고 마지막 으로 후설이 주관성으로부터 출발함에 있어 실재적 자연뿐만 아니라 또한 실재적 타자를 부인하는 것이, 따라서 유아론이, 비록 『데카르트적 성찰』 제5성찰과 방대 한 유고 자료 『상호 주관성의 현상학에 대하여$^{Zur\ Phänomenologie\ der\ Intersubjektivität}$』 (1973)가 상호 주관성의 구성을 위해 노력한다 할지라도 언제나 계속해서 단지 자아론적인 기초 위에 서 있을 뿐인 한에서, 진지한 위험으로 남는다는 점에 대해 서는 논박하기가 어려울 수밖에 없다. (후설의 상호 주관성론에 대해서는 가령 A. Diemer (1956), 269–373과 M. Theunissen (1965), 15–155를 보라.) ─ 후설에게서처 럼 데카르트적인 '코기토'가, 따라서 원자화된 주관으로부터의 출발이 "유일하게 가능한 출발"인 사르트르에게 있어(1943; 308) 오로지 도착적인 상호 주관적인 관계들만이 중심에 놓여 있는 것은 확실히 우연이 아니다. 사르트르는 긍정적인 상호 주관적 구조들에 대한 분석으로 고양되지 못한다.

으로 흥미로운 것들(즉 그 속에서 삼차성이 우월한 관념들) 가운데 가장 쉬운 것은 기호 또는 표현의 관념이다. 기호는 어떤 것이 산출하거나 한정하는 관념을 향해 그 어떤 것을 나타낸다. 또는 그것은 외부로부터 어떤 것을 마음 안으로 실어 나르는 전달 수단이다. 그것이 나타내는 것은 그것의 대상이라고 불린다. 그것이 실어 나르는 것은 그것의 의미이다. 그리고 그것이 발생시키는 관념이 그것의 해석체interpretant이다."(1931 ff.; 1.339) 기호와 해석의 구성적 의미에 대한 자신의 통찰에 근거하여 퍼스는 그가 특히 데카르트에게서 전개되었다고 보는 근대 철학의 경향적인 주관주의를 거부한다. 「네 가지 무능력의 몇 가지 결과」라는 논문에서 퍼스는 데카르트의 방법 이상을 스콜라 철학의 몇 가지 확신들과 대비시키는데, 그 확신들을 그는 변화된 형식으로 데카르트에 맞서 다시 타당화하고자 한다. 그 경우 첫째, 데카르트는 모든 것을 의심하며, 둘째, 개인적 확신을 최종적인 진리 기준으로 간주한다. 그에 반해 스콜라학은 교회의 권위들 위에 세워져 있었다(5.264). 데카르트에 반대하여 퍼스는 구체적인 동기 없이 모든 것을 의심하는 것을 불합리한 것으로 간주한다. 더 나아가 그는 학문의 토대로서의 명증성을 거부한다. 오히려 학자들의 일치가 결정적인 진리 기준이며, 그 일치는 현대에 그것이 달성될 수 없는 곳에서도 규제적 이념으로서 진리에 대한 탐구를 이끈다. "사람들이 동의에 이르는 학문들에서 하나의 이론이 제창되었을 때 그것은 이러한 동의가 달성되기까지 검사되어야 한다고 여겨진다. 동의가 달성된 후 확실성의 문제는 쓸모없는 것이 되는데, 왜냐하면 그것을 의심하는 자가 아무도 남아 있지 않기 때문이다. 우리는 개인적으로는 우리가 추구하는 궁극적인 철학을 획득할 것을 정당하게 바랄 수 없다. 그러므로 우리는 다만 철학자들의 공동체에 있어서만 그것을 추구할 수 있다."(5.265) 인류에 대한 위험 없이 억제될 수 없는 강력한 사회적 충동은 [103]다른 이들의 확신들을 고려함이 없이 자신의 확신들을 견지할 수 없게끔 한다(5.378). 그리하여 퍼스에게 있어서는 무제한적 공동체의 합의가 진리의 명증한 파악을 대체한다. 왜냐하면 퍼스는 인식 불가능한 사물 자체에 관한 칸트의 파악을 헤겔을 상기시키는 의미 비판적 논증들을 가지고서 물리치는 까닭에(5.254 ff.; 310, 452), 그에게 현실은 물론 인식된 것과는 아니지만 인식 가능한 것과 일치하게 되기 때문이다. 그렇지만 인식 가능성은 공동체를 통한 미래의 인식을 함축한다 (5.311, 531). 진리 이념과 무제한적 공동체 이념의 이러한 결합으로부터 퍼스에 따르면 바로 학자들에 대한 의무, 즉 자신의 이기주의를 초월하여 스스로를 진리의 최종적 보증자로서의 미래의 공동체와 무조건적으로 동일시해야 할 의무가 출현한다. 세계 전체를 구하기 위해 스스로 그 자신의 영혼을 희생할 준비가 되어 있지 않은 자는 비논리적으로 사유한다. 왜냐하면 사회적 원리는 기호학적-상호 주관적으로 이해된 논리학에 뿌리박고 있기 때문이다(5.354). 사실 대부분의 사람들의 경험적 태도에 있어서도 ──극단적 경우들에서 자신의 생명을 희생할 각오이든, 자신의 죽음 이후에 존재하게 될 것을 위한 노력이든, 아니면 그저 우리라는 감정이든── 순수하게 이기주의적으로 설명될 수 없는 힘들이 작용하고 있다(2.654, 5.355). 그런데 논리적이기 위해 우리는 자기희생의 영웅주의의 능력을 지녀야만 하는데, 이를 위해서는 오직 영웅의 척도들을 충족시키는 행위들만이 논리적이라는 것을 인정하는 것으로 충분하다(2.654). 물론 퍼스는 과연 인류나 다른 종의 이성적 존재가 영원히 실존할 것인지의 물음을 결정할 수 없는 것으로 여긴다. 그러나 이러한 가정에 반대하는 아무런 논증도 존재하지 않는 까닭에 이러한 희망을 지니는 것은 정당하며, 그 희망은 또한 무제한적 공동체에 대한 관심 및 이 관심을 최고의 것으로 간주할 수 있는 가능성에 대한 인정과 마찬가지로 "논리학의 필수 불가결한 필요조건"에 속한다(2.655).

퍼스의 발상에서는 두 가지가 주목할 만한 것으로 보인다. 첫째, 퍼스는 의식 과정으로부터의 출발을 기호 과정에 대한 분석을 통해 대체하는 것이 아니라 보완하고자 한다. 퍼스의 범주론에서는 의식과 성질의 언어 이전의 충돌이 존재한다는 것이 철저히 인정된다. 물론 객관성 요구를 지니는 인식은 이러한 충돌에 머물 수 있는 것이 아니라 기호를 통해 매개되어야만 한다는 점이 견지된다. 이렇듯 기호 차원을 끌어들이는 것은 많은 점에서 철학을 의식 과정에 대한 분석 대신에 언어의 분석 위에 근거짓고자 하는 『논고』의 근본 사상을 선취하고 있다. 그러나 인식 개념을 과학주의적으로 축소시키는 것은 그 무엇이든 퍼스에게는 낯설다. 사실상 그 점에 그의 [104]두 번째 성취가 놓여 있다. 퍼스에게 있어 윤리학은 무의미하지 않은 것만이 아니다. 그것은 결코 과학 옆에 있는 근거지어지지 않은 고유한 영역인 것이 아니라 그것이 논리학의 전제인 한에서 과학의 기획과 본질 필연적으로 결합되어 있다. 물론 과학과 윤리학 사이의 퍼스의 다리 놓기는 우리가 철저히 의심해 볼 수 있는 다양한 전제들에 토대한다. 첫째, 객관적 인식이 3항의 기호 과정으로서 실현된다는 것을 인정한다 하더라도 이것이 퍼스의 논증에서 관건이 되는 저 상호 주관성을 여전히 보증하지 못한다고 하는 이의가 제기될 수 있을 것이다. 사인Privatus 역시 아마도 기호 과정을 수행할 수 있을 것인데, 어쨌든 이 가능성이 특별히 배제되어야만 할 거라는 것이다. 그에 못지않게 불만족스러운 것은 퍼스가 진리의 명증론을 합의론으로 대체한 것이다. 그렇지 않아도 데카르트의 보편적 의심에 대한 그의 비판은 피상적인데, 왜냐하면 그것은 타당성 이론적인 입장——즉 내가 모든 것을 의심할 때 무엇이 남는가?——을 심리학적인 것으로 전환시키기 때문이다. 그러나 데카르트의 기획에 있어 관건이 되는 것은 우리가 가령 우리 앞의 탁자를 실제로 의심하는가 하는 것이 전혀 아니다. 그러나 비록 우리가 퍼스에 대해 사람들이 다른 모든 동료들에 반해 견지하는 고독한 명증이 진리 기준으로서 타당할 수 없다는 것을 철저히 인정할 수 있다 할지라도——그렇지 않으면 심지어 정신 분열증 환자의 환각도 참일 것이다——, 이것은 결코 합의가 더 좋거나 심지어 적합한 진리 기준이라는 것을 의미하지 않는다. 완고한 미친 사람이 존재하는 것과 마찬가지로 다른 모든 사람이 부인하는 사실들을 인식하는 천재들도 존재한다. 코페르니쿠스의 가설에 반대하여 과거의 중요한 권위들에 근거한 보편적인 합의가 지배했다. 하지만 오늘날에는 저 합의가 잘못이었다고 하는 데 대한 합의가 지배한다. 그렇다면 어째서 모든 시대의 끝에서 존재하는 최후의 합의가 더 좋은 진리 기준이어야 하는 것일까? 우주가 그 시점에 모든 이성적 존재가 어떤 하나의 이유에서——가령 모두가 똑같은 약을 복용했을 것이기 때문에——동의하는 환각을 가지는 식으로 구성되어 있을 수도 있음은 물론이다. 그러나 그렇다고 해서 그들의 망상이 더 참된 것일까? (그리고 비록 이러한 가능성이 아마도 배제될 수 있다 할지라도, 그것은 오로지 후기 퍼스가 실제로 발전시켰던 바의 객관적 관념론의 기초 위에서만 가능할 것이다. 그러나 우리는 객관적 관념론과 양립할 수 있는 것은 오직 진리의 정합론뿐임을 보게 될 것이다.) 그에 더하여 오로지 다른 사람이 그것을 참으로 간주하기 때문에만 어떤 것을 참으로 간주하는 것은 항상 편견들의 주요 원인들 가운데 하나였다. 오히려 사람들은 어떤 것이 명확할 때 그것을 참으로 간주하며, 그것이 다른 사람들에게도 명확할 때 스스로 강화된다고 느낀다. 그러나 이러한 집단적 명증 체험은 언제나 이미 기준으로서 합의에 선행하는 명증을 전제한다. 마지막으로는 또한 다른 사람이 동의한다는 사실도 명증적이어야만 한다. 나는 합의가 앞에 놓여 있다는 것을 통찰할 수 있어야만 하는 것이다. [105]주의할 것은 여기서 문제되는 것이 결코 진리의 명증론에 대한 변호가 아니라는 점이다. 내가 말하고자 하는 것은 합의론이 명증론보다 거의 더 좋지 않으며, 전자가 후자와 마찬가지로 선험적 범주를 부당하게도 하나의 사실, 즉 지금은 주관적이 아니라 상호 주관적이긴 하지만 여전히 계속해서 하나의 사실로 머무르는 그러한 사실로 환원하고자 시도한다는 점이다. (그리고 만약 궁극적 견해가 하나의 사실이 아니라 규제적 이념이라면, 바로 이 규제적 이념이 구체적으로 진리 문제의 해결을 위해 기여할 수 있는 것이 무엇인가 하는 물음이 제기된다.)

윤리학에 대한 퍼스의 근거짓기에 대한 최종적인 이의 제기는 그것이 오로지 학자들에 대해서만 타당하다는 것과 그것이 학문적 인식을 위한 무제약적 보증에 제한된다는 것이다. 아마도 진리를 위해 자신의 삶을 희생하는 것은 논리적 의무일 것이다. 그러나 그 모든 개연성에 따라 학문의 진보에 아무것도 기여하지 않을 사람을 죽이는 것으로부터 거리를 취하는 것도 학자에 대해 의무일 것인가? 분명히 바로 그 때문에 아펠은 퍼스의 발상에서 일정한 과학주의적인 위축을 보고 있다(1972b; 355).

아펠(1970a; 199, 202, 204)에 따르면 퍼스의 과학주의적인 제한을 가장 수미일관하게 극복하고 해석학적 문제 제기를 근본화한 사람은 로이스J. Royce이다. 비록 미국에서뿐만 아니라 독일에서도 거의 수용되지 않은[74] 로이스가 위대한 사상가에 속하지는 않을지라도, 그리고 비록 아펠에 대한 그의 영향이 비트겐슈타인, 하이데거, 가다머의 그것에 비해 더 적을지라도, 여기서 짧게 그를 살펴보는 것은 의미가 있다. 왜냐하면 로이스에게는 기호학과 상호 주관성에로의 퍼스의 전환과 절대적 관념론의 철학 사이를 처음으로 매개했다고 하는 철학사학적으로 중요한 위치가 속하기 때문이다. 그리고 아마도 그의 철학의 수용은 헤겔주의, 실용주의, 해석학 그리고 초월론적 화용론 사이의 논의를 진행시키는 데 기여할 수 있을 것이다. 본원적으로 미국 헤겔주의자들의 작은 집단에 속하는 로이스는 점점 더 퍼스의 철학에서 그가 보기에 독일 관념론 너머를 지시하는 동기들을 인식했다. 그러나 그로 인해서 그는 절대적-관념론적 발상을 포기하지 않았다. 오히려 그는 그 발상 속으로 퍼스의 충격을 끼워 넣고자 했다. "그러나 나는 개인적으로 내가 실용주의자이면서 절대주의자이기도 하며, 이 교설들 각각이 서로를 포함한다고 믿고, 그러므로 그것들을 단지 화해 가능할 뿐만 아니라 참으로는 이미 화해한 것으로서 간주한다고 주장할 수 있을 것이다."(1919; 258)

[106]한편으로 로이스는 퍼스에 의해 특히 근대적인 수학적 논리학의 연구로 움직일 수 있었다. 다른 한편으로 "좀 더 나이든 퍼스에게 있어 점점

• • •

74. 가령 G. Marcel (1945), J. E. Smith (1950) 그리고 K.-Th. Humbach (1962)를 보라.

더 종교적-사변적인 형이상학의 의미에서의 결정적인 대화 상대자가 되어야'(Apel (1975), 246) 했던 그는 사랑의 개념을 중심으로 하는 퍼스의 진화론적 후기 철학에 영향을 미쳤다. 로이스가 퍼스로부터 받은 결정적인 충격은 그의 기호, 해석, 학자 공동체 이론에 근거한다. 그의 1916년『마인드』논문(1969; II 735-761)에서 로이스는 인식의 오직 두 가지 근본 형식, 요컨대 '지각perception'과 '개념 파악conception'만을 가정한 것을 전통의 근본 오류로 설명한다. 이들 이외에 처음 둘로 환원될 수 없는 세 번째 근본 형식, 즉 '해석'이 존재하는데, 이것은 물론 전통 전체에 다소간에 알려져 있었긴 하지만, 퍼스에 의해 비로소 날카롭게 조탁되었다(736 ff.). 인간들 사이의 모든 사회적 과정들은 기호들의 해석에 토대했다(741). 그리고 또한 자연과학적 인식도 학자 공동체의 실존을 전제하고 따라서 해석 공동체에 대한 충성이 학문적 탐구의 가능성의 조건인 까닭에(1968; 331.f.), 해석은 다른 인식 양식들에 대한 우위를 요구할 수 있다. "개인은 발견을 수행했다. 그러나 그것은 오직 그것이…… 과학적 관찰자 공동체의 재산과 경험이 될 수 있는 경우에만 과학적 발견이다."(323 f.) 자기 인식의 직접성이라는 베르그송의 주장에 반대하여 로이스는 퍼스와 관련해 고유한 자아의 앎도 다른 자아들에 대한 앎과 마찬가지로 기호 해석에 의해 매개된다고 가르친다. 바로 그의 논문「자기의식, 사회적 의식 그리고 자연Self-Consiousness, Social Consiousness and Nature」(1969; I 423-461)에서 로이스는 자기의식뿐만 아니라 대상의식도 오직 다른 정신들에 관한 의식을 토대로 해서만 생각할 수 있다고 설명한다(특히 425 f., 429).[75] 지각이 이원적인 관계인 반면, 해석——가령 번역——의 행위에는 필연적으로 세 개의 정신이 관여한다. 왜냐하면 여기서는 A로부터 B에게 C라는 정신적 기호의 의미가 매개·전

• • •

75. 로이스의 제자들 가운데 한 사람이 미드G. H. Mead였다는 것은 놀라운 일이 아니다. 물론 그는 그 자신의 논문(1968)에서 스승의 사변적 계기들을 포기하고 상호 주관성에 의한 주관성의 구성이라는 사상을 행태주의적으로 위축시켰다.

달되기 때문이다(1969; II 745). 물론 이러한 일은 가령 현재에 미래 행동이라는 목적을 위해 과거의 계획들을 성찰하는 단 하나의 정신 내부에서도 일어날 수 있다. 여기서 기호들은 기억으로부터 주어진다(741). 로이스는 단 하나의 주관 내에서 이루어지는 해석 과정의 이러한 집중화를 [107]결함 있는 양태로 간주하는 것으로 보인다. 해석이 행위가 아니라 정신의 본질이라는 것이 파악된다면(752), 우리가 스스로를 알지만 다른 이들은 직접적으로 알지 못한다는 잘못된 전제에 토대하는 유아론 문제 전체가 해소될 것이다(756). "자아의 관념"과 "자아들의 공동체의 관념"은 교호적 개념들이다(760 f.). 최소한 세 개의 정신, 즉 해석되는 정신, 해석하는 정신 그리고 말이 건네지는 정신이 없는 세계는 "어떠한 실재적 정신도 그 속에 전혀 존재하지 않는 세계일 것이다."(758)

『기독교의 문제*The Problem of Christianity*』에서 로이스는 이러한 사상을 형이상학적–종교 철학적으로 승화시켰다. 기독교와의 이 심원한 대결 제1부가 기독교의 세계사적으로 획기적이고 중심적인 사상이 "보편적 공동체"의 이상이었음을 확증하고자 하는 데 반해, 제2부는 형이상학적으로 파악된 세계가 그러한 해석 공동체로서 해명되어야만 한다는 것을 증시하고자 한다. "세계는 그것이 제시하는 문제의 해석이다."(1968; 361) 해석의 삼원적인 구조로부터 로이스는 심지어 세계의 (세 가지 시간 양태를 지니는) 시간성과 역사성도 파악하고자 한다(318). 자신의 국제법적 표상들에서 장기적 안목으로 보편 국가를 기대한 로이스는 종말론적으로 세계사의 목표를 보편적 해석 공동체의 성립으로서 해석한다(318). 아니, 신적인 본성마저도 그는 삼위일체론에 대한 철학적 평가에서 해석 공동체로서 파악하고자 한다(318). 자기, 로고스, 일자, 다자가 아니라 공동체가 그의 철학의 규정적 범주이다(344).

앞에서 말했듯이 로이스는 위대한 철학자들에 속하지 않는다. 자주 절충적인 그의 발상이 모든 중요한 철학들의 위대함을 이루는, 아니 심지어 명백히 수미일관하지 못하고 따라서 잘못된 체계들의 경우에도 그 위대함을 이루는 내적인 일관성을 달성하고 있지 못할 뿐만 아니라 또한 그의 통찰들이 엄격한 의미에서 논증적으로 입증된다고도 말할 수 없다. 로이스에게서 올바른 이해에 관한 다듬어진 이론을 찾고자 하는 것은 헛된 일이다. 게다가 그는 확실히 해석의 의미를 과대평가했다. 로이스는 많은 경우 모든 것을 해석으로 해소하는 경향이 있지만, 가령 자연이 그에 대한 과학적 파악에 앞서 그리고 바로 해당 과학적 성과들에 대한 해석에 단적으로 앞서 존립한다는 것에 대해서는 의심이 있기 어려울 것이다. 더 나아가 우리는 우리가 해석하는 낯선 문화의 가치들이 도덕적으로 옳은지 그른지를 확정하기 위해서는 해석을 초월하는 해결책을 필요로 하는데, 로이스에게서 그러한 해결책은 구체적으로 다듬어지기보다는 공동체 사상에서 그저 암시되고 있을 뿐이다. 그러나 어쨌든 우리가 아펠에 대해 시인하지 않으면 안 될 것은 한편으로 [108]로이스가 비로소 "그에 의해 수용된 화용론적 기호학과 정신과학적 해석학의 문제 수렴을 입증하며, 다른 한편으로 바로 그 로이스가——절대적 관념론자로서——실용주의보다는 가다머의 상황 관련적인 해석학으로부터 더 멀리 떨어져 있는 것으로 보인다"(1970a; 207)는 점이다. 게다가 로이스의 근본 테제, 즉 대상의식과 자기의식이 다른 정신들에 관한 의식에 의해 매개되어 있다는 테제는 분명 인간들에 대해 경험적으로 여전히 설득력이 있다. 그러나 그 테제의 필연성은 어디에서도 확증되지 않는다. 삼원적으로 해명된 해석으로부터 인간 정신의 근본적인 구조들 및 세 가지 시간 양태를 도출하고자 하는 그의 시도는 매혹적이다. 하이데거에 의해 분석된 상호 주관적인 구조들이 그에게 있어서는 시간성에 뿌리박고 있는 데 반해, 로이스에게서는 근거짓기 관계가 역전되어 있다. 시간이 상호 주관성으로부터 흘러나오는 것이다. 이 상호 주관성은 결국 신적인 본성의 것이다. 로이스는 신의 사상뿐만 아니라 또한 특수하게 기독교적인——다시 말하면 삼위일체론적인——신의 사상도 견지한다.

바로 이러한 것이 신의 전지성을 규제적 이념으로서의 무제한적 공동체의 미래의 합의를 통해 대체하고자 했던 퍼스와의 주요한 차이점이었다. 로이스의 저술 『철학의 종교적 측면*The religious aspect of philosophy*』(1885)에 관한 비평에서 퍼스는 다음과 같이 썼다. "그러므로 나는 인간적으로 파악된 신의 전지성이란 지식이 그 발전에서 대답되지 않은 어떠한 물음도 남기지 않는다는 사실에 존재한다고 말해야 한다. 방금 언급된 회의주의는 이 전지성을 사변적 개념으로서 아니라 규제적 개념으로서 승인할 것이다. 나로서는 바로 그러한 견해가 로이스 박사의 의견보다 더 종교적으로 결실 있는 것이라 믿는다."(8.44) 사실 우리는 신의 사상을 견지하기가 그리 단순하지 않다는 점을 인정해야만 할 것이다. 근대 철학에서 이를 시도한 사상가들은 많지 않다. 이를 수행하기 위해서는 특수한 논증적 노력들이 필요하다. 그리고 우리는 과연 로이스의 노력들이 충분하며 그가 신 개념을 도입함으로써 불가피한 결론들을 끌어냈는지에 대해 마땅히 의심할 수 있어야만 할 것이다. 그러나 이것은 그러한 노력들이 처음부터 헛되다거나 심지어 시대에 적합하지 않을 수밖에 없다는 것을 의미하지 않는다. 아니, 로이스의 기획에서 매혹적인 것은 바로 그가 신 개념을 상호 주관성과 해석의 이론을 정초하기 위해 투입하고자 했다는 점이다. 사실 이 연구의 세 번째 부분은 초월론적 화용론에 맞서 절대적-관념론적 입장을 제시하고자 할 것이다. 물론 그 절대적-관념론적 입장은 근대 철학의 근본 물음으로서의 상호 주관성 문제를 진지하게 받아들인다. 하지만 우선 문제가 되어야만 할 것은 초월론적 화용론의 근본 사상들을 서술하는 것이다.

2. 이성 위기라는 정신적 도전에 대한 초월론적 화용론의 대답

[109]비록 일정한 발상의 단초 자체를 발견하는 것이 아주 어렵다 할지라도 그 발상의 성과가 어떠한 단적인 정신적 작업에 토대하는지를 설명하는 것은 일이 마무리된 다음에는 종종 단순한 일이다. 당혹스러우면서도 천재적인 단순성을 지닌 초월론적 화용론의 근본 사상은 다음과 같다. 즉, 근대철학은 한편으로 주관성이 상호 주관성에 의해 해소된다는 점에 의해 특징지어진다. 상호 주관성의 개념적 영역에 속하는 수많은 현상들과 문제들의 발견은 그 뒤로 물러서는 일이 더 이상 있을 수 없는 근대의 지속적인 성취를 이룬다. 다른 한편으로 헤겔 이후의 거의 모든 철학들은 일관적이지 못하다. 그들은 자기 모순적인데, 왜냐하면 그들은 스스로가 전제하는 것, 즉 철학적 진리의 가능성을 명시적으로 부정하거나 최소한 근거짓는 방식으로는 받아들이지 못하기 때문이다. 그들은 그들이 언제나 이미 행하고 또 행해야만 하는 것을 반성하지 않는다. 그들은 자기 자신을 근거짓지 못한다. 간단히 말하면, 그들은 최고 형식의 타당성 이론적인 반성의 성취,

즉 전통이 고전적인 초월론 철학의 형태로 발전시킨 것을 부인하는 것이다. 그런데 초월론적 화용론의 요점은 상호 주관성의 사상을 반성의 그것과 결합하는 데 존재하는바, 초월론적 화용론은 상호 주관성의 반성적 초월론 철학이다. 그것을 명시적으로 반성적 초월론 철학이라고 표현하는 것은 동의어 반복이 아닌 것으로 보인다. 왜냐하면 칸트의 초월론 철학뿐만 아니라 초기 퍼스의 그것도 자기의 철학적 활동의 가능성의 조건이 아니라 이러한 자기의 활동과는 구별되는 어떤 것, 요컨대 근대 자연과학의 가능성의 조건을 반성하는 한에서 비반성적인 것으로 표현될 수 있기 때문이다. 여기서 칸트의 발상은 주관성의 비반성적 초월론 철학으로서, 초기 퍼스의 그것은 상호 주관성의 비반성적 초월론 철학으로서 표현될 수 있을 것이다. 주관성의 반성적 초월론 철학은 명백히 피히테의 철학에서 제출되어 있는데, 바로 그런 까닭에 내 생각에 초월론적 화용론은 상호 주관성의 피히테주의로서 간주될 수 있다.[1] 언급된 모든 철학은 유한한 초월론 철학들이다. 왜냐하면 주관성이든 상호 주관성이든 근거짓기 이론적인 원리가 [110]그들에게는 존재의 원리가 아니기 때문이다. 절대적 초월론 철학이 문제되는 것은 객관적(다시 말하면 절대) 관념론에서처럼 초월론적 논증들을 가지고서 해명된 절대자가 동시에 존재론적 구조로서 해석될 때이다.

아펠의 상호 주관성과 초월론 철학의 결합에서 중요한 것은 그것이 비로소 상호 주관성을 현실적으로 정당하게 취급했다고 주장할 수 있다는 점이다. 왜냐하면 오로지 여기서만 상호 주관성이 철학의 최종적 원리로서 해석되는 데 반해, 근거짓기 이론적으로 좀 더 취약한 판본들에서는 그것이 주로 실재적 현상들로서 파악되기 때문이다.[2] M. 부버, F. 에브너, H.

1. V. Hösle (1986)을 참조.
2. 이 점은 가령 포이어바흐에 대해 적용되는데, 그는 그의 『미래 철학의 근본 명제 *Grundsätze der Philosophie der Zukunft*』의 § 64에서 다음과 같이 설명한다. "참된 변증법은 고독한 사유자의 자기 자신과의 고독한 독백이 아니다. 그것은 나와 너 사이의 대화이

에렌베르크, E. 그리즈바흐, F. 로젠츠바이크와 같은 대화론자들에 대해서는 심지어 그들 모두가 초월론 철학과 더불어 또한 이성의 자율성도 포기함으로써 바로 인간적 상호 주관성의 특수한 것을 놓치고 있다고 말할 수 있다. 본래 이 발상들은 전통적인 초월론 철학을 견지하는 입장으로부터 그들이 분명 몇 가지 새로운 현상들을 발견하기는 했겠지만, 이 점이 주관성이라는 근세적인 출발점을 건드릴 수는 없다는 식으로 쉽사리 평가절하될 수 있다. 왜냐하면 저 현상들은 주관성 원리로부터 도출될 수 있겠기 때문이다. 그러나 이러한 형식의 거부는 상호 주관성이 초월론적 지위를 회복하게 될 때는 더 이상 가능하지 않은데, 바로 이러한 일이 초월론적 화용론에서 철저히 독일 관념론을 상기시키는 열정을 가지고서 이루어진다. 가령 최종 근거짓기를 수행해야 한다는 아펠의 요구는 피히테, 셸링, 헤겔 이래로 거의 다시는 존재한 적이 없었다.

2.1. 아펠의 사유 도정

앞에서 말했듯이, 단순한 구조는 결코 그것이 짧은 사유 도정의 결과라는 것을 의미하지 않는다. 그와 반대로 구조적으로 단순한 해결책들은 대부분 발생적으로 가장 어려운 것들이다. 그에 반해 지나치게 번잡한 해결책들은 훨씬 더 쉽게 달성된다. 이 점은 [111]또한 초월론적 화용론에

• • •

다."(1975; 321) 그러나 포이어바흐가 이러한 통찰을 헤겔 변증법에 대한 구체적인 방법적 대안으로 전개할 수 없는 한에서, 그의 사상은 여전히 단언 이상이 아니다. 그가 나와 너를 주체와 객체와 등치시킬 때(§ 57), 이 사상에 직접적으로 반하여 행동한다는 것은 놀라운 일이 아니다.

대해서도 확증된다. 그것의 정초자인 칼-오토 아펠은 그것을 근대 철학의 근본 발상들 대부분을 스스로 관통해 간 오랜 사유 도정 후에 상당히 나이가 들어서야 비로소 전개했다.[3] 그의 주저인 논문 모음집『철학의 변형 Transformation der Philosophie』에 묶인 논구들은 사실상 "저자의 입장 자체가 변형을 거쳤다는 것"을 입증한다(1976a; Ⅰ 7). 오늘날 아펠의 이름과 결부되는 입장은 고전적 초월론 철학과의 대결로부터 한 번에 연속적으로 출현하지 않았다. 그와 반대로 아펠은 늦게야 비로소 초월론적인 문제 제기 일반에 이르는 통로를 발견했다. 그의 저작들은 그의 발상에 구조적으로 아주 가까운 철학들인 칸트나 독일 관념론과의 남김 없는 대결을 거의 보여주지 않는다. 더군다나 아펠은 고대나 중세의 초월론적 노선들로부터 영향 받고 있지 않다.[4] 그의 입장은 오히려 전적으로 20세기 철학, 즉 아펠이 단지 아주 소수의 사람들만이 그렇듯이 그 전 범위에서 알고 있는 철학의 문제들로부터 설명될 수 있다. 바로 이 점이 그의 발상의 현실성과 독창성을 설명해 준다. 그것과 비교하면 고전적인 초월론 철학적 발상들의 재생들 대부분은 오히려 생명 없이 작용하고 있을 뿐이다.

1922년 뒤셀도르프에서 태어난 아펠은 바이마르 공화국의 위기를 거쳐 성장했으며, 거의 불가피하게 아무 저항 없이 그것을 받아들이지 않았을 수 없었던 나이에 나치즘 이데올로기에 내맡겨졌다. 1940년 그는 그의

• • •

3. 따라서 아펠은 근세적인 초월론 철학의 정초자인 칸트와 마찬가지로 철학에서 늦된 이에 속한다. 비록 철학에서 새로운 발상들이 대부분 젊은 시절에 전개된다 할지라도(가령 버클리, 피히테, 셸링, 쇼펜하우어를 생각해 볼 수 있을 것이다), 이 분야에서는 수학이나 자연과학에서와는 달리 상당히 나이가 들어서도 혁신을 수행하는 것이 가능하다. 아리스토텔레스,『니코마코스 윤리학』Ⅵ 9, 1142a 11 ff.를 보라.

4. 이 점은 수많은 위대한 철학자들이 단지 자기 분야의 직접적인 과거만을 잘 알았었다고 하는 사실(가령 피히테나 후설)이 증명하듯이 결코 필연적으로 단점인 것은 아니다. 그와 반대로 역사학적 관심이 체계적인 문제 제기를 노골적으로 마비시킨 시대에는 어느 정도 전통에 사로잡히지 않는 것이야말로 혁신을 위한 (확실히 충분 조건은 아니지만) 필요조건일 수 있다.

김나지움 졸업반 전체와 함께 전시 지원병이 되었다. 패전 이후 그는 1945년에 본에서 역사와 철학 연구를 시작했다. 자전적 반성들을 담고 있는 유일한 논문으로 독일의 민족적 재앙에 관한 인상 깊은 논고(1988b)에서 아펠은 자신이 연구 초보자로서 지녔던 감정들과 [112]이 시기에 부딪쳤던 정신적 흐름들을 묘사한다. 곧바로 이미 그는 무언가 세계사적으로 유례없는 것의 증인이 되었다는 감정, 즉 자신이 그것을 위해 전력투구했던 것이 전적으로 유일무이한 의미에서 잘못이었다고 하는 감정을 지녔다. 동시에 재건의 시대에 이용할 수 있었던 정신적 제안은 그를 괴롭힌 물음들에 대답할 수 없었다. 이 제안은 본질적으로 첫째, 특히 그의 스승 에리히 로타커Erich Rothacker에 의해 전달된 딜타이적인 기원의 정신사와 철학사, 둘째, 경험한 대재앙을 역사학적으로 독일의 잘못된 발전을 루터, 헤겔, 비스마르크와 같은 인물들에게로 환원함으로써 설명하고자 한 이른바 '재교육' 문헌, 셋째, 실존 철학에 존재했다. 아펠의 나중의 해석에서 세 가지 발상 모두는 독일적 재앙의 본질을 경시했다. 절대적인 도덕적 원리들을 부정함으로써 이미 20세기 초에 인륜적 의식을 마비시킨 역사주의–상대주의는 그러한 의식을 다시 세우는 데에 적합하지 않았으며, '재교육' 문헌은 일어난 일의 세계사적 예외성을 부인했고, 실존주의적 상황 윤리는 심지어 관건이 되는 것이 사람들이 무엇을 위해 노력했는가가 아니라 그것을 어떻게 했는가 하는 것이라는 데로 귀결되었다.

그럼에도 불구하고 아펠은 그의 관심이 일차적으로 실천 철학 분야에 있었던 것이 아니라 인식 철학과 언어 철학 및 인간학적 본성의 것이었던 저 시대에 하이데거 철학의 매력에 빠져들었다. 「현존재와 인식: M. 하이데거 철학의 인식론적 해석」은 그의 — 결코 책으로서 출판되지 않은 — 박사 학위 논문의 제목이다(Bonn 1950). 아펠의 교수 자격 취득 논문인 『단테에서 비코까지 휴머니즘 전통에서의 언어의 이념』(1963a)도 — 이는 그 사이 언어 철학의 역사에 관한 표준 저작으로서 일반적으로 인정되고 있다 — 여전히 해석학적 철학의 노선에서 움직이고 있다. 특히 『진리와 방법』에 대한 비평(1963b)은 가다머의 영향을 입증해 준다. 어쨌든 50년대 후반에는 이 시기의 몇몇 논문들이 보여주듯이(1959, 1960) 분석 철학과의 대결이 시작된다. 하지만 이 작업들은 여전히 강력하게 언어적으로 매개된 역사성의 이른바 원리적으로 비합리적이고 사유 불가능한 성격을 언어 분석적인 언어의 논리적 구성 시도에 대립시키고자 노력하고 있다. 그래서 가령 그 부제에 따르자면 '찰스 모리스의 기호학에서 신실증주의적 언어 철학의 완성'에 해당하는 1959년의 「현대의 철학 상황에서 언어와 진리」라 는 논문은 과연 화용론적 언어 사용이 "언어의 제작적-체현적poietisch-ink- amative 진리 기능"을 전제하는가 하는 물음과 다음과 같은 대답으로 끝나고 있다. [113]"따라서 내게는 사실상 바로 보통 사람이…… 그러한 의미에서 이미 언어사의 정신과학적으로 중요한 의미 생기에서 발생한 '존재의 집' 에 세 들어 살고 있는 것으로 보인다."(1959; 166) 이와 비슷하게 이후의 초월론적이고 모든 개별 언어들에 선행하는 언어성의 주창자도 여전히 (1960) 상호 주관적으로 보편타당한 언어의 형성에 대한 슐릭Schlick의 희망 에 반대하여 개별적인 일상 언어들에서 현시되는 세계 질서는 "언젠가 그것이 세계어의 형식으로 모든 인간에 대해 구속력이 있게 될 때에도…… 결코 각각의 모든 '의식 일반'에 대해 이론적 보편타당성을 요구할 수 없다. …… 그것은 원리적으로 교조적 종류의 것인바, 이를테면 역사적 운명의 로고스다"(196)라는 점을 견지하고 있다. 60년대에 들어서서야 비 로소 아펠은 언어 분석 철학과의 좀 더 집중적인 대결의 틀 내에서 해석학 의 상대주의적 함축들로부터 풀려나기 시작한다. 여기서 아펠에게는 그 당시 아마도 가장 영향력이 있었지만 본질적으로 서로 무시하고 있던 철학 흐름들 사이의 대화를 진행시킨, 세계에서 몇 안 되는 철학자들 가운데 한 사람이라는 커다란 공적이 속한다. 특히 하이데거와 비트겐슈타인의 관계에 대해서는 몇 가지 방대한 연구들이 행해진다(1966; 1967; 1968a). 거기서 아펠은 특별히 자연과학들과 정신과학들의 관계 및 해당 방법론들 의 문제, 그러므로 '설명'과 '이해'의 관계라는 주제에 집중했다(1965). 아펠은 과학주의적 형식에서의 통일 과학의 이념뿐만 아니라 또한 해석학적 형식에서의 그것도 물리치는 자신의 분화된 학문론을 발전시켰다. 그는 두 방법에 대해 특수한 대상 영역에 대한 그들 각각의 고유한 권리를 승인 했지만, 일원론적 세계 이해에 근거한 그들의 절대화를 거부했다. 그렇지 만 그는 양자 사이의 이원론을 잘못된 자기 이해에 대한 인과적 설명들을 제공해야 했던 이데올로기 비판 방법을 도입함으로써 완화하고자 했다 (1968b). 아펠은 이 주제를 뒤따르는 시기에도 계속해서 이끌어나갔다. 1978년 그는 그 주제에 관한 모음집을 출간하며, 1979년에는 그것을 그 스스로 독자적인 단행본에서 일정하게 매듭짓고 있다.

아펠의 비-일원론적 학문론에서 윤리학은 여전히 아무런 자리도 차지 하지 못한다. 하지만 그것이 그리 놀랍지 않은 것은 윤리학이란 확실히 좀 더 엄밀한 의미에서의 학문이 아니기 때문이다. 그러나 분명히 아펠은 70년대 초에 20세기의 거의 모든 사상가들, 특히 그에게 너무도 지속적으 로 영향을 미친 사상가들에 반대하여 윤리학이란 뭔가 합리적인 것이며 그에 대한 근거짓기가 오로지 최종 근거짓기일 수 있을 뿐이라 할지라도 그 근거짓기가 가능하다는 확신을 발전시킨다. 이러한 새로운 확신의 근저 에는 세 가지 요인이 놓여 있다. 첫째, 아펠은 [114]비트겐슈타인과 하이데거 에 대한 자신의 연구와 연관하여 한편으로는 상호 주관성을 공동의 위대한 발견으로서, 다른 한편으로는 두 발상의 변증법적 비일관성을 공동의 커다 란 오류로서 인식했다. 이러한 오류를 피하기 위해 아펠은 그가 60년대 말에 정식화하기 시작하는 초월론적 문제 제기들에 관여한다(1968b; 197 2b). 그러나 그가 언어 문제틀과 상호 주관성 문제틀을 가지고서 매개하고 자 하는 초월론적 기초 위에서 그에게는 갑자기 윤리학의 근거짓기가 가능 해 보인다(1972a). 두 번째 요인으로 언급될 수 있는 것은 퍼스에 대한 아펠의 집중적인 몰두이다. 그는 1967년과 1970년에 퍼스의 저술들의 선집 을 방대한 소개를 붙여 독일어로 번역하여 출판한다. 퍼스의 진리 합의론 과 이 기초 위에서 윤리학을 근거짓고자 하는 그의 시도는 아펠에게 깊은 영향을 주었으며, 그 자신의 발상 속으로 강력하게 흘러 들어간다. 셋째, 일곱 살 더 적은 하버마스의 영향이 언급될 수 있다. 아무리 하버마스 자신이 그의 이념들 가운데 많은 것을 아펠의 자극에 힘입고 있다 할지라도, 그리고 아무리, 최소한 내가 보기에는, 아펠의 근거짓기 이론적인 반성 수준이 하버마스의 그것보다 더 높다 할지라도, 60년대 후반에 이르기까지 그 관심이 일차적으로 인식론적이고 학문론적인 본성의 것이었던 아펠이 하버마스를 통해 정치 철학과 일반적으로 실천 철학에 대해 민감해졌다는 점은 명백하다. 아펠 자신이 이 점을 인정한다. "철학 자체의 정치적 차원을 발견했다는 의미에서의 각성은 내 경우에는 의심할 바 없이 위르겐 하버마스를 통해 이루어졌다. 좀 더 정확히 하자면, 그것은 내가 보기에 처음부터 과학주의-환원주의를 해석학적으로 거부하는 것에 의해서 그리고 그 경향에 따라서는 종말론적-유토피아적 역사 형이상학을 칸트적 의미에서의 실천 이성의 규제적 이념들과 요청들로 대체하는 것에 의해서 그 모습이 두드러지는 그의 네오 맑스주의 해석을 통해 이루어졌다."(1988b; 378) 그러므로 그 중에서도 특히 초월론적 화용론의 최종 근거짓기는 1968년에 전 사회적으로 발생한, 오랫동안 억눌린 실천적 의미 욕구의 폭발에 힘입은 것으로 보아야 한다.

그 이후 아펠이 수많은 논문들에서 확대하고 다양한 방향에서의 비판에 맞서 옹호한 초월론적 화용론에 대한——사태적인 비판 및 잦은 논쟁과 더불어——광범위한 국제적 관심을 일깨운 것은 특히 윤리학의 최종 근거짓기에 대한 아펠의 요구이다. 내가 보는 한에서 80년대에 명백히 서로 연관된 두 가지 중요한 갱신이 덧붙여졌다. 첫째, 아펠은 방송 강좌 '실천 철학/윤리학'의 틀 내에서 철학사와 좀 더 일반적으로는 윤리적 의식의 역사로 향했으며, 그것을 콜버그Kohlberg에 의지하여 발전 논리의 의미에서 재구성하고 자신의 입장을 향하도록 [115]목적론적으로 정돈하고자 했다 (1984). 둘째, 아펠은 최근 몇 년 사이에——처음으로 윤리학의 근거짓기 문제가 중심에 놓인 후에——보편적인 윤리적 상태의 실현으로부터 멀리 떨어져 있는 역사적 조건들 아래서 이상적인 윤리적 원리들에 위배되는 행위들이 왜 그리고 어느 정도까지 정당화될 수 있는가 하는 물음에로 향했다. 명백히 현대의 전 지구적인 인류의 위기에 의해 강요된 책임 윤리적인 성찰들이 점점 더 폭넓은 공간을 획득하고 있다.

아펠의 폭넓게 펼쳐진 관심들과 그의 이념들 및 그의 기획에 대한 이러한 짧은 개관을 통해 이미 우리는 그가 현대의 몇 안 되는 독창적이고 창조적인 철학자들 가운데 하나이며, 더 나아가 —— 한스 요나스와 더불어 —— 철학사의 중요한 윤리학자들 가운데 하나라고 판단할 수 있다. 그에게 사태적으로 동의할 수도 있고 동의하지 않을 수도 있겠지만, 이러한 형식적 사실은 그의 적대자들에 의해서도 인정되어야 할 것이다. 바로 그런 까닭에 물론 우리는 그 만큼 더 그 대부분이 한편으로는 보완되고 다른 한편으로는 반복되는 논문들과 토론 기고문들로 흩어져 있는 그의 저작의 성격에 대해 유감스럽게 생각하지 않을 수 없다. 거기서는 하나의 중심 사상이 가능한 모든 적대적인 발상들에 맞서 옹호된다. 아펠은 지금까지 자신의 입장에 대한 광범위한 체계적 서술을 윤리학이나 기호학과 관련해서가 아니라 다만 설명-이해-논쟁과 관련해서만 달성했다. 이 점은 아마도 한편으로는 수많은 회의를 통해 책의 저술을 방해하는 현대의 국제적인 학문 경영의 성격과 연관되겠지만, 다른 한편으로는 또한 원리적인 근거들로부터 포괄적인 이론으로 전개될 수 없는 항목별 통찰에 그 본질이 있다고 말할 수 있는 아펠 철학의 내용적 구조와도 연관될 것이다.[5]

• • •

5. 어쨌든 아펠의 제자이자 현대의 가장 명민한 철학자들 가운데 한 사람인 쿨만[W. Kuhlmann](1985a)은 초월론적 화용론의 포괄적인 체계적 서술을 저술했다. 그것은 이 입장에로의 최선의 입문으로 여겨질 수 있으며 또한 중요한 철학적 성취로서 온갖 경의를 받을 만하다. 뵐러[Böhler]의 흥미진진하고 분화된 연구(1985)는 쿨만의 그것과는 달리 근거짓기 이론적인 물음들보다는 오히려 행위 개념에 유효하다.

2.2. 반성성과 언어

아펠이 그의 초기부터 현재에 이르기까지 근대 철학의 지속적인 성취로
서 간주해 온 것은 그가 방법적 유아론이라고 부르고 [116]그가 보기에 데카
르트로부터 독일 관념론에 이르기까지의(아니, 후설에 이르기까지의) 근
세적인 전통 전체의 특징을 이루고 있는 것의 극복이다. 방법적 유아론이
라는 것에서 아펠이 이해하고 있는 것은 "그 원리에서 '오로지 일자만이'
무엇을 무엇으로서 인식할 수 있으며 그런 형태로 학문을 추진해 갈 수
있다'(1972c; 234)는 확신, 그러므로 "경험적으로 파악된 인간이 비록 사회
적 본질이라 하더라도, 판단 형성과 의지 형성의 가능성과 타당성은 원리
적으로 의사소통 공동체라는 초월론적-논리적 전제 없이, 그러므로 이를테면
개별 의식의 구성적 성취로서 이해될 수 있다'(1972a; 375)는 견해이다.
이러한 전제는 근세의 데카르트적인 주관-객관-형이상학의 최종적인 결
론인데(1965; 83), 그 형이상학은 필연적으로 "어떤 것에 관해 그 진리
내지 실천적 물음들에 대한 규범적으로 올바른 결정을 타자에게 기대하는
'상호 이해Verständigung'의 주관-주관-관계"(1973; 27)를 결여한다.

바로 이러한 방법적 유아론의 거부가 비트겐슈타인과 하이데거에게서
출발하는 해석학의 정초 시도들에게 공통적이다(1965; 83). 이러한 거부의
긍정적 이면은 언어에로의 정향이다. 이러한 새로운 정향은 서구 형이상학
의 세 번째 패러다임을 도입하는데, 처음 두 패러다임으로서 그 중심에 존재
와 사유하는 주관성이 서 있는 칸트 이전의 존재론과 초월론적 의식 철학
이후 여기서는 언어적으로 매개되는 상호 주관성이 새로운 제일철학의
출발점으로서 타당화된다. 물론 아펠에 따르면 이 패러다임을 지금까지의
다듬어낸 것들은 모순들에 휘말리게 되는데, 그 모순들은 그것들 자신의
불가피한 타당성 요구를 파괴하며, 따라서 바로 세 번째 패러다임의 목표

여야 할 것, 즉 철학의 상호 주관적인 구속력을 위험에 빠트린다(1967; 272를 참조).

그 점은 한편으로는 하이데거(특히 후기)와 가다머에, 다른 한편으로는 첫 번째 및 두 번째 비트겐슈타인에 적용된다. 그 자신의 언어 철학에서 아펠은 특히 비트겐슈타인의 두 단계 모두에 연결되며, 심지어 그는 그 둘의 종합을 위해 노력하고 있다고 말할 수 있다. 한편으로 아펠은 상호 주관적이고 화용론적인 차원을 『논고』처럼 숨기는 것이 아니라 『철학적 탐구』처럼 해명하는 언어 구상을 선택한다. 다른 한편으로 아펠은 『탐구』의 상대주의적 다원론을 거부하고 『논고』의 비트겐슈타인처럼 하나의 초월론적인 근본 언어의 사상을 견지한다. 이러한 종합은 아펠이 『논고』와 『탐구』를 묶어주는 것, 즉 반성성의 거부를 물리침으로써만 가능하다. 이미 1967년에 아펠은 『논고』의 원리적인 모순을 제거하기 위해서는 [117]"바로 논리적 의미론에서 금지된, 언어의 자기반성성과 그런 한에서 인식의 그것이 가능하다는 것"(233; 1965; 36, 주해 10을 참조)이 결정적인 의미를 지닌다는 것을 강조한다. 이러한 요구의 파급 효과는 만일 우리가 『논고』에 연결되고 가령 카르납 식으로 각인된 논리적 의미론이 반성성의 금지를 견지했으며 그것을 분쇄하지 않고서는 우리가 앞으로 보게 될 최종 근거짓기가 사실상 가능하지 않다는 점을 생각한다면 더욱더 크지 않을 수 없다. 아펠은 과학주의와 그 변종들의 본질을 점점 더 이 반성성의 금지에서 보고 있는데, 이 금지는 바로 그 반성성에 의해 동물 언어나 컴퓨터 언어와 구별되는 인간 언어의 종차를 놓친다(1972d; 298). 아펠 자신의 초월론적 발상은 이러한 유형의 논리적-수학적 합리성에 반대하여 반성적 자기 성찰에 놓여 있는 본래적인 철학적 합리성 유형을 확장하고자 한다. 아펠은 저 금지의 근저에 놓여 있는 유형 이론, 즉 전통적인 주체 철학의 자기반성을 메타언어들의 무한한 진보에 의해 대체하고자 하는 유형 이론을 일관성이 없는 것으로 간주한다. 왜냐하면 그것은 모든 언어 단계들에 대한 통찰을 요구함으로써 자기 자신에 모순되기 때문이다

(1970a; 184). 유감스럽게도 아펠은 유형 이론과는 다른 어떤 방식으로 논리적 이율배반들이 회피될 수 있는지를 상세히 제시하지 않는다. 언젠가 그는 "철저한 회의주의에서나 담화의 진리에 관한 일상 언어적인 담화의 원리적인 비일관성에 관한 담화에서 그것이 어떻게 발생하든지 간에, 어쨌든 자기 관련의 일반적 금지는 너무 멀리 나간다"고 하여 이율배반들의 가능성이 오직 부정적 자기 관련에만 근거지어져 있다는 의견을 지나치듯이 표명하고 있다(1972a; 409).

반성성에 대한 이러한 거부에 언어 분석이 의식 철학을 넘어서는 자기의 진보를 이루는 것을 놓쳐 버린다고 하는 사실의 근거가 놓여 있다. 그 진보는 (해석학의 경우에서와 마찬가지로) 특히 인식 비판을 아펠이 계속해 나가고자 하는 의미 비판의 방법으로 대체하는 데서 드러나는 방법적 유아론의 극복에 존립한다.[6] 물론 초기 비트겐슈타인은 사유하는 주관성을 언어로 근본적으로 대체함으로써 역설적이게도 또 다시 방법적 유아론으로 퇴락했다. 실재의 비반성적인 상으로서 표상되는 계산 언어의 목표는 바로 상호 주관적인 상호 이해 과정을 제거하는 것이다(1972c; 237). 그 점에 있어서는 찰스 모리스Ch. Morris가 화용론을 구문론 및 의미론과 함께 제3의 언어 차원으로 포괄적으로 취급한 것도 비록 언어 철학의 관심이 점점 더 그것에로 옮겨 갔음에도 불구하고 거의 아무것도 변화시키지 못한다(1970a; 179). 왜냐하면 여기서는 화용론이 [118]언어적 행동을 외부로부터 기술하고 화용론의 이론가에게 있어 초월론적인 의미에서의 구성적인 것으로서 해석되지 않는 객관화하고 행태주의적인 분과로 머물기 때문이다 (183 f.). 바로 그런 까닭에 아펠이 보기에 모리스는——미드와 비슷하게——퍼스 이전에로의 퇴락을 의미하는데, 아펠은 기호 과정에 대한 퍼스의 삼원적인 재구성을 초월론적으로 해석하고 있는 것이다(1975; 225 ff.). 기

• • •

6. 외부 세계 문제에 대한 의미 비판적인 해결 시도(1967; 260, 주해 54; 1972a; 394; 1976b 73과 79, 주해 8)를 참조.

호, 대상, 해석체는 기호 과정의 환원 불가능한 삼원성을 형성하는데, 그 과정이 행태주의적으로 축소된 화용론에서는 이항적 관계로 위축되어 참다운 주체로서의 해석체가 제거된다. 왜냐하면 거기서는 이 해석체가 바로 그것에서 기호에 대한 자극-반응-관계가 관찰될 수 있는 경험적 탐구의 객체로 되기 때문이다. 해석체는 그것이 공동 주체에 의해, 요컨대 자기 자신을 과정의 부분으로서 파악하고 단지 외부에만 서 있지 않는 기호학자에 의해 주체로서 진지하게 받아들여질 때에만 그의 진리에 놓이게 된다. "모든 정신적 행위의 이러한 삼항적 관계는 오직 의사소통에의 최소한 가상적인 참여에 근거해서만, 그러나 다시 말하면 전통적인 주체 문제를 제거하는 것이 아니라 그것을 인간적 의사소통 공동체의 문제틀로서 갱신하는 학문론의 삼항적인 토대에 근거해서만 '이해'될 수 있다."(1975; 237 f.)[7] 따라서 아펠은 객체-기호-(기호-)주체의 삼항적인 기호학적 관계를 그에 상응하는 공동 주체를 둘러싼 의미론적, 구문론적, 화용론적인 차원을 가지고서, 즉 첫 번째 주체와 기호에 관해 의사소통하고 그와 함께 의사소통 공동체를 구성하는 공동 주체를 둘러싼 차원을 가지고서 확대한다(1985; 86).

아펠은 모리스보다 오스틴[Austin](1962)과 설[Searle](1969)의 언어 행위론으로부터 더 깊은 영향을 받았다. 왜냐하면 이들이 분석하는 화용론적 차원은 진술을 표명함으로써 우리가 무언가를 행하는(예를 들면 약속하고, 주장하는) 언어 행위들의 현상에 관계되기 때문이다. 언어 행위들은 모리스에서처럼 경험적 연구의 단순한 객체로서 고찰되는 것이 아니라 그들의 논리적 타당성 조건들에 비추어 탐구된다. 아펠에게 언어 행위론자들의

• • •

7. (1974)에서 아펠은 퍼스와 관련하여 기호 과정을 삼항적으로 해석한 데 기초하여 그때마다 기호 과정의 하나나 두 계기를 숨기는 결함 있는 상이한 철학 형식들을 도출하고자 시도했다. 여기에는 가령 오직 기호만이 존재한다고 여기는 기호학주의 Semiotizismus가 속한다. (1987a), 45에서 아펠은 데리다가 기호학주의자라는 흥미로운 추정을 표명한다.

가장 중요한 성취로서 여겨지는 것은 담화의 수행적-명제적performativ-propositionalen 이중 구조의 발견, 그러므로 명제들이 오로지 —— 고유하게 그러한 것들로서 정식화될 수 있는 —— 언어 행위들에서만 표현될 수 있으며, 따라서 언어 행위들이 언어 철학의 좀 더 근본적인 단위여야만 한다는 사태의 발견이다. [119]이러한 발견은 아펠의 최종 근거짓기 이론과의 연관에서 커다란 역할을 담당한다. 물론 아펠(1985)은 지향성주의적인 의미론의 틀 내에서 의식 철학에로 되돌아간 후기 설(1983)을 비판한다. 아펠은 언어의 선험적인 것과 의식의 선험적인 것이 서로 간에 교호적으로 전제하며, 현상학적 명증성은 언제나 언어적으로 해석되어야만 하고, 각각의 모든 언어 행위의 네 가지 타당성 요구들은 상호 주관적인 차원을 지시한다는 점을 견지한다. 여기서 아펠은 (언명의) 이해 가능성, (그것의 명제적 구성 부분의) 진리성, (그것의 수행적 구성 부분의) 정당성 그리고 (말하는 주체의) 진실성을 언어 행위의 선험적인 것들로서 제시한 하버마스(1973)를 따른다.

비트겐슈타인의 『철학적 탐구』와 관련하여, 아펠은 그것에서 한편으로는 『논고』의 객관화 경향들이 경향적으로 극복되고 있음을 인식한다. 그는 그것의 언어놀이 이념을 '공동존재'와 '이해'에 관한 하이데거의 상론과 비교한다. 두 구상은 사람들이 타자 속으로 자기를 비로소 이입해야 한다는 유아론적 이론을 비슷한 방식으로 내버린다(1966; 371). 더 나아가 아펠은 후기 비트겐슈타인으로부터 언어의 기호화 모델에 대한 비판을 받아들인다. 물론 이 모델은 잘못이 아니라 불충분할 것이다(1972b; 333 f.). 특히 아펠은 사적 언어의 불가능성에 관한 비트겐슈타인의 테제를 "모든 철학함에 대해 참으로 혁명적인 통찰"로 간주한다(1966; 370). 수많은 자신의 논문들에서 아펠은 이러한 사상들에 토대한다.[8] 물론 그는 비트겐슈타인의

• • •

8. 예를 들어 (1965), 78 f.; (1969), 328; (1972a), 399, 주해 56; (1972c), 260; (1972d), 285를 보라.

테제를 증명하고자 함이 없이 언제나 그것을 반복하는 데 만족한다. 그러한 증명 시도를 내놓은 것은 쿨만의 성취이다. 그에 대해서는 이 저작의 비판적 부분에서 논의될 것이다. 다른 한편으로 아펠은 후기 비트겐슈타인에서 언어놀이의 환원 불가능한 다원주의 이념을 배척한다. 첫째, 아펠은 ―― 공시적으로 ―― 인간의 개별 언어를 넘어서는 의사소통 능력(1972d; 301 f.), 그러므로 하나의 언어로부터 다른 언어로 바꿀 수 있는 능력으로부터 출발한다. 둘째, ―― 통시적인 수준에서 ―― 비트겐슈타인은 자기의 모델을 가지고서는 "이해의 본래적으로 역사적인 것, 즉 쇠퇴하는 언어놀이와 발생하는 언어놀이 간의 매개(전통 매개라는 보통의 현상)와 또한 시대를 넘어서는 매개"를 파악할 수 없다(376). 왜냐하면 그러한 이해는 공동의 통일적인 언어놀이를 전제하기 때문이다. 그로부터 나타나는 것은 개별적 언어놀이들의 근저에 놓여 있고 그들의 매개 가능성을 가능하게 하는 초월론적 언어놀이에 대한 요구, 즉 [120]그들의 내적인 모순성을 근거로 하여, 비트겐슈타인이 궁극적으로 가정하듯이 몰역사적인 것이 아니라, "자기 자신을 넘어 밀치고 나아가 자기의 원리들에 대한 반성적 문제 제기에 대한 동기를 부여할" 그때마다의 개별적 언어놀이들 자체에 의해 요구될 그러한 매개 가능성을 가능하게 하는 초월론적 언어놀이에 대한 요구이다 (1965; 92; 그리고 1969; 321 f.를 참조). 이러한 초월론적 언어놀이는 후기 비트겐슈타인에 맞서 그러한 언어놀이를 복권시킬 수 있는 철학을 나타낸다.

퍼스, 모리스, 비트겐슈타인, 하이데거, 오스틴 그리고 설과 비판적으로 관련되어 전개된 아펠의 언어 철학은 설명―이해―논쟁에 대한 그의 해결책과 그의 반성적 최종 근거짓기 이념 및 역사 철학에 대한 그의 재구성을 위한 기초이다. 학문론으로부터 윤리학을 거쳐 역사 철학에 이르는 철학의 너무도 다양한 분과들이 언어 철학에 뿌리박고 있다는 것은 세 번째 패러다임에 속하는 철학의 본성 속에 놓여 있다.

2.3. 설명과 이해

아펠의 비-일원론적인 학문론은 최근에 일괄적이고 탈근대적인 합리성 비판과 연관하여 중요성을 획득한 분화된 합리성 이론으로부터 출발한다. 그렇듯 중요성을 획득한 것은 오로지 그것만이 합리성의 일면적 형식들을 절대화하는 것에 대한 합리적인, 즉 자기 자신을 지양하지 않는 비판을 가능하게 하기 때문이다(1988c). 본질적으로 아펠은 네 가지 형식의 합리성을 가정한다. 라이트^{Wright}의 유명한 1971년 책과 그의 신-비트겐슈타인주의적인 '새로운 이원론'과 대결하는 가운데 그 주제에 대한 이전의 논구들의 명료화와 심화를 수행하는 설명-이해-논쟁에 관한 그의 책에서는 다음과 같이 되어 있다. "인과 분석의 과학주의적 합리성은 목적 합리적 행위[9]의 기술적 합리성을 전제하며, 기술적 합리성 그 자신은 이해 내지 상호 이해의 해석학적 합리성을, 그리고 그 가운데서는 윤리적 합리성을 전제한다."(1979; 27) 그러므로 비록 아펠이 단순한 합리성 개념을 물리침에도 불구하고, 그의 이론은 합리성의 서로 병렬해 있는 상이한 형식들이라는 의미에서의 다원론적인 것으로서 해석될 수 없다. 왜냐하면 합리성 형식들의 질서와 위계가 명백하기 때문이다. 합리성의 나중의 형식은 그것이 없으면 존립할 수 없을 선행하는 형식의 근거이다. 어느 정도까지 그러한가?

[121]아펠은 단지 모든 인식을 인과적 설명에로 환원하는 과학주의적 시도가 가망 없는 것이라는 견해인 것만이 아니다. 오히려 그는 심지어 (로이스에 의해 선취되었듯이) 자연과학의 설명하는 활동이 상호 주관적인 것으로서

• • •

9. 목적 합리적 행위를 아펠은 도구적 행위와 전략적 행위로 구별한다. 전자에서는 주체-객체-관계가, 후자에서는 주체-주체-관계가 문제된다.

동료 과학자의 지향에 대한 이해를 필연적으로 전제한다고 확신한다. 설명의 주체-객체-관계는 언제나 이미 상호적인 이해라는 주체-주체-관계를 향해 초월되어 있다. "x가 y를 설명한다"는 이항관계 대신에 아펠은 "x가 y를 z를 위해 설명한다"는 삼항관계로부터 출발한다(267). 그리하여 두 명의 실험 심리학자는 물론 자기들의 객체를 인과적으로 설명할 수 있겠지만, 서로를 그렇게 할 수는 없으며(275), 나아가서는 인과적 설명의 사상 자체가 이해되어야만 한다(282). 아펠은 칸트와 관련하여 인과성 범주가 논리적-의미론적으로가 아니라 오직 초월론 철학적으로만 해명될 수 있으며(82 ff.), 따라서 "인과성의 의미 구성에 대한 물음이 경험 가능성의 범주적 조건으로서 갱신되어야 한다"(92)고 생각한다. 그 자신의 연역은 어째서 그에게 있어 기술적 합리성이 과학주의적 합리성과 해석학적 합리성을 매개하는지를 이해할 수 있게 해준다. 아펠은 한편으로는 이를테면 칸트와 마찬가지로 인과성을 과학적 경험의 가능성 조건으로서 이해한다(여기서 그는 이 조건이, 의미 있는 언어 행위의 네 가지 타당성 요구들과는 달리, 철저한 반성에서 그 배후로 물러설 수 있다는 점에 관해 해명한다). 그러나 다른 한편으로 그는 인과성을 "칸트의 의미에서 순수한 지성 범주로서가 아니라 (개입-)행위라는 개념의 관계항으로서"(101) 이해하는데, 요컨대 나는 과학적 실험에서 자연 과정에 개입하며, 오로지 이러한 개입을 통해서만 인과성 개념이 구성되는 것이다. 신체가 없으면 과학은 존재하지 않으며(271 f.), 아펠은 심지어 "신체 선험적인 것Leibapriori"에 대해 이야기한다(141 ff.). 이러한 연관에서 그는 의지 자유의 문제를 다음과 같이 해결하고자 한다. 한편으로 "자연 과정들의 인과 필연성에 대한 이해는…… 자연 과정들의 가능한 발기나 저지라는 의미에서의 행위 자유에 대한 이해를 전제"한다. 그러나 역으로 또한 자유도 도구적 행위를 매개로 하여 인과성을 전제한다(103). 따라서 인과 설명과 행위 이해는 상호 보완적이며, 이러한 언어놀이 보완성과 "인과적으로 효과적인 행위들 내지 지향들 자체를 자연 인과성의 효과로서 사유하는 것"과는 서로 양립할 수 없다(190). 따라서 아펠이 퍼스와 함께 거부하는 칸트의 사물 자체(106 f.)가 없더라도 결정론은 거부될 수 있을 것이다.[10] 비록 아펠이 [122]심신 문제에 본래적으로는 관여하지 않지만, 그는 지향들이 어떻게 인과적으로 작용할 수 있는지의 물음을 논의한다. 그는 양자론에서 자유를 위한 공간을 획득할 수 있는 가능성을 본다(232 f.).

동기 설명들은 진정한 인과 설명들로 환원될 수 없을 것이다. 왜냐하면 설명하는 것과 설명되어야 할 것, 즉 지향과 행위 사이에는 논리적 관계가 존재하기 때문이다. 지향들은 근거지어져 있지 원인지어져 있지 않다(192). 인과적 설명들을 근거 이유들을 따르는 인간 행위들의 설명들에 대해서도 요구하고, 법칙들과 선행 조건들로부터 설명하는 헴펠의 도식을 인간의 행위들에도 적용한 베커만A. Beckermann(1977)에 반대하여 아펠은 "과학주의의 이상을 나타내는바, 인간 행위에 대한 가능한 인과적 설명의 보편적인 우연적kontingent 법칙들"의 사상이 인간의 총체적 퇴보의 가능성을 가정하지 않을 수 없다고 주장한다(252). 왜냐하면 모든 것이 인과적으로 설명될 수 있다면, 인류의 역사가 더 이상 이해될 수 없는 의미 파괴 과정에로 결정되어 있다는 것이 배제될 수 없겠기 때문이다. 그 밖에 아펠은 포퍼와 관련하여 혁신들이 예언될 수 없음을 강조하는데(53 f.), 요컨대 자연에서와는 달리 역사에서는 예측들이 가능하지 않으며, 언제나 오직 사후적인 설명들만이 가능하다는 것이다(184 ff.). 확실히 그것은 우리가 학문적 동료에게 필연적으로 진리 능력을 인정한다는 점에서 "그의 심적인 행위들이나 그의 태도들에 대한 기술적이거나 심지어 설명적인 객관화가 불가능하다"는 것을 인정한다는 것을 의미한다(1976a; 27).

물론 아펠은 또한 지향들과 입장들에 대한 인과적 설명들을 처음부터

• • •

10. 초월론적 화용론에 대한 뛰어난 서술에서 페트루치아니S. Petrucciani는 결정론에 반대하는 아펠의 논증을 다음과 같이, 즉 행위(와 다시 말하면 또한 언어 행위로서의 논증)는 동시에 나의 의지나 나의 이성으로부터 독립적인 인과 연쇄의 필연적인 결과로서 이해될 수 없다는 것으로 재구성한다(1988; 121).

거부하는 저 "해석학적 관념론"도 거부한다(1979; 290 ff.). 오히려 그러한 인과적 설명들은 이해되어야 할 공동 주체의 입장들에 비합리적인 왜곡들이 존재하는 곳에서는 허락되며, 심지어는 필요할 것이다. 이데올로기 비판과 정신 분석에서 아펠은——이미 (1968b)에서——설명과 이해를 매개하고[11] 해방적 인식관심에 의해 인도되는 두 개의 학문을 보고 있다(300 ff.). 그리하여 아펠은 하버마스의 유명한 1968년 저작에 연결된다. 물론 아펠은 이데올로기 비판이 어떠한 내재적 진리 기준도 더 이상 인정하지 않는 곳에서 들어서는 그 이데올로기 비판의 자기 지양에 대해 경고한다(302). 그와 마찬가지로 아펠은 [123]다른 이의 입장들을 이해하는 데 제한되고 가치 평가 기준에 대한 탐색을 포기하는 그러한 해석학 형식들도 배척한다. 그러한 것은 해석학적 합리성이 윤리적 합리성으로부터 분리된 역사학주의의 상대주의적 형식들로 나아간다. 실제로는 윤리적 합리성이 역사의 목적론적 해석이라는 의미에서 해석학적 합리성을 이끌어야만 한다. 그러나 윤리적 규범들은 역사학적으로 실현된 체계들을 새롭게 해석하는 것에서와는 달리 어떻게 근거지어질 수 있는가? 바로 이 물음에 대해 최종 근거짓기의 이론이 대답하고자 한다.

2.4. 최종 근거짓기와 윤리학

윤리학의 근거짓기를 수행해야 한다는 아펠의 요구는 의심할 바 없이

• • •

11. 의사-생물학적 체계 이론을 포함하여 생물학적 학문들의 인식론적 지위에 대해 아펠은 그저 지나치는 방식으로만 논의한다(307 ff.). 그는 목적론적 구조들을 그것들의 인과적 발생으로 환원하는 것을 거부한다.

그의 철학적으로 가장 독창적이고 세계관적으로 가장 중요한 성취이다. 분명히 우리는 퍼스의 주변적인 성찰들을 도외시하면 영향력 있는 근대 철학들 가운데 어느 것도 윤리학을 현실적으로 만족스러운 방식으로 근거 지으려고 하지 않는다는 것을 보았다. 맑스주의에서 윤리학은 역사 철학의 부분이다. 그리고 과학주의와 비판적 합리주의에서 윤리학은 실존주의와 해석학에서와 마찬가지로 객관적인 이론으로서 공간을 차지하지 못한다. 20세기의 가장 중요한 윤리학 이론들인 무어와 셸러의 가치 윤리학은 처음 부터 근거짓기를 포기한다. 그에 따르면 가치들은 논증적으로 입증할 수 없는 직관들에서 파악된다. 사실 윤리학의 근거짓기가 특수한 난점들에 처해 있다는 점은 부인할 수 없다. 왜냐하면 한편으로 그것은 경험적일 수 없는바, 자연주의적 오류 추리의 금지[12]에 근거하여 규범적 명제들은 경험적 명제들로 환원될 수 없기 때문이다(또는 오직 경험적 명제들이 선험적 명제들과 결합되어 있을 때에만 경험적 명제들로 환원될 수 있기 때문이다. 따라서 '너는 c의 조건들 아래서 a를 해야 한다'는 규범은 'c의 조건들 아래서 a는 b를 위한 필연적 수단이다'라는 경험적 명제로부터는 오직 '너는 b를 해야 한다'는 규범적 명제와 결합해서만 도출될 수 있다). 그와 마찬가지로 칸트의 첫 번째 비판의 의미에서의 연역에 대해서도 생각 할 수 없다. 비도덕적 행위가 경험을 [124]불가능하게 만들지는 않는 것이다. 따라서 칸트가 두 번째 비판에서 정언 명령의 연역을 포기한 것은 우연이 아니다. 다른 한편으로 윤리적 명제들은 확실히 형식 논리학으로부터 따라

• • •

12. 아펠은 항상 기술적 명제로부터 처방적 명제를 획득할 수 없다는 견해를 옹호했으 며, 따라서 가령 약속과 같은 언어 행위로부터 의무를 도출하고자 하는 설의 시도 ─설은 언제나 이미 약속에 따라 행위해야 한다는 규범을 전제한다─를 쓸모없 는 것으로서 거부했다(1976c; 56-80). 그와 마찬가지로 정신과학들이나 메타 윤리 학이 실제로는 전혀 가치로부터 자유롭지 않다는 사실로부터 그들에 의해 사실상 그때마다 근저에 놓이는 가치 결정들이 합리적이라는 것이 따라 나오는 것은 아니 다(1972a; 379-395).

나오지 않는다. "가능한 한 많은 사람을 죽이되 붙잡히지 말라"라고 하는 분명히 비윤리적인 명제에 분석적 모순이 어디에 존재하는가? 전통에서 가장 널리 퍼진 상투어들에 속하는 윤리학과 수학의 비교는[13] 비-유클리드 기하학들의 발전 이래로 윤리학에 대한 상대주의적 결론들을 불러일으킨다.[14] 왜냐하면 상이한 기하학적 공리들을 근거에 놓는 가운데 그 모두가 같은 정도로 일관된 상이한 체계들이 존재할 수 있는 것과 마찬가지로, 또한 윤리학에서도 상이한 공리들로부터 상이한 규범 체계들을 도출하는 것이 가능해 보이기 때문이다. 여기서는 공리 체계들 가운데 어느 것이 올바른 것인지를 합리적으로 결정하기가 완전히 불가능할 것이며, 그것들이 다만 일관된 한에서는 그 모두가 똑같은 권리를 지닐 것이고, 결국 기독교의 규범 체계는 나치즘의 규범 체계와 다르지 않을 것이다.

바로 여기서 아펠의 최종 근거짓기 이념이 시작된다. 최종 근거짓기라는 것에서 아펠이 이해하는 것은 원리들의 근거짓기, 요컨대 형식 논리학이 단지 원리들로부터의 근거짓기, 즉 공리들로부터 정리들의 연역만을 수행할 수 있는 까닭에 형식 논리학적으로는 수행될 수 없는 근거짓기다. 그러

• • •

13. 스피노자의 『기하학적 질서에 따라 증명된 에티카』, 로크(『인간지성론』 IV 3, 18과 20; IV 4, 7과 9; IV 12, 8), 라이프니츠(『인간지성신론』 IV 12, 8), 칸트(『순수이성비판』 B 508/A 480; 『실천이성비판』 A 45, 167)를 생각해 볼 수 있을 것이다.

14. 19세기에 철학자들뿐만 아니라 또한 최고의 수학자들에게서도 발견되는 비-유클리드 기하학들에 대한 혐오가 단지 수학이 필증적인 학문이 아니라는 것에 대한 환멸에서만이 아니라 오히려 수학의 필증성과 함께 또한 구속력 있는 윤리적 체계도 사라지게 될 거라는 두려움에서 기인했다는 것을 정신사적으로 정향된 수학사학의 아마도 가장 독창적인 옹호자인 토트J. Tóth가 수많은 논구들──가령 1972와 1982──에서 제시했다. ──예를 들어 비티J. Beattie는 1770년의 『진리의 본성과 불변성에 관한 에세이』*An Essay on the Nature and Immutability of Truth*에서 기하학적 '역설들'이 훨씬 더 위험한 윤리적 역설들을 끌어들이게 될 것을 두려워한다. "그러나 기하학적 역설들은 공중의 주목을 불러일으키지 않을 것이다. 반면 사람들이 불경과 비도덕을 옹호하는 논증들을 찾기 시작할 때 도덕적 역설들은 관심의 대상이 되며, 강력하고도 수많은 후원을 얻지 않을 수 없다."(1974 f., Ⅰ 102)

나 원리들은 근거지어질 수 있을까? 분명히 아펠의 이러한 요구는 원리들을 논증 없이 바라보는 데서 출발하는 직관주의뿐만 아니라 또한, 아니 더 나아가서 바로 원리들에 대한 객관적인 접근을 원리적으로 가능하지 않다고 여기는 원리 회의주의와 원리 상대주의에 대립한다. 아펠의 반성적 근거짓기 사상은 물론, 앞으로 우리가 보게 되듯이, 위대한 철학사적 [125]전통에 낯설지 않은데, 이 점은 첫 눈에 보아도 명백할 수 있을 것이다. 아펠의 독창성은 오히려 반성적 논증들을 윤리학의 근거짓기에 투입했다는 점에 존재한다——물론 여기서도 선구자가 없는 것은 아니다——. 이 점은 윤리학이 본질적으로 상호 주관성과 관계하는 까닭에 그의 상호 주관성론적인 철학의 변형과 연관된다. 이미 말했듯이 아펠은 초월론적인 상호 주관성 이론, 다시 말하면 "그와 관련하여 초월론적 반성이 시작될 수 있는 '최고점'을 '방법적으로 유아론적으로' 시작된 '대상의식과 자기의식의 통일'에서가 아니라 의미 이해와 진리 합의로서의 '해석의 상호 주관적인 통일'에서 간취하는" 칸트적 입장의 변형을 얻기 위해 노력한다(1972a; 411). 이러한 변형으로부터 아펠은 전통적 존재론, 근세의 인식론 그리고 근대의 언어 분석 철학을 자기 내에 지양할 뿐만 아니라 또한 이론 철학과 실천 철학의 대립의 중재를 수행하는 통일적인 철학 이론을 기대한다. "필자는 협약들(합의들)의 가능성과 타당성의 조건들에 대한 물음에 대답을 줄 수 있는 초월론 철학으로부터 이론 및 실천 철학의 그리고 학문의 최종 근거 짓기와 같은 어떤 것이 제공될 수 있다고 믿는다——이는 필자의 작업상의 꿈으로 간주될 수 있을 것이다——."(1976a; 7)

이하에서는 우선 최종 근거짓기를 수행해야 하는 아펠의 논증이 분석되고, 그러고 나서 윤리학에 대한 그것의 적용이 분석되어야 한다. 저 논증은 무엇보다도 우선 다음과 같다. 즉, 논증하는 자는 언제나 이미 그가 담론에서 참된 결과들에 도달할 수 있다는 것, 다시 말하면 진리가 존재한다는 것을 전제한다. 더 나아가 그는 자기가 함께 이야기를 나누는 대화 상대자가 원리적으로 진리를 인식할 능력이 있다고 전제한다. 따라서 그는 대화 상대자를 강조적인 의미에서 인격으로서 인정한다. 논증 상황은 각각의 모든 논증자에게 있어 더 이상 그 뒤로 물러설 수 없다^{unhintergehbar}. 진리에 대한 요구를 가지고서 이 상황으로부터 벗어나 반성하고자 하는 시도는 절망적으로 비일관적이다. "요컨대 일반적으로 철학적 논증에 참여하는 자는 방금 묘사된 전제들을 이미 함축적으로 논증의 선험적인 것들로서 인정하며, 그는 동시에 자기 자신에게서 논증적 능력을 부인함이 없이는 그것들을 부정할 수 없다."(1976a; 62) 왜냐하면 논증을 중단하는 자마저도 그리 함으로써 타당성 요구를 제기하는 어떤 것을 표현하고자 하기 때문이다. "자살을 통해 입증될 수 있는 실존적 회의의 이름으로나 계급적 이해관계들의 갈등의 이름으로 이해 공동체의 선험적인 것을 환상으로 설명하는 자도 [126]여전히 논증함으로써 동시에 그것을 확증한다."(같은 곳)¹⁵ 그리고 논증의 반대자가 명시적으로 논증하기를 포기할 때, 그의 태도는 모든 논증자들에 대해 무의미하며, 그러므로 그리함으로써 합리적 자기 이해의 가능성을 박탈당하는 논증자로서의 그에 대해서도 무의미하다. "사변적-신학적 개념들로 말하고자 한다면, 우리는 악마가 오로지 자기 파괴의 행위를 통해서만 신에게서 독립적이게 될 수 있다고 말할 수 있을 것이다."(1972a; 414)

아펠은 이러한 초월론적 반성의 논리적 구조를 한층 더 날카롭게 다듬어 냈다. 그는 그 형식에 따라 형식 논리학적인 연역과 전적으로 상이한 논증이 문제라는 것을 명확히 인식한다. 형식 논리학적인 연역이 원리적으로 가언적이고—만약 공리들이 타당하면, 정리들이 타당하다—, 그러한 것으로서 이제 원리적으로 어떠한 최종 근거짓기도 수행할 수 없는 데 반해, 초월론적 반성은 반성적 숙고에 의한 자기 근거짓기로서 철학에게 그리고 오로지 철학에게만 가능하다. 바로 언제나 이미 전제되는 것에

• • •

15. 이와 비슷하게 이미 하이데거도 침묵을 잠재적인 전달로서 이해했다(1979; 164 f.).

대한 반성적 숙고의 구조는 현대에 특히 한스 알베르트^{H. Albert}(1980; 13 ff.)나 렝크^{H. Lenk}(1973; 94 f.)에 의해 최종 근거짓기의 모든 가능성에 반대하여 타당화되고 있는 뮌히하우젠 트릴레마^{Münchhausentrilemma}로부터의 탈출구를 제공한다. 이 트릴레마는 최종 근거짓기가 다음과 같은 이유 때문에 가능하지 않다는 것을 의미한다. 즉, 근거짓는 명제 자체가 근거지어지지만, 그것은 무한 퇴행이나 순환 증명으로 이어지거나, 그렇지 않으면 그것의 근거짓기가 포기되지만, 그것은 교조적이고 임의적이라는 것이다. 알베르트가 그것이 또한 초월론적 반성에도 그리고 바로 그것에 해당한다고 생각함에도 불구하고(15), 아펠은 이 초월론적 반성이야말로 뮌히하우젠 트릴레마에 대한 대답을 나타낸다는 점을 입증하고자 한다. 가령 최종 근거짓기 프로그램은 이미 고대에 바로 논리적-수학적 사유의 공리들을 근거짓는 문제가 부딪친 아포리아에 대한 통찰과 연관하여 생겨난 바 있다(1976b; 57). 아펠(77, 주해 1)은 특히 모순율을 증명해야 한다는 요구에 대한 아리스토텔레스의 방어(『형이상학』 IV 4, 1005 b 35 ff.)를 증거로 끌어들인다. 잘 알려져 있듯이 아리스토텔레스에게 있어 모든 것을 증명해야 한다는 요구는 철학적 교양의 결여를 입증한다(1006 a 5 ff.). 요컨대 증명의 의미는 모든 것에 대해 증명이 존재하지 않는다는 것을 전제한다. 모든 것에 증명이 존재한다는 것은 원리적으로 불가능한데, 왜냐하면 그것은 무한 퇴행으로 이어질 것이기 때문이다. 그런데 바로 모순율에 관한 한, 임의의 주장에 모순되는(이의를 제기하는) 누구라도 그가 일반적으로 무언가를 말할 때 그 모순율을 전제한다는 것은 쉽게 통찰될 수 있을 것이다. 그러나 그가 그렇게 하지 않는다면, 이성적이기를 거부하는 누군가와 이성적으로 이야기하고자 하는 것은 [127]식물과 함께 논의하고자 하는 것이 불합리한 것만큼이나 우스운 일일 것이다(a 11 ff.). 모든 논의의 근저에는 우리가 무언가를 말한다는 것, 다시 말하면 자기와 타자를 위해서 무언가를 진리 요구를 가지고서 옹호한다는 것이 원리로서 놓여 있다. 이것을 행하지 않는 자에 대해서는 자기와의 것이든 타자와의 것이든 어떠한 이성적 대화도 존재하지 않는다(a 22 ff.).

아리스토텔레스와 관련하여 아펠은 "자기모순 없이는 비판을 통해 물어질 수 없고 또한 그 자신을 전제함이 없이는 연역적으로 근거지어질 수 없는" 명제들이 최종 근거지어진 것으로서 간주되어야 한다는 것에 의해서 방법적으로 보증되어야 하는 "비연역적 도정에서의 철학적 최종 근거 짓기"를 획득하고자 노력한다(1976b; 71). 비판적 합리주의에 대해 아펠은 "추상적 오류"라고 비판하는데, 요컨대 비판적 합리주의는 부당하게도 오로지 그 위에서만 최종 근거지어진 명제들을 부정하는 자의 모순이 드러나는 대화의 화용론적 차원을 사상해 버리는 것이다. 그리하여 가령 데카르트의 "나는 생각한다, 그러므로 나는 존재한다"—이는 아펠에게 있어 최종 근거짓기를 위한 또 다른 화용론적 경우다—는 형식 논리학적인 추론이 아니다. 힌티카^{Hintikka}(1962)와 관련하여 아펠은 "나는 생각한다, 그러나 나는 존재하지 않는다"를 의미론적으로가 아니라 화용론적으로 모순적인 것으로 간주한다. 모순은 명제의 두 부분들 사이에 존재하는 것이 아니라 오직 말하는 자가 자기의 말함의 가능성의 조건인 바의 것에 대해 반성하는 것을 근거로 해서만 나타난다. "'나는 생각한다, 그러므로 나는 존재한다'의 반박할 수 없는 확실성은…… 공리적으로 객관화할 수 있는 연역적 명제 연관이 아니라 사유 행위 내지 언어 행위의 현실적 자기반성에 의해 매개된 **초월론적 화용론적인 반성-통찰**에 의거한다."(73 f.) 물론 아펠은 데카르트를 넘어서서 단지 자아의 자기 확실성만을 최종 근거지어진 것으로서 타당화하고자 하지 않는다. 또한 "너는 실존하지 않는다"는 명제도 자기 자신을 논박한다. 왜냐하면 저 자기 확실성도 단지 "잠재적으로 공개적인 대화의 부분으로서만, 좀 더 정확히 하자면, 내가 나 자신에게 타자인 그러한 대화의 결함 있는 양태로서만" 생각될 수 있기 때문이다 (74).

아리스토텔레스와 데카르트 이외에 아펠은 특히 비트겐슈타인의 저술 『확실성에 관하여』에 관련되는데, 거기서는 모든 의미 있는 의심이 관련틀을 전제한다는 것이 힘주어 제시된다. "우리가 제기하는 **물음들**과 우리의 의심은 일정한 명제들이 의심에서 제외된다는 것에, 보기를 들자면 저 물음들과 의심이 그 속에서 움직이는 축들이 그러하다는 것에 의거한다."(1970; Nr. 341, S. 89; Nr. 346, S. 90을 참조) 요컨대 의미 있는 의심을 위해서는 그 자체가 의심될 수는 없는 근거들을 필요로 하는 것이다(Nr. 122, S. 40). 아니, 비트겐슈타인은 비록 초월론적인 해석을 지니는 것은 아닐지라도 논증들이 하나의 체계를 전제한다는 사상을 받아들인다. "하나의 가정의 모든 검증, 모든 확인과 논박은 [128]이미 체계 내부에서 행해진다. 더군다나 이 체계는 우리의 모든 논증들의 다소간에 자의적이고 의심스러운 출발점이 아니다. 오히려 그것은 우리가 논증이라고 부르는 것의 본질에 속한다. 체계는 논증들의 출발점이라기보다는 삶의 터전이다."(Nr. 105, S. 36)

W. 쿨만은 최종 근거짓기에 대한 아펠의 성찰들을 좀 더 엄밀하게 규정하여 논증 상황의 더 이상 그 뒤로 물러설 수 없음을 논증적으로 부정하는 사람들이 휘말려드는 모순이 이미 그런 까닭에 의미론적 모순일 수 없다는 것을 너무도 분명히 견지했다.[16] 왜냐하면 그렇지 않다면 더 이상 그 뒤로 물러설 수 없음에 관한 테제는 동어 반복일 것이기 때문이다. 그에 반해 그 테제에서 문제되는 것은 선험적 종합 명제다(1985a; 88 f.). "논증의 규칙들은 나에 대해 적용되지 않는다"는 명제 p는 필연적으로 잘못인데, 왜냐하면 만약 그것이 논증 규칙들의 타당성을 논박하는 진지한 시도가 아니라면, 그것은 또한 반박될 필요도 없기 때문이거나, 아니면 만약 그것이 그러한 시도라면, 그것은 논증 규칙들의 타당성을 언제나 이미 전제할 것이기 때문이다(83 f.). 그 명제가 바로 그것인 바의 것 ── 논박함이라는

- - -

16. 물론 화용론적이거나 수행적인 자기모순은 의미론적으로 완결된 하나의 언어에서 모든 언어 행위에 전제된 것의 해명을 통해 형식적 모순으로 옮겨질 수 있다. 그러나 엄밀한 반성에서 관건이 되는 것은 바로 이 해명이다. W. K. Essler (1982), 343을 참조.

언어 행위 ── 은 그것이 말하는 바로 그것에 모순된다. 왜냐하면 의심함과 논박함은 성공할 수도 있고 실패할 수도 있으며 의미 있을 수도 있고 의미 없을 수도 있는 언어 행위들이며, 그것들이 의미 있는 것은 오직 그것들이 가령 모순율의 타당성의 전제와 같은 일정한 전제들을 형성했을 때뿐이기 때문이다. 이 모순율은 외부로부터 p에 대해 제기되고 따라서 본래 정당화되어야만 하는 임의의 전제가 아니다. "오히려 우리는, 만약 우리가 과연 (p)가 견지될 수 있는지의 문제에 관여해 왔다면, 언제나 이미 (p)를 바로 이 모순율을 증거로 끌어대는 가운데 (p)에 대한 반대 테제를 무가치하게 만드는 시도로서 이해해 왔다."(84, 주해 33)[17] 쿨만에 따르면 최종 근거짓기 논증의 실행을 위해서는 [129]단순히 이론적인, 다시 말하면 객관화하는 태도를 포기하고 그것을 엄밀한 반성으로 대체하는 것이 결정적이다. 만약 우리가 (p)를 분석하여 그것을 언제나 단지 가언적으로만 머무를 수 있을 다른 가정들과 대립시켜야만 한다고 믿는다면, 우리는 문제를 오해하게 될 것이다. 오히려 관건이 되는 것은 자신의 행위 방식들을 반성하는 것, 그러므로 (p)에 대한 분석을 비로소 가능하게 만들고 나아가 이론적 태도에서 이를테면 "단지 주제적 대상에 대한 집중의 이면일 뿐인 추상의 그림자

• • •

17. (1987b; 187)에서 아펠은 모순율과 배중률을 이들이 최종 근거짓기 증명에서 전제된다고 하는 논증을 가지고서 요구하는 것이 잘못이라고 하는 C. F. Gethmann/R. Hegselmann (1977)에 대해 이의를 제기한다. 왜냐하면 이러한 방식으로는 초월론적 화용론적인 최종 근거짓기 논증이 형식 논리학적인 논박[Elenchos]으로 전환될 것이고 따라서 오로지 엄밀한 반성에서만 파악될 수 있는 그것의 요점을 박탈당할 것이기 때문이다. 아펠은 수행적 일관성의 원리와 명제적 일관성의 원리를 날카롭게 구별한다. "수행적 일관성의 원리는 이러한 방식으로 이성의 철저히 탐구적이고 정보적인 자기 해명의 기관과 기준으로서 입증되며, 그런 한에서 그것은 내가 보기에는 자기반성적 담론 합리성의 본질적인 기준이다. 그에 반해 명제적 모순 'a와 non-a'의 회피라는 형식 논리학적인 원리는 다만 형식 논리학과 수학의 전적으로 정보로부터 자유롭지만, 바로 그런 까닭에 형식화할 수 있는 합리성 유형의 ── 앞의 것에 ── 상응하는 기준일 뿐이다."(190)

속에" 계속 머물러 있는 것을 반성하는 것이다(79). 관건이 되는 것은——따라서 쿨만은 피히테의 중심 사상에 대한 무의식적인 유비 속에 서 있다——"그에 관한 근원적인 입장이 포기되고 자신의 행위가 다시 그저 그 자체로 망각되어 나중에 외부로부터 주어진 낯설고 거리가 있는 대상으로서 고찰되는 것이 아니라 주제적인 것과 더불어 또한 주제화 작용 자체도 보는 것"이다(80). 논증 작용에 대한 행위 지식 속에 함축적으로 포함된 논증 이론이 명시적으로 됨으로써 반성적 최종 근거짓기는 내실이 풍부한 이론으로 확대·구축될 수 있을 것이다(111 ff.).

아펠도 쿨만도 개별 과학들이 경험에서의 그 결과들에 근거하여 검사되어야만 하는 공리들로부터 출발하며, 과학이 오류를 범할 수 있고 또 그 진술들이 확실한 것이 아니라 다만 개연적일 뿐이라는 것을 논박하지 않는다. 그러나 그들은 과학의 언어놀이와 오류 가능성이 무엇을 의미할 수 있는지가 그 속에서 비로소 확정되는 철학의 언어놀이 사이의 초월론적 차이를 견지한다. 경험 과학의 본질에 대한 올바른 통찰들을 철학 자체로 옮겨 놓는 데서 그들은 위험한 결과들을 지니는 이 통찰들의 부당한 절대화를 본다. 그리하여 아펠에 따르면 알베르트의 범-비판적 합리주의는 한편으로는 "무정부적인 비판을 위한 비판, 비판의 척도 없는 비판적 이성으로"(1976b; 65) 나아가며, 다른 한편으로는 자기 자신에게 면역성을 부여하는 입장이 된다. 왜냐하면 누군가가 "어떠한 진술도 확실하지 않다"고 주장한다면, 그는 이 진술도 불확실하지 않은가 하는 물음에 그렇다고 긍정할 수 있을 뿐이며, 계속해서 무한히 그러할 수 있겠기 때문이다. 그러나 그렇게 해서는 그 타당성 요구가 자기에게 적용될 때마다 더 적어지는 그의 진술이 더 이상 안정적인 의미를 지니지 못하며, 나아가 비판에 대해 면역될 것이다. 왜냐하면 누군가가 확실한 진술을 내세울 때, 그 제안자는 언제나 다음과 같이 대꾸할 수 있겠기 때문이다. "나는 바로 아무것도 확실하지 않다고 말했으며, 그러므로 또한 아무것도 확실하지 않다는 것도 확실하지 않다고 말했다."(Kuhlmann (1985b), 357 ff.) [130]아펠은 오류 가능주의Fallibilismus 원리의 자기 적용에서 심지어 거짓말쟁이와 유사한 이율배반을 인식하고자 한다. "만약 '오류 가능주의' 원리 자체가 오류 가능하다면, 그런 한에서 그것은 바로 오류 가능하지 않으며 그 역이다."(1976b; 71) 특히 쿨만은 논증 규칙들이 자유롭게 선택될 수 있으며 나아가 그것들의 확고한 핵심은 결코 존재하지 않는다는 코이트H. Keuth(1983)의 이의에 맞서 싸운다. 만약 사정이 그렇다면, 논증하는 것은 다만 그와 같은 논증 규칙들을 인정하는 사람에 대해서만 타당할 수 있는 사적인 일이 될 것이다. 아니, 더 나아가 사람들은 특히 불쾌한 방식으로 반박될 우려가 있을 때에는 언제나 논증 규칙들을 바꿀 수 있을 것이다. "전통적 오류 가능주의가 생각한 면역화 전략들은 그 경우에 허락되어 있는 것에 맞서는 어린애 장난이다. 진리와 의미는 크고 작은 집단들의 사적인 일이 된다. 오류 가능주의는 이런 상황 아래서는 거의 의미 있는 입장이 아니다."(1985b; 373)

쿨만은 더 나아가 근거짓기에 대한 요구가 의미를 지니는 것은 다만 근거짓기를 통해 더 커다란 정도의 명증성이 달성된다는 것이 전제될 수 있을 때뿐이라는 것을 가지고서 뮌히하우젠 트릴레마를 비판한다. 그러나 근거짓는 명제가 언제나 근거지어진 명제와 똑같이 근거짓기를 필요로 하는 경우에는 근거짓기에 대한 요구가 의미를 지니지 못한다. 간단히 말하면, 몇몇 명제가 근거짓기를 필요로 한다는 것은 다만 모든 명제가 그렇지는 않다는 것을 의미할 수 있을 뿐이라는 것이다. 게다가 뮌히하우젠 트릴레마는 다만 공리적-연역적 추론에서만 타당하다. 그러나 이 공리적-연역적 추론을 논증의 유일하게 가능한 형식으로서 전제하는 것은 교조적이며, 바로 선결 문제 요구의 오류petitio principii를 의미한다(1985a; 64 f.).

최종 근거짓기 이론은 이미 말했듯이 윤리학에 대해 특수한 의미를 지닌다. 왜냐하면 경험을 통한 그렇듯 개연주의적이고 오류 가능주의적인 통제가 떨어져 나가게 되는 여기서는 오로지 그것(이나 객관적이지만 논증적으로 증명되지 않는 직관에 의거하는 것)만이 윤리적 허무주의를 극복할 수 있기 때문이다. 그러나 어째서 합리적 논증 상황이 비합리적 결단의 산물이 아니라 위에서 제시된 의미에서 더 이상 그 뒤로 물러설 수 없다고 하는 증명이 윤리학에 대해 결과들을 지녀야 하는 것인가? 이 점은 아펠의 초월론 철학의 상호 주관성론적인 변형, 특히 퍼스로부터 영향 받은 그의 진리 합의론과 연관된다. 그 이론에 따르면 무제한적 논증 공동체에서의 최종적 합의야말로 비로소 실재적인 것에 대한 완전한 인식을 요구할 수 있으며, 그 실재적인 것 자체는 오직 그러한 방식으로 인식될 수 있는 것으로서만 의미 있는 개념을 이룬다.[18] 아펠은 [131]이러한 최종적 합의를 위해 노력하는 목표 설정으로부터 특수하게 윤리적인 의무들이 도출될 수 있다고 가정하는 점에서 퍼스를 따른다. 물론 아펠은 퍼스에 반대하여 모든 논증——그러므로 학문적인 논증도, 그러나 그것만이 그런 것은 아니다——의 근저에 윤리적 원리들이 놓여 있다는 것을 보이는 것이야말로 관건이 된다는 점을 강조한다. 그렇지 않다면 오로지 가언 명령들만이 달성될 수 있을 것인바, 오로지 학문의 목표 설정을 수용하는 사람만이 그 학문의 기능을 위해 필요한 윤리를 준수할 의무가 있을 것이다(1972a; 395 ff., 423 f.). 그러나 학문과는 달리 합리적 논증은 진리 요구를 가지고서 등장하는 모든 이에게 있어 더 이상 그 뒤로 물러설 수 없을 것이며, 이러한 절대성이야말로 정언 명령을 근거지을 수 있을 것이다. 그리하여 합리적 논증의 인정과 더불어 논증하는 자들의 공동체가 인정된다. 그에 대해 우리는 우리 자신의 모든 요구들을 정당화할 의무가 있다. "도덕적 논증의 의미는 바로 논증 도정에서 그 밖의 모든 이들의 욕구들과 조화될 수 있는 사람들의 모든 욕구들이——잠재적인 요구들로서——의사소통 공동체의 관심사로 되어야 한다는——바로 새로운 것은 아닌——원리에서 표현될 수

• • •

18. 비록 아펠의 진리론이 근본적으로 합의론적인 본성의 것이라 할지라도, 아펠이 (어쨌든 이미 퍼스가 그랬듯이) 최근 자신의 진리론에 철저히 명증론적이고 정합론적인 계기들을 통합했다는 점이 강조되어야만 함은 물론이다. 특히 (1987b)을 보라.

있을 것이다."(425) 필연적으로 전제되어야 하는 이러한 논증 공동체는 두 개의 형태로, 즉 실재적 논증 공동체와 이상적 논증 공동체로 구별된다. "요컨대 논증하는 자는 언제나 이미 두 가지 것을 동시에 전제한다. 첫째, 그 자신이 사회화 과정에서 그 구성원이 된 실재적 의사소통 공동체와 둘째, 원리적으로 그의 논증의 의미를 적절하게 이해하고 그 진리를 확정적으로 판정할 수 있는 이상적 의사소통 공동체가 그것이다."(429) 이러한 이중적 의사소통 공동체로부터 아펠은 윤리학의 두 가지 규제적 원리들을 도출한다. "행함과 행하게 함에서 문제가 되어야만 하는 것은 첫째, 실재적 의사소통 공동체로서의 인류의 생존을 보장하는 것, 둘째, 실재적 의사소통 공동체에서 이상적 의사소통 공동체를 실현하는 것이다. 첫 번째 목표는 두 번째 목표의 필요조건이다. 그리고 두 번째 목표는 첫 번째 목표에 그것의 의미를, 즉 모든 논증에 있어 이미 선취되어 있는 의미를 부여한다."(431) 확실히 이 두 가지 규제적 원리들은 여전히 추상적이다. 그러나 아펠에 따르면 그것들이야말로 선험적으로 확정될 수 있는 유일한 것이다. 그의 2단계적 윤리학 내부에서는 오로지 선험적 처리 규범들만이 타당하며, 모든 실질적 규범들은 그때그때마다의 논의에서 끌어내질 수 있거나 이상적 의사소통 공동체의 원리들을 따르는 사유 실험에서 획득될 수 있다 (Apel/öhler/Kadelbach (1984), Ⅱ 127 ff.).

[132]쿨만이 윤리학의 근거짓기를 아펠보다 무언가 좀 더 분화된 방식으로 다듬어 냈기 때문에 나는 이와 관련된 그의 상론을 짧게나마 좀 더 살펴보고자 한다. 그에게 있어서는 (퍼스의 영향을 받은 진리의 합의론이 아니라) 사적 언어 논증이 반성적 최종 근거짓기 이론으로부터 윤리학에로의 다리를 놓고 있다. 그리하여 윤리학은 체계적으로 a) 논증 상황의 더 이상 그 뒤로 물러설 수 없음에 대한 통찰에, 그리고 b) 의미 있는 인식은 오직 무제한적 의사소통 공동체의 틀 내에서만 그리고 그와 관련해서만 가능하다는 주장에 토대한다(1985a; 181). 이러한 기초 위에서 쿨만은 네 개의 규범에 도달한다(184 ff.). 합리성에 대한 의지의 더 이상 그 뒤로

물러설 수 없음은 첫째, "합리적으로 논증하라!"라는 규범으로 나아간다. 논증의 타당성을 확증해 줄 수 있는 유일한 것인 이성적 합의에 대한 의지의 더 이상 그 뒤로 물러설 수 없음은 둘째, "이성적 합의를 위해 노력하라!"라는 규범을 함축한다. 세 번째 규범의 근거짓기를 위해서는 논증이란 협력이며 따라서 실천적 협력의 물음들이 논증함에 있어 중요한 역할을 담당하고, 바로 이론적 문제들의 적절한 해명을 위한 필연적 조건들로서도 그러하다는 생각이 중요하다. "분명히 이 물음들에서의 결정들은 그때그때마다의 이론적 담론에 대해 사소하거나 주변적인 것이 아니라 그와 반대로 아주 커다란 의미를 지닌다. 우리는 다음과 같이 주장할 수 있다. 즉, 이론적 담론에서 실재적으로 가능한 것은 직접적으로 그에 속하는 실천적 (의사義事 규칙-)담론의 성질에 달려 있다." 특히 오로지 폭력으로부터 자유로운 담론만이 현실적으로 우리가 바로 전제에 따라 무조건적으로 관심을 갖고 있는 이론적으로 중요한 논증들이 제시될 것을 보증할 수 있을 것이다. 따라서 세 번째 규범으로서 다음의 것이 따라 나온다. "너의 관심이 다른 이들의 관심과 충돌할 수 있는 모든 경우들에서 그들과의 이성적인 실천적 합의를 위해 노력하라!" 그러나 이것이 일정한 조건들 아래서는 ――가령 다른 이들이 이 규범을 마찬가지로 존중하고자 하지 않을 때는 ――받아들여지지 않을 위험을 나타낼 수 있을 것이기 때문에, 이상적 의사소통 공동체와 더불어 그와 구별되는 실재적 의사소통 공동체를 가정하고 자기 상황의 실재적인 조건들을 함께 고려하는 것이 중요할 것이다. 그것은 넷째, 아펠(1972a)이 그 이상의 매개 없이 내세운 다음의 규범으로 나아간다. "항상 이상적 의사소통 공동체의 실현에 접근하는 그러한 관계들의 (장기적인) 실현에 기여할 수 있도록 노력하고, 항상 이상적 의사소통 공동체의 가능한 실현을 위한 이미 실존하는 조건들이 보존되도록 배려하라!"

자신의 윤리적 근본 원리의 실재적 및 이상적 의사소통 공동체와 관련된 두 측면들에서 아펠은 한스 요나스의 보존 원리와 [133]에른스트 블로흐의 해방 원리의 종합을 보고자 한다. H. 요나스의 중요한 1979년 저작과의 대결에서 아펠은 자신이 한편으로 생태학적 위기를 배경으로 하여 전개된 유토피아적 사유에 대한 요나스의 비판과 인류의 생존을 보장할 수 있는 유일한 가능성으로서의 자기 제한에 대한 그의 권고를 양해하게 되었다고 설명한다. 다른 한편으로 아펠은 진보의 이념을 내버리기를 거부하며, 나아가 그는 인간의 현존재와 존엄을 보존하는 윤리학은 "동시에 인간 존엄의 실현에서 진보의 윤리학을 옹호함이 없이는" 방어될 수 없다는 점을 견지한다(1986b; 203). 보존과 진보는 오직 함께 해서만 의미 있는 구상들일 수 있을 것이다. 그리고 비록 아펠이 플라톤의 『국가』의 의미에서의 실질적 유토피아뿐만 아니라 또한 악에 대해서와 마찬가지로 선에 대해서도 열려 있음을 결정적으로 극복한 새로운 인류를 약속하는 저 세속화된 메시아주의도 거부한다 할지라도, 그가 보기에 이상적 의사소통 공동체의 이념은 "국가적이고 국제적인 수준에서의 집단적 행위들을 위한 집단적 책임의 논증적 조직화를 처음으로 가능하게 할 사회적이고 정치적인 조건들의 진보적 실현에 대해" 의무를 짊어지고 있다(213).

2.5. 윤리학과 역사

일정한 조건들 아래서 ── 이를테면 상대편의 그에 상응하는 태도가 보장되어 있지 않을 때 ── 도덕규범들의 준수가 도대체 받아들여질 수 없는 위험을 나타낼 수 있다는 점에 대해서는 이미 지적한 바 있다. 죄가 없는 사람의 생명을 구하기 위해 살인자를 거짓말로 속이는 것이 과연 허락되는지의 물음에 대한 칸트의 부정이 무엇보다도 뚜렷하게 그 특징을 보여주는 그의 심정 윤리와는 달리 초월론적 화용론은 (잘 알려진 베버의 구별이 의미하는 한에서의) 책임 윤리이고자 한다. 비록 아펠이 이미 (1972a)에서 이러한 방향을 시사하기는 했지만, 그의 최초의 윤리학적 작업들은 여러 수긍할 만한 논리적 이유들로 인해 일차적으로 윤리학의 근거짓기 물음을 다루고 있다. 그의 사유의 후기 단계에서야 비로소 "적용 조건들이 아직 실현되어 있지 않은 사이시기에 담론 윤리학의 책임 있는 적용의 문제"가 전면에 등장한다(1988a; 10). 아펠은 최근에 "도덕규범들의 잘 알려진 적용 문제와는 구별되는 의사소통 윤리학의 역사 관련적 적용의 문제가 윤리학의 근거짓기 부분 B의 문제로서 고찰되어야만 한다"는 좀 더 분명한 확신에 도달했다(11).

　윤리학의 부분 B에 대한 이러한 분석들은 그 이론적 기초를 [134]이상적 의사소통 공동체와 실재적 의사소통 공동체의 긴장 관계에 대한 성찰들에서 지닌다. 그 성찰들이 특히 흥미로운 까닭은 바로 그것들에서 변증법적 구조들에 대한 대결이 성립하기 때문이다. 요컨대 아펠에 따르면 첫째, 이상적 의사소통 공동체뿐만 아니라 또한 실재적 의사소통 공동체도 선험적으로 요구될 수 있는데, 아마도 이 점은 전통적인 초월론 철학에 모순되겠지만(1978; 171 f.), 아펠에 의해 추구된 "관념론과 유물론의 (차안적인) 변증법"에 모순되지는 않는다(1972a; 429). 둘째, 그것들의 대조 및 그 모순을 극복할 가능성이 선험적으로 전제되어야 할 것이다(1978; 177). 그리고 셋째, 이상적 의사소통 공동체는 노력이 기울여져야 할 목표로서 실재적 의사소통 공동체 내에 이미, 그것도 그것의 실재적 가능성으로서 현전할 것이다(1972a; 429). 우리가 논증하는 가운데 사실에 반하여 이상적 의사소통 공동체를 선취한다는 점에서, 우리는 우리의 논증에서 이미 이상적 의사소통 공동체의 구조를 실현한다. "우리는 여전히 실현되어야 할 것을 다른 방식으로 또한 언제라도 이미 실현되어 있는 어떤 것으로서 전제해야만 한다. 역사의 시작부터 그것은 존재해 왔어야만 한다."(1978; 173)

　이러한 구조는 아펠에 따르면 철저히 헤겔적인 의미에서 변증법적인 것으로서 파악되어야 한다. 물론 아펠은 헤겔이 미래를 더 이상 진지하게 취급함이 없이 스스로를 역사의 끝에 놓았다는 점에서 이상적 의사소통 공동체와 실재적 의사소통 공동체를 직접적으로 동일시했다고 헤겔을 비판한다(1978; 174, 182). 헤겔의 결정적인 난점은 "그것의 이론적-사변적인 '사후의ex post factum' 입장에, 다시 말하면 헤겔에 의해 사변적으로 밖에서 삽입된 '구체적 개념 파악'의 입장에" 놓여 있는데, "그 입장은 유한성을 의식하는 해석학적 이해와는 달리 미래를 더 이상 자기 바깥에 지니지 않는 것으로 보이며, 따라서 또한 이해를 규범적인 것의 한갓 형식적일 뿐인 원리와 매개하는 문제도 가상적으로 소멸시킨다. 그러한 입장으로부터는 미래와 관련된 당위의 물음이 더 이상 전혀 이해될 수 없다. 그 물음은 더 이상 역사로서의 세계에 대한 모든 반성적 개념 파악과의 그 원리적 구별 속에서 사유될 수 없다."(1983; 88) 하지만 헤겔이 어느 정도 유한성을 숨겼다고 한다면, 현대의 대부분의 철학자들(가령 가다머)의 대립된 오류는 오로지 유한성에 대해서만 말한다는 것이다. "그것은 단지 진리의 절반일 뿐이다. 우리는 또한 오로지 유한성에 의해서만 특징지어질 수 없는 것을 선취하는 가운데서도 살고 있다. 그러나 우리는 또한 유한성의 조건들 아래서도 살고 있다."(1978; 175) 이러한 긴장감 넘치는 관계는 서두에서 언급된 사실, 즉 현대에는 동료 인간에 대한 전략적이지 않고 의사소통적인 태도를 요구하는 이상적 의사소통 공동체의 조건들에 따라 행위하는 것이 반드시 가능한 것은 아닐 뿐만 아니라 심지어 윤리적으로 허락되지 않기도 하다는 사실에 대한 이론적 근거이다. [135]유한성의 조건들 아래서는 "결과에서 선을 촉진하고, 가령 우리가 순진하지 않은 자들로서 알아야 하듯이 어차피 정언 명령을 따르지 않는 악한 자들의 성공을 촉진하지 않기 위해" 곧바로 전략적 태도가 명해질 수 있을 것이다(170). 전략적 행위의 정당화를 위해서는 물론 언제나 다만 그것이 의사소통적 행위의 성립을 목표로 한다고 하는 논증만이 이바지할 수 있을 것이다. 그리하여 가령 스승-제자-관계에서의 비대칭은 단지 이 관계의 목표가 바로 비대칭의 지양인 까닭에만 정당화될 수 있다. 그와 마찬가지로 아펠이 철학적으로 정당화하는 데 특별한 관심을 기울이고 있는 민주주의에서도(1972a;

426; 1988b; 398 ff.) 정부에 의한 명령은 그것이 선택 행위에서의 이상적 의사소통 공동체의 선취에 의해 매개되어 있다는 점에 의해 정당화될 것이다(1978; 183).

(1986a)에서 아펠은 칸트로부터 하버마스에 이르기까지의 전통적인 형식주의 윤리학의 고전적인 보편화 원리와 더불어 명시적으로 그가 "행위가 면제된 담론들에서의 인간적 상호 작용과 생활 세계적 이해 갈등들에서의 그것 사이에 존립하는" 원리적인 차이를 가지고서 정당화하는 도덕적-전략적 보완 원리를 도입했다. 한편으로 이 원리는 담론 윤리학의 핵심을 이루는 전략적 합리성과 합의적-의사소통적 합리성 간의 날카로운 구별을 의문시하는 것으로 보인다(Apel (1984)를 참조). 왜냐하면 보편화 원리의 직접적 적용의 저지에 몰두하는 자는 자기의 동료 인간들에 대해 전략적으로 행위하기를 포기할 수 없을 것인데, 그것도 그가 다른 이들이 항상 악하다고 가정할 수 있어서가 아니라 다른 이들도 마찬가지로 그에 대해 전략적인 유보 조건을 가정할 수 있는 권리를 그들에 대해 승인해야만 하는 까닭에 전략적으로 행위하기를 포기할 수 없을 것이기 때문이다.

원자 시대에 국제적 갈등의 해결이라는 문제에 의거하여 아펠은 자기의 정치적 책임 윤리를 조형적으로 직관화하고 그것을 추상적 심정 윤리뿐만 아니라 또한 도덕으로부터 자유로운 정치와도 구별했다. 아펠은 여기서 그때그때마다 실재적 및 이상적 의사소통 공동체와 그들의 매개의 필연성에 관계되는 세 가지 규범들에 대해 이야기하며, 오로지 두 번째 규범만을 보고서 순진하게도 역사의 절대적인 새로운 시작의 가능성으로부터 출발하는 추상적 평화주의를 비판한다. 물론 아펠은 "비록 그것들이 차라리 종교적이거나 철학적인 동기를 지니고 있다 할지라도, 근본적 성찰과 새로운 시작에 대한 그러한 요구가 없다면 [136]일반적으로 역사에서 어떠한 진보도 가능하지 않다"는 것을 인정한다(258). 그러나 그것은 책임 있는 정치가가 바로 자기에게 맡겨진 사회적 자기주장 체계의 보존을 위한 구체적 책임을 지니기 때문에 이러한 반-사실적 가정들을 따르지 않을 수도 있다는 점에 아무런 변화도 일으키지 않는다. 그럼에도 불구하고 아펠의 입장은 결코 도덕으로부터 자유로운 현실 정치로 귀결되지 않는다. 왜냐하면 현실 정치가는 그와 반대로 첫 번째 규범을 오인하기 때문이다. 그는 자신이 물론 전략적으로 행위해야만 하지만, 동시에 오로지 이러한 전략적 태도가 하나의 필연성을 나타내는 관계들의 변화를 위해 노력하는 한에서만 그럴 수 있다는 점을 파악하지 못한다(259 f.). 가령 우리가 군비 경쟁의 지속적인 작동에 의한 전략적 균형을 유지하거나 아니면 충분한 위협 가능성을 유지하는 가운데 통제된 방식으로 군비를 축소하는 두 가지 가능성 사이에서 결정해야만 한다면, 그러므로 이를테면 대항적 안정화의 군비 확장 가능성과 군비 축소 가능성 사이에서 결정해야만 한다면, 가치중립적인 목적 합리성은 우리를 전혀 도와주지 않는다. 왜냐하면 도덕으로부터 자유로운 정치에 대해서는 두 가지 가능성이 똑같이 기능적일 것이기 때문이다. 그에 반해 도덕적 정치에 기초해서는 두 번째 가능성을 위해 진력하는 것이 필요할 것이다(263 ff.).

이상적 의사소통 공동체와 실재적 의사소통 공동체의 긴장 관계는 앞에서 말했듯이 인간의 역사를 구성한다. 이러한 개념 규정과 더불어 이미 역사 과학들에서의 역사의 재구성이 규범적인 사전 규정에 의해 인도되어야만 한다는 것이, 다시 말하면 역사에 있어 그 가능성에 따라 두 의사소통 공동체의 상호 침투를 인식하고자 하는 의지에 의해 인도되어야만 한다는 것이 주어져 있다.[19] 따라서 아펠에 따르면 역사는 부분적인 후퇴들에도 불구하고 필연적으로 진보로서, 다시 말하면 실재적 의사소통 공동체가 이상적 의사소통 공동체에 동화되는 과정으로서 이해되어야 한다. "일반

• • •

19. 이른바 역사학자 논쟁은 두루 인정되고 있듯이 특히 까다로운 경우에서 가치 평가적인 역사 기술과 가치중립적인 그것 사이에서의 원칙적인 논쟁을 보여주었다. 우리는 역사 기술을 도덕적으로 교훈적인 과제들을 지니는 활동으로서 바라보는 전통적인 평가가 바로 '보수적' 진영에 의해 옹호되지 않은 것을 현대의 정신적 상황에 대해 징후적인 것으로서밖에는 달리 표현할 수 없다.

적으로 역사에 대해서는 정당한 방식으로 인간들 사이의 상호 이해와 인간들의 자기 이해에서의 진보가 기대될 수 있고 또 기대되어야 한다고 가정되어야만 한다."(1973; 57) 비판적으로 헤겔에게 정향된 이러한 역사 파악을 아펠은 가다머의 해석학에 대립시킨다. 전통을 이데올로기 비판적이고 진보적으로 계속해서 이어나갈 가능성을 가다머의 해석학이 기피하는 것은 하이데거의 유산과 초월론적으로 사유하기를 거부하는 것으로부터, [137]다시 말하면 진리 요구를 가지고서 등장하는 전통과의 교섭 가능성의 조건들을 해명하기를 거부하는 것으로부터 나타난다. 그러한 반성은 필연적으로 무제한적 공동체의 이념, 즉 소크라테스의 대화와 기독교의 공동체 구상에서 처음으로 사유되었던 이념으로 나아간다(58 f.). 아펠에 따르면 그 실현이 역사의 목표를 이루는 이러한 표상은 이제 또한 아펠이 그 속에서 발전 논리를 발견하고자 하는 정신사의 비판적 재구성을 허락한다. 아펠에게 있어 그러한 발전 논리를 제시하는 것의 의미는 특히 우리가 이러한 방식으로 역사가 초월론 철학에 대해 의미하는 가상적인 상대화를 파기하고, 심지어는 — 이른바 자기 수용 원리^{Selbsteinholungsprinzip}의 의미에서 — 철학적 담론의 자기 자신을 반성적으로 근거짓는 언어놀이가 어째서 다른 모든 언어놀이들보다 뛰어나며 이들로부터 필연적으로 출현하는지를 경험적으로 설득력 있게 만들 수 있다는 것에서 나타난다. 이러한 탁월성은 이론적으로는 아펠의 모든 논증하는 반대자의 수행적 자기모순에서, 역사적으로는 철학적 언어놀이에 비추어 결함 있는 언어놀이의 자기 지양에서 현시된다. 사실 아펠은 전^前철학적인 언어놀이들도 내적 긴장에 의해 추동된다는 데서 출발한다. 고대적 인류의 몰반성적이고 더 이상 그 배후가 물어지지 않는 직접성에 관한 겔렌^{Gehlen}의 테제에 반대하여 그는 이미 전철학적인 시기에서 어떻게 "인간 행동의 구속력 있는 의무 부담을 둘러싼 초기 고등 문화들의 상이한 제도들의" 대결이 발생하는지를 지시한다. 그는 수많은 신화들뿐만 아니라 특히 그리스의 비극들도 이러한 투쟁의 표현으로서 해석한다(Apel/Böhler/Kadelbach (1984), Ⅰ 76 f.).

정신사와 특히 윤리적 의식의 역사를 구체적으로 재구성하는 것에 관한한, 아펠은 도덕적 의식의 발전에 관한 피아제[Piaget](1973)와 특히 콜버그[Kohlberg](1974; 1981)의 연구들을 철학적으로 수용하여 이를테면 개체 발생적 차원으로부터 계통 발생적 차원으로 투사한 하버마스(1976, 1983)의 영향을 강하게 받았다.[20] 철학적으로 롤스[Rawls](1975)[21]의 영향을 받은 콜버그의 입장에서 하버마스와 아펠을 특히 사로잡은 것은 [138]도덕에 대한 인지주의적인 해석이다. 그에 따르면 도덕적 판단들은 주관적 감정의 단순한 표현이 아니라 오히려 지적인 능력의 현현이다. 콜버그는 그때그때마다 좀 더 분화되고 좀 더 균형 잡힌 방식으로 정의 구조를 표현하는 여섯 개의 — 둘은 관습 이전의, 둘은 관습적인, 둘은 관습 이후의 — 단계들을 구별한다. 철학적으로 특별한 관심의 대상이 되는 것은 마지막 세 단계, 즉 네 번째 단계의 "법과 질서-도덕", 다섯 번째 단계의 계약론적인 또는 규칙 공리주의적인 입장 그리고 마지막으로 칸트적 원리 양식에 따른 보편화 원리에 정향되어 있는 여섯 번째 단계의 자율적 윤리이다. 특별한 관심의 대상이 되는 것은 그 모델을 결국 최종적인 일곱 번째 단계로 확대하는 것에 대한 콜버그와 하버마스 그리고 아펠의 성찰들이다. 가령 하버마스는 처음으로 도덕 문제에 대한 담론적-논증적 상호 이해를 칸트가 의미하는 자율적 윤리의 이를테면 독백적인 입장에 맞선 독자적 단계로 간주한다 (1976; 63 ff.). 다른 한편 콜버그는 파워[C. Power]와 함께 작성한 논고 「도덕적

• • •

20. 최근의 논의에 대해서는 L. Kohlberg (1983)과 W. Edelstein/G. Nunner-Winkler (1986) 을 보라.

21. 롤스에 대한 그 모든 경탄에도 불구하고 아펠은 아주 정당하게도 근본적으로 롤스가 윤리적 합리성을 전략적으로 철저히 계산된 이해관계로 환원하고자 한다는 것으로 이해될 수 있다고 그의 입장을 비판한다. 여기서 그는 이 환원을 오직 '무지의 장막'을 도입함으로써만 달성한다. 그러나 그 경우 왜 바로 이러한 제한적인 조건이 가정되어야 하는지의 문제가 제기된다. 그에 더하여 계약을 유지하고 범죄적 유보를 포기하는 원리 자체가 전략적 관심으로부터 근거지어질 수는 없다고 하는 홉스 계약론의 오랜 문제가 반복된다(1988d; 281 ff.).

발전, 종교적 사유 그리고 일곱 번째 단계의 문제」에서 종교적-형이상학적 세계관에서의 여섯 번째 단계의 고양에 대해 숙고했다(1981; 311-372). 그에 반해 아펠은 전적으로 칸트와 마찬가지로 윤리학의 근거짓기 문제가 종교적으로 해결될 수 없다는 점을 견지한다. 좀 더 상세하게 아펠은 '왜 도덕적인가?'라는 물음의 두 가지 의미를 구별한다. 메타 윤리학적인 의미에서 그 물음은 초월론적 화용론적인 최종 근거짓기의 의미에서 해결될 수 있다. 즉, 도덕적(논리적, 이성적)인 것에 대한 결정 이전에 '왜 도덕적(논리적, 이성적)인가?'와 같은 물음들에 대한 대답을 고집하는 사람들은 그 경우 이 물음들이 전혀 그러한 것들로서 제기될 수 없다는 것을 간과하는 것이다. "긍정적으로 표현하자면, 진지하게 이러한 왜-물음들 가운데 하나를 제기하는 사람은 그리함으로써 늦게나마 논증적 담론의 지반에 들어섰으며, 그것은 그가 자기 행위의 의미에 대한 반성을 통해 자신이 규칙들, 다시 말하면 합리적으로 협력적인 논증의 규범들과 더불어 동시에 의사소통 공동체의 윤리적 규범들도 필연적으로 이미 인정했다는 것에 대해 확신할 수 있다는 것을 의미한다."(1986c; 353) 그러나 사람들이 실존적인 것이라 부를 수 있을 저 물음의 두 번째 의미는 분명히 이러한 방식으로는 대답될 수 없을 것이다. 아펠은 칸트의 두 번째 비판의 변증론의 근본 물음에 대해 생각하는 것으로 보이는데, [139]어쨌든 그는 도덕 법칙의 근거짓기 이후에도 완전히 불의한 세계가 심지어 무의미하게 남아 있는 것으로 보이는 문제에 대해 이야기하며, 종교적-형이상학적 조화 비전들을 이 문제의 해결 시도들로서 언급한다(348 f.). 그는 도덕 법칙이 최종 근거지어져 있다는 인지적 통찰이 그에 상응하는 의지적 결단으로 전환됨에 있어(이 전환은 결코 자동적으로 보장되는 것이 아니다) 그러한 형이상학적 해결책이 동기를 부여하는 강력한 힘을 지닐 수 있다는 점을 인정하지만, "종교적-형이상학적 단계 7은 본래적으로 도덕적 판단 능력 발전의 전제된 여섯 단계들과는 다른 형식적-구조적 발전 차원, 즉 오히려 도덕 단계들의 평행적인 보완으로서 파악되어야 하는 단계 계열에 속한다"는 것을 견지한다(349).

물론 아펠은──칸트와 피히테와는 달리──어디에서도 종교에로의 도덕의 이러한 이행에 상세하게 관여하지 않는다. 그는 오히려──위에서 묘사된 그의 책임 윤리 구상의 의미에서──일곱 번째 단계로서, '도덕성'의 추상적 보편주의처럼 '인류'의 역사적 발전을 도외시하는 것이 아니라 대부분의 동료 인간들이 오랫동안 여섯 번째에 도달하지 못했다는 것을 고려하는 윤리적 의식을 제안한다(반면에 근대 민주주의적 법치 국가의 제도들은 대부분 이미 보편주의적인 원리들에 근거한다──아펠은 두 가지 가장 중요한 예외들로서 국제적 관계들의 문제와 생태학적 위기에 의해 제기된 물음들을 언급한다──). 따라서 실천적 담론들에서 문제되는 것은 또한 "담론 상대방들 사이의 상이한 능력 단계들과──다음의 것은 반드시 말해져야만 한다──또한 합의적-의사소통적인 갈등 해결에 대한 의지 준비가 상이한 자들을 의사소통적으로 매개하는 개별자들의 능력"이다(367).

콜버그의 발전 논리를 도덕적 의식의 계통 발생에 적용함에 있어 아펠은 관습적 도덕으로부터 관습 이후의 도덕으로의 최초의 단초적인 방식의 이행을 야스퍼스의 이른바 기축 시대에서 본다. 물론 자기의 전통에 대해 비판적으로 문제 제기하는 견해들로부터 본래적인 철학에 이르는 것은 여전히 기나긴 도정일 것이다. 아펠은 네 번째 단계로부터 다섯 번째 단계로의 이행이 처음으로 너무도 명확하게 생겨나는 소피스트들에게서 격렬한 휴지기를 본다. 물론 소피스트들에게서는 이러한 이행의 원칙적인 문제점, 즉 아펠이 인류의 청년기 위기라고 부르는 문제점이 나타난다(Apel/Böhler/Kadelbach (1984), Ⅰ 100). 개체 발생적인 청년기 위기에서처럼 거기서도 관습 이후의 도덕 발전에로의 이행은 종종 쾌락주의적이거나 이기주의적-공리주의적인 윤리의 의미에서의 도덕적 퇴보와 결합되어 있는 의심과 저항의 징표들 아래서 수행된다. 아펠은 [140]소피스트학을 "사춘기적인 저항 운동"이라 부르는 것에 대해 "최소한 부분적으로" 동의하며, 그 운동에 대한 불편한 마음을 가지고서 그가 현대 철학에서 특히 겔렌에 의해 대표되는 것으로 보는 반계몽적인 반동을 설명한다(101). 그에 반해 소크라테스는 여섯 번째 내지 (하버마스의 의미에서의) 일곱 번째 단계를 선취했다(100 f., 104 ff.). 그와 비교하면 플라톤과 아리스토텔레스의 폴리스 윤리는 퇴락을 나타낸다. 물론 "이들 두 고전적 사상가들은 관습 이후의 보편적 윤리학의 조탁을 위한 개념적 장비를 본질적으로 처음으로 창조했다." (107) 가령 플라톤의 이데아들과 이데아에 참여하는 것들의 구별은 결국 규범들과 사실들 내지 당위와 존재의 구별의 근저에 놓여 있다. 헬레니즘 문화에서는 그리스 폴리스의 실재적 소멸과 연관하여 코즈모폴리턴적인 윤리학이 만들어졌지만, "헬레니즘의 지적인 윤리학의 엘리트적이고 미묘하게 이기주의적인 측면"은 "결국 신의 사랑과 이웃 사랑에 의한 모든 인간의 구원이라는 기독교 윤리에 대한 그것의 열등성을 제약"했다(109).

고대 윤리학의 또 다른 한계를 아펠은 윤리학을 자연법 개념에 의해 자연 위에 근거짓고자 하는 시도에서 본다. 이와 더불어 범해진 자연주의적 오류 추리를 인류는 세계 외적인 신에 대한 신앙 덕분에 비로소 거부할 수 있었다. 근세에서 아펠은 비록 더 높은 단계에서긴 하지만 관습적 도덕으로부터 관습 이후의 도덕에로의 이행의 반복을 본다. 종교 개혁과 더불어 중세의 세계상이 흔들리기 시작하며, 마키아벨리와 홉스에게서 아펠은 윤리와 정치를 자기의 이해관계 위에 근거짓고자 하는, 소피스트학과 유사한 시도를 보는데, 이 시도는 실패하지 않을 수 없었다. 칸트가 비로소 소피스트학 이후의 소크라테스와 전적으로 마찬가지로 도덕적 의식의 여섯 번째 단계를 획득했다(127).

물론 아펠은 칸트의 성과들이 결정적으로 인류의 심정 속으로 침투해 있다는 데서 출발하지 않는다. 정반대로 그가 보기에 인류의 청년기 위기는 여전히 지속되고 있으며, 그 위기는 오늘날 "사춘기 청년들"이 원자폭탄을 가지고 있는 만큼 더욱더 위험해진다. 기술적 힘과 과학주의적 이데올로기를 한편으로 하고 절망적인 가치 허무주의를 다른 한편으로 하는 이러한 결합의 지금까지 가장 끔찍한 표현은 나치즘일 것인데, 아펠은 그 자신의 인생사에 대한 해석에서 그렇게 바라본다. 지금 이 제2장의 서두에서 인용한 그의 부분적으로 자전적인 논문에서 아펠은 기독교적 유럽의 역사적 발전을 중세에 종족 사회의 3단계에 놓여 있던 게르만인과 슬라브인이 점차적으로 네 번째 단계로 고양되었으며, 그 네 번째 단계는 근세의 관료 도덕에서 마침내 그 고전적 표현을 발견했다는 식으로 분석한다. [141]18, 19세기의 계몽과 더불어 관습 이후의 도덕에로의 일반적인 이행이 도입되었다. 하지만 과연 이 이행이 성공할 것인지 실패할 것인지의 물음은 결코 최종적으로 확정되어 있지 않다. "그렇다면 도덕의 4½ 단계를 의미하는 계몽의 ── 허무주의적-상대주의적이고 과학주의적-환원주의적인 ── 위기와 제1차 세계 대전 이후 시대에서의 사회적, 정치적, 경제적 위기의, 독일에 대해 특징적인 만남은 아마도 인류의 지속되고 있는 청년기 위기의 틀 내에서 범례적인 경우로서 이해될 수 있을 것이다."(1988b; 474)

3. 초월론적 화용론의 비판

[142]포괄적 이론으로서의 철학은 결국 파산했다고 하는 것이 다수의 개별 과학자들뿐만 아니라 또한 대부분의 철학자들의 공동의 의견opinio communis이 된 시대에 아펠의 기획은 첫째, 그 저자의 용기에 대한 존경을 강요한다. 왜냐하면 아펠이 다름 아닌 시대에 적합한 형식의 제일철학을 위해 애쓰고 있다는 것은 명백하기 때문이다.[1] 그러나 심지어 최종 근거짓기에 대한 요구를 지니는 그러한 기획은 시대에 뒤떨어진 것으로서 여겨지며, 거의 모두가 거부할 것이 확실할 수 있다.[2] 더 나아가 독창성에 대한 아펠의 요구는 특수한 흥분에 부딪치지 않을 수 없다. 왜냐하면 아펠은

· · ·

1. 정당하게도 회페O. Höffe(1982), 518이 그 점을 지적한다.
2. 초월론적 화용론학파에 속하지 않으면서도 최종 근거짓기 프로그램에 긍정적인 태도를 취한 몇 안 되는 사람들 가운데 하나가 슈트랑가스J. Strangas이다. 그의 심오한 논문(1984)은 경탄을 받을 만하다.

187

단지 18세기 또는 19세기의 발상을 몇 가지 갱신을 덧붙여 좀 더 생각할 만한 가치가 있는 것으로서 제안하고자 할 뿐만 아니라 또한 근대 철학의 중요한 통찰들과 패러다임 교체가 거기서 지양되어 있어야 할 고전적인 초월론 철학의 변형을 제안하고자 하기 때문이다. 요컨대 아펠의 철학은 철학사학자로 하여금 과거의 체계에서 중요한 철학에 대해 이야기할 수 있게끔 해주는 형식적 조건들을 충족시키는 것이다.

또한 내용적으로도 초월론적 화용론은 근본적인 연구에 대한 요구를 제기할 수 있다. 그것은 현대의 도덕적 위기를 명확한 감식안을 가지고서 파악하며, 다른 거의 모든 철학과는 달리 윤리학의 근거짓기에 대한 논증적으로 입증된 제안을 가지고 있다고 주장할 수 있다. 비합리주의와 허무주의를 한편으로 하고 진부한 교화를 다른 한편으로 하는 시대에 초월론적 화용론이 무제약적인 윤리적 의무들을 견지하고 있는 그 논증적인 엄밀함은 마치 이미 오래 전에 지나간 시대에서 온 표석漂石처럼 모종의 어떤 느낌을 불러일으킨다. 기호학과 윤리학 사이에서의 아펠의 다리 놓기, 인간 인식의 전체에 부응하고자 하는 그의 학문론 구상, 정신사에 대한 그의 철학적 해석, 이 모든 것은 현대에 그에 비견할 만한 것을 거의 지니지 않는다.

물론 이것은 아펠이 모든 철학적 문제들을 해결했다는 것을 의미하지 않는다. 아니, 그가 단지 전통에 의해 이미 달성된 것의 모든 본질적인 것들을 자기의 종합으로 '지양'했다고 하는 것에 대해서만 하더라도 이의가 제기될 수 있다. [143]가령 눈에 띄는 것은 아펠이 분과 전체를 다루지 않는다는 점이다. 자연 철학은 그에게서 거의 아무런 역할도 하지 않는다. 그와 마찬가지로 그에게서는 미학이나 종교 철학에 대한 반성들이 결여되어 있다. 실천 철학 내부에서도 놀랄 만한 결함이 놓여 있다. (자연)법적 규범과 도덕적 규범의 구별이라는 고전적 문제가 그에 의해 형벌의 정당화 물음과 마찬가지로 무시된다. 이하에서 문제되는 것이 이 모든 결함들을 제시하는 것일 수는 없다. 오히려 나로서는 내가 보기에 아펠적 발상의 강점과 약점을 특별히 명확히 보여주는 네 가지 요점에 제한하고자 한다. 첫째, 아펠 철학의 중심에 놓여 있는 최종 근거짓기 문제가 다루어져야만 한다. 둘째, 초월론 철학을 의식 이론으로부터 상호 주관성 이론에로 변형하고자 하는 아펠의 시도가 좀 더 상세히 논의되어야만 한다. 세 번째 절에서 문제가 되는 것은 반성적 논증들을 가지고서 객관적 관념론의 근본 사상을 강화하고, 이러한 유형의 철학과 초월론적 화용론의 실질적인 차이들을 탐구하는 것이다. 네 번째이자 마지막으로 나는 이러한 관점 교체가 윤리학에 대해 지니는 결과들을 분석하고자 한다.

3.1. 반성적 최종 근거짓기

3.1.1. 무전제적 인식을 위한 발생적 전제들

우리가 여기서 공론장의 공평무사한 검증에서 확신의 대상이 될 수 있다고 즉각적으로 전제해서는 안 되는 최종 근거짓기 물음을 다루는 것에 관해 먼저 해명하지 않는다면, 그 최종 근거짓기 문제에 진지하게 관여하기는 불가능하다. 이 표어가 어디에서나 분격한 반응과 만나게 된다는 것은 명백하며, 우리가 인정하지 않을 수 없는 것은 그 말이 오해되기 쉽다는 점이다. 즉, 여기서는 결코 틀림이 없는 인식, 아니 철학 기획의 종결이 문제가 된다고 생각되는 것으로 보이는 것이다. 그러나 내가 앞으로 보여주게 되듯이 그 두 가지는 최종 근거짓기 문제와 전혀 결합되어 있지 않다. 오히려 여기서 문제가 되는 것은 모든 비-경험적[3] 인식이 과연

• • •

3. 경험적 소여가 (가령 후설과 후기 퍼스의 현상학이 가르치듯이) 직접적으로 주어질

가언적인가 하는 단순한 물음이다. 즉, 우리는 언제나 다만 [144]만약 a라면, b라고만 말할 수 있는지 아니면 우리가 그 어떤 원리적으로 임의적인 전제들 없이 a는 만약과 그러나 없이 타당하다(여기서 a는 모순율, 정언 명령 또는 그 밖의 것일 수 있겠지만, 우선은 그 내용은 전혀 문제되지 않는다)고 말할 수 있는 경우들이 존재하는지 하는 것이다. 이 물음의 중요성과 사태적인 중대성을 고려할 때 사실 저 분격은, 특히 그것이 자기 모순적이고 따라서 또한 비합리적이기도 하다는 의혹에 처해 있는 다른 입장들에 대해서는 그와 같은 정도의 태도를 취하지 않는다는 점에서, 무언가 주목할 만하다는 느낌을 불러일으킨다. 이러한 혐오는 어디서 유래하는가? 그것은 최종 근거짓기 문제가 우리의 삶에 대해 모종의 결과를 지니지 않는 것일 수 없다는 사실상 적절한 통찰에서 연유한다. 그러나 이러한 종류의 문제들은 분명히, 가령 코르넬리우스 타키투스Cornelius Tacitus의 첫째 이름이 푸블리우스Publius인지 아니면 가이우스Gaius인지 하는, 언제까지나 해결되지 않을 물음보다 더 강력한 심리적 저항들을 고려해야 하며, 따라서 일정한 문제 제기에 대한 널리 퍼져 있는 격앙된 반응은 바로 그 문제 제기의 영향력에 대한 간접 증거일 수 있다. 우리는 자신의 삶의 방식이 절대주의적인 입장에 의해 다원주의적인 사회 내부에서는 전혀 일상적이지 않은 그런 방식으로 문제에 처해질 수 있다는 숨 막힐 듯한 예감을 지니며 또 그에 의해 도전받고 있다고 느낀다. 그러한 격앙된 반응은 만약 문제가 되는 입장이 가부장적이라는 의혹에 처한다면, 그리고 그 입장에 대한 인정이 고립되어 있다면 더욱더 강화된다. 과연 누가—— 유행에 대한 초연한 무관심성과 현혹될 수 없음을 소유하는 진리를 대가로 치르고서라

• • •

수 있는지 아니면 그것들도 항상 (헤겔과 초기 퍼스가 생각하듯이, 그리고 그에 대해서는 오늘날 진화론적 인식 이론의 기초 위에서 새로운 논증들을 가지고서 변론될 수 있듯이) 해석적인 매개 과정의 결과인지의 물음은 이 논구에서 아무런 역할도 하지 않는다.

도——기꺼이 근대적이거나 심지어 탈근대적이고자 하지 않을 것인가?
그리고 과연 누구에게 스스로가 그로부터 해방된 것이 자신의 동일성을
이루는 그러한 사유 형식들에 대해 일정한 유사성을 지니는 것으로 보이는
입장을 다시 숙고할 것을 기대할 수 있을 것인가? 사실 만약 우리가 가령
고루한 기독교적 가정의 아이로 성장하여 엄청난 영혼의 고뇌를 겪으며
그로부터 해방되어야만 했다면, 또는 만약 우리 자신이 오랫동안 무언가
절대적인 것에 대한 소박한 믿음을 합리화하고자 시도해 왔지만 거기서
실패했다면, 절대자 개념에로 되돌아가는 것은 심리적으로 더욱더 어렵다.
그 경우 '최종 근거짓기'라는 말은 고통스러운 경험을 겪으며 극복한 삶의
단계를 상기시키거니와, 우리가 그 표현에서 흠칫 놀라 움츠려드는 것은
놀라운 일이 아니다.[4]

[145]앞에서 말한 것으로부터 이미 최종 근거짓기, 즉 무전제적 인식이라
는 사상의 옹호자가 모든 사람들이 이 사상을 인정해야만 한다고 반드시
가정할 수 있는 것은 아니라는 것이 밝혀진다. 수 π의 초월에 대한 린드만
의 증명이 그것을 (유능한 수학자의 안내에 따라) 단지 소수의 사람만이
이해했다고 해서 의문시되는 것은 아닌 것과 마찬가지로, 최종 근거짓기의
타당성도 비록 그것을 모두가 인정하는 것이——다른 모든 조건이 동일하

• • •

4. 최종 근거짓기에 대해 언제나 거듭해서 여기서는 신학적 이념들이 '세속화'된다고
하는 비난이 쏟아지는 것에 대해서는 오로지 반신학적 정서들과 같은 심리적 메커
니즘들을 가지고서만 설명할 수 있다. 왜냐하면 발생과 타당성이 서로 거의 관계가
없는 까닭에, 그리고 특히 하나의 이론이 바로 그것의 발생적 선구자들에게 의문의
여지 있는 이론들이 속한다고 해서(도대체 어떤 이론이 발생적으로 의문의 여지
있는 선구자들을 갖지 않겠는가?) 의문의 여지가 있게 되는 것은 아닌 까닭에, 우리
는 최종 근거짓기 논의에서 언제나 거듭해서 세속화 비난이 제기되는 사실에 대해
단지 설명적으로만 접근할 수 있기 때문이다. 가령 알베르트는 자기-근거-형이상
학causa-sui-Metaphysik을 무전제적 사유에 대한 믿음의 원천으로서 '폭로'했는데(1980;
14), 이는 그보다 오래 전에 이미 포이어바흐가 『미래 철학의 근본 명제Grundsätzen
der Philosophie der Zukunft』에서 그리했던 것과 마찬가지다(§ 13; 1975; 263).

다면^{ceteris paribus5} —— 바람직하다 하더라도 그러한 모두에 의한 인정에 의
존하지 않는다. 하나의 명제는 그것의 근거짓기를 위해 또 다른 명제들이
요구되지 않을 때 무전제적이다. 그러나 그 점은 그 명제를 파악하는 정신
적 행위가 발생적 전제들을 지니지 않는다는 것을 의미하지 않는다. 발생
Genesis과 타당성Geltung은 어디에서나 마찬가지로 여기서도 구별되어야 한
다. 그것을 혼동하는 것은 정신적 혼란의 주요 원인들 중의 하나이며, 교양
체계에서 발생적 문제 제기가 타당성 이론적인 문제 제기를 거의 완전하게
배제해 버린 우리 시대와 같은 시대에서는 종종 하나의 사태의 타당성이
그 발생으로 환원될 수 없다는 것을 아무리 강조한다 하더라도 지나칠
수 없다. 왜냐하면 모든 것은 발생적으로 성립해 있지만, 모든 것이 타당한
(참인, 선한, 등등) 것은 아니기 때문이다.⁶ 아니, 발생적 전제들과 타당성

• • •

5. "다른 모든 조건이 동일하다면"이라고 내가 말한 까닭은 부적절한 인성 구조를
갖춘 사람에게 있어 최종 근거짓기 문제에 관한 너무 많은 숙고가 영혼의 제멋대로
의 변형, 가령 자연적 직접성의 상실로 이어질 수 있기 때문이다. 최종 근거짓기를
위한 필연적인 조건인바, 주어진 모든 것으로부터 반성적으로 거리를 취하는 태도
를 현실화하는 것은 경고하지 않을 수 없는 위험을 자기 내에 숨기고 있다. 왜냐하면
도덕적으로 살고자 하는 자신의 결단을 물론 최종 근거지을 수 있긴 하겠지만 모든
자연 발생적인 인류으로부터 벗어나 있는 부자연스러운 지식인보다 최종 근거짓기
물음을 숙고해 본 적이 결코 없지만 품위 있는 방식으로 도덕률에 따라 사는 사람이
선호될 수 있다는 것을 거의 어느 누구도 의심하지 않을 것이기 때문이다. 반성적
근거짓기 구조들에 대한 몰두가 지속적으로 자기 자신을 중심으로 돌 뿐만 아니라
더 나아가 바로 이 문제에 관계하는 것이 자신의 전적으로 특수한 단독성이라고
하는 반성에 의해 흐려지지 않는 직접적인 대상 연관을 지닐 수 없는 근대적 지식인
의 근본적인 악덕의 승화로 되어서는 안 된다.
6. 타당성 이론적인 수준에서 발생과 타당성의 동일시를 부당한 것으로서 입증하는
것이 현실적으로 어렵지 않은 까닭에, 우리는 사태적인 반박 이후에는 도대체 어떻
게 해서 발생적으로 이러한 잘못된 동일시에 도달하게 되었는지, 특히 그것이 어떻
게 해서 그 사이에 많은 이들에게 자명한 것으로서 여겨지게 되었는지 물을 수
있다. 내가 보기에 그 원인은 우리가 어떻게 해서 특정한 가치 체계에 도달하게
되었는가 하는 사회과학적인 물음을 다루는 사람들을 점점 더 많이 길러내고 있지

이론적 전제들은 [146]구별될 뿐만 아니라 양자 사이에는 심지어 반비례 관계가 존립한다. 페아노의 모범에 따라 공리화된 산술은 근본적으로 증명될 수 있는 수많은 전제들을 지니는 교과서의 산술보다 타당성 이론적으로 그 전제가 더 적다. 그러나 바로 그렇기 때문에 교과서는 발생적으로 전제가 더 적다. 교과서를 파악하기 위해서는 더 적은 지적 능력, 더 짧은 교육이 필요하다. 그러므로 하나의 이론의 진리의 전제들과 이 이론의 진리에 대한 인식의 전제들은 구별되어야 한다. 아니, 우리는 항상 발생적으로는 전제가 더 풍부하게, 타당성 이론적으로는 전제가 더 적게 사유해야 한다고 말할 수 있다. (이러한 일반적 명제는 타당성 이론적인 전제들의 감소가 인식 진보를 위한 기준이며, 따라서 오랜 발전의 산물이어야만 한다는 사실로부터 따라 나온다.) 그러므로 가령 타당성 이론적으로 무전제적인 인식과

• • •

만, 그것에로 환원될 수 없는 윤리적 물음, 즉 왜 하나의 가치 체계가 다른 체계보다 더 훌륭한가 하는 물음을 (그에 대답하는 것은 말할 것도 없고) 그저 파악하기만이라도 할 수 있는 사람들을 점점 더 적게 길러내고 있다고 하는 점이다. (진리 물음과 관련해서도 그 사이에 학문 이론이 학문사학으로 대체되는 것과 연관하여 그와 비슷한 일이 행해지고 있다.) 그런데 발생적으로 논증하는 저 사람들이 어디에서나 정통하다고 상상하는 까닭에, 그리고 그들이 단지 발생적 문제 제기에만 통달해 있는 까닭에, 그들은 타당성 이론적인 문제 제기가 발생적인 것과 동일해야만 한다고 생각하지 않을 수 없다. ──그런데 사실상 인정되어야 하는 것은 근거들의 수준에서 움직이는 모든 타당성 이론적인 물음에 대해서는 그에 상응하는 발생적인 물음, 즉 타당성 이론적으로 올바른 것이 그로부터 인식되고 행해지게 된 그 원인들을 다루는 발생적인 물음이 존재한다는 점이다. 따라서 가령 한 철학자로 하여금 최종 근거짓기에 관심을 갖게 하는 심리적 원인들을 다루는 것은 철두철미 정당하다. 그러나 발생적 영역에서도 우리는 우선 그에 상응하는 타당성 이론적인 문제를 파악했을 때에만 의미 있는 것을 수행할 수 있을 것이다. 가령 최종 근거짓기 문제가 사태적으로 무엇을 의미하는지를 알지 못하는 자는 왜 한 철학자가 그 문제에 몰두하는지를 결코 적합하게(다시 말하면 바로 내부로부터) 파악할 수 없을 거라는 것이다. 그의 발생적 설명은 외면적으로, 다시 말하면 그가 자신의 경험으로부터 친숙해 있는 동기들의 수준에 머물 것이다. 중요하지 않은 인간은 좀 더 중요한 인간의 발견들을 발생적으로도 결코 완전하게 설명할 수 없을 것이다.

같은 어떤 것이 존재해야 한다면, 우리는 철두철미 이것이 발생적으로 수많은 전제들, 즉 생물학적이고 심리학적이며 사회적이고 역사학적 본성의 전제들을 갖는다는 것에서 출발할 수 있다. 차이 심리학적으로 중요한 전제는 일정한 철학적 훈련과 더불어 또한 이 물음의 검증에 있어 감정에 의해 흐려지지 않는, 선입견으로부터의 자유이다. 기꺼이 반박들을 [147]수용하고 오랫동안 올바른 것으로 여겨져 온 것을 좀 더 강력한 논증의 강제 아래 포기하고자 하는 각오가 결여되어 있는 곳에서는 사실상 최종 근거짓기 이론이 문제가 될 수 없다. 그러나 그 까닭이 그 이론이 필증적으로 참이 아니기 때문은 아니다.

최종 근거짓기 문제는 왜 그토록 중요한 것인가? 이미 말했듯이, 오로지 비-가언적 인식이 존재할 때에만 의미 있는 방식으로 정언 명령으로부터 출발할 수 있다. 그렇지 않으면 오직 "네가 a를 원한다면, b를 해야만 한다"고 말하는 가언 명령만이 존재한다. 그러나 내가 어떤 a를 원하는가는 전적으로 내게 달려 있다. 정당한 목표와 부당한 목표의 경계를 정하기 위한 기준이 존재하지 않는 것이다. 그리고 만약 사람들이 모든 인간은 행복을 추구한다는 것을 지시한다면, 모든 행복주의적인 윤리학에 대해서는 특정한 본질존재는 그들이 범죄적으로 행위할 때 그렇게 하지 않을 때보다 더 행복해진다는 것을 우리가 배제할 수 없다고 하는 오랜 반론이 남아 있다. 물론 핍박받는 성인이 그를 핍박하는 범죄자보다 더 행복하다는 점에 대해서는 의심이 있을 수 없다. 왜냐하면 단적으로 성인은 단지 자신의 모든 감성적인 원망들만을 충족시키는 사람에게 알려질 수 있는 것보다 더 심오한 행복의 원천인 일정한 인격층들을 드러내 보이는 데 성공하기 때문이다. 그러나 그것은 가령 괴링과 같은 인격 구조를 가진 누군가가 자신의 삶을 무직자로서 지냈을 때 더 행복해졌을 거라는 것을 의미하지 않는다(그리고 그와 같은 존재는 성스러운 삶을 살기로 결단할 가능성을 지니지 않았다). 목적 합리성의 관점 아래서는 그와 같은 누군가가 가진 선호들을 고려할 때 최소한 12년간 "남부끄럽지 않게 살고자 하는"

그의 삶의 결단이 철두철미 의미 있는 것이었을 수 있다. 이 점은 최소한 배제되어서는 안 되며, 오히려 (비록 행복이 객관화하기가 아주 어려운 개념이라 할지라도) 분명히 경험적으로 탐구되어야만 할 것이다. 반면에 과연 그의 삶의 결단이 도덕적으로 수용될 수 있는가 하는 물음은 그러한 경험적 탐구를 필요로 하지 않는다. 그러나 바로 그것으로 이미 윤리학에서의 모든 행복주의는 반박되어 있다. ──마지막으로 특정한 상황들에서의 자기희생의 영웅적 행위가 인륜적 의무가 될 수 있다는 것은 오직 엄밀하게 의무론적인, 어쨌든 비-행복주의적인 윤리학을 기초로 해서만 파악될 수 있는 반면, 다른 모든 윤리학은 이러한 인륜적인 것에 대한 최고의 확증에 대해 불신이나 더 나쁘게는 냉소를 가지고서 맞서지 않을 수 없다. (또한 인정될 수 있듯이 순교가 편리한 해결책이거나 심지어 좌절한 전제적인 인격이 자기의 원망을 승화된 형식으로 충족시킬 수 있는 유일한 방식인 경우들이 존재한다는 사실도 이러한 냉소의 비참함을 전혀 변화시키지 못한다.)

그런데 마찬가지로 이미 말했듯이 최종 근거짓기 사상은 결코 도덕의 기초로서의 정언 명령을 견지하기 위한 유일한 가능성이 아니다. [148]연역적 방법이 물론 정리들을 증명할 수 있지만 거기서 항상 이미 공리들에 대한 인식을 전제하고 그 공리들에 대한 인식 가능성의 물음은 해결하지 않은 채 남겨두는 반면, 전통적 철학은 직관Intuition과 같은 개념들을 가지고서 비경험적인 최초의 원리들을 어떠한 논증적 매개도 없이 직접적으로 파악하는 인식 능력을 요청했다.[7] (가령 아리스토텔레스에게서는 이러한 해결 전략이 제1원리들의 인식에 대한 물음과 관련하여 아무런 매개 없이

• • •

7. 최종 근거짓기에 있어 특징적인 것은 그것이 매개와 직접성을 똑같은 정도로 남겨둔다는 점이다. 무한한 근거짓기 소급이 극복되고, 따라서 무언가 무제약적인 것(따라서 일정한 의미에서 직접적인 것)에 도달하지만, 이 무제약자는 자기 자신 내에서 매개되어 있다.

『형이상학』에서의 모순율에 대한 초월론적 정당화와 더불어, 아니 원리들에 대한 통찰이 귀납에 힘입고 있다는 근거짓기 이론적으로 견지될 수 없는 입장과 더불어 발견된다.) 이러한 직관 개념은 그것과 종종 혼동되고 또 의심할 바 없이 모든 인식론에서 중요한 역할을 수행해야만 하는 두 가지 다른 형식의 직관과 구별되어야 한다. 첫째, (우리가 그때그때마다 직관^{Intuition}(내관)이라고 부르는) 통찰^{Einsehen}(내관)의 과정이 모든 인식에서 필연적인 역할을 수행한다는 것이 인정되어야 한다. 수학적 인식에서도 각각의 모든 발걸음이 어떻게 다른 것으로부터 따라 나오는지가 내게 분명해져야만 한다. 그리고 만약 제1원리들이 어떠한 방식으로든지 간에 거기서 근거지어지는 최종 근거짓기와 같은 어떤 것이 존재한다면, 이러한 종류의 근거짓기도 마찬가지로 어떻게든 내게 분명해져야만 한다. 그러나 저 첫 번째 의미에서의 직관은 더 많은 것을 생각한다. 왜냐하면 거기서 분명해진다는 것은 진리 체험을 위한, 아니 바로 명제 자체의 진리를 위한 필요조건일 뿐만 아니라 충분조건이기도 하기 때문이다. 거기서의 직관은 인식의 특수하고도 탁월한 형식인 데 반해, 여기서의 그것은 다만 모든 인식의 주관적인 측면, 즉 타당성 이론적으로는 아마도 중립적이기까지 한 측면을 나타낼 뿐이다. 여기서의 직관은 방법과 양립 가능하며, 거기서의 그것은 방법적으로 통제되는 모든 전진의 부정이다. 왜냐하면 바로 방법이란 매개를 함축하지만, 저 직관은 순수한 직접성이기 때문이다.[8]

• • •

8. 그럼에도 불구하고 나는 ── 순수한 직관^{Anschauung} 또는 순수한 감각 행위^{Fühlakte}의 의미에서의 ── 그러한 순수한 직관이 존재한다는 것을 배제하지 않을 것이다. 중요한 논증들이 사실상 그에 대해 찬성한다(특히 우리는 타인의 내면에의 접근 가능성에 대한 물음에 의해 이 방향으로 추동된다). 그러나 나는 메타 수준에서 그러한 직관을 위한 선험적인 반성적 논증이 존재해야만 한다고 ── 가령 삼차성에 대해 일차성을, 그러므로 매개된 사유 과정들이 거기서 통일들로서 파악될 직접적인(말의 가장 넓은 의미에서의 감성적인^{ästhetisch}(미학적인)) 행위를 요구한 후기 퍼스의 양식에 따라 ── 강조적으로 생각하게 될 것이다. 따라서 최종 근거짓기의 논증적 과정과 절대자와의 통일의 직접적 느낌은 상호 연관되어 있다.

[149]둘째, 우리는 우리가 경험적 사태와 관련하여 물론 대체로 검증되고 그런 한에서 철두철미 합리적일 수 있지만, 그러나 어떻게 하더라도 근거 지어질 수 없는 확신을 형성할 때 직관에 대해 말한다. 가령 지금 막 처음으로 만난 한 사람이 가톨릭인지 프로테스탄트인지, 첫째인지 막내인지, 성실한지 불성실한지를 대체로 확실하게 말할 수 있지만, 물론 자기의 추측을 근거지을 수 없는 사람들이 존재한다. 우리는 이러한 형식의 직관을 종종 일정한 심리적 구조와 상호 연관된 용모, 몸짓 등등의 일정한 특징들에 대한 무의식적 지각이 행해졌다는 식으로 설명할 것이다. 여기서는 오로지 결과만이 그에게 의식되고 이러한 결과로 이어지는 경험적 증거들은 의식되지 않는데, 그러므로 그 결과는 비록 우리에게 그렇게 보일지라도 단연코 비매개적인 것이 아니다. 왜냐하면 지각들과 귀납들이 무의식적으로 진행되기 때문이다. (진화론적 인식론의 의미에서 우리는 우리의 합리적 형식의 기구가 무의식적으로 일하는 알고리즘이 장구한 선택 과정에서 관철되었다는 데서 출발할 수 있다.) 앞에서 말한 것으로부터 자명한 것은 이러한 형식의 직관이 우리가 이른바 제1원리들을 파악하는 바로 그 직관과는 아무런 관계도 있을 수 없다는 점이다. 왜냐하면 첫째, 전자의 인식 형식은 경험적인[9] 데 반해 후자는 비-경험적이며, 둘째, 전자는 단지 가상

• • •

9. 물론 우리는 선험적 물음들에서도 이러한 세 번째 의미에서의 직관이 존재한다는 데서 출발해야만 할 것이다. 수학적 천재 또는 철학적 천재는 바로 그가 좋은 증명을 발견하기 위해 어떤 방향으로 탐구해야만 하는지를 본능적으로 그리고 틀림없는 확실성을 가지고서 감지하는 그런 사람이다. 물론 이러한 직관이 증명을 대체하지는 않지만, 그러한 직관이 없다면 창조적 성취들은 가능하지 않다. ──내 생각에는 천재성에 대한 인과 과학적인 설명이 단연코 가능하다. 나는 천재의 합리적 형식의 기구가 무의식적으로 쓸모없는 길 그 자체를 인식하여 그것을 제거하고 남아 있는 소수의 것에 집중하는 식으로 일한다고 추측한다. 따라서 천재성은 한편으로는 무언가 전-논리적인 것이며, 다른 한편으로는 파악하기가 어렵긴 하지만 전통이 전제론Topik이라고 부르는 것과 관계하는 천재성의 논리가 존재한다는 데서 출발해야 한다.

적으로만 비매개적인 데 반해, 후자는 명시적으로 근본적인 의미에서 비매개적이기를 요구하고, 셋째, 전자는 무의식적인 사유 과정에 토대하는 데 반해, 후자는 이른바 전적으로 의식 속에서 진행되기 때문이다.

물론 첫 번째 형식의 직관과 세 번째 형식의 직관의 바로 이러한 비교는 왜 그토록 쉽사리 직관주의적인 입장들에 맞서 환원주의자들임을 자처하는지를 보여준다. 누군가가 자기의 [150]가치 통찰을 끌어들인다면, 그의 주관적 확신에 대해서는 의심이 제기되지 않을 거라는 대답이 어렵지 않게 주어질 수 있겠지만, 이 주관적 확신은 바로 일정한 사회화 과정의 결과일 뿐이며 객관적 타당성에 대한 요구를 지니지 않는다. 물론 발생적 환원주의자는 도덕률의 가정을 반박할 수 없는데, 왜냐하면 타당성 물음들에 관해서는 발생적 수단들을 가지고서 아무것도 이루어질 수 없기 때문이다. 그러나 가령 도덕률과 같은 자기의 의식 사실에 토대하면서 그에 찬성하여 논증할 줄 모르는 사람의 입장을 이러한 사실에 대한 환원주의적인 설명들을 통해 동요시키기는 어렵지 않다. (의지 자유의 경우에 상황은 더 나쁜데, 왜냐하면 자유 직관은 발생적으로 쉽게 설명될 수 있을 뿐만 아니라 또한 강력한 타당성 이론적인 논증들이 그에 반대하기 때문이다.) 가령 우리가 양심이 어떻게 성립했는지를 안다면, 그것의 가상적인 직접성은 그 성스러운 위엄을 많이 상실하며, 특수한 타당성 이론적인 노력들이 필요해진다. 도덕적 의식에 대한 니체와 프로이트의 해명적인 설명들에 따르면 직관주의적인 윤리학은 견지하기가 너무도 어렵다. 그런 까닭에 최종 근거짓기 프로그램은 도덕률의 절대성——다시 말하면 무제약성과 포기 불가능성——에 사로 잡혀 있음에도 불구하고 직관주의적인 이론들에 의해 충족될 수 없는 일정한 논증적 욕구를 지니는 모든 이들의 관심을 끌지 않을 수 없다.

만약 누군가가 최종 근거짓기 문제에 대한 관심을 발전시키기 위해서는 어떠한 발생적 전제들이 주어져야만 하는가 하는 물음이 제기된다면(그리고 그러한 관심이 없이는 누군가가 저 문제에 대한 통찰과 결합되어 있는 지적인 노고를 받아들일 것이 기대될 수 없다면), 고차적인 도덕적 감각과 믿음의 사실들이나 심지어 의견들에 만족하는 데 대한 불만[10]이야말로 탁월한 발생적 소질로서 제시될 수 있다. 인간의 영혼은 그것이 저 문제 제기로 고양될 수 있기 위해서는 특정한 이론적 지성 능력과 더불어 또한 일정한 열광, 최소한 사람들이 강건한 육체라고 부르는 것의 이를테면 정신적 대응물이라고 말할 수 있는 것을 자기 것으로 해야만 한다. 그 관심 영역이 돈, 권력 그리고 의견을 넘어서지 못하는 사람은 최종 근거짓기 논증을 [151]아마도 추상적으로야 이해하겠지만, 그것을 상론하고 더욱 발전시키기 위한 필요조건인 저 방식으로 내면화할 수는 없을 것이다. 한 사람이 어떤 철학을 가지는가는 그가 어떤 사람인가에 달려 있다는 피히테의 명제[11]는 만약 우리가 그 사람을 타당성 이론적으로가 아니라 발생적으로 이해한다면 전적으로 올바르다. 가령 피히테의 강력한 인격은 플라톤이 선분의 비유에서 최종 근거짓기 문제를 발견한 이후 그 문제를 철저히 사유하고자 하는 가장 심오한 시도를 나타내는 그의 철학에 잘 어울린다.[12]

• • •

10. 이것은 일정한 형식의 믿음이 철학에서도 발생적 조건으로서 필요하지 않을 거라는 것을 의미하지 않는다. 이성에 대한 근본적 신뢰(이 자체가 여전히 논증적으로 입증되어야만 한다)가 없다면, 즉 희망이 없다면, 우리 자신은 우리의 삶에서 이 이성의 봉사자로서 거의 이바지할 수 없을 것이다. 마지막으로 이성에 대한 사랑이 없다면(다시 말하면 객관적 이성과 그에 바쳐진 주관적 활동의 가치에 대한 정서적 인정이 없다면), 그러므로 철학자에게 특유한 방식으로 주조된 세 가지 신학적 덕들이 없다면 철학은 실패하지 않을 수 없다.

11. 『학문론 제1서론*Erste Einleitung in die Wissenschaftslehre*』(1971), Ⅰ 434.

12. 물론 피히테의 개성이 몇 가지 불쾌한 특징들을 내보인다는 점은 인정되어야 한다. 그의 공격성과 오만함은 확실히 그로 하여금 매력적인 인간으로서 나타나게 할 수 없다. 다른 한편으로 "독자를 통찰로 강요하고자 하는" 피히테의 시도는 그의 철저한 민주주의적 확신들에서 유래하는 반면, 자신의 중심 학설들을 전달하는 데서의 플라톤의 신중함은 일정한 진리들이 모든 이를 위해 전달될 수는 없다고 하는 것을 처음부터 감수한 귀족주의적 신조의 표현이다.

그러나 누군가가 윤리적 물음들에 관심을 갖지 않을 때에도, 즉 그가 단지 이론적 관심들만을 지닐 때에도, 만약 그가 다만 오랫동안 충분히 근거짓기와 진리 문제에 대해 숙고하기만 한다면 그는 이러한 문제 제기로 추동될 것이다. 이러한 의미에서 최종 근거짓는 자는 역설적이게도 철저한 회의적인 기질을 지녀야만 한다고 말할 수 있다. 그는 근거지어지지 않은 어떠한 결과에도 만족해서는 안 되며, 오히려 언제나 거듭해서 물어야만 한다. 그러나 그는 바로 이러한 거듭된 물음이 최종적인 출발점이 없어도 도대체 여전히 의미 있을 수 있는지를 자문해 보아야만 한다.[13] 그와 비교하자면 상대주의자는 엄청난 정신적 태만함을 보이는데, 왜냐하면 그의 입장에서는 아무런 인식의 진보도 존재하지 않기 때문이다. 아니, 앞으로 우리가 보게 되듯이 그의 입장은 어떠한 비판에 대해서도 면역되어 있는 까닭에 일정한 의미에서는 전혀 문제가 될 수 없다. 최종 근거짓는 자는 더이상 자신의 입장으로부터 전혀 구제될 수 없을 정도로 그 입장에 교조적으로 절어 있는 상대주의자와는 전혀 다른 의미에서 의심한다. 최종 근거짓는 자는 철학적 물음의 본질을 회의주의자보다 더 진지하게 받아들인다. 최종 근거짓는 자는 회의주의에 의해 관통되어 있어야만 한다. 비록 그가 [152]바로 그 입장을 수미일관되게 철저히 사유할 수 있는 까닭에 그것에 머물 수 없다 하더라도 말이다. 물론 문외한에게 회의주의의 거부는 좀더 원초적인 의식 형식에로의 퇴락으로 나타날 수도 있다. 그러나 중요한

• • •

13. 아무리 철학자가 스스로 대단히 반직관적인 사상들에 관여해야만 할지라도, 그러므로 아무리 그가 자신의 전문 분야에서 어떤 것에 도달하기 위해 외부 세계, 도덕률 등등이 존재하지 않을 가능성을 진지하게 받아들여야만 할지라도, 그는 자신의 외적인 태도에서 소박한 평범함을 보일 것이다. 왜냐하면 오로지 심리적 안정성만이 그에게 저 물음들을 사태에 적합하게 분석하기 위해 그가 긴급히 필요로 하는 2차적인 덕들을 마련해 줄 것이기 때문이다. 철학자에 대한 가장 커다란 대립은 저 사상들을 정신적으로 지배하는 대신에 그것들에 의해 갈가리 찢겨진 지적인 혼돈자^{Chaot}다.

것은 초월론적인 정신 형식이 회의주의에 의해 매개되어 있으며 바로 그 점에서 교조주의와 원칙적으로 구별된다는 것을 인식하는 것이다. 반성적 태도에서 모든 것으로부터 거리를 취하는 능력은 사실상 무언가 특수하게 인간적인 것인바, 그것은 주관성의 본질을 (비록 그 주관성이 소피스트학에서 처음으로 명확하게 정립되었고 또 오로지 근대에서만 대중 현상으로 되었다 할지라도) 가장 심오한 방식으로 특징짓고 있다. 그러나 이러한 능력 그 자체가 파악되고 그 타당성 근거가 주제화될 때에라야 비로소 그것은 저 능력을 단지 절반만 현실화하는 회의주의를 근본적으로 초월하는 초월론적 반성에로 추동된다.

3.1.2. 최종 근거짓기의 증명

최종 근거짓기에 반대하는 대부분의 논증들이 엄밀하게 타당성 이론적인 본성의 것이 아니고, 따라서 ── 특히 내가 (1987b)에서 이미 그것들을 다룬 바 있기 때문에 ── 내가 여기서 그것들을 다루지 않을 수 있는 반면, 뮌히하우젠 트릴레마는 사실상 최종 근거짓기에 반대하는 중요한 논증을 제시한다고 주장할 수 있다. 물론 (말의 갈기를 잡고서 늪에서 빠져나오려는 뮌히하우젠의 시도를 암시하는) 그 논증은 단연코 알베르트가 생각하는 것으로 보이는 것처럼 그렇게 새로운 것이 아니다. 그것은 프리스Fries와 근세 초기 회의주의보다 훨씬 이전으로 되돌아간다.[14] 그러나 그 점이 그것을 진지하게 검토하지 않을 이유일 수는 없다. 이하에서 나는 뮌히하우젠

• • •

14. 트릴레마는 아리스토텔레스(『분석론 후서Analytica posteriora』, A 3)에게서 착수되어 있다. 아그리파Agrippa의 두 번째, 네 번째, 다섯 번째 트로푸스(Diogenes Laertius IX 88 f.; Sextus Empiricus, 『퓌론주의 개요Pyrrhonische Grundrisse』 I 164-169)는 트릴레마의 세 뿔에 상응한다.

트릴레마와 관련하여 내가 다른 곳에서 이미 공개한 바 있는(특히 1987b) 최종 근거짓기를 위한 증명을 전개하고자 한다. 물론 지금 이것은 그 증명을 좀 더 복잡하게 만들지만 그렇다고 해서 덜 설득력 있게 만들지는 않는 중요한 수정을 담고 있다.[15] (수정된 체재에서뿐만 아니라 오랜 체재에서도) 이 증명은 [153]공격 방향과 목표가 아무리 공통적이라 할지라도 내가 이하에서 객관적-관념론적인 철학의 근거짓기를 목표로 하는 데서 생겨나는 본질적인 측면에서 아펠의 판본과 구별된다. 그러나 그러한 철학의 틀 내에서 그 증명의 존재론적 자릿값은 초월론적 화용론의 틀 내에서와는 다른 본성의 것이지 않을 수 없다.

1. 뮌히하우젠 트릴레마는 최종 근거짓기가 불가능하다고 주장한다. 그것으로 생각되고 있는 것은 비-가언적인 선험적 인식이, 그러므로 필연적으로 받아들여져야 할 선험적 종합 명제들이 존재할 수 없다는 것이다. (하나의 명제는 그것에 맞서 다음과 같이 주장하는 것이, 즉 필연적으로 거짓은 아닌 특정한 전제들이 만들어질 때 사람들이 그 명제를 당연히 의심할 수 있다고 주장하는 것이 의미 있는 방식으로 가능하지 않을 때에

• • •

15. 나는 이 수정을 토마스^{Thomas}와 울리히 운너슈탈^{Ulrich Unnerstall}의 날카로운 비판에 빚지고 있다. 그에 대해 나는 그들에게 이 자리에서 감사드리고 싶다. ――유감스럽지만 특징적인 것은, 그와 반대로 알베르트가 1989년의 그의 기고문에서 그 증명의 실제로 결정적인 결함을 발견하지 못하고 오히려 바로 거짓된 선험적 종합 명제들도 존재한다는 진부한 언급(이는 옳은데, 가령 비판적 합리주의의 대부분의 명제들은 자기 모순적인 것들이며, 그러므로 거짓된 선험적 종합 명제들이다. 그러나 이 점은 그 증명을 조금도 문제로 만들지 않는다) 이외에는 단 하나의 논증도 발전시키지 못했지만, 이를 위해서는 자신의 르상티망에 그 만큼 더 자유로운 진행을 내맡겨 버렸다는 점이다. 나는 그의 동음이의어 비난을 논증으로서 타당한 것으로 여길 수 없는데, 그 까닭은 바로 양상 개념의 비-근거짓기 이론적인 재구성이 비-경험적 명제들에서는 아무런 의미도 이루지 못하기 때문이다. '필연적'은 여기서는 '최종 근거지어진' 이외의 다른 아무것도 의미할 수 없다. 주해 16을 참조.

202

최종 근거지어져 있다.) 이 진술에서 주목할 만한 가치가 있는 것은 다음과 같은 것이다. 뮌히하우젠 트릴레마에 따르면 비-경험적 본성의 모든 인식은 가언적이다. 그러므로 언제나 말해질 수 있는 것은 다만 어떤 것은 다른 어떤 것을 전제해서 타당하다는 것뿐이다(더 나아가 명백히 필연적으로 참된 것이 아닌 어떤 것을 전제해서 타당하다. 왜냐하면 필연적으로 참된 전제들은 우리가 가언이라고 부르는 그런 것이 아니기 때문이다). 이러한 관점에서는 모든 선험적 인식이 제약되어 있으며, 무제약적(절대적)인 것이 아니다. 그로부터 따라 나오는 것은 최종 근거짓기란 존재할 수 없다는 것이다. 그러나 바로 이 결론이야말로 의심스럽다. 왜냐하면 우리는 다음과 같이 물을 수 있기 때문이다. 뮌히하우젠 트릴레마에 따르자면 어떻게 하나의 진술 일반이 가언적인 것 이상의 의미에서 반박될 수 있을 것인가? 어떻게 "비-가언적인 선험적 인식이 존재해야만 한다"와 같은 진술이 정언적으로 거부되어야만 한다고 생각될 수 있을 것인가? 그러한 것은 그 진술이 비일관적일 때에만 생각될 수 있겠지만, 그러나 그 진술 속 어디에 모순이 존재하는가? "최종 근거짓기는 불가능하다"는 — 명백히 분석적이지도 경험적이지도 않은 — 명제가 어떻게 모종의 무전제적인 의미에서 참된 것으로서 타당할 수 있을 것인가? "최종 근거짓기는 불가능하다"는 명제는 분명히 자기 모순적이다. 왜냐하면 그것은 불가능성 주장을 제시하지만, 불가능성 주장들은 필연성 주장들로 변화될 수 있기 때문이다("a인 것은 불가능하다"는 "non-a인 것은 필연적이다"와 같은 것을 의미한다).

그러나 필연성 주장들은 근거짓기 이론적으로 최종 근거지어진 진술들로서 이해될 수 있다. "a인 것은 필연적이다"는 [154]"a인 것은 최종 근거지어져 있다"와 정확히 똑같은 것을 의미한다.[16] 따라서 "최종 근거짓기는 불가

• • •

16. 물론 다수의 필연성 개념이 존재한다. 가령 결정론자들에게 있어서는 모든 현실적인 것이, 아니 "가능하다"가 "주어진 자연법칙들과 사실적인 선행 조건들과 양립

능하다"는 "최종 근거짓기는 존재하지 않는다고 하는 것은 최종 근거지어져 있다"를 의미하거니와, 이 명제는 명백히 변증법적으로 모순적이다. 뮌히하우젠 트릴레마로부터 따라 나오는 것은 오히려 그 트릴레마 자체가 그 어떤 하나의 강력한 의미에서 필연적이지는 않은 타당성 이론적인 전제, 그러므로 우리가 만들 수도 있고 만들지 않을 수도 있는 전제를 만들고 있다는 것이다. 이 전제는 무엇인가? 분명히 그것은 모든 비-경험적 인식이 공리적-연역적으로 처리해 나가며, 그러므로 그 자체가 근거지어질 수 없고 거리를 취하는 반성의 행위에서 필연적으로 참은 아닌 것으로서 통찰될 수 있는 공리들로부터 출발한다는 전제이다. (물론 공리들은 공리 체계 내부에서 참이며 가언적으로 타당한 것들이 아니다. 그러나 여기서 문제되는 것은 메타 수준에서 공리들의 우연성을 사유할 가능성이다.) 이러한 전제 아래서는 사실상 최종 근거짓기란 존재하지 않는다. 그러므로 트릴레마는 오로지 연역적 인식만이 가능하며 따라서 정의에 의해 최종 근거짓기는 가능하지 않다는 전제 아래서는 최종 근거짓기가 존재하지 않는다는 것을 의미하는데, 이는 "a는 a를 함축한다"는 동어 반복에로 환원되는 사실상 지당한 가정이다. 그러나 무전제적인 사유가 존재하지 않는다는 것이 오로지 특정한 전제들 아래서만 그러하다면, 다른 전제들 아래서는 무전제적 사유가 존재한다. 비판적 합리주의가 행하는 식으로 그렇게 인식을

• • •

가능한"으로 이해될 때에는 근본적으로 모든 가능한 것이 필연적이다. 그러나 자연스러운 일이지만 다른 선행 조건들과 자연법칙들의 다른 체계도 논리적으로 가능하며, 따라서 저 가능성 개념은 너무 특수하다. ——그러나 여기서 문제가 되는 것은 실재적인 사건들이 아니라 근거짓기 이론적인 물음들인 까닭에, 이러한 대안적인 양상 개념들과의 대결은 필요하지 않다. 내 생각에는 이념적인 영역에서 '필연적'은 다만 '최종 근거지어진'을 의미할 수 있을 뿐이다. 왜냐하면 순수한 직관이 인정될 때에도 우리는 언제나 다만 이러한 직관에 의해 통찰된 명제들이 참이긴 하지만 필연적으로 참은 아니라고 말할 수 있기 때문이다. 왜냐하면 우리는 다음과 같이 물을 수 있기 때문이다. 도대체 어떻게 직관주의자가 공리들에 있어서 '참'과 '필연적으로 참' 사이의 구별을 설명할 수 있을 것인가?

제한하는 사람에게 있어 최종 근거짓기는 존재하지 않는다. 다른 형식의 인식을(요컨대 단순한 연역 대신에 반성을) 허락하는 사람은 최종 근거짓기를 고려한다. 이러한 가능성을 철저히 배제하는 것은 어리석은 형식의 비일관성인데, 왜냐하면 철저한 배제는 바로 최종 근거짓기 요구를 지니는 인식일 것이기 때문이다. 최종 근거짓기가 존재할 수 없다는 것을 보여줄 수 있는 사람은 바로 자기가 반박한 것을 증명한 것일 터이다.

우리가 지금까지 최종 근거지어진 인식을 만난 적이 없다는 단언은 타당성 이론적으로 부적절하다. [155]왜냐하면 첫째, 귀납 문제에 친숙한 모든 이에게는 우리가 지금까지 그러한 인식을 만난 적이 없다는 사실로부터 그것을 미래에도 만나지 못할 것이라는 것이 따라 나오는 것은 아니라는 것이 명확하기 때문이다. 그리고 둘째, 최종 근거지어졌다고 하는 것은 경험적 성질이 아닌 까닭에, 회의주의자가 최종 근거지어진 명제들을 만났지만 그것들을 그러한 것으로서 인식하지 못하는 일도 단연코 있을 수 있다. 단적으로 만약 최종 근거짓기로 이어지는 논증 방식을 파악하기 위해서는 객관화하는 태도로부터 반성적 태도로의 변화가 필요하다면, 이러한 관점 변화를 수행할 수 없는 사람들, 즉 자기가 말하는 것을 그 진술 자체에 적용할 수 없고 자기의 표현들의 대상과 더불어 이 표현들 자체도 안목에 둘 수 없는 사람들이 존재하는 것은 단연코 있을 수 있는 일이다. 그에 대해 우리는 그들에게 유감을 표시할 수 있을 것인데, 요컨대 그 사실은 색맹이 색깔의 실존을 반박하는 것만큼이나 타당성 이론적으로 적절하지 않은 것이다.

그에 반해 "최종 근거짓기는 불가능하다"는 명제에 대한 우리의 비판을 끝장내고자 하는 다음의 시도는 타당성 이론적으로 흥미롭다. 즉, 물론 필연적으로 거짓은 아닌 특정한 전제들 아래서 최종 근거짓기가 존재한다는 것은 인정되어야 한다. 그러나 바로 이 전제들도 필연적으로 참이 아니라 가언적으로 참이며, 따라서 최종 근거짓기의 부정과 가정은 두 개의 원칙적으로 동등한 권리를 지닌 입장들이다. 최종 근거짓기의 거부는 교조적이며 따라서 거절되어야 하지만, 동일한 것이 최종 근거짓기를 필연적인 것으로서 확정하고자 하는 입장에 대해서도 적용된다. '상대주의적' 입장은 분명 '절대주의적' 입장보다 뛰어나지 않다. 그러나 그와 마찬가지로 그 역도 사실이 아니다. 최종 근거짓기는 단지 가능할 뿐이며, 다시 말하면 본래적으로 우연적이다(왜냐하면 필연성은 가능성의 특별한 경우인 반면, 우연성과 필연성은 서로를 배제하기 때문이다).

2. "필연적으로 거짓은 아니지만 또한 필연적으로 참도 아닌 특정한 전제들 아래서는 비-가언적인 선험적 인식이 존재한다"는 것을 의미하는 이 두 번째 입장에서는 무엇이 문제의 여지가 있는 것인가? 곧바로 떠오르는 생각은 다음과 같이 정식화될 수 있다. 즉, 만약 비-가언적 인식이 오로지 우리가 가정할 수도 있고 거부할 수도 있는 특정한 전제들 아래서만 존재한다면, 그것은 바로 비-가언적 인식이 아니다. 왜냐하면 그것의 타당성은 바로 가언들에 의존하기 때문이다.[17] 내가 보기에 이 논증은 [156] 비록 내가 (1987b)에서 그로부터 너무 성급하게 비-가언적 인식의 필연성을 추론했을지라도 변함없이 타당하다. 그 당시 나는 다음과 같이 논증했다. 최종 근거지어진 인식은 불가능하거나 우연적이거나 필연적이다. 그것은 불가능하거나 우연적일 수 없다. 그러므로 그것은 필연적이어야만 한다. 이러한 논증에는 사실상 하나의 결함이 가로 놓여 있다. 왜냐하면,

• • •

17. 따라서 상대주의와 절대주의가 두 개의 동등한 권리를 지니는 입장이라고 생각하는 관대한 메타 상대주의자는 자기 모순적이다. 두 입장을 동등한 권리를 지닌 것으로 설명함으로써 그는 참으로는 결정적으로 첫 번째 입장에 찬성한다. 왜냐하면 절대주의는 그것이 한갓 동등한 권리를 지니는 가능성으로서 간주될 때 진지하게 받아들여지지 않는 반면, 상대주의는 결코 더 커다란 인정에 대한 요구를 제기하지 않기 때문이다. 절대주의와 상대주의 사이에는 이러한 의미에서 절대적 비대칭이 존재한다. 메타 수준으로 물러남으로써 두 당파 위를 떠돈다고 상상하는 자는 그러한 비대칭을 정당하게 판단할 수 없다.

물론 "비-가언적인 선험적 인식이 존재한다는 것은 불가능하며", 그러므로 "최종 근거지어진 인식이 존재하지 않는다는 것은 최종 근거지어져 있다"는 명제가 비일관적이라는 것은 올바르지만, 그에 반해 "오로지 필연적으로 참도 아니고 필연적으로 거짓도 아닌 전제들 아래서만 '비-가언적인 선험적 인식이 존재한다'(=p)"는 명제(=q)는 ("전제들 아래서만 비-가언적인 선험적 인식이 존재한다"는 명제와는 달리) 직접적으로 비일관적이지 않기 때문이다. 그럼에도 불구하고 우리는 어떻게 그것을 벗어날 수 있는가?

우선은 q가 분명 그 자체에서는 아니지만 명제 p와 일관적이지 않다는 점을 파악하는 것이 중요하다. p가 참이라면, 그러므로 최종 근거지어진 인식이 존재한다면, p라는 것은 필연적으로 참은 아닌 전제들에 의존할 수 없다. 즉, 그러므로 p의 진리로부터는 그의 필연성이 따라 나오는 것이다. (명백한 일이지만, 이러한 관계는 오로지 우리가 말하고 있는 특수한 명제 p에 대해서만 타당하다. 그 밖의 경우 그것은 타당하지 않다. 그러나 보통의 명제들에 대해 타당한 관계들이 또한 보통의 명제가 무엇인지를 비로소 확정하는 명제들에 대해서도 타당해야만 한다고 가정하는 것은 너무도 오도하는 것이다. 분석적 사유는 다른 것에 의해 근거지어져 있는 유한자의 본질에 적합하거니와, 그것은 다른 것과 자기 자신을 근거짓는 것에 대한 파악에 있어서는 실패한다. 하지만 자명한 일이지만 이 점은 구체적으로 제시되어야만 하며, 규정된 차이화들이 절대자에서 허무하다는 것에 대한 구체적인 제시는 절대자 이론을 확대하는데, 그 까닭은 그 이론이 범주들을 둘러싼 차이화들을 풍부화하기 때문이다.) 실제로 비-가언적인 선험적 인식이 존재한다면, 이러한 인식이 오로지 우리가 인간적 사유 등등에 관한 (필연적으로 참은 아닌) 특정한 전제들을 만들 때에만 존재한다고 말하는 것은 아무런 의미도 지니지 못한다. 왜냐하면 그 경우 그 인식은 무전제적인 인식이 아닐 것이기 때문이다. 만약 단 하나의 유일한 최종 근거지어진 인식이라도 존재한다면, 저 인식으로부터 직접적으로 따라 나오는 명제, 즉 최종 근거지어진 인식이 존재한다고 하는 명제는 저 인식과 마찬가지로 무전제적으로 타당한바, 다시 말하면 최종 근거지어져 있다. 물론 저 인식은 오로지 우리가 인간적 사유에 관한 특정한 전제를 만들 때에만 타당할 수도 있을 것이다. 그러나 만약 p가 참이라면, p로부터는 바로 인간적 인식의 본질에 관한 앞에서 언급된 전제들이 따라 나오며, 그런 한에서 그 전제들 자체가 절대적으로 타당하고(필연적으로 참이고), [157]어쨌든 임의의 정립에 의존적이지 않다. ——물론 "비-가언적인 선험적 인식이 존재한다는 것은 필연적이다(최종 근거지어져 있다, 무전제적으로 타당하다)는 명제(=r)가 p로부터 따라 나올 뿐만 아니라 또한 p도 r로부터 따라 나온다. 아니, p는 이중적인 의미에서 r로부터 곧바로 따라 나온다. 즉, p라는 것이 최종 근거지어져 있다면, p는 더 한층 강력한 이유로 참이다. 그에 더하여 우리는 최종 근거지어진 인식(요컨대 r)을 가지며, 따라서 그런 까닭에도 p가 참이어야만 한다. 그러나 이러한 특유한 경우에는 또한 그 역, 즉 특수한 명제 p로부터 r이 따라 나온다는 것도 타당하다. 여기서는 보편자와 개별자가 등가적인 것이다.

지금까지는 다만 p와 r의 등가가 제시되었을 뿐, 결코 이미 p가 제시된 것은 아니다(p의 제시와 더불어 우리의 본래적인 증명 목표인 r이 입증될 것이다). 만약 p가 참이라면, r은 타당하며, 따라서 q는 거짓이다. 그러나 두 번째의 부정적 범주——우연성 범주——에서는 이중화가 발생하며, 그러므로 p가 거짓이고 따라서 q가 참일 가능성이 존재한다. 이러한 가능성을 나는 (1987b)에서 명확히 배제하지 않았다. 그럼에도 불구하고 방금 언급된 등가로부터는 무언가 중요한 것이 따라 나온다. p가 r을 함축하는 까닭에, non-r, 그러므로 q는 non-p를 함축한다. 그러므로 "p라는 것은 최종 근거지어져 있지 않다"는 명제로부터는 p의 거짓임이 따라 나오는데, 왜냐하면 p가 그 명제와 양립할 수 없기 때문이다. 이것은 놀라울 뿐만 아니라 (non-p도 최종 근거지어져 있을 수 없다는 점을 생각한다면) 곧바로 불안하게 만든다. 하지만 이러한 결과는 괴델의 제1정리를 상기시키는

데, 왜냐하면 우리는 여기서 물론 최종 근거지어져 있지는 않지만 그럼에도 불구하고 그것이 참이라는 것을 아는 그러한 명제를 지니기 때문이다. 그러나 필연적으로 참인 명제는 최종 근거지어진 명제가 아닌가? non-p는 물론 최종 근거지어져 있지 않지만 그럼에도 불구하고 우리가 p의 진리를 정언적으로 배제할 수 있다는 주장은 제멋대로의 것이 아닌가(왜냐하면 그 경우 q가 필연적으로 거짓일 것이기 때문에)? 그 경우 q는 처음에 자기 모순적인 것으로서 입증된 명제, 즉 비-가언적인 선험적 인식은 불가능하다는 명제로 환원되는 것이 아닌가?[18]

[158]덧붙이자면, 명제 q는 "q라는 것은 최종 근거지어져 있다"는 명제(=t)와 분명히 비일관적이다. 왜냐하면 ——괴델의 제2정리에 대한 다음 논증의 유비는 누구에게나 명백할 것이다—— q가 최종 근거지어져 있다면, 또한 q로부터 따라 나오는 non-p도 최종 근거지어져 있을 것이기 때문이다. 그러나 그것은 q에 모순된다. 그 밖에 t는 최종 근거지어진 인식일 것이며,

• • •

18. "최종 근거짓기는 존재하지 않는다"는 명제가 참된 직관의 대상이고, 그러므로 (모순을 피하기 위해) 최종 근거지어진 것이 아니라고 가정해 보자. 그러나 그 경우 첫째, 최종 근거지어진 명제들은 존재하지 않는다는 명제와 둘째, 그 자체가 최종 근거지어져 있을 수는 없다는 이 명제의 지위는 오로지 ——최종 근거짓기와 상대주의를 똑같이 배척하는—— 직관주의가 자기 자신에 모순되지 않을 필연성으로부터만 따라 나올 것이다. 그러므로 그것들의 진리는 근거지어질 수 있을 것이다. 그러나 바로 그 경우 이러한 직관은 더 이상 고전적인 의미에서의, 즉 근거짓기에 대립된 의미에서의 직관이 아니다. 철저한 직관주의는 한편으로 일관되게 가능하며, 다른 한편으로 (최종 근거짓기는 존재하지 않는다는) 증명되지 않은 근본 전제로부터 출발하는 것으로 보인다. 그러나 바로 후자야말로 그러한 직관주의의 요점이며, 그렇게 해서만 그것은 일관적이다. 따라서 두 번째 조건은 첫 번째 조건으로 환원되며, 그와 더불어 바로 자기 근거짓기를 위한 변증법적 일관성이 그에 대해 충분해서는 안 되는 직관주의는 붕괴한다. 최종 근거짓기의 이론은 직관주의가 무엇을 전제할 뿐인지를 설명하는바, 요컨대 변증법적 일관성을 자기의 진리를 근거짓기 위한 필요하고도 충분한 조건으로서 전제한다는 것을 설명하는 것이다.

그것은 p와 따라서 non-q를 함축할 것이다. 동일한 논증을 가지고서 물론 non-t도 최종 근거지어져 있을 수 없다는 것이 제시될 수 있다. 따라서 우연성 주장은 "최종 근거지어진 인식이 존재하지 않는다는 것을 우리가 최종 근거지을 수 없다는 것은 필연적으로 참은 아닌 일정한 전제들 아래 서 타당하다. 그러나 이러한 관계 자체는 다만 필연적으로 참은 아닌 일정 한 전제들 아래서만 타당하다, 등등"이라는, 지속적으로 철회되는 주장들 의 무한 퇴행으로 환원된다. 우리는 철저한 의미 비판가가 아니라 하더라 도 근본적으로 아무것도 주장하지 않는 그러한 주장이 의미 있다는 것에 대해 의심을 지닐 수 있다. 아니, 그 이상이다. 즉, 만약 잘 눈에 띄지 않는 조그만 어구인 '등등'에 대해 반성한다면, 우리는——현실적으로 수행된다 면 언명될 수도 없고 인식될 수도 없을——무한 퇴행이 우리가 그것을 항상 똑같은 반복의 보편적 구조로 환원함으로써만 극복된다는 것을 인식 하는 것이다. 그러나 그와 더불어 우연성 진술의 의미(만약 그러한 것이 존재한다면)에 변증법적으로 모순되는 항상성 원리가 전제된다. 요컨대 무한 퇴행은 오로지 우리가 보편적 구조 그 자체를 주장할 수 있을 때에만 (그것도 한갓 가언적으로가 아닐 때에만, 왜냐하면 그 경우 동일한 문제가 새롭게 제기될 것이기 때문에) 논법으로서 파악될 수 있다는 것이다. 그러 나 바로 이러한 것은 오직 우리가 q, non-t 등등의 명제들에서의 무한 퇴행을 초월하여 근대의 모든 무한주의적인 선입견들에 맞서 다음과 같이 주장하는 데로 헤치고 나아갈 때에만 가능하다.

3. non-p는 거짓이다(또는 의미가 없다). p는 참이다. r은 참이다. 비-가 언적인 선험적 인식이 존재한다는 것은 필연적이다. 최종 근거짓기가 존재 한다는 것은 최종 근거지어져 있다.

앞에서 약술한 증명에 대해서는 다양한 이의가 제기될 수 있다. 첫째, 그 증명이 물론 엄밀하긴 하지만 형식적이라고 말해질 수 있다. 즉, 우리는 최종 근거지어진 인식이 존재한다는 사실만을 알 뿐이며, 무엇이 최종 근거지어져 있는지를 알지 못한다는 것이다. 그에 대해서는 증명에서 가장 중요한 논증적 발걸음들 가운데 하나가 p와 r의 등가성에 대한 통찰이었다고 대답할 수 있다. 그리고 사실상 최종 근거지어진 인식이 존재한다는 결과 자체가 최종 근거지어져 있다. 아니, 증명에서의 모든 발걸음이 최종 근거지어진 진리로서 간주되어야만 하며,[19] [159]따라서 우리는 단연코 일련의 최종 근거지어진 인식들을 지닌다. 그러므로 이 증명의 구조에 대한 분석은 최종 근거지어진 인식의 구조에 관한 또 다른 해명을 약속한다.

3.1.3. 최종 근거짓기의 방법에 대하여

우선 눈에 띄는 것은 최종 근거짓기의 필연성을 위한 증명이 부정적 증명이라는 점이다. 칸트와 같이 중요한 사상가가 철학에서의 부정적 증명을 수학에서와는 달리 허용되지 않는 것으로 간주한다 할지라도(KdrV B 817 ff./A 789 ff.), (칸트에서 아무런 역할도 하지 않는 것이 우연은 아닌) 최종 근거짓기가 직접 증명에 토대할 수 없다는 것은 쉽게 파악될 수 있다. 왜냐하면 직접 증명은 사실상 무한 퇴행에로 나아가기 때문이다. 그리고 만약 우리가 직관 형식으로 이루어지는 증명 절차의 단절을 피하고자 한다면, 증명 형식으로서는 다만 간접 증명der indirekte Beweis만이 남는다. 이것으

• • •

19. 이로부터 따라 나오는 것은 (다음의 점에 대해서는 토마스 운너슈탈이 내게 지적해 주었는데, 나는 그에게 이 주제에 대한 많은 사상과 암시를 빚지고 있다) 불가능성 진술에 대한 반박으로부터 직접적으로 필연성 진술로 이행할 수 있다는 점이다. 왜냐하면 불가능성 진술의 자기모순성에 대한 통찰 자체가 최종 근거지어진 통찰이어야만 하기 때문이다. 물론 이러한 메타 통찰은 증명의 끝에서야 비로소 획득될 수 있다. 왜냐하면 형식적 증명에서는 언제나 이미 증명이 무엇을 의미하는지가 전제되고 그와 구별되는 일정한 것들이 증명되는 데 반해, 최종 근거짓기 증명에서는 그 증명이야말로 비로소 증명이 무엇인지를 밝혀주기 때문이다.

로써 철학에서 간접적인apagogisch(귀류법적인) 증명의 필연성에 대해 그 자체로 간접적인 증명이 수행되어 있다. 그리하여 그 이론은 자기 일관적이다. (물론 철학이 자기의 원리들에 대한 반성적-간접적인 근거짓기 이후에 그것들을 구체화하기 위해 직접 증명을 사용하는 일이 배제되지 않는다.)

물론 명백한 것은 철학에서의 간접 증명이 수학에서의 그것과 종적으로 구별된다는 점이다. 왜냐하면 수학에서는 부정적 증명도 첫째, 공리적-연역적 형식에 매여 있고, 그러므로 이론의 틀 내에서 증명될 수 없는 공리들을 전제하며, 둘째, 수학적 증명의 대상—가령 집합, 수, 점—은 증명의 활동과 구별되는 데 반해, 최종 근거짓기 증명에서는 활동과 대상, 주체와 객체가 동시에 발생하기 때문이다. 증명은 최종 근거지어진 증명이 존재한다는 것을 최종 근거지어진 형식에서 증명하는 것이다. 간접적인 것으로서의 필연성 진술의 증명은 불가능성 진술과 우연성 진술에서 모순들을 인식해야만 하며, 더 나아가 모순들을 다른 전제된 명제들에 대해서가 아니라 (그렇지 않으면 증명은 바로 가언적일 것이다) 명제들 자체 내에서 인식해야만 한다. 그러나 필연성 진술이 [160]동어 반복이 아닌 까닭에, 저 진술들에서의 모순은 의미론적 본성의 것일 수 없다. 그것은 화용론적(또는 수행적) 본성의 것이어야만 한다.[20] 그러므로 모순은 두 개의 명제 부분들, 가령 주어와 술어 사이에서가 아니라 진지하게 받아들여질 명제로서의 명제가 언제나 이미 전제하는 것과 그것이 주장하는 것 사이에서, 즉 그것이 그것인 바의 것과 그것이 말하는 것 사이에서 존재한다. 그래서 "최종 근거짓기는 불가능하다"는 진술은 그 형식에 따르자면 불가능성 진술로서 최종 근거지어져 있음을 요구하는 진술이다. 그러나 그러한 최종 근거지어진 인식의 가능성은 그 진술에 의해 그것의 명시적인 진술에서 부인된다.

• • •

20. 이러한 용어법을 사용하진 않지만 모순의 두 가지 형식의 구별이 하이스[R. Heiss]의 중요한 책(1932; 84)에서 발견된다.

그와 유사하게 "오로지 전제들 아래서만 타당하다는 것은 오로지 전제들 아래서만 타당하다는 것은 오로지 전제들 아래서만 타당하다 등등"이라는 진술은 전제에 의존하지 않는 진술이 가능하다는 것을 논박한다. 그러나 그 진술은 '등등'을 가지고서 무한 퇴행을 보편적인 구속력을 지니고서 규제하는 하나의 보편적인 원리가 존재한다는 것을 전제한다. (그러한 원리가 없으면 그 명제는 전혀 전달될 수 없을 것인데, 왜냐하면 그것을 파악하기 위해서는 무한한 시간이 필요할 것이기 때문이다.) 물론 모든 화용론적 모순은 명제 형식 속에 함축되어 있는 것이 명시화된다면 의미론적 모순으로 전이될 수 있다. 그러나 만약 우리가 반성적 논증을 공리화하여 가령 다음과 같이 말한다면, 즉 그 증명은 바로 예를 들어 명제들이 진리 요구들을 제기한다는 것을 전제하며, 이 전제는 임의의 가정이다(그러므로 필연적으로 참된 전제가 아니다)라고 말한다면, 반성적 논증의 핵심을 놓치게 된다. 왜냐하면 이러한 방식으로는 반성적 수준에서 그것을 넘어서는 것이 바로 최종 근거짓기 증명의 의미인 바의 공리적 수준으로 퇴락하기 때문이다. 자신의 이의 제기가 진리와 최종 근거짓기를 언제나 이미 전제한다는 점에 대해 반성하기를 거부함으로써 우리는 우리가 증명의 의미를 파악하지 못했다는 것을 보여준다. 그와 마찬가지로 우리는 후기 후설의 의미에서 여기서 문제되는 것이 직관이라고 설명한다면 핵심을 놓치게 된다. 왜냐하면 직관들은 필연적으로 비매개적인 데 반해, 최종 근거짓기의 기지는 아주 복잡한 논증에 존재하기 때문이다. 반성적 논증들은 연역과 직관에 대한 제3자이다. 그리고 그것을 이런저런 의미에서 축소시키는 자는 그 본질을 지나치게 된다.

앞에서 말했듯이 최종 근거지어진 명제들은 그에 대한 부정들이 화용론적으로 모순적인 명제들이다. 그것들은 분석적 명제들이 아니다. 왜냐하면 그것들에 대한 부정은 의미론적으로 모순적이지 않기 때문이다. 그러나 그 부정 속에는 (비록 특수한 종류일지라도) 모순이 존재하는 까닭에, 우리는 또한 그것들이 종합적이라는 것도 논박하여 그것들을 분석적이라고도 종합적이라고도 부를 수 없을 것이다. 그러나 우리가 그것들을 쿨만과 더불어 선험적 종합 명제라고 부르고자 한다면, 어쨌든 명확하지 않으면 안 되는 것은 그것들이 [161]칸트의 첫 번째 비판의 선험적 종합 명제들과 구별된다는 점이다. 왜냐하면 칸트에 따르면 선험적 종합 명제에서의 주어와 술어의 결합은 오로지 제3자, 즉 수학의 명제들에서의 직관과 순수 지성의 원칙들에서의 경험의 가능성을 통해서만 가능하기 때문이다. 이러한 제3자로부터 분리된 선험적 종합 인식은 생각될 수 없는데, 그런 까닭에 칸트는 원칙들을 예지계에 적용하는 것을 거부한다(KdrV B 183 ff./A 154 ff., B 315/A 259, B 357/A 301, B 764 f./A 736 f., B 769 f./A 741 f.). 그러므로 선험적 종합 명제들의 타당성에 대한 증명은 칸트에 따르면 이 명제들 자체 외에 또 다른 전제들을 필요로 한다. 아니, 칸트는 분석적으로 거짓이지 않은 명제가 자기 내에서 모순적일 수 있다는 것과 주어와 술어 사이에서의 모순과는 다른 모순이 존재할 수 있다는 것을 분명히 생각될 수 없는 것으로 간주한다(B 621 ff./A 593 ff.). 존재론적 신 존재 증명에 대한 칸트의 거부는 바로 이러한 확신에 토대한다. 이러한 이유들에서 경험의 원칙들에 대한 칸트의 초월론적 연역은 현실적으로 더 이상 그 뒤로 물러설 수 없는 것이 아니다. 그 연역은 경험의 가능성을 전제하는데, 경험의 가능성에 대해서는 각각의 모든 명제의 진리 요구와는 달리 일관되게 물음이 제기될 수 있다.[21]

절대적(최종 근거지어진) 명제들이 오로지 간접적으로만 대립된 입장의 자기 지양을 통해 증명될 수 있다는 인식은 새로운 것이 아니다. 그 인식은

• • •

21. 칸트가 자신의 방책에서의 순환을 초월론 철학은 경험의 가능성을 근거짓지만, 그 자체가 그것을 전제한다고 해명하는 KdrV B 765/A 737과 관련된 R. Aschenberg (1978), 335 f.를 참조. 사실상 칸트의 세 비판들이 항상 타당성 이론적인 사실(수학과 자연과학의, 인륜법칙의 그리고 미학적 판단들의 타당성)을 전제하고, 이러한 기초 위에서 그 사실의 재구성을 시도한다는 것은 칸트의 세 비판들의 가장 원칙적인 결합들 가운데 하나——피히테가 가장 명확하게 인식한 결합——이다.

플라톤에게로, 아니 아마도 이미 역사적 소크라테스에게로 소급된다.[22] 그것은 19세기의 근거짓기 이론적인 반성들에서 커다란 역할을 수행한다. 가령 트렌델렌부르크Trendelenburg(1840; Ⅱ 320-331)는 간접 증명에 섬세한 연구들을 바치고 있다. 그는 플라톤의 소피스트 비판을 지시할 뿐만 아니라 또한 아리스토텔레스로부터 스피노자와 라이프니츠를 거쳐 헤겔에 이르기까지 그들의 고유한 철학의 근본 원리들이 항상 간접적으로 증명되었다는 것을 보여준다. 비록 트렌델렌부르크가 아리스토텔레스와 마찬가지로 이러한 증명을 오직 궁여지책으로만 간주한다 할지라도, 그는 [162]철학의 원리들이 간접적으로밖에 증명될 수 없다는 것은 "사태의 본성 속에" 놓여 있다고 설명한다(331). 로이스의 논문 「최근 논의에 비추어 본 진리 문제The Problem of Truth in the Light of Recent Discussion」에서 우리는 다음과 같은 것을 읽게 된다. "요컨대 절대적 진리란 그에 대한 부정이 그와 동일한 진리의 재언명을 함축하는 그런 것이다."(1969; Ⅱ 708) 초기 후설―『논리 연구』―에서는 신칸트주의에서와 마찬가지로 간접 증명에 대한 반성들이 똑같이 중요한 역할을 하고 있다.[23] 예를 들어 리케르트Rickert에서는 우리가 "과연 그러한 부정이 거기서 우리가 동시에 판단 일반의 가능성을 부인하고 그 결과 판단으로서의 부정이 자기 자신을 지양하는 일 없이 관철될 수 있는지의 여부를" 탐구해야만 하며, "우리는 인식의 최종적 전제들을 근거짓기 위한 이와 다른 방도를 소유하지 않는다"고 되어 있다(1928; 237 f.)

그럼에도 불구하고 우리는 앞에서 언급된 저자들 모두가 아펠의 논증 수준과 그의 분석들의 명확성보다 훨씬 뒤쳐져 있다는 점에 대해서는 의심

• • •

22. V. Hösle (1984), 282 ff., 353 ff., 427 ff.와 Ch. Jermann (1986), 76 ff.를 참조. 헬레니즘의 회의주의와 쿠자누스에서의 자기 지양식에 대해서는 V. Hösle (1984), 664 ff., 700을 보라. ― 간접 증명에서의 대가는 라이문두스 룰루스Raimundus Lullus인데, 그는 그 증명의 의미를 이론적으로도 반성했다. Ch. Lohr (1984), 83을 참조.

23. 언어 분석적 칸트 수용 ― 가령 스트로슨 ― 에서의 초월론적 논증들의 역할에 대해서는 R. Aschenberg (1982)를 보라.

할 수 없다. 가령 리케르트는 자신이 제안한 방도를 물론 대안이 없긴 하지만 그럼에도 불구하고 "절대적으로 무전제적인 입장"을 지원하기에 적합하지 않은 임시변통 방책으로만 간주하며(238), 이에 대한 상론들에 이어 "인식론의 선결 문제 요구의 오류", 즉 그로서는 불가피한 것으로 간주하지만 그가 생각하기에 자신의 발상을 상대화하는 구조를 다루는 한 장을 덧붙이고 있다(245-250). 아펠의 최종 근거짓기 정식에 가장 가까이 다가와 있는 것으로 보이는 후기 관념론자 울리치^{H. Ulrici}는 순환에 대해 다른 입장을 취한다. 울리치는 과연 사유 필연성이 증명될 수 있는지를 물으며, 그것은 "오로지 순환 논증에로 귀결될 수 있을 뿐"이라는 것을 명확히 인식한다. "······ 그러므로 사유 필연성 자체가 그 자체로서 증명되어야 한다면, 그것은 다만 사유 필연성을 사유 필연성으로부터만 증명한다는 것, 다시 말하면 오로지 증명되어야 할 것이 동시에 전제됨으로써만 사유 필연성이 자기 자신을 증명한다는 것을 의미한다." 물론 불가피하다는 것은 이러한 순환의 특성이며, 사유 필연성은 **증명**될 수 없을 뿐만 아니라 또한 논박될 수도 없다. "사실상 철학은 단연코 이러한 순환으로부터 벗어나지 않는다. ······ 다시 말하면, 사유는 모든 증명의 필연적인 전제인데, 왜냐하면 증명은 다만 사유의 형식 내지 발전 방식이기 때문이다. 그런데 사유의 실존은 부인되고 논박되거나 의심될 수 없다. 왜냐하면 이러한 부인, 논박, 의심 자체가 이미 사유이기 때문이다. ······ 따라서 사유는 사실상 그 자신의 실존을 증명하는데, 왜냐하면 사유는 바로 그 자신의 실존을 부인할 수 있고, 이러한 부인 속에서도, 즉 이러한 자기부정 속에서도 바로······ 자기 자신을 긍정하기 때문이다. 바로 그와 더불어 사유는 자기 자신을 필연적으로 존재하는 것으로서 파악한다. 왜냐하면 [163]그것의 비존재가 자기 자신을 무화하고 따라서 자기 자신을 지양하는······ 모순인 바의 것은 필연적이기 때문이다." 울리치에 따르면 그 자신의 필연성에 대한 이러한 사유는 곧바로 사유의 본질이다. "왜냐하면 사유는 오로지 그것이 자기 자신을 존재하는 것으로서 증명하고 따라서 필연적으로 사유함으로써만 그리고 그렇기 때문에만 필연적이기 때문이다. 따라서 사유의 존재의 필연성은 그의 자기 사유의 필연성이지만, 이러한 것은 다만 사유가 그 자신의 필연성을 사유하는 한에서만 사유 자체이다. …… 또는 사유가 그 자신을 절대적으로 확신하고, 자기 자신을 존재하는 것으로 파악하고 **증명함**으로써, 바로 그와 더불어 사유는 그 자신이 본질적으로 **증명함**이라는 것을 증명한다."(1841; 48 f.)

그러나 울리치의 이 아름다운 인용문도 아펠이 최종 근거지어진 명제들의 구조를 그에게 이르기까지 달성된 적이 없는 방식으로 엄밀화했으며, 특히 증명되어야 할 명제의 부정에서 문제되는 모순을 의미론적인 것이 아니라 화용론적인 것으로서 인식했다고 정당하게 주장할 수 있다는 점에 아무런 변화도 일으키지 않는다. 그리하여 아펠의 최종 근거짓기 정식은 단연코 본질적인 것을 제기한다. 그에 따르면 명제 p는, 그것이

a) 화용론적 자기모순 없이는 논박될 수 없고

b) 그것의 타당성이 전제되지 않고서는 증명될 수 없을 때, 최종 근거지어진 것으로서 간주되어야 한다.

조건 a)는 조금 전에 상세히 논의되었듯이 직접 증명의 무한한 근거짓기 퇴행을 피할 수 있는 유일한 가능성으로서 나타난다. 조건 b)는 물론 처음에는 낯설어 보일 수 있지만, 그것이 단지 동일한 연관의 다른 측면일 뿐이라는 것은 어렵지 않게 파악될 수 있다. 즉, p의 부정이 p를 전제한다 할지라도, 그것은 다만 p가 — 발화 행위로서의 — 모든 명제가 함축하는 것을 명시적으로 표현하기 때문일 뿐이다. 그러므로 p를 증명하고자 하는 명제 자체도 p를 수행적인 차원에서 전제해야만 한다. 예를 들면, 진리가 존재한다는 것을 보이고자 하고 이를 위해서 명백히 진리 요구를 제기하는 진술인 "진리는 존재하지 않는다"에서의 화용론적 모순을 지시하는 사람은 사실상 이 논증 자체에서 진리가 존재한다는 것을 전제한다. 그렇지 않으면 그는 전혀 논증할 수 없을 것이다. (주의해야 할 것은 여기서 문제되는 것이 p가, 우리가 때때로 읽을 수 있듯이, 선결 문제 요구의 오류 없이

증명될 수 없다고 하는 것이 아니다. 왜냐하면 선결 문제 요구의 오류에서 이해되는 것은 일반적으로 하나의 명제를 그것을 전제로서 다시 수용함으로써 증명하는 것, 그러므로 객관화된 명제적 차원에서의 과정이기 때문이다. 그러나 여기서 말하고 있는 전제 관계는 수행적인 차원에서 진행된다. 사실상 만약 다수의 최종 근거지어진 명제들이 존재한다면, 이 명제들 가운데 몇 가지가, 비록 이 명제들이 교호적으로 수행적인 차원에서 전제한다 할지라도, 이 그룹의 다른 명제들로부터 선결 문제 요구의 오류 없이 도출될 수 있다는 것이 배제될 수 없다.[24])

[164]아펠의 최종 근거짓기 정식에 반대하여 게트만^{Gethmann}과 헥셀만 ^{Hegselmann}(1977; 346 ff.)은 다음과 같은 비판을 내놓았다. 첫째, 화용론적 모순들이 회피되어야 한다는, 조건 a)의 근저에 놓여 있는 전제는 근거지어져 있지 않다. 그리고 둘째, 하지만 일반적으로 선결 문제 요구는 무언가 부정적인 것으로서 간주될 것이며, 따라서 그것을 피할 수 없다고 하는 그 불가능성에서 무언가 긍정적인 것을 보는 것은 잘못이다.

이러한 비판의 첫 번째 점에 대해서는 사실상 최종 근거짓기 증명이 고전적 논리학의 몇 가지 원리들을, 가령 위에서 제안된 버전에서는 모순율과 더불어 배중률과 또 다른 몇 가지 논리적 공리들을 전제하는 것으로 보인다고 말할 수 있다. 여기에는 사실상 내게 그에 대한 포괄적인 해결이 이 자리에서 가능하지 않은 문제가 놓여 있다. 뒤따라야 할 해결 전략은 물론 명확하다. 즉, 만약 사람들이 형식 논리학——최종 근거짓기 증명의 관계를 후자가 전자를 형식적 연역 논증^{Apodeixis}의 의미에서 전제한다는 식으로 파악한다면, 그것은——아펠 자신이 명확히 인식했듯이——오해로서 거부되어야 한다는 것이다. 최종 근거짓기 증명의 기지는 바로 증명의 공리적 모델을 초월하는 데 존재하며, 만약 우리가 어렵다고 인정하지 않을 수 없는 관계에 대한 분석에서 형식적이고 초월론적인 논리학에서

• • •
24. 베를리히$^{A. Berlich}$의 날카로운 논문(1982), 257 f.를 보라.

형식 논리학적인 모델로 되돌아간다면, 그 최종 근거짓기 증명의 핵심을 놓치게 된다. 형식 논리학은——수학과 모든 개별 과학들과 마찬가지로——한편으로는 공리들을, 다른 한편으로는 도출 규칙들을 전제하는 가언 학문이며, 초월론적인 반성적 논증들에 대해 이러한 공리들과 도출 규칙들을 근거짓라는 요구가 제기될 수 있는바, 결코 그 역은 아니다.[25] 최종 근거짓기 증명의 기초 위에서는 다양한 가능한 논리적 체계들로부터 최종 근거짓기 증명의 근저에 놓여 있는 바로 그것을 부각시키는 것이 원리적으로 가능해야만 할 것이다. 그러한 근거짓기는 사실상 일정한 형식의 순환성을 포함할 것이다. 그러나 그것은 앞으로 우리가 보게 되듯이 선결 문제 요구의 오류와는 구별되는데, 왜냐하면 논리적 체계의 모든 제안자는, 만약 그가 한갓 구문론적인 유희들을 제안하는 것이 아니라 철학에 대한 기여를 수행하고자 한다면, 바로 그 자신이 진리 능력이 있는 이론을 제안한다는 것을 전제하기 때문이며, 나아가 그의 논리적 체계가——고전적 진술 논리학과는 달리——그에게 이러한 진리 요구를 수용하는 것을 허락하지 않는다면, 바로 그의 체계에 대해 그만큼 더 나쁘다고 여겨지기 때문이다. 물론 그렇다고 해서 오로지 고전적 진술 논리학만이 최종 근거짓기 증명을 위해 [165]문제가 된다고 말하는 것은 아니다. 이 문제는 앞에서 말했듯이 이 논구의 주제가 아니다.[26]

어쨌든 명확한 것은 모순율이 모든 비판의 가능성의 조건이라는 점이다.[27] 모순율을 포기하는 자는 자기 자신에게서 다른 입장을(가령 모순율을

• • •

25. 이러한 중요한 통찰을 이미 피히테가 가졌었다. 그 통찰은 형식 논리학의 결함에 의해 그의 시대에는 거론되지 않는다.
26. 로렌첸Lorenzen과 로렌츠Lorenz(1978)가 논리학의 대화적이고 논증 이론적인 주목할 만한 정초 시도를 내놓았다.
27. 수학사에서 언제나 거듭해서 (가령 브로우베르의 직관주의에서) 문제가 제기된 배중률을 근거짓는 것은 더 어렵다. 그러나 첫째, 브로우베르는 배중률을 단지 일정한 영역에 대해서만 문제 삼았다. 그리고 둘째, 우리는 칸트에 반대하여 바로

견지하는 입장을) 내재적으로 비판할 수 있는 가능성을 박탈한다. 아니, 그는 근본적으로 자신의 입장을 더 이상 다른 입장으로부터 전혀 구별할 수 없는데, 왜냐하면 모순율의 포기는 진릿값 차이의 지양을 결과로 지니기 때문이다.[28] 물론 모순율의 논박자는 [166]저 모순율에 대한 그의 비판을

• • •

최종 근거지어지지 않은 공리적 학문으로서의 수학은──물론 손해가 없는 것은 아니지만 학문으로서의 그 성격을 파괴함이 없이──간접 증명을 포기할 수 있는 데 반해, 철학에서는 원리적으로 최종적 전제들을 증명하는 다른 양식을 생각할 수 없다. 셋째, 반대자는 그의 반대가 한갓 추상적인 것이 아니기 위해서는 반박된 것과 그것을 통해 간접적으로 증명된 것 너머에서 제3의 가능성을 구체적으로 지명해야만 한다. 그 경우 아마도 이 가능성은 가능성이 아니라 불가능성임이 제시될 것이다. 이러한 것은 사실상 최종 근거짓기 증명에서 그 자체가 삼단계적인 경우이다. 일반적으로 거의 모든 문제들에 대해 세 개의 가능한 철학적 입장들이 존재한다. 근거짓기 문제에 대해서는 자기의 원리들을 명증성으로부터 끌어내는 소박한 교조주의의 입장, 자기 자신을 지양하는 총체적 상대주의의 입장 그리고 자기 자신을 근거짓는 초월론 철학의 입장이 존재한다. 초월론 철학은 그 자체가 이미 저 이의 제기가 추구하는 제3자이다.

28. 때때로 모순율에 불리하게 이 모순율이 중요한 철학자들에 의해 거부되었다는 점이 지시되곤 한다. 가령 아펠과의 논의에서 알베르트는 놀랍게도 아도르노에 대한 긍정적 관련의 태도를 취하면서 우리는 모순율이 타당하지 않다고 주장할 수 없다는 아펠의 테제에 반대하여 다음과 같이 이의를 제기했다. "그(즉 아도르노)는 바로 그것을 주장했다!"(Apel/Böhler/Kadelbach (1984), Ⅱ 92) 그에 대해서는 첫째, 아펠과 알베르트가 '주장하다'는 말을 동음이의어로 사용한다고 대답할 수 있다. 왜냐하면 아펠은 '주장하다'를 가지고서 분명히 '진리에 대한 근거지어진 요구를 가지고서 무언가를 옹호하다'를 생각하는 데 반해, 알베르트는 '일정한 명제들을 정식화하다'를 생각하고 있기 때문이다. 이러한 후자의 의미에서는 사실상 전자의 의미에서 주장될 수 없는 여러 가지 것을 주장하는 것이 가능하다. 가령 사상의 자유가 있는 나라에서는 사람들로 하여금 온갖 종류의 모순적인 것을 이야기하지 못하도록 막는 것이 아무것도 존재하지 않는다. 이와 유사하게 '가능하다'는 말도 동음이의어로 사용된다. 자명한 일이지만, 분명 페아노 공리에 따라 구성될 수 있는 무한히 많은 수들이 존재하지만, 다만 유한히 많은 소수들이 존재하거나 모든 것이 똑같은 정도로 참이라고 생각하는 것은 가능하다. 그 점은 이미 이러한 생각들이 단연코 발견될 수 있고, 그러므로 현실적이라는 것으로부터 따라 나온다. 그럼에도 불구하고 그것을 생각하는 자는 모순들에 빠져들며, 따라서 해당

220

문제 삼는 이 논증 자체가 논리학을 전제한다고 설명할 수 있을 것이다. 우리는 모순율을 인정하지 않는 그에 대해 그가 논리적일 것을 기대할 수 없다는 것이다. 그러나 그렇게 함으로써 그는 메타 수준에서 또다시 일관성에 대한 요구를 제기할 것이다. 모순율을 부인하는 자는 지속적으로 그에 대한 인정과 배척 사이에서 동요한다. 그리고 오로지 모순율에 대한 주기적인 재인정만이 다른 사람으로 하여금 일반적으로 이 입장에 관여할 동기를 부여할 수 있다. 그러나 사람들이 그의 입장에 대해 보내는 모든 관심의 가능성의 이러한 조건을 또한 그러한 것으로서도 해명할 수 없는 무능력은 사람들이 이 입장을 지속적으로 진지하게 받아들일 수 없는 이유이다. 물론 모순율을 부인하는 자가 내재적으로 반박될 수 없다고 하는 것은 일정한 의미에서 참이다. 왜냐하면 모순율은 내재적 반박의 가능성의 조건이기 때문이다. 그러나 내재적 반박의 이러한 불가능성을 가령 쌍곡선 기하학에서 내적 모순을 발견할 수 없는 불가능성과 등치시키는 것은 불합리하다. 왜냐하면 쌍곡선 기하학은 다른 어떤 것에 대립된 어떤 것을 주장하는 데 반해, 모순율을 부인하는 자는 아무것도 주장하지 않기 때문이다. 따라서 이 입장을 반박하고자 하는 것은 어리석다. 우리는 최종 근거짓기 증명을 피하기 위해 이 입장으로 물러서는 사람을 다만 정신적 질병──자신의 주관성의 소용돌이──에 빠져 있는 놀랄만한 대상으로서 간주할 수 있을 뿐이다. 물론 모든 정신적 질병들과 마찬가지로 이 질병도 흥미롭

● ● ●

수학적이고 논리적인 사태는 가능하지 않다. 우리는 심리적 사태와 논리적 사태를 혼동하지 않도록 조심해야 한다. ──둘째, 변증법적 이론의 모든 합리적 재구성은 최소한 두 가지 형식의 모순율을 구별하지 않을 수 없을 것이다. "자기 모순되는 이론은 참일 수 없다"는 명제는 모든 이성존재에 대해 더 이상 그 뒤로 물러설 수 없는 명제이다. 그러나 이 점은 "자기 모순되는 것은 아무것도 존재하지 않는다"는 명제에 대해서는 적용되지 않는다. 헤겔은 전자의 명제가 아니라 오직 후자의 명제만을 문제 삼았는데, 그에 따르면 일관되지 않은 이론들뿐만 아니라 또한 모든 유한한 것이 자기 모순되지만, 절대자와 그것을 표현하는 이론은 자기 모순되지 않는다. V. Hösle (1987a), 156 ff. 참조.

다. 그 질병은 어떻게 생겨나는가? 분명히 그것은 모든 주어진 것에 맞서 그것이 한갓 가능한 것으로서, 즉 자신의 정립에 의존하는 것으로서 나타나는 메타 입장에로 들어가고자 하는 소망에 의해 담지되어 있다. 그리고 이 입장이 개별적 인간과 전 인류의 발전에서 중요한 기능을 지닌다 할지라도——그러한 입장만이 전통의 극복과 타당해야 할 것을 이성의 자율로부터 새롭게 근거짓는 것을 가능하게 한다——, 그것의 절대화는 [167]정신적 탁월성의 징표가 아니다. 그 입장은 청년기 위기의 영구화이며, 성장하기를 거부하는 것, 다시 말하면 파괴로부터 모순율이 그것을 위한 가장 기초적인 조건인 새로운 근거짓기로 이행하기를 거부하는 것이다——수행적 자기모순 배제율로서의 모순율이 새로운 근거짓기의 가장 기초적인 조건인 까닭은 우리가 최종 근거짓기 증명에서 보았듯이 오로지 이 기초 위에서만 수행적 모순 배제율이 무의미한 것으로서나 한갓된 가능성으로서 고찰되는 곳에서도 전제되는 선험적 종합 명제들이 가능하기 때문이다——.

이러한 반론에 대해서는 쉽사리 그것이 순환을 나타낸다고 하는 대답이 주어질 수 있다. 왜냐하면 그것은 그 무전제적 타당성이 논의되고 있는 저 증명을 전제하기 때문이다. 따라서 우리는 선결 문제 요구가 회피되어야만 하는 어떤 것으로 간주된다고 하는 게트만과 헥셀만의 두 번째 비난에 도달한다.[29] 여기서 중요한 것은 최종 근거지어진 명제들에 대한 증명에

• • •

29. 아펠의 기준들에 따르자면 귀족 정치가가 "귀족 출신의 개인들에 의해 정립되는 바로 그 규범들이 모두에 의해 준수되어야 한다"는 것을 증명할 수 있을 거라는 게트만과 헥셀만의 반론(348)은 제멋대로이다. 왜냐하면 첫째, 비-귀족 정치가뿐만 아니라 또한 모든 귀족 정치가도 이 명제를 전혀 자기모순을 범함이 없이 논박할 수 있겠기 때문이다(그는 가령 이성적 규범들이 그것들이 누구에 의해 정립되든지 간에 효력을 지녀야 한다는 견해를 가질 수 있을 것이다). 둘째, 이 명제는 좀 더 포괄적인(내 생각에는 거짓된) 이론의 틀 내에서 단연코 선결 문제 요구의 오류 없이, 아니 또한 그 진리를 전제함이 없이도 증명될 수 있다. 결정적인 요점은 우리가 자신의 귀족 출신, 민족성, 눈 색깔 등등을 사상할 때에는 아무런 모순도

서의 선결 문제 요구와 형식적 증명 내부에서의 그것을 구별하는 것인데, 바로 그것을 아펠의 반대자들이 방기했을 뿐만 아니라 가령 리케르트도 하지 않았다. 두 번째 의미에서의 선결 문제 요구가 수용될 수 없다는 것은 어떠한 이성적 존재도 논박하지 않는다. 아니, 이미 아리스토텔레스가 알고 있듯이(『분석론 전서』 B 16) 그것을 가지고서는 모든 것이 증명될 수 있다. 그러나 여기서 문제가 되는 선결 문제 요구는 그것과 완전히 구별된다. 첫째, 최종 근거짓기 증명에서는 최종 근거지어진 명제들이 각각의 모든 명제에 의해, 그러므로 또한 그것들을 증명하는 명제에 의해 수행적 차원에서 전제되기 때문에 전혀 선결 문제 요구에 대해 말하지 않아야 한다는 것은 이미 말한 바 있다. 둘째, 가령 수학적 공리들은—그 밖의 공리들의 틀 내에서 그것들과 등가의, 물론 그 경우 그 자체가 증명될 수는 없는 다른 명제들에 의해—언제나 증명될 수 있다. 그에 반해 최종 근거지어진 명제들이 전제 조건들로서 전제된다는 것은 어떠한 가능한 공리 체계에 의해서도 피할 수 없는 관계이다. 그리고 셋째, [168]조건 b)가 조건 a)와 결합하여 타당하다는 점이 결정적이다. 따라서 최종 근거지어진 명제가 자기 자신을 전제한다는 것은 그것의 부정도 그것을 전제한다는 것을 의미한다. 그러나 바로 이 점이 일상적 의미에서의 선결 문제 요구에는 적용되지 않는다. 가령 유클리드의 평행선 공준을 논박하는 것은 단연코 일관되게 가능하다. 그러므로 형식적 이론에서의 선결 문제 요구의 오류는 자기 근거짓기의 순환과 그야말로 날카롭게 구분되어야 한다. 그럼에도 불구하고 무언가 부정적인 것—요구^{petitio}—과 무언가 긍정적인 것—자기 근거짓기—사이에 일정한 유비가 존재한다고 하는 매혹적인 구조가 인정될 수 있으며, 양자를 구별하기 위해서는 사실상 날카로운 눈길이 필요하다. 그와 마찬가지로 또한 모순율을 부인하는 것의 '반박

• • •

나타나지 않지만, 진리 요구를 지니고서 자신의 추상 능력과 논증 능력을 사상할 때에는 모순이 나타난다는 것이다.

불가능성'도 최종 근거지어진 입장과의 형식적 유사성들을 지닌다.

3.1.4. 오류 가능주의 논쟁

아펠에 대해 제기된 알베르트의 오류 가능주의 반론에서는 해당 개념의 명료화가 논쟁점의 해결을 위해 필요 불가결함에도 불구하고 알베르트와 아펠 둘 다 충분히 명확하게 구분하지 않은 두 가지 계기가 구별되어야 한다. 우리가 언제나 잘못을 범할 수 있다는 주장은 그에 대해 어떠한 절대적으로 원칙적인 이의 제기도 있을 수 없는 심리학적인 테제이다. 아니, 진리와 진리 인식에 관한 모든 이론에 대해서는 그것이 또한 오류의 가능성도 설명할 것이 요구될 수 있다. 그에 반해 최종 근거짓기가 가능하지 않다는 테제는 근거짓기의 구조에 관계되며 따라서 알베르트가 두 테제를 등가의 것으로 간주하는 것처럼 보일지라도 첫 번째 테제와 전혀 다른 지위를 지니는 테제이다. 왜냐하면 최종 근거짓기에 대해 말하는 자가 오류 불가능한 통찰들을 주장하는 것은 결코 아니기 때문이다. 그는 다만 공리적-연역적 학문들에서 달성된 것과는 다른 종류의 것인 비-가언적 인식이 가능하다는 점을 주장할 뿐이다.

철학적으로 좀 더 중요한 두 번째 문제를 시작하기 위해 단연코 말할 수 있는 것은 그것이 최종 근거짓기 증명과 더불어 이미 결정되어 있다는 점이다. 여기서 문제가 되는 것은 다만 아펠과 알베르트의 논증들과 좀 더 구체적으로 관계하는 가운데 위에서 획득된 것을 직관화하고 구체화하는 것일 뿐이다. 오류 가능주의 원리에 대한 초월론적 화용론의 비판은 이 원리가 거짓말쟁이와 유사한 이율배반에로 이어진다는 주장에서 정점에 도달하는데, 이는 오류 가능주의자들에 의해 정력적으로 논박된다. 물론 우선은 양 진영이 종종 저지르는 잘못이 제거되어야 한다. 이율배반에 대한 예로서 그들은 크레타인 에피메니데스의 "모든 크레타인은 거짓을 말한다"는 명제 형태에서나 좀 더 일반화된 형식으로 "모든 인간은 거짓을 말한다"에서의 거짓말쟁이를 든다(Apel/Böhler/Kadelbach (1984), Ⅱ 90, 115). 그러나 이 명제는 실제로는 [169]전혀 이율배반적인 것이 아니라 필연적으로 거짓이다. 왜냐하면 물론 그것이 참일 때 그것은 또한 거짓이기도 하다는 것은 타당하지만, 그것이 거짓일 때 그것은 결코 필연적으로 참은 아니기 때문이다 — 왜냐하면 그 명제의 부정은 그것의 거짓임과 아주 잘 양립할 수 있기 때문이다. 그에 반해 현실적으로 이율배반적인 명제는 "이 명제는 거짓이다" 또는 "이것으로 나는 거짓을 말한다", 그러므로 오로지 자기에 대해서만 말하는 명제들이다.[30] 따라서 자기 자신에게 진리를

• • •

30. 엄밀한 반성성은 이율배반들을 위한 필요조건일 뿐이지 충분조건이 아니다. 중요한 것은 자기 관련이 부정적이라는 점, 좀 더 정확히 하자면 자기 관련의 명시적 부정이 발생한다는 점이다. 그렇지 않으면 이율배반은 발생하지 않는다. "이 명제는 참이다"는 참이거나 거짓일 수 있지만, 어느 경우에도 이율배반적이지 않다. 이율배반의 구조에 대해서는 케셀링Th. Kesselring의 근본적인 저작(1984) 및 반트슈나이더D. Wandschneider의 예리하고도 명료하게 해주는 논문(1990)을 보라. 후자는 특히 이율배반들과 화용론적으로 모순적인 명제들의 관계를 다룬다(그것들은 모순들이 이율배반들과 구별되는 것과 마찬가지로 엄밀하게 구별되어야 한다. 이율배반들에서는 화용론적 모순이 이를테면 내용적인 수준에서 해명된다). 앞에서 이야기된 것으로부터는 모든 형식의 자기 관련을 배제하는 이율배반들의 해결 시도가 목표를 벗어난다는 것이 따라 나온다. 유형 이론은 바로 그러한 것을 시도하는데, 이미 그런 까닭에 유형 이론은 거부되어야 한다. 그 점을 넘어서서 바르디P. Várdy(1979)는 중요한 논문에서 유형 이론의 근거에 놓여 있는 명제인 "자기 관련은 금지된다"가 그것이 제거하고자 하는 이율배반을 재산출한다는 것을 보여주었다. 왜냐하면 만약 내가 저 금지가 그 자신에 관계되는지의 여부에 대해 묻는다면, 긍정적 대답에서는 그것이 자기에게 관계되어서는 안 된다는 것이 생겨나게 되며, 그에 반해 만약 내가 그 물음에 대해 아니라고 한다면, 내가 그 금지를 그 명제 자체에 적용하는 까닭에 그 명제가 자기에게 관계하게 되기 때문이다. (메타 수준의 무한 퇴행에 대한 지시는 해결책이 아닌데, 왜냐하면 최종 근거짓기 증명에서 암시되었듯이 나는 오직 내가 메타 수준을 포괄하는 보편적인 명제를 전제할 때에만 이 증명을 파악할 수 있기 때문이다.) 요컨대 바로 저 금지가 자기에게 관계되지 않을 때, 그것은 자기에게 관계된다는 것이다. (그에 반해 "부정적 자기

기대하지 않을 뿐만 아니라 자신의 제한성을 다른 것들에게도 전가하는 상대주의의 명제들은 이율배반적인 것이 아니라 그야말로 단적으로 거짓이다.

알베르트의 근본 명제인 ("아무것도 최종 근거지어져 있지 않다" 내지 심지어는 훨씬 강력한 주장인 "최종 근거짓기는 불가능하다"와 분명히 등가이어야 하는) "모든 것은 오류 가능하다"는 무엇인가? 알베르트는 이 명제의 자기 적용을 수용하는데, 이 적용은 결코 이율배반으로도 또 필연적인 거짓임으로도 나아가서는 안 된다. "왜냐하면 그것에서는 오로지 그것 자체가 원리적으로도 의심될 수 있다는 결론이 나올 뿐이기 때문이다. 그런데 이 점은 심지어 그것의 절대적 올바름과도 통합될 수 있을 것이다."(1975; 123) 뒤 문장은 전혀 단순하게 이해될 수 없다. 알베르트는 절대적 올바름에서 무엇을 생각하는가? 그는 그의 명제가 무전제적으로 [17]타당하다는 것을 생각하는가? 그러나 그 경우 우리가 그럼에도 불구하고 그 명제를 의심할 수 있다는 것은 무엇을 의미해야 할 것인가? 알베르트는 '의심하다'에서 모든 것이 그 규정성과 명확성을 상실하는 일정한 분위기가 자기 내에서 일어나게 하는 능력을 생각하는가? 이러한 능력이 실존한다는 것은 단연코 있을 수 있는 일이다. 그 능력은 심리학자들에 의해 상세하게 탐구될 수 있을 것이다. 하지만 그것은 철학과는 아무런 상관도 없다. 알베르트가 의심한다는 것에서 어떠한 타당성 요구도 지니지 않는 행위를 표상한다는 것은 사실 그의 발언에 의해 시사되는데, 쿨만은 의심하다와 논박하다의 구별을 간과한다(1982; 72 f.). 왜냐하면 한편으로 의심하다와 논박하다가 동일하지 않다는 것은 물론 올바르지만, 다른 한편으로

• • •

관련은 금지된다"는 명제는 이율배반적이지 않다.) ──어쨌든 러셀-비트겐슈타인적인 반성성 금지는 철학적 이유들에 대해 말하지 않는다 하더라도 이미 논리적 이유들에서 견지될 수 없다. 20세기 철학에서 그것이 야기한 손실은 헤아릴 수 없다.

의심하다가 타당성 요구를 지니는 행위여야 한다면 그것이 논박하다로 환원될 수 있다는 것도 명확하기 때문이다. 왜냐하면 "나는 p를 의심한다"는 물론 "나는 p를 논박한다"를 의미하진 않지만, 아마도 "나는 p에 대해 제시된 근거들이 충분하다는 것을 논박한다"(내지 만약 우리가 직관을 허락한다면, "나는 p가 정당한 직관의 대상이라는 것을 논박한다")를 의미할 것이기 때문이다.

그러므로 만약 알베르트의 의심하다가 논박하다로 환원될 수 없다면, 그에 대해 상세하게 논의하는 것은 사실상 필요하지 않다. 그러나 이 점이 사실이라면, 그 명제는 그것이 자기 적용을 허락하는 까닭에 다음과 같이 표현될 수 있어야만 한다. "나는 모든 주장과 모든 근거짓기가 전제 의존적이라고 주장한다. 그러나 그 점은 또한 나의 테제에 대해서도 유효하다." 그리하여 알베르트는 아펠의 테제를 자기의 테제와 정확히 똑같이 가능한 것으로 설명하지 않을 수 없다. 따라서 왜 그가 아펠에 대해 논박하는지가 전혀 통찰될 수 없다. 기껏해야 그는 아펠이 오류 가능주의 명제가 거짓이라고 하는 하나의 가능한 견해를 주장한다고 말할 수 있을 뿐이다. 그는 모든 것이 오류 가능하다고 하는 다른 견해에 대한 찬성을 결정했다. 그러나 그는 자신이 잘못을 범할 수 있다는 것을 아는 까닭에, 아펠에 대해 그의 견해를 승인한다. 그에 반해 아펠은 결코 알베르트에 대해 똑같은 방식으로 관용적이기를 강요받지 않을 것이다. 그는 조금도 자기모순을 범하지 않고서 알베르트가 의심할 바 없이 잘못을 범하고 있다고 말할 수 있다. 이미 그것이 비당파적인 관찰자로 하여금 아펠의 입장을 좀 더 강력한 입장으로 받아들이게 할 것이다.

하지만 알베르트는 아펠을 반박할 수 없는 것만이 아니다. 그는 심지어 입증되지 않은 확신들에 토대하는 모든 교조주의에 대한 자신의 입장의 탁월성도 제시할 수 없다. 위에서 말한 것에 따르자면 그는 그러한 각각의 모든 입장을 자기의 입장과 동등한 지위에 있는 것으로 여겨야만 한다. 아펠은 이렇게 할 필요가 없다. 아니, 그는 경험적 인식이 원리적으로 최종

근거지어져 있을 수 없다는 것을 최종 근거지을 수 있기를 요구한다
(Apel/Böhler/Kadelbach (1984), Ⅱ 87). 그리하여 아펠은 오류 가능주의의
— 보편적인 것이 아니라 상대적인 — 진리를 그 진리가 사실상 타당하게
적용되는 인식의 부분 영역에 대해 견지하기가 훨씬 쉽다. 하지만 그는
경험적이고 따라서 오류 가능한 인식들과 경험적 인식의 가능성 조건에
관한 인식들을 구별한다. 이 후자의 인식들 자체는 [171]그것들 자체가 언제
하나의 인식이 오류 가능한 것으로서 여겨질 수 있고 언제 그렇지 않은지
를 비로소 확정할 수 있게 해주는 한에서 오류 가능하지 않다(Ⅱ 87 f.).
그에 반해 인류를 교조주의로부터 보호하는 것이 그의 최종적인 철학적
동기인 알베르트는 바로 그 반대를 달성한다. 왜냐하면 무엇보다도 우선
(주목할 만한 변증법적 필연성에서) 바로 보편적인 오류 가능주의자에게
있어서는 원리적으로 모든 비판에 대해 면역되기가 쉽기 때문이다. 그
까닭은 오류 가능주의자에 따르면 우리는 우리가 잘못을 범했는지를 결코
확신할 수 없기 때문이다. 그런 한에서 바로 범비판주의는 가장 경직된
교조주의로 되돌아가는데, 이는 유감스럽게도 바로 상대편의 논증들을
다만 이해만이라도 할 수 있는 그 능력이 고집스럽게도 저발전 되어 있고
또 그 최종적 작업들이 좀 더 거친 목소리의 논쟁으로 환원되는 알베르트
가 증명해 주는 대로이다.

　　나로서는 또한 알베르트를 상기시키는 코이트Keuth의 진술(1983; 1989),
즉 만약 자신에게 오류 가능하지 않은 인식이 제시된다면 자기의 오류
가능주의를 포기할 것이라는 진술이 무엇을 의미하는지 이해할 수 없다.
코이트는 그러한 인식을 어떻게 표상하는가? 우리가 그 인식의 무오류성
을 알아챌 수 없을 것인 까닭에, 그는 만약 그의 진술이 말뿐인 신앙 고백
이상이어야 한다면 최종 근거지어진 인식을 부각시키는 방법을 제시해야
만 한다. 만약 그가 그렇게 하지 않는다면, 그는 모든 인식에서 "나는 네가
이용하는 방법을 인정하지 않는다"고 말할 수 있을 것이다. 아니, 그는
"네가 올바른 방법을 이용한다 하더라도, 너는 어쩌면 잘못을 범했을 수도

있다. 그러므로 나는 계속해서 내 입장을 고수할 수 있다"고 말할 수도 있을 것이다. 더 나아가 코이트의 — 쿨만(1985; 361)에 의해 수용된 — 진술, 즉 "어떠한 진술도 확실하지 않다"(1)는 명제는 "'어떠한 진술도 확실하지 않다'는 확실하지 않다'(2)와 등가가 아니라는 진술도 잘못이다. 왜냐하면 코이트가 자기 적용을 받아들이는 까닭에, (2)는 (1)로부터 따라 나오기 때문이다. 하지만 그 역도 타당하다. 즉, 만약 (1)이 거짓이라면, 그러므로 만약 단 하나의 확실한 진술이라도 존재한다면, (2)도 거짓인데, 왜냐하면 그 경우에는 요컨대 (1)이 불확실한 것이 아니라 확실하게 거짓이기 때문이다. 그러므로 (1)과 (2)가 등가인 까닭에(그 밖에 무한히 그러한 까닭에), 무한 퇴행에서 지속적으로 스스로를 회복하는 일련의 주장들인 (2), (3) 등등에 반대하는 모든 논증은 (1)에도 들어맞으며, 따라서 그것은 포기되어야 한다.

비판적 합리주의가 거기로 소급되는 빈 학단에서는 잘 알려져 있듯이 명제의 의미란 그것의 검증(방법)이라는 테제가 퍼져 있었다.[31] 사람들은 그것의 비판적 후계자에 대해 최소한 명제의 의미란 그에 대한 반증 방법이라는 테제를 기대해야만 하지 않았을까? 아무래도 최소한 일반적으로 반증의 구속력 있는 방법이 존재한다는 것을 기대해야만 하지 않았을까?[32]

• • •

31. 비트겐슈타인에 대한 바이스만F. Waismann의 보고(1967; 47)를 참조.
32. 나는 퍼스에 의해 시작되고 논리 실증주의에 의해 더욱더 전개된 의미 비판의 방법을 아펠과 함께 철학적 비판의 가장 결실 있는 방법들 가운데 하나로 여긴다. 물론 두 가지 제한을 덧붙여야만 한다. 첫째, 경험적으로 검증될 수 있거나 반증될 수 있는 명제들이 의미 있을 뿐만 아니라 또한 저 선험적 종합 명제들도 그것들의 타당성 요구의 검사를 위한 명확한 방법을 사용한다는 것이 명확하다. 그리고 둘째, 말할 것도 없는 일이지만 사실상 거짓인 것이든("너는 도둑질을 그만두었느냐?") 논리적으로 모순적인 것이든("최종 근거짓기의 근거는 무엇인가?") 그러한 것을 전제하는 무의미한 물음들이 존재한다는 것이 인정되어야 한다. 그러나 이 입증은 언제나 구체적으로 수행되어야 하는데, 왜냐하면 하나의 물음을 무의미한 것으로서 물리치는 것은 그렇게 하지 않으면 너무나 쉽게 구체적 반론들에 대한

(물론 [172]어쩌면 반증 방법들도 반증될 수 있을 것이다. 그러나 이를 위해서도 우리는 좀 더 높은 등급의 반증 방법을 필요로 한다. 그러나 모든 반증 방법들의 가능성의 조건은 진리와 거짓이 존재한다는 것과 모순율이 타당하다는 것이다. 이것마저도 의심하는 자는 반증의 어떠한 가능성도, 그리고 그와 더불어 의심의 의미도 지양한다.) 그러한 구속력 있는 방법의 실행을 포기하는 자는 비판의 이념을 파괴한다. 하지만 근본적으로는 이 주장 자체가 너무 멀리 나아간다. 왜냐하면 (1)이 무한한 자기 회복에로 이어지는 까닭에, 우리는 철저한 오류 가능주의자가 아무것도 파괴하지 않고 심지어는 아무것도 주장하지 않는다고 말하지 않을 수 없기 때문이다. 철저한 오류 가능주의는 아마도 그것이 전혀 거짓이 아니라— 전적으로 카르납이 완전히 정당하게 의미 없는 명제들에 대한 범례로서 인용한 저 주장, 즉 "몇 가지 사물은 바비히babig한데, 다른 것들은 그렇지 않다. 그러나 우리의 가련한 지성은 무엇이 바비히하고 무엇이 바비히하지 않은지 인식하기에 충분하지 않다"는 주장의 의미에서— 무의미하다고 판단되지 않을 수 없을 만큼 취약하고 아무것도 말하지 않는 이론이다.

알베르트의 입장이 지닌 불모성은 또한 그가 논증의 전제들을 드러내고자 하는 아펠의 초월론적 화용론적인 시도에 대해 그것도 오류 가능하다는 것 이상을 말하기를 회피한 데서도 나타난다. 어쨌든 알베르트를 따라 과연 아펠의 방법이 경험적 인식들이나 논리적-연역적 인식들보다 더 확실한 인식들로 나아갈 수 있을지 어떨지, 과연 초월론적 화용론의 진리 요구가 경험 과학의 그것과 다만 비교 가능하기만이라도 할지 아니면 초월론적 성찰의 방법 전체가 잘못된 것인지를 경험하는 것은 흥미로울 것이다. 알베르트는 상이한 인식 방법들에 대한 구체적인 비교 분석에 관여하지 않았는데, 이 점은 개연성(확률) 등급에 관한 담화도 진리를 전제하며, 따라서 후자를 부인하는 자는 전자도 단념해야만 한다는 쿨만의 테제를

• • •
면역에로 이어지기 때문이다.

확증해 준다.[33] [173]마지막으로 아펠의 최종 근거짓기 요구는 우리가 우리의 도덕적 확신들을 더 이상 수정할 필요가 없는 것으로 여기는 것에로 이어진다고 하는 알베르트의 비판(1982; 88)은 완전히 잘못이다. 왜냐하면 이 비판은 분명히 이러한 관념들의 수정이 의미가 있으며 따라서 규범적 명제들이 의미가 있다는 것을 전제하기 때문이다. 그러나 도대체 알베르트가 단지 목적 합리성의 영역 내에만 머무르는 반-생산성의 기준 이외에 규범적 명제들을 근거짓는 어떤 방법을 소유하는가? 아니, 그의 실천적 논고(1978)를 읽는 사람이라면 누구나 알베르트가 최종 근거짓기 프로그램 전체가 목적 합리성의 영역을 넘어설 필연성과 관계한다는 것을 파악할 능력이 없다는 인상을 피할 수 없을 것이다.

알베르트의 견해보다 본질적으로 더 흥미로운 것은, 아펠의 초월론적 성찰의 방법이 의미 있으며 그 방법은 정당하게도——다른 인식 형식들과는 달리——객체로서의 모든 인식의 최종적인 것 주위를 돌 것을 요구하지만 이 최종적인 것에 대한 그 방법의 인식 자체가 모든 비판으로부터 면제되어 있지는 않다는 것을 인정하는 베를리히^{Berlich}의 견해이다. 초월론적 화용론적으로 해나가는 것은 물론 의미가 있겠지만, 이 방법을 가지고서도 우리는 잘못을 범할 수 있으리라는 것이다. "비록 그것이 '최종적' 지식에 도달하지 못한다 할지라도, 그것은 '최종적인 것'에 대한 (잘못을 범할 수 있고 또 그 뒤로 물러설 수도 있는) 지식을 목표로 한다. 그리고 비록 그것의 초월론적 논증들 가운데 어느 것도 비판으로부터 벗어날 수 없다 할지라도, 초월론적 논증을 요구하는 그것의 문제 제기는 아마도 거부하기

• • •

33. 개연성(확률)이라는 어려운 개념에 대해 여기서는 상세하게 논의할 수 없다. 명확한 것은 통계적 확률들에 관한 담화("주사위가 6을 보여줄 확률은 ⅙이다")가 자연법칙들(과 따라서 "자연법칙들이 존재한다"는 선험적 종합 명제)을 전제한다는 점이다. 하지만 개별적인 역사학적 사건들에 개연성들을 돌리는 것("알렉산더가 필립에 대한 음모에 대해 알았다는 것은 개연적이다")도 내 생각에는 정치의 법칙과 역사학적 텍스트들을 그 신뢰성에 비추어 해석하는 것의 법칙 등등을 전제한다.

가 어려울 것이다."(1982; 276) 이러한 견해로부터 밝혀지는 것은 베를리히가 알베르트에 의해 혼동되는 두 가지, 즉 한편으로 최종적 원리에 대한 반성의 필연성과 다른 한편으로 유한한 이성의 개별적 오류의 가능성을 명확히 분리하고 있다는 점이다. 사실 가령 수학적 증명을 제시하는 누군가에게 구조적으로 상이한 두 가지 반론이 이루어질 수 있다는 점을 파악하기는 어렵지 않다. 첫째, 우리는 그에게 증명에서 오류를 발견했다고 말할 수 있다. 하나의 발걸음이 실제로는 선행하는 것으로부터 전혀 따라 나오지 않는다는 것이다. 둘째, 우리는 훨씬 더 원칙적으로 그의 공리들을 논박할 수 있다. 그의 연역은 물론 질서정연하지만, 우리는 그의 공리들을 거부하는 것이다. 그런데 이 두 번째 반론은 만약 우리가 최종 근거짓기 증명과 따라서 무전제적 사유의 가능성을 받아들인다면 초월론적 화용론적인 최종 근거짓기에 대해 제기될 수 없을 것이다. 하지만 무전제적인 철학적 사유에서도 우리는 수학적 연역에서와 마찬가지로 오류를 범할 수 있다. 최종 근거짓기에서도 우리는 우리가 죽을 수밖에 없는 존재임을 잊어서는 안 된다. 물론 증명이 길면 길수록 우리가 잘못을 범할 수 있는 개연성은 그만큼 더 커진다. [174]진리가 존재한다는 통찰에서 우리는 진리가 없이는 오류도 불가능한 까닭에 이미 잘못을 저지를 수 없다(바로 우리가 잘못을 저지르며, 최소한 잘못을 저지를 수 있다는 것은 참이어야만 한다). 이러한 연관은 오류가 끼어들 수 있는 좀 더 긴 증명들에서와는 달리 잘못이 일어날 수 없을 만큼 직접적이다. 물론 관건이 되는 것은 언제나 구체적 오류에 대한 입증이다. 모든 이론에 대한, 그리고 또한 아주 복잡한 이론에 대한 '비판적' 두뇌의 교만한 웃음, 즉 그것에도 아마도 그리고 가능하게도 오류가 놓여 있을 수 있다는 그의 확신은 모든 사태적인 비판이 의미하는 저 인식의 진보를 나타내지 않는다.

초월론적 발상은 물론 다른 노선으로부터의 가능한 비판 아래 놓여 있다. 이 노선은 근거짓기의 퇴보적 노선이 아니라 이를테면 그 발상을 좀 더 발전시키는 진보적 노선이다. 가령 바로 아펠에게서도 다수의 최종 근거지어진 명제들이 존재한다. 그러나 이러한 구조의 명제들이 더 많이 발견되면 될수록 그만큼 더 그것들이 서로를 바로잡으며 정밀화한다. 그것들은 서로 관계와 연관 속에 정립되는 한에서 상대화된다. 내 생각에 이 점은 전체론에 대해 인정되어야 한다. 물론 전체론의 두 가지 변형을 구별하는 것은 중요한데, 그 가운데 하나는 최종 근거짓기와 양립 가능하며, 다른 하나는 이 이념과 양립할 수 없다. 왜냐하면 새로운 발견들에 의해 근본 발상이 포기될 수 있다는 것은 확실히 배제되어야 하기 때문이다. 우리는 우리가 진리를 파악하는 데서 항상 또 다른 진보를 이룰 수 있다 할지라도 언제나 이미 진리 속에 존재한다. 그 진보는 다만 그것이 그 내부에서 일어나는 범주적 틀 덕분에 가능할 뿐이다. 이미지로 말하자면 우리는 언제나 이미 절대자 안에 존재하며 동시에 그에 이르는 도정 위에 있다. 우리는 도정 위에 있는데, 왜냐하면 절대자는 새로운 통찰들이 지금까지의 것들을 새로운 공간 속에 세워 놓고 이러한 의미에서 상대화할 수 있는 까닭에 개별적인 인간적 정신에 의해 남김없이 다 드러날 수 없기 때문이다. 그러나 이 모든 것은 오직 이러한 과정 안에 절대자가 이미 현전할 때에만 타당하다. 하나의 이미지를 추구한다면, 무한히 멀리 놓여 있는 한 점에 접근하는 직선에 대해 이야기하는 것은 오도하는 것이다. 왜냐하면 직선은 그것을 긋는 사람이 그 점이 어디에 놓여 있는지를 이미 알 때에만 그 점에 도달할 수 있을 것이기 때문이다. 우리는 진리를 어떻게든 이미 알고 있을 때에만 그 진리를 추구할 수 있다. 쿠자누스의 '박학한 무지De docta ignorantia'로 소급되는, 원에 내접한 다각형의 비유는 훨씬 더 심오하다. 다각형의 각의 수가 크면 클수록, 그만큼 더 다각형은 원에 접근하는데, 물론 그 각의 수가 유한하게 머무는 한에서 그것은 결코 원과 같아지지 않는다. 하지만 그 모든 차이에도 불구하고 그 비유는 가장 단순한 다각형도 언제나 이미 원 속에 존재한다는 것을 견지한다. 따라서 아직 분화되지 않은 최초의 초월론적 인식(가령 선험적 진리가 존재한다는 인식)도, [175]비록 이 인식을 하나의 체계로 해명하는 것에서야 비로소 저 진술의 정확한 의미가 엄밀하게 규정될 수 있을지라도, 절대적이라고 하는 요구를 제기할 수 있다.[34] 위에서 따른 방법에 따르면 "모든 것이 엄밀하게 규정될 수 있다"는 테제가 자기 자신에게 적용될 수 있다는 것은 명백하다. 흥미롭게도 지금은 "모든 것이 오류 가능하다"는 테제가 부딪친 문제가 나타나지 않는다. 왜냐하면 좀 더 엄밀한 인식들에 도달함으로써 우리는 모든 것이 엄밀하게 규정될 수 있다는 메타 인식에 대해서도, 정확히 무엇이 그리고 어떤 의미에서 정밀하게 규정될 수 있는지를 우리가 좀 더 날카롭게 인식함으로써, 엄밀하게 규정할 수 있기 때문이다.

내 생각에는 방금 묘사된 이러한 사태에 대한 직관적 통찰이 위대한 철학자들(가령 파르메니데스, 데카르트, 스피노자, 피히테, 헤겔)의 흔들리지 않는 확실성 체험의 근저에 놓여 있다. 확실히 그들 자신이 보았던 그 모든 문제에도 불구하고(왜냐하면 그들이 오늘날의 그들에 대한 비판자들보다 더 지적이고 더 비판적이었다고 가정하는 데서 우리가 잘못을 범하는 것은 확실히 아니기 때문이다), 그들은 존재나 이성으로부터 벗어날 수 없다는 것을 절대적 확실성을 지니고서 인식했다. 만약 사람들이 절대자에 대한 위대한 철학자들의 논증에서 몇 가지 세부적인 오류들을 올바르게 인식했다고 해서 더 이상 그들의 근본 사상을 견지할 힘을 소유하지 못한다면, 그것은 비철학적 본성의 틀림없는 징표이다. 더 나아가 그것은 비철학적 신조의 징표이기도 한데, 왜냐하면 가령 최종 근거짓기 이념에 대한 이별은 지금 취하고 있는 자신의 입장이 마찬가지로 난점들과 결부되어 있을 뿐만 아니라 그야말로 단적으로 비일관적이기도 하다는 반성과 더불어서가 아니라 최종 근거짓기에 진지한 난점들이 결부되어 있다(이는 사실상 올바른데, 왜냐하면 모든 위대한 것과 아름다운 것은 어렵기 때문이다)는 논증과 더불어서 나타나기 때문이다. 대부분의 사람들은 하나의

• • •

34. 아펠은 이 진술에 동의하는 것으로 보인다(1987b; 194 f.). 또한 Kuhlmann (1987a), Anm. 64도 보라.

부정적 입장을 모든 반론들로부터 벗어나 있는 것으로 간주하는 유혹에 굴복한다. 절대자는 물론 가장 섬세하게 최종 근거짓는 자가 생각하는 것보다도 확실히 더 정교하다. 그러나 절대자가 불투명한 것은 아니며, 우리는 단연코 절대자가 모든 구성적 비판으로부터 강화되어 출현한다는 데서 출발할 수 있다.

3.1.5. 증명된 것의 존재론적 지위에 대하여

아펠의 이론에 대해 중심적인 의의를 지니는 화용론적 또는 수행적 자기모순이라는 용어는 중요한 귀결들을 가지는 까닭에 여기서 다루어져야 하는 몇 가지 난점들로 이어진다. 물론 우선 인정되어야 하는 것은 아펠이 의미론적 모순들과 화용론적 모순들을 구분함으로써 제일철학에 중요한 범주적 세분화를 도입했다는 점이다. [176]아펠은 용어법적이고 개념적인 도구를 언어 행위론을 매개로 하여 획득했다. 물론 화용론적 모순의 현상은 이미 오래 전부터 알려져 있으며, 수백 년 전부터 특히 화용론적 모순들로부터 자기의 생명력을 끌어내는 문학 장르——내가 생각하는 것은 위트다——가 존재한다.[35] 이미 고대의 수많은 위트들은 누군가가 물론 의미론적으로가 아니라 화용론적으로 자기 모순되는 어떤 것을 말한다는 것에 근거한다. 가령 오비디우스의 오랜 생애들*Vitae* 가운데 (아마도 「비가*Tristia*」 IV 10, 23–26에 연결되는) 하나는 다음과 같은 이야기를 전해 준다. 시인은 어릴 적 (그 시대의 명망 있는 로마인들과 마찬가지로 시작*詩作*에 몰두하는 것을 비윤리적인 것으로서 거부한) 그의 아버지의 의지에 반해

●●●

35. 가령 R. Heiss (1959), 93 ff.를 보라. 비슷한 것이 희극적인 것의 현상에 대해서도 적용되는데, 그것의 구조는 화용론적 모순의 범주를 적용함으로써 본질적으로 더 명확해진다.

종종 시문을 지었다. 그로 인해 어느 날 아버지에게서 두들겨 맞게 되었을 때 그는 소리쳤다. "parce mihi! numquam versificabo, pater!(절 용서해 주세요! 전 결코 시를 짓지 않을 거예요, 아버지!)"[36] 물론 이 약속은 아버지의 구타를 중단시키지 못했을 것이다. 그것은 직접적으로 자기 자신을 반박하는데, 그 문장은 오보격[Pentameter]인 것이다. 이와 비슷하게 후기 고대의 위트 모음집인 『필로겔로스[Philogelos]』(웃음을 좋아하는 사람)에서는 다음과 같은 일화가 이야기된다(§ 193). 언젠가 한 촌뜨기에게 한 친구가 찾아왔다. 그가 노크하자 촌뜨기가 무뚝뚝하게 대답했다. "난 거기 없어." 친구가 웃으면서 그가 거기에 있다는 것을 자기가 듣고 있다고 말했다. 촌뜨기는 그에 대해 미친 듯이 화를 내며 대답했다. "이 비열한 놈 같으니라고! 내 하인이 그렇게 말했다면 너는 그걸 믿었을 거야. 그러나 네게는 내가 그 하인보다 더 믿을 만하게 보이지 않는구나!" 그러므로 여기서 위트는 화용론적 모순이 아니라 그것을 파악할 수 없는 촌뜨기의 무능력에 근거한다. 근대의 의미론자처럼 촌뜨기는 자기 관련 및 그가 말하고 있는 상황을 전적으로 사상하며, 자기의 진술이 자기 하인의 의미론적으로 등가인 것보다 더 믿어지지 않는 것에 대해 분노한다.

인용된 화용론적 모순의 경우들은 물론 아펠에 의해 그저 불충분하게만 반성된 철학적 문제를 지시한다. 그의 정식을 가지고서 최종 근거지어질 수 있는 모든 명제들이 철학적으로 흥미로운 것은 아니다. 오히려 전적으로 우연적인 상태들이 그것들에 속할 수 있다. 가령 내 생각에는 세 가지 상이한 수준의 화용론적 모순들이 구별될 수 있다. 첫째, 일정한 표현 형식들에 결부되어 있고 나 자신이 가령, 오비디우스의 예를 인용하자면, 운문 대신 산문으로 말하거나 언어를 바꿈으로써 피할 수 있는 화용론적 모순들이 존재한다. "Ich spreche kein Wort deutsch"는 화용론적으로 모순적이지만, [177]나는 "나는 독일어를 한 마디도 못한다"고 표현함으로써 그 모순을

• • •

36. A. L. Wheeler (1925), 7을 참조.

피할 수 있다. 그러한 명제들은 물론 그것들의 타당성이 전제됨이 없이도 증명될 수 있다. 둘째, 내가 화용론적 모순에 휘말려들지 않고서는 나 자신이 논박할 수 없고, 내가 시도하는 모든 증명에서 그것의 타당성을 전제해야만 하지만, 그럼에도 불구하고 존재론적 필연성을 전혀 지니지 않는 명제들이 존재한다. 가령 나는 내가 살아 있다거나 그저 깨어 있기만이라도 한다는 것을 논박할 수 없다. 그러나 내가 내일 잠든다거나 죽는다는 것, 아니 내일 모든 유한한 주체가 죽는다는 것은 전적으로 가능하며, 나아가 내가 여전히 살아 있다고 가정하는 것이 내게 있어 필연적이라 하더라도 내가 바로 지금 쓰고 있는 이 순간에 내가 여전히 살아 있다는 것마저도 그 말의 존재론적 의미에서 우연적이다. 셋째, 명제로서 특정한 상황과 특정한 인격으로부터 독립적으로 더 이상 그 뒤로 물러설 수 없는 명제들이 존재한다. 예를 들면 "어떤 것이 존재한다", "참된 명제들이 존재한다", "최종 근거지어진 명제들이 존재한다", "자기모순들은 피해야 한다"와 같은 명제들이다. 분명히 이러한 세 가지 그룹의 명제들의 근거짓기 이론적인 지위는 단적으로 구별될 수 있으며, 따라서 나는 마지막 유형의 명제들에서의 모순을 (분석적 모순과는 달리) 변증법적 모순이라 부를 것을 제안한다. 이하에서 나는 첫 번째와 두 번째 유형의 명제들을 특징짓는 모순이 놓여 있을 때에만 화용론적 모순에 대해 말할 것이다.[37]

따라서 한 명제의 수행적인 부분과 명제적인 부분 사이의 모든 모순에서는 이미 변증법적 모순이 문제되지 않는다. 변증법적 모순은 오히려 명제들 자체에 속하며, 더 나아가 누가 그것들을 언명하는가에, 아니 그것들을

• • •

37. 나는 많은 점에서 '자기-논박'의 세 가지 유형, 즉 화용론적인 것과 사람에 대한 것[ad hominem] 그리고 절대적인 것을 구별하는 패스모어[J. Passmore](1961; 58-80)를 따른다. 그는 첫 번째 두 유형에서 특정한 상황에 의존하는 자기모순들(예를 들어 누군가가 "나는 지금 여기 없다"고 말할 때)을 생각한다. 그는 당연히 세 번째 유형의 명제들(예를 들어 "진리는 존재하지 않는다")만을 철학적으로 의미 있는 것으로 간주한다.

도대체 유한한 본질이 언명하는가의 여부에 의존하지 않는다. 물론 그 모순을 분석적 모순으로 전환함으로써 그것을 객관화하는 것은 잘못일 것이다. 오히려 반성이 항상 필수적으로 필요하다. 그러나 반성에서 나는 최종 근거짓기 증명의 진리가 내가 바로 그것을 반성하는 행위에 의존할 수 없다는 것을 인식할 수 있다. 왜냐하면 그렇지 않으면 증명은 아마도 오로지 나에 대해서만 유효할 것이고, 어쨌든 그것이 파악되기 전에는 확실히 효력이 없었을 것이며, 그것을 파악한 모든 사람이 사멸하면 확실히 다시 효력이 없어질 것이기 때문이다. 그러나 소수의 초월론적 화용론자들이 언젠가 [178]철학적 후예를 남겨놓지 않은 채 모두 사멸해야 할 때(이 가능성은 단연코 고려될 수 있다), 그의 최종 근거짓기 이념이 거짓이 될 거라고 가정하는 것은 아펠의 본심일 수 없다. 이러한 것은 첫째, 그 타당성이 몇몇 철학자의 현존과 같은——최소한 가상적으로——우연한 사실에 의존할 수 없는 최종 근거짓기 이념에 모순된다. 왜냐하면 그 경우 그것은 바로 최종 근거짓기가 아닐 것이고, 오히려 타당성 이론적으로 무언가 다른 것, 심지어는 무언가 경험적인 것에 의존할 것이기 때문이다. 그리고 둘째, 그것은 상호 주관성을 근거짓고자 하는 아펠의 또 다른 주요 관심사에 모순되는데, 왜냐하면 아무것도 나로 하여금 최종 근거짓기 증명을 통찰하게 해주는 반성이 다른 이들에게서도 발견되리라는 것을 보장하지 않을 것이기 때문이다. 우연한 본질인 내가 바로 지금 행하는 것에 대한 엄밀한 반성은 상호 주관성을 구성할 수 없다. 이를 위해서는 오히려 나를 일정하게 추상할 것이 요구된다. 바로 최종 근거짓기 증명이 객관적인 타당성 요구를 제기한다면(그리고 그것만이 타당성이 무엇인지를 설명하는 까닭에, 도대체 무엇이 더 강력한 요구를 제기할 수 있을 것인가?), 그것은 사적 행위에 의존할 수 없으며, 오히려 그것은 사적 행위를 사상해야만 한다. 물론 그것의 객관화, 즉 그것을 몰주관성적이고 몰반성적인 공리적 이론으로 전환하는 것은 그것의 파괴를 의미할 것이다. 오히려 객관화하는 추상과 엄밀한 반성 저편의 제3자가 요구되는데, 그것은 증명이 물론 모든 유한한 주관성과 상호 주관성에 선행하는 객관적인 구조를 발견하지만, 동시에 그 증명 자체는 절대적 반성의 작업이라는 가정이다. 최종 근거짓기 증명을 사유하는 철학자 안에 절대자가 현재한다. 철학자는 모든 존재, 모든 인식, 모든 가치의 원리인 구조에 참여한다.

　주의해야 할 것은 여기서 문제되는 것이 이를테면 최종 근거짓기 증명이라는 주관적 행위의 객관적 대응물이 화석화된 현존재를 나타내는 플라톤적인 이데아의 천상계를 요구하는 것은 아니라는 점이다. 물론 자연적인 것으로도 심리적인 것으로도 상호 주관적인 행위들로도 환원될 수 없는 논리적인 것의 영역의 가정은 사실상 필연적이다. 우리는 그것에로 되돌아올 것이다. 그러나 프레게의 제3의 영역과는 달리 최종 근거짓기 증명 그 자체가 거기에 존재하는 이념적 세계는 비반성적인 것으로서 생각될 수 없다. 왜냐하면 최종 근거짓기 증명은 첫째, 반성적 구조를 기술하기 때문이고, 둘째, 그 증명 자체가 절대자에 외면적일 수 없기 때문이다. 왜냐하면 그 경우 절대자는 자기 외부에 있는 어떤 것에 매개되어 있을 것이고, 그러므로 그 자체가 절대적이지 않을 것이기 때문이다. 따라서 최종 근거짓기 증명에 귀속되어야 할 구조는 반성적이고, 자기 자신을 근거지으며, 자기를 자기 자신으로서 근거지으면서 근거지은 구조, 즉 그 구조를 사유하는 것 속에서 자기 자신을 사유하는 구조이다. 모든 것의 관건이 되는 것은 절대자를 (신앙주의적인 신학들에서처럼) 유한한 사유에 외면적인 대상으로서 파악하지 않는 것이다. [179]오히려 절대자는 사유의 본질, 사유의 가장 내적인 핵심인바, 사유는 압도적인 객체로서의 그것에 종속되어야 하는 것이 아니라 오로지 그 속에서만 자유로운 것이다.[38] 물론 절대자는 일상적인 객관화하는 입장에서는 파악될 수 없는 까닭에

• • •

38. 절대자는 물론 모든 경험적인 것에 대해 초월적이어야만 한다. 그러나 이것은 절대자가 이성에 대해 초월적이라는 것을 의미하지 않는데, 왜냐하면 원리적으로 인식 불가능한 것의 사상은 변증법적으로 모순적이기 때문이다.

자기를 되돌아보고 반성하며 사변할 수 없는 자에게는 엄청나게 낯선 것으로서, 즉 바로 객관화할 수 있는 모든 것과는 전혀 다른 본성의 것인 까닭에 존재하는 것 가운데 가장 낯선 것으로서 나타나지 않을 수 없다는 것은 인정될 수 있다. 그러나 그것이 가장 낯선 것인 까닭은 다만 그것이 가장 가까운 것이기 때문일 뿐이며, 그것이 절대적 필연성인 까닭은 다만 그것 외부에는 오로지 제약성만이 존재하고 따라서 아무런 자유도 존재하지 않기 때문일 뿐이다. 절대자를 파악한 자에 대해서는 신의 지배Theonomie와 자기 지배·자율Autonomie이 일치한다.[39]

3.2. 최종 근거짓기와 상호 주관성

방금 암시한 성찰들을 객관적 관념론의 근본 원리들로 더욱더 발전시키기 전에, 초월론적 화용론의 두 번째 주요 테마인 상호 주관성이 다루어져야 한다. 이 절의 근본 경향은 한편으로 긍정적이다. 사실 세 가지 패러다임에 관한 아펠의 테제는 (내가 곧바로 보여주게 되듯이 일면적이라 하더라도) 내게는 원리적으로 올바른 것으로 보인다. 내 생각에 근세 철학이 상호 주관성 문제를 저평가했다는 것은 참이다(특징적이게도 근세 철학에게는 상호 주관성이라는 말이 아직 전혀 알려져 있지 않았다). 이 점은 아펠이 정당하게도 그 극복을 시도했던 다양한 부정적 결과들을 지닌다.

• • •

39. 아펠은 따로 떨어져 있는 아름다운 한 구절에서 신비적인 "자율과 신의 지배를 동일화하는 전통"에 대한 공감을 표명하지만(Apel/Böhler/Kadelbach (1984), II 143, Anm. 14), 그것을 악에 대한 자유를 고려하여 거부한다. 우리는 이 점에로 다시 돌아오게 될 것이다.

첫째, 전통적 철학에서는 상호 주관적 정신이 등한시된다. 거기서 근본 범주들은 주관과 객관이며, 그것들에는 다른 주관과 바로 상호 주관적인 형성물들이 포섭될 수 없다. 상호 주관적 정신의 철학이 칸트의 체계에서 아무런 자리도 차지하지 못하는 것은 우연이 아니다. 둘째, 전통적 철학은 (특히 칸트에게서) 윤리학을 너무 일면적으로 고립된 주관 위에 그 기초를 두었다. 다른 주관들에 대한 그의 관계들은 본질적인 것으로서가 아니라 한갓 부차적일 뿐인 것으로서 해석된다. 이 두 가지 결함을 이미 헤겔이 부분적으로 극복했다. 셋째, 그러나 헤겔이 극복 못한 것이 이론주의인데, [180]이것은 헤겔에게서 그 철저성에 있어 심지어 그 이전의 전통 전체를 능가했다. 헤겔에게 있어 우주만물의 목표는 고독한 주관에 의한 그것의 인식이다. 상호 주관적 관계들은 자기 목적이 아니라 이 목표의 달성에 기여하는 한에서만 가치를 지닌다. 바로 그런 까닭에 헤겔에서의 실천 철학은 "나는 무엇을 해야 하는가?"라는 물음에 대답하지 않는다. 오히려 그것은 앞에 주어진 인륜적 현실에 대한 인식에 제한된다(앞의 S. 47 f.를 보라).

하지만 아무리 아펠의 추진 방향이 설득력이 있다 하더라도 그 만큼 더 내게는 다른 한편으로 최종 근거짓기 문제틀을 주관 철학의 대체와 직접적으로 결합하고자 하는 그의 시도가 설득력 있어 보이지 않는다. 그의 저술의 많은 곳에서 아펠은 곧바로 최종 근거짓기 요구와 상호 주관성 철학이 필연적으로 서로 손잡고 나아간다고 전제하는 것으로 보인다. 그러나 이 테제는 가령 주관 철학들로서 최종 근거짓기 논증을 발전시킨 데카르트와 피히테의 철학이 증명하듯이 최소한 역사학적으로 거짓이다. 물론 그에 대해 아펠은 이러한 사실이 사태적으로는 아무것도 증명하지 않는다고 반론할 것이다. 이 철학자들은 자신들의 방법을 올바르게 적용할 줄 몰랐다는 것이다. 쿨만과 아펠은 사적 언어 논증의 기초 위에서 최종 근거짓기로부터 상호 주관성으로 이어지는 다리를 놓고자 한다. 바로 그런 까닭에 이 절의 주요 과제는 저 논증을 분석하는 것이 될 것이다. 공간상의 이유로 인해 나는 여기서 이 논증에 대한 거의 개관할 수 없을 정도로 방대한 이차 문헌들을 다룰 수 없다.[40] 내가 특히 비트겐슈타인에 대한 에이어^{Ayer}의 비판(1954)에서 영향 받고 있다는 것은 어차피 눈에 띌 것이다. 나는 오히려 그 논증에 대한 두 개의 가장 흥미로운 재구성들, 즉 크립키의 그것과 쿨만의 그것에 대한 분석에 제한하고자 한다. 당연히 나는 두 개의 재구성들 가운데 어느 것도 증명되어야 할 것을 증명하지 못한다는 점을 보이게 될 것이다. 물론 그로부터 그 논증이 다른 어느 누군가에 의해서도 확고부동하게 전개될 수 없다는 것이 따라 나오는 것은 아니다. 그러나 그에 대한 의심은 근거가 있으며, 무엇보다도 나는 있을 수 있는 어떤 사인^{Privatus}의 정신적 삶의 시나리오, 즉 저 논증을 견지하는 모든 이가 모순을 발견하지 않을 수 없게 될 시나리오를 짧게 묘사하고자 한다. 그러나 비록 내가 사인도 진리 체험을, 아니 심지어는 도덕적 의무들도 가질 수 있다는 견해를 지닌다 할지라도, 나는 전적으로 상호 주관성이 주관성보다 더 고차적인 범주라는 점에 대해 확신하고 있다. 이를 위한 논증들은 물론 내가 보기에는 초월론적인 것이 아니라 사변적인 종류의 것들이다. 그 논증들은 다음 절에서 전개되게 될 것과 같은 객관적 관념론을 전제한다. 그러므로 최종 근거짓기 논증의 더 나아간 발전뿐만 아니라 또한 주관 철학을 상호 주관성 철학으로 변형시키고자 하는 관심도 그러한 객관적 관념론을 지시한다. [181]그런데 이 객관적 관념론은 우리가 쉽사리 그렇게 가정할 수 있듯이 필연적으로 첫 번째 패러다임에로의 퇴락이 결코 아니다. 사실 헤겔의 체계는 이미 첫 번째 패러다임과 두 번째 패러다임의 종합을 나타내는데, 이는 아펠의 너무도 분화되지 않은 3단계 도식에서 아무런 자리도 차지하지 못하는 가능성이다. 헤겔은 한편으로 데카르트로부터 칸트와 피히테까지의 주관 철학을 수용하여 결실 있게 계속해서 사유해 나갔다. 그러나 다른 한편으로 그는 이를 객관적 관념론의 플라톤적인

• • •

40. 가령 G. Pitcher (1968)과 O. R. Jones (1971)을 보라.

전통과 매개할 수 있었다. 세 번째 패러다임과 관련해서도 어떤 유비적인 것이 가능하다. 상호 주관성의 객관적 관념론은 분명 야심찬 기획일 수 있지만, 내 생각에 그것은 가능하며, 아니 바로 '지금' 가능하다.

3.2.I. 사적 언어 논증

저 기획을 좀 더 상세히 다룰 수 있기 전에 사적 언어 논증이 검토되어야 한다. 우선 여전히 눈에 띄는 것은 아펠이 아무리 자주 비트겐슈타인의 테제를 끌어들인다 하더라도 또한 우선은 단언 이상이 아닌 비트겐슈타인의 명제를 단 한 번도 어떻게든 근거짓고자 하는 시도를 하지 않는다는 점이다. 이 점은——어쨌든 내가 보기에 (반드시 문헌학적으로는 아니지만) 철학적으로 가장 설득력 있는 크립키의 재구성에 따르자면——비트겐슈타인의 논증이 이성의 자율 사상과 양립할 수 없고 따라서 더 나아가서는 최종 근거짓기와 양립할 수 없는 가정들에 토대하는 만큼 더욱더 곤란하다. 주의해야 할 것은 후기 비트겐슈타인이 최종 근거짓기 사상으로부터 생각할 수 있는 한에서 가장 멀리 떨어져 있는 것만이 아니라는 점이다—— 사적 언어에 반대하는 그의 논증은 오로지 어떠한 최종 근거짓기도 존재하지 않을 때에만 의미를 지닌다——. 비록 아펠의 사유 스타일이 전체적으로 보아 한 철학자로부터는 이것을, 다른 철학자로부터는 저것을 끄집어내되 그것들이 서로 양립할 수 있는지에 대해서는 주의하지 않는 생기 없는 절충주의로부터 멀리 떨어져 있다 할지라도, 그리고 비록 아펠이 다양한 사유 흐름들을 하나의 강력한 종합으로 통합했다고 단연코 주장할 수 있을지라도, 비트겐슈타인의 사적 언어 논증에 호소한 것과 관련해서는 여기서는 그가 분명 필요로 하긴 하지만 실제로는 그의 그 밖의 지향들과 어울릴 수 없는 어떤 것을 끌어들였다는 비난을 피할 수 없다. 그러한 만큼 더욱더 비트겐슈타인의 전제들로부터 벗어나는 사적 언어 논증의 재구성은——

비록 내 생각에는 그것들도 역시 받아들여질 수 없긴 하지만 — 쿨만의 공적으로 평가되어야 한다.

크립키(1982; 78 ff.)에 따르면『철학적 탐구』는 대강 세 부분으로 나누어질 수 있다. 첫 번째 부분(§§ 1–137)에서 비트겐슈타인은『논리철학 논고』의 언어 이론을 비판하고 사용 개념을 중심으로 하는 대안을 발전시킨다. 두 번째 부분(§§ 138–242)에서 [182]그는 크립키가 회의적 역설이라 부르는 것을 전개한다. 세 번째 부분(§§ 243 ff.)에서 그는 이 역설로부터 몇 가지 결론(특히 사적 언어 논증)을 끌어낸다. 크립키에 따르면 중심 절은 두 번째 절이며, 따라서 그가 보기에 사적 언어 논증은 원칙적인 것에 따라서는 이미 § 243 이전의 단락들에(가령 특히 § 202에) 포함되어 있다. 그러면 비트겐슈타인이 그의 후기 단계에서 발견한 이 회의적 역설이란 무엇인가?

다루어지는 것은 규칙(과 그와 더불어 또한 의미들)의 문제이다. 잘 알려져 있듯이 모든 규칙은 주어진 시점에 이르기까지 단지 유한하게만 많은 적용들을 지닐 수 있었다. 그렇다면 나는 무엇으로부터 내가 어떻게 그 규칙을 계속해서 적용해야 하는지를 아는가? 가령 '플러스' 기호가 붙은 덧셈 함수를 취해 보자. 언제나 내가 일정한 시점에 이르기까지 더했던 두 개의 가장 커다란 수들이 존재할 것이다. 그것들은 둘 다 a보다 작다. 나는 '플러스'를 가지고서 다음과 같이 정의되는 함수, 즉 "x와 y가 a보다 작을 때는 x quus y = x plus y, 그렇지 않은 경우에는 = 5"라고 정의되는 '커스^{quus}'라는 이름의 함수를 본래적으로 생각하지 않았다는 것을 무엇으로부터 아는가? 물론 '플러스'의 의미를 다른 개념의 의미로 환원하고 가령 플러스 함수가 특정한 수들에 의존하지 않는 보편적인 함수로서 도입되었다고 말함으로써 그 문제를 우회하고자 하는 해결 시도는 가망이 없다. 왜냐하면 회의주의자는 '의존하지 않는다'에서 그 당시에는 '커스 의존적인'이 생각되었다는 등등으로 쉽게 대답할 수 있기 때문이다. (굿맨의 병리학적 술어들에 대한 가까움이 명백하다.) 내 의식의 역사에서의 어느 것도 최소한 a보다 더 큰 두 수의 합에 대한 물음에 대해 '5'라고 대답하는 것이 우리가 일반적으로 기대하게 될 대답보다 덜 정당화된다는 것을 보장할 수 없는 것으로 보인다. 크립키는 특히 성향주의적인 의미 이론을 거부한다. 왜냐하면 성향들도 여전히 유한하게 많은 경우들에 관련되기 때문이다. 그리고 만약 우리가 이념화된 성향들로부터 출발한다면 순환이 명백하다. 이념화는 우리가 달성하고자 한 결과와 관련하여 발생했던 것이다. 게다가 오류들에 대한 성향들도 존재한다. 그와 마찬가지로 기계가 제시할 수 있는 그러한 대답이 올바른 것이라고 하는 해결책도 만족스러울 수 없다. 왜냐하면 기계가 특정한 의미들을 지니는 개념들에 따라 조립되어야만 한다는 점은 도외시하더라도 그것은 고장 날 수 있기 때문이다. 크립키가 말하듯이 이 모든 반론들의 중심 요점은 논의되고 있는 문제가 기술적인 것이 아니라 규범적인 것이며, 이를 성향 이론도 기계 이론과 마찬가지로 간과한다고 하는 것이다. "요점은 만약 내가 '+'에 의해 더하기를 의미한다면 나는 '125'라고 대답할 것이라는 것이 아니라 만약 내가 '+'의 나의 과거 의미와 일치하기를 의도한다면 나는 '125'라고 대답해야 한다는 것이다. …… 의미와 의도의 미래 행위에 대한 관계는 규범적이지 기술적이 아니다."(37)

그러면 자신에 의해 발견된 문제에 대한 비트겐슈타인의 해결책은 무엇인가? [183]그의 견해로는 만약 규칙을 따르는 개인이 혼자라면 해결책은 전혀 존재할 수 없다. 이 경우에는 규칙을 따른다고 믿는 모든 이가 이 규칙을 실제로도 따를 것이다. 그러나 그것은 규칙의 개념에 모순된다(§ 202). 크립키는 다음과 같이 서술한다(89). "만약 지금까지의 우리의 성찰이 올바르다면, 대답은 만약 한 사람이 고립되어 고찰된다면 규칙을 채택하는 그 사람을 안내하는 것으로서의 규칙 개념이 아무런 실질적인 내용도 지닐 수 없다고 하는 것이다. 우리가 보아 왔듯이, 그 경우에는 그가 그의 과거의 의도들과 일치한다는 것이 사실인지 아닌지를 결정해 주는 어떠한 진리 조건들이나 사실들도 존재하지 않는다. 우리가 그를 '사적으로' 규칙을 따르는 자로서 간주함으로써 그의 정당화 조건들에만 주의를 기울인다면, 우리가 말할 수 있는 모든 것은 그가 자신에게 떠오르는 대로 규칙을 따르도록 허가받았다고 하는 것이다." 그러나 이러한 결과가 받아들여질 수 없는 까닭에, 우리는 누구도 규칙을 사적으로 따를 수 없으며──그러므로 사적 언어가 존재할 수 없으며──, 공동체가 규칙 사용을 수정한다고 가정해야만 한다. (a보다 더 큰 x 또는 y를 지니는) x + y가 무엇이냐는 물음에 대해 '5'라고 대답해서는 안 되는 까닭은 바로 내 주위 사람들이 나를 미쳤다고 간주할 것이기 때문이다. 이러한 것이 비트겐슈타인의 해결책이자 사적 언어에 반대하는 그의 논증의 기초이다.

물론 이러한 해결책이 정신의 성향들이나 기계 모델을 이용하는 해결책들과 마찬가지로 받아들여질 수 없다는 점을 인식하기 위해서는 커다란 통찰력을 필요로 하지 않는다. 많은 회의주의자들과 마찬가지로 비트겐슈타인도 구성에서보다는 파괴에서 더 강력하다. 세 가지 해결책들 모두를 특징짓는 것은 그것들이 규범적 문제를 경험적 세계의 사실로, 즉 기계 이론은 물리적 세계의 사실로, 성향 이론은 의식 세계의 사실로, 비트겐슈타인의 해결책은 상호 주관적 정신 세계의 사실로 환원하고자 한다는 점이다.[41] 그리고 세 가지 발상들 사이의 그 모든 차이들에도 불구하고 모두에 대해 동일한 반론들이 제기될 수 있다는 것은 쉽게 인식될 수 있다. 크립키 자신은 기계 이론과 성향 이론에 반대하는 자신의 반론들의 평행론에 커다란 가치를 둔다(35). 그리고 그 자신은 비트겐슈타인에 대해서도 처음의 두 이론에 대해서와 비슷한 이의 제기가 가능하다고 암시한다. 왜냐하면 당연한 일이지만 비트겐슈타인은 공동체에서의 집단적 변경이 이제 모두

• • •

41. 상호 주관적 정신의 세계는 포퍼의 제3세계와 동일하지 않다. 왜냐하면 포퍼는 자신의 제3세계에 존재론적으로 전혀 상이한 것들, 즉 한편으로 공간과 시간으로부터 독립적으로 존립하는 수들과 같은 이념적 존재자들과, 다른 한편으로 시공간적인 기체를 필요로 하는 제도들, 예술 작품들, 이론들과 같은 상호 주관적 형성물들을 한데 합쳐 놓는 잘못을 범하기 때문이다. 3.3.3절을 보시오.

가 '플러스'에서 커스-함수를 생각하는 데로 이어진다는 것을 배제할 수 없고, [184]비트겐슈타인에 따르면 이러한 변경이 비판될 수 없다는 것은 자명하기 때문이다.[42] 아니, 이러한 변경에 저항하는 개인은 공동체에 의해 미친놈으로 취급될 것이다. 아니, 그와 정반대로 공동체는 수학적이거나 그 밖의 물음들에 대해 예기치 못하고 종잡을 수 없는 대답을 제시하는 사람을 병자로 취급할 수도 있다. 비트겐슈타인의 해결책에서 흥미로운 것은 당연한 일이지만 두 경우가 구별될 수 없다는 점이다. 언제나 공동체가 올바른 것이다. 한 개인이 홀로코스트 환상을 발전시키고 그것의 실현이 '선'의 본래적인 의미에 상응한다고 생각하며 그로 인해서 공동체에 의해 정신 병원으로 보내지거나, 아니면 역으로 사회 전체가 홀로코스트가 본래적으로 선한 것이라는 가치 변경을 완수하고 이러한 가치 변경에 저항하는 사람들을 강제 수용소에 집어넣거나 간에, 비트겐슈타인에게 있어 공동체는 언제나 정당하며, 다수의 사실적인 의견 일치와 그들의 실재적인 삶의 형식 저편에 어떠한 규범적인 심급도 존재하지 않는다.

이 이론의 근본 문제는 분명하다. 무언가 자연적인 것으로도 또 무언가 주관적인 것으로도 또한 무언가 상호 주관적인 것으로도 환원될 수 없고 오히려 그것들의 절대적 근거인 규범적인 것과 이념적인 것의 환원 불가능한 독자성을 파악할 능력이 없는 그 이론은 이러한 규범적인 것을 상호

• • •

42. 물론 크립키는 비트겐슈타인의 이론이 성향 이론의 사회적 변형이 아니라고 설명한다. "이러한 주장 가능성 조건들로부터 따라 나오는 것은 모든 사람이 덧셈 문제에 제시하는 대답이 정의에 의해 올바른 것이라는 것이 아니라 오히려 모든 사람이 특정한 대답에 동의하면 어느 누구도 그 대답이 잘못이라고 말하는 데서 정당하다고 느끼지 않을 거라는 진부한 이야기다."(112) 그러나 이러한 진부함은 사실상 말할 가치가 없다. 그 밖에 그 진부함은 일반적 형식에서는 사인에 대해서도 적용되는데, 왜 그리고 언제 규범적 차원이 공동체에서 사라져도 좋은지(내지 언제 그것의 실존이 사실적인 상이한 견해의 우연적인 현전존재에 의존하는지), 그리고 왜 사인에게 어떠한 다른 이에 의해서도 통제되지 않는 그의 규칙 준수에서 언제나 옳다는 것을 기꺼이 인정하지 않아야 하는지가 통찰될 수 없다.

주관적인 사실과 등치시킨다.[43] 그러나 이러한 등치가 허락된다면, 왜 그것이 또한 주관적이거나 물리적인 사실과 동일시되어서는 안 되는지가 통찰될 수 없다. 만약 회의적 문제에 대한 대답이 공동체가 언제나 옳다고 하는 것이라면, 왜 [185]어떠한 공동체도 없는 곳에서 개인이 언제나 옳다고 하는 대답은 금지되어야 하는 것일까? 왜 비트겐슈타인은 주관주의적인 의미 이론이 임의적이라고 그에 대해 이의 제기하고서는 결단주의의 상호주관성 이론적인 버전을 이야기하는 것일까?

여기서 문제가 되는 것은 비트겐슈타인의 문제를 해결하는 것이 아니다. 다만 그 문제가 도대체 이해될 수 있는 것은 오로지 그것이 해결될 수 있을 때, 그러므로 구속력 있는 규범적 기준들에 근거하여 안정적인 의미들이 존재할 때뿐이라는 것이 암시될 뿐이다.[44] 여기서 문제가 되는 것은

• • •

43. 여기서는 인과성 문제에 대한 흄의 해결책과 무언가 유사한 것이 발생한다. 흄은 인과성이라는 가상적으로 물리적인 사실이 객관주의적인 기초 위에서 근거지어 질 수 없다고 인식하며, 그것을 무언가 주관적인 것(요컨대 기대)으로 환원한다. 비트겐슈타인은 의미 문제가 주관주의적으로 해결될 수 없다고 인식하며, 그것을 무언가 상호 주관적인 것으로 환원한다. 세 가지 패러다임에 관한 테제의 의미에서 특징적인 것은 객관성으로부터 주관성에로의 교체 내지 주관성으로부터 상호 주관성에로의 교체이다. 두 경우에서는 규범적 차원이 소홀히 된다.

44. Kripke (1982), 13 f., 21을 참조. 물론 그것으로는 다만 비록 우리가 아직 어떤 해결책인지를 알지 못한다 할지라도 해결책이 존재해야만 한다는 것이 제시될 뿐이다. 내 생각에 의미 문제의 해결책은——아무리 수정된 것일지라도——'플라톤적' 본성의 것이어야만 한다. 물론 이 발상은 해결책을 위한 충분조건이 아니라 필요조건일 뿐이다(Kripke 53 f.의 적절한 숙고를 보라). 구체적으로 비트겐슈타인적인 역설의 극복을 위해서는 단순성 개념이 결정적이다(그에 대한 크립키의 반론——38 ff.——은 부당하게도 문제의 극복이 논리적 구조가 아니라 경험적 사실에 토대해야만 한다는 것을 전제한다). 가령——여기서 구조적으로 유사한 굿맨의 문제(굿맨의 'grue' 역설-옮긴이)에 관계하자면——'rot'가 'grot'보다 더 단순하며, 그것도 정의에 관계되는 이유들에서가 아니라(왜냐하면 정의들은 뒤집어질 수 있기 때문에), 오히려 내가 누군가에게 rot(빨강)가 무엇인지를 보이기 위해서는 단 하나의 색깔 본보기만을 필요로 하는 데 반해 그가 'grot'라는 술어를 올바르게 적용할

첫째, 그의 사적 언어 논증이 불합리한 전제들에 토대한다는 것을 보이는 것이다. 만약 우리가 의미 문제의 해결을 위해 아무런 규범적 차원도 필요로 하지 않는다면——그리고 그것을 비트겐슈타인은 그 문제에 대한 자신의 상호 주관주의적인 해결책에서 전제한다——, 주관주의적인 해결책들을 거부하는 것은 명백한 부정의인데, 왜냐하면 그것들은 규범적이지 않기 때문이다. 그러나 의미 문제의 (가령 플라톤적 본성의) 규범적 해결책이 존재한다면, 짐작컨대 사인도 공동체와 똑같이 그것에 기반할 수 있을 것이며, 사적 언어 논증도 마찬가지로 와해될 것이다. 둘째, 종적種的으로 지적되어야 할 것은 아펠이 방법적 유아론이 필연적으로 결단주의로 이어진다는 논증을 가지고서 그 방법적 유아론을 반박하고자 할 때(1969; 328) 너무 쉽게 그리한다는 점이다. 왜냐하면 한편으로 상호 주관성 이론적인 결단주의도 존재하기 때문인데, 요컨대 다수에게 그렇게 보이는 것이 참이고 좋다는 것이다. 그리고 이러한 버전의 결단주의는 비록 그것이 자기 자신을 오해하는 민주주의의 널리 퍼져 있는 이데올로기라 할지라도 주관성 이론적인 결단주의보다 훨씬 덜 꺼림칙한 것이 아니다. 그리고 둘째, 가령 데카르트, 칸트 그리고 피히테에서의 전통적인 주관 철학은 슈티르너 Stirner에서와는 달리 결코 결단주의적이지 않다. 아니, 문제가 되는 것은 결코 우연적인 고유한 특수성이 아니라 항상 [186]규범적인 것, 아니 바로 절대자의 차원에 계속해서 관계되는 구조이다. 만약 규범적으로 묶여진 전통적인 주관 철학과 현대의 결단주의적인 상호 주관성 철학의 하나 사이에서 선택해야만 한다면, 모든 이성적 인간은 전자로 결정해야만 할 것이다. 다행스럽게도 제3의 가능성이 존재한다.

• • •

수 있기 위해서는 두 개의 본보기를 필요로 하기 때문이라는 것은 명확하다. 그와 비슷하게 나는 논리적 개념들에서는 객관적 단순성이 존재하며, 여기서 '객관적' 이란 최종 근거짓기 증명에 관계된다는 것을 의미해야만 한다는 데서 출발한다. 그러나 여기서는 이것을 좀 더 상세하게 논의할 수 없다.

사적 언어 논증에 대한 쿨만의 재구성(1985; 145 ff.)은 비트겐슈타인의 전제들로부터 완전히 떨어져 나왔다. 하지만 유감스럽게도 그는 엄밀하게 구별되어야 하는 두 가지를 혼동하며, 그리하여 그는 그가 증명하고자 하는 것의 한 부분만을 증명한다. 그러나 그는 자신의 체계 발상에서 윤리학의 근거짓기라는 목적을 위해 관건이 되는 것을 증명하지 못한다. 그리하여 쿨만은 첫째, 우리가 원리적으로 접근할 수 없는 사적 언어가 실존할 수 없다는 것을 보이고자 한다. 그의 논증은 다음과 같이 요약될 수 있다.

1. 만약 "A는 사적 언어를 말한다"라는 해당 진술이 원리적으로 검증될 수 없다면, 사적 언어는 불가능하다. 함언의 형식으로 이루어진 이 첫 번째 근본적 명제를 쿨만은, 초월론적 논증들이란 다만 우리가 어떤 것을 필연적으로 그렇게 사유해야만 한다는 것을 보일 뿐 어떤 것이 필연적으로 그렇게 존재한다는 것을 보이지는 못한다고 하는 스트라우드^{Stroud}(1968; 255)에 반대하여, 칸트의 사물 자체에 대한 헤겔과 퍼스의 비판을 상기시키는 반성적–의미 비판적 논증에서 증명한다. 쿨만에 따르면 이러한 이의제기의 근저에는——사유로서의——자기가 그 자신의 사유 필연성들 자체 밑에 놓여 있다는 것을 반성하지 못한 채 그 사유 필연성들을 객관화하고 스스로를 문제 삼지 못하는 고찰 방식이 놓여 있다. 인식 불가능한 동시에 가능한 것으로서 제시되어야 하는 것에 관한 진술은 거짓이거나 무의미하다.

2. "A는 사적 언어를 말한다"는 명제는 오직 사적 언어의 정체가 확인될 수 있고 저 명제 자체가 이해될 수 있을 때에만 참으로서 간주될 수 있다. 첫 번째 조건을 쿨만은 아펠에 연결되어 말함이란 규칙에 의해 인도되는 행위인 한에서 언어가 따르는 규칙들이 이해될 때에만 그러한 것으로서 이해될 수 있다는 논증을 가지고서 증명한다. 두 번째 조건은 쿨만에 따르면 해당 명제가 오로지 이러한 방식으로만 우리의 문제에 기여할 수 있을 것이라는 데서 밝혀진다. 그러므로 그것은 쿨만이 근저에 놓고 있는 언어(독일어)나 그것으로 번역될 수 있는 언어로 정식화되어 있어야만 한다.

그러나 그러한 언어는 사적 언어로서 여겨질 수 없을 것이며, 잠재적으로 나마 다른 주체들이 그에 접근할 수 있을 것이다.

3. 그러나 만약 "A는 사적 언어를 말한다"는 명제가 참일 수 있기 위해서는 이 사적 언어와 저 명제가 이해될 수 있어야만 한다면, 어떠한 사적 언어도, 다시 말하면 다른 주관들이 원리적으로 접근할 수 없는 어떠한 언어도 존재할 수 없다.

명확한 것은 쿨만의 논증의 핵심이 [187]그가 이미 공적인 언어로부터 출발한다는 사실에 존재한다는 점이다. 실존하는 것으로서 간주될 수 있는 모든 것은, 비록 이 언어로 말해지지 않는다 할지라도, 이 언어로 환원될 수 있어야만 한다. 만약 우리가 쿨만에 대해 그에게 반대하는 사람에 대해서도 더 이상 그 뒤로 물러설 수 있는 것이 아닌 이러한 전제를 인정한다면, (모든 형식의 언어 상대주의에 더욱더 치명적으로 들어맞는) 그의 증명은 사실상 논리적으로 설득력을 지닌다. 하지만 이 점이 좀 더 상세하게 분석되기 전에 문제의 여지가 있는 것으로 나타날 수 있는 쿨만의 첫 번째 발걸음이 다루어져야만 한다. 물론 나는 사유 필연성들이 동시에 존재론적 필연성들이어야만 한다는 근저에 놓여 있는 사상이 올바르다고 생각한다. 그 사상은 초월론적 화용론에 대한 나의 비판에서 여전히 중요한 역할을 수행할 것이다. 물론 일정한 분화들이 필요하다. 만약 우리가 최종 근거짓기 증명에서 출발한다면, 그 속에서 증명된 것을 한갓 주관적인(또는 나와 관련해서는 상호 주관적인) 사유 강제로서 가치 절하하는 것은 내게는 변증법적으로 모순적인 것으로 나타난다. 최종 근거짓기 증명과 유비적으로 다음과 같은 간접 증명이 전개될 수 있다.

1. 최종 근거지어진 인식은 현실(이는 무엇이든 될 수 있다. 그것은 초월적 신일 수도, 자연일 수도, 다른 주관들일 수도 있다)과 어떤 관계를 가질 수 있기가 불가능하다. 왜냐하면 그것은 선험적이며, '그러므로' 오직 주관적일 뿐이기 때문이다. 이 명제는 명백히 비일관적이다. 왜냐하면—사유와 구별되는 현실이 존재한다고 가정한다면—그 현실이 사유의 법칙들

과는 다른 법칙들에 의해 규정되어 있다는 것을 누군가가 어디로부터 알 것인가?라고 물을 수 있기 때문이다. 최종 근거지어진 인식이 필연적 인식이고, 그러므로 우리는 그 인식에 의해 확정된 한계들 외부에서 아무것도 인식할 수 없는 까닭에, 우리는 다른 법칙들에 의해 규정된 현실이 존재한다는 것을 결코 알 수 없을 것이다. 우리는 이러한 것을 기껏해야 추측할 수 있을 뿐이다.

2. 최종 근거지어진 인식은 현실과 아무런 관계도 지니지 못할 가능성이 있다. 하지만 이 명제도 변증법적으로 모순적이다. 왜냐하면 만약 최종 근거지어진, 그러므로 필증적인 인식이 현실적으로 존재한다면, 정당한 방식으로, 그러므로 진리 요구를 지니고서 그 인식으로부터 벗어나 반성하고 그것을 상대화하는 것은 가능하지 않기 때문이다. 자명한 일이지만, 그 행위는 심리적으로 가능하다. 그러나 단지 심리적으로 가능할 뿐이라면, 그 행위가 여기서 진지하게 받아들여져서는 안 된다. 만약 내가 메타 수준에서 나의 최종 근거지어진 인식 위로 올라서서 그 인식을 허구적인 현실과 비교하고자 한다면, 나는 최종 근거짓기 증명의 기지가 바로 최종 근거지어진 인식이 타당성 요구를 지니는 모든 주장의, 그러므로 또한 그러한 비교의 가능성의 조건이라는 것을 파악하는 것이었다는 것을 잊고 있다. 나는 개미의 인식 방식을 객관적 세계와 비교할 수 있겠지만 바로 나 자신의 인식 방식을 그것과 비교할 수는 없는데, 왜냐하면 나는 나 자신의 인식 방식을 개미의 인식과는 달리 나의 비교를 위해 언제나 이미 전제해야만 하기 때문이다. 그로부터 다음과 같은 것이 따라 나온다.

[188]3. 최종 근거지어진 인식은 동시에 객관적 현실의 인식이다.

최종 근거짓기 증명의 객관적 타당성의 테제와 우리가 경험할 수 없는 어떠한 객관적인 것도 존재하지 않는다는 가정은 상이하다. 여기서 우리는 일정한 구분들을 행해야만 할 것이다. 만약 최종 근거짓기 증명으로부터 따라 나오는 범주 체계가 존재한다면, 방금 전개된 것은 또한 이 체계에 대해서도 타당하다. 가령 인과성 원리가 이 범주 체계에 속해야 한다면,

칸트처럼 그것의 지배 아래 있지 않은 세계를 요구하는 것은 아무런 의미도 지니지 못할 것이다. 그러나 아마도 우리는 결코 필연적으로 객관적인 제한들은 아닌, 우리 인식 기구의 인간학적 제한들이 존재한다는 것을 승인해야만 할 것이다. 우리의 3차원적인 공간 직관이 하나의 예일 것이다. 그러나 우리가 그것을 한갓 주관적일 뿐인 제한으로서 인식할 수 있는 것은 다만 우리가 주관적으로 그것을 넘어설 수 있고, 그것도 근대 수학의 엄밀하게 개념적인 구조 덕분에 넘어설 수 있기 때문일 뿐이다. 사실 과학적 이론들은 인간학적 제한들보다는 오히려 생활세계적인 자연 경험에 매여 있다. 직관이 그 뒤로 물러설 수 있는 것인 반면(왜냐하면 나는 그것을 문제 삼을 때 그것을 전제하지 않기 때문이다), 최종 근거지어진 개념적 인식은 그렇지 않다. 그 경우 과학은 우리가 얼마나 그것을 경험적인 경험에 결부시키는지에 결정적으로 의존하는 중간 위치를 지니는 것으로 보인다. 아무리 우리가 이러한 경험에의 의존성 정도를 좀 더 상세하게 규정한다 하더라도, 어쨌든 명확한 것은 과학이, 비록 근대적 도구들 덕분에 점점 더 특수하게 인간적인 지각으로부터 풀려났다 하더라도, 경험의 특정한 형식들, 가령 측정에 매여 있다는 점이다.

우리는 객관적 세계가 완전하게 경험될 수 있는 식으로 존재한다는 것을 어디로부터 아는가? 내 생각에 이 테제의 증명을 위해 최종 근거짓기 증명은 직접적으로 충분하지 않은데, 왜냐하면 바로 (비록 세계에 우리가 결코 경험할 수 없다고 확신할 수 있는 어떤 것이 존재한다고 하는 가정이 무의미한 것으로 보일지라도) 세계가 경험적으로 경험될 수 있는 식으로 존재한다는 것을 의심하는 것은 변증법적 자기모순 없이 가능하기 때문이다. 여기서는——객관적 관념론적 관점에서는——아마도 근거지어질 수 있겠지만 쿨만에게는 결여되어 있는 가교 원리들Brückenprinzipien이 요구된다. 이 가교 원리들은 다른 주관의 경험과 관련하여 특히 어렵고도 중요하다. 왜냐하면 비록 우리가 꿀벌이 어떻게 느끼는지를 알지 못하고 또 그것을 발견해내기 위한 방법을 소유하지 못한 것으로 보일지라도, 우리는 꿀벌의 언어에 관해 몇 가지를 알 수 있기 때문이다. 우리는 가령 꿀벌들이 서로 어떤 정보들을 전달하는지를 알고 있다. 이 점은 물론 꿀벌의 언어[189](그것을 일반적으로 언어라고 부르고자 하더라도, 우리는 꿀벌들이 내면을 가지는지 여부에 대해 전혀 알지 못한다)가 사적 언어가 아니라는 것과 연관된다. 꿀벌의 언어는, 낯선 내면들이 우리에게 닫혀 있는 반면, 우리가 유일하게 접근할 수 있는 지각 가능한 '상호 주관적인' 태도에 결부되어 있는 것이다.

일단 사적으로 말하는 합리적 주관이 존재한다고 가정하자. 오직 하나의 이성이 존재할 수 있는 까닭에, 이 사인의 개념적 체계는 원리적으로 재구성될 수 있을 것이다. 내 생각에 이 점을 쿨만은 인정하지 않으면 안 된다. 여기서 '원리적으로'란 다음과 같은 것을 의미한다. 즉, 우리가 그 개념적 체계를 경험적으로 해독할 수 있다면, 그것은 우리에게 물론 낯설긴 하지만 이해할 수 없는 것은 아닌 것으로 나타날 수 있으리라는 것이다. 그러나 우리는 그것을 어떻게 경험적으로 해독할 수 있을 것인가? 만약 이 언어 행위가 (가령 이 존재가 일기를 쓴다든지 혼자서 스스로에게 이야기한다든지 등등을 함으로써) 어떻게든 객관화되지 않는다면, 그것에 우리는 원리적으로 다가설 수 없는 것으로 보인다. 우리는 여기서 우리가 그에 대해 단지 그것을 언젠가 인식할 수 있을지 어떨지 확신할 수 없는 것이 아니라 그것을 결코 인식할 수 없을 거라고 확신할 수 있는 그러한 어떤 것을 지니는 것으로 보인다. 우리는 그로부터 입으로나 글자로 객관화되지 않는 그러한 사적 언어가 존재론적으로도 불가능하다고 추론할 수 있는가? 내 생각에 우리는 기껏해야 가교 원리를 기초로 해서만 그렇게 할 수 있을 것인데, 그 원리는 앞에서 이야기했듯이 최종 근거짓기 증명으로부터 직접적으로 따라 나오지는 않지만, 그럼에도 불구하고 아마도 근거지어질 수 있을 것이다. 하지만 그러한 원리 자체는 입으로나 글자로 객관화되지 않는 사적 언어의 가능성을—그럼에도 불구하고 이 사적 언어가 경험될 수 있다면—인정할 수 있을 것이다. 그러한 사적 언어의 경험 가능성을 보증하기 위하여 우리는 물론 (만약 우리가 두 주관들 사이에서의 육체적인 것에 의해 매개되지 않는 직접적인 의사소통을 가정하고자 하지 않는다면) 심신 문제의 엄격하게 이원론적인 해결책을 배제해야만 할 것이다. (이러한 결론은 초월론적 화용론자들이 이원론적 해결책으로 기울어지는 경향이 강한 만큼 더욱더 주목할 만하다.) 왜냐하면 만약 우리가 물적인 것과 심적인 것 사이에 명확한 상호 관계[45]가 존재한다는 데서 출발할 수 있다면, [190]저 사인에 대한(물론 그의 뇌도 포함하여[46]) 관찰은 우리에게 ──뇌 연구가 더욱더 진보하는 가운데──그의 사적 언어에 대한 일정한 통찰을 제공해 줄 것이며, 따라서 그의 사적 언어는 더 이상 말의 엄밀한 의미에서 사적 언어가 아닐 것이기 때문이다.

지금까지 문제가 된 것은 사적 언어 논증에 대한 쿨만의 재구성의 첫 번째 부분을 검토하는 것이었다. 이 부분은 한편으로는 원리적으로 인식 불가능한 것은 존재할 수 없다는 논증에, 다른 한편으로는 쿨만의 탐구가

• • •

45. 이 상호 관계는 그 사이에 우리가 인간의 뇌에 관해 알고 있는 소수의 것으로부터 따라 나오듯이 확실히 명백하지 않을 것이다. ──내가 심신 문제의 비-이원론적 해결책에 대해 말할 때, 내가 생각하는 것은 내면의 상태들이 물리적 술어들에 의해 정의될 수 있다는 것이 아니다(그것은 명백히 불가능하며, 그런 한에서 나는 이원론자이다). 내가 생각하는 것은 다만 두 세계 사이에 두 세계를 포괄하는 극도로 복잡한 법칙들에 의해 규정되어 있는 상호 관계가 존재한다는 것뿐이다. 근세 초기의 형이상학이 특징적인 방식으로 무시한 언어 현상에서는 어차피 내면과 외면의 이원론이 경향적으로 이미 극복되어 있는데, 왜냐하면 언어 현상에서는 내면의 물적인 객관화가 발생하기 때문이다.

46. 크립키는 정당하게도 내면의 모든 구별 가능한 상태에 상이한 표현 행위가 상응한다는 것은 경험적으로 잘못이라고 생각한다. "내게는 우리가 우리 스스로 완전하게 잘 확인할 수 있지만 어떠한 '자연적인' 외적 현현도 지니지 않는 감각들이나 감각 **특질들**qualia을 지니는 것으로 보인다. 관찰자는 한 개인이 그것들을 공언하지 않으면 그가 그것들을 지니는지 어떤지를 결코 말할 수 없다."(103, Anm. 83) 그러나 그로부터 내면의 상이한 상태들이 뇌의 동일적인 상태에서 생각될 수 있다는 것이 따라 나오는 것은 아니다. 그 점은 심신 문제의 비-이원론적 해결책에서 오히려 배제되어야만 한다.

공적 언어에서 행해지고 있다는 사실에 토대한다. 사실상 명확한 것은 쿨만에게 반대하고자 하는 모든 이는 다만 그가 쿨만의 언어로 번역될 수 있는 어떤 것, 그러므로 바로 사적 언어적인 본성의 것이 아닌 어떤 것을 제시할 때에만 사적 언어 문제에 구체적인 기여를 할 수 있다는 점이다. 상호 주관성 원리를 논박하기 위해 상호 주관적인 논의에 관여하는 자는 이미 실패한 셈인데, 오로지 자신만이 실존한다는 것을 다른 사람에게 확신시키고자 필사적으로 애쓰는 유아론자는 확실히 그로테스크한 현상인 것이다. 그러나 침묵하는 유아론자 내지 우리의 경우에서는 사적으로 사적 언어 논증을 검증하는 사인의 형편은 어떠할까? 공적 언어의 더 이상 그 뒤로 물러설 수 없음에 대한 그의 거부는 만약 그것이 사적으로 행해진 다면 그에게 있어 분명 일관될 수 있을 것이다. 하지만 이 경우를 공적인 언어로 분석하고 논의하고 있는 우리는,[47] 위에서 이야기된 것에 따르자면, [191]만약 우리가 저 가교 원리들을 받아들인다면 또한 이 경우에 대해서도

• • •

47. 여기서 나는 여기서 나라고 쓰고 있는 내가 오로지 나만이 실존하고 다른 모든 것은 나의 주관적 환상들이기 때문에 독일어가 참으로는 공적인 언어가 아니라고 생각할 수 있다고 하는 문제를 전적으로 도외시한다. 이러한 유아론적 입장은 쿨만과 아펠이 고려하는 모든 것보다 더 철저하다. 왜냐하면 쿨만은 가령 그가 공적인 언어를 말한다는 것을 단순히 전제하기 때문이다. 내 생각에 수미일관한 유아론은 물론 너무도 비인륜적인 입장, 아니 비인륜성의 정점인 까닭에, 거의 어느 누구도 오랜 시간 동안 진지하게 그것을 견지할 수 없다(오직 이렇게 해서만 우리는 버클리와 같이 그토록 날카로운 정신의 소유자가 물론 외부 세계의 실재성을 부인하면서도 다른 정신들의 실재성을 부인 — 이는 너무도 명백할 것이고, 아니 그의 발상에서 유일하게 일관된 입장일 것이다 — 하지 않은 것을 설명할 수 있다). 그러나 일관된 유아론은 반박하기가 아주 어렵다. 왜냐하면 그것을 반박하기 위한 (충분조건이 아니라) 필요조건인 "실재적인 외부 세계가 존재한다"는 명제는 선험적 종합 명제인바, 그것은 근거지어지기 위해서는 최소한 주관적이지 않은 하나의 점, 즉 내가 나의 유한성과 구별된 것으로서 인식해야만 하는 다름 아닌 절대자를 필요로 하기 때문이다. 외부 세계를 절대자를 거쳐 증명하는 데카르트의 도정은 그것의 구체적인 상론에 결함이 있을지라도 유일하게 걸어갈 수 있는 길이다.

우리가 원리적으로 접근할 수 있다고 가정할 수 있으며, 심지어는 그렇게 가정해야만 한다. 나로서는 이 점을 쿨만이 인정하게 될 수 있다고 생각한다.

그러나 쿨만은 더 많은 것을 증명하고자 한다. 그는 어떤 것이 오로지 무제한적 의사소통 공동체에게 원리적으로 이해될 수 있을 때에만 언어적 표현으로서 간주될 수 있다는 것을 제시하고자 하는 것만이 아니다. 그는 또한 "이러한 의사소통 공동체 자체는 x가 언어적 표현이기 위한 필요조건이다"(168)라는 것을 보이고자 한다. 명확한 것은 이 두 번째 테제와 더불어 무언가 새로운 것이 생각되고 있다는 점이다. 왜냐하면 홀로 성장한 개인이 자기 스스로 규칙들을 따르는 언어를 발전시키고, 이 언어가 물론 다른 사람들에 의해 해독될 수 있지만, 그럼에도 불구하고 저 사인의 언어 형성에서 다른 이성존재들에 대한 고려가 행해지지 않았다는 것이 생각될 수 있겠기 때문이다. 이 물음은 언어가 다만 사상의 도구일 수 있을 뿐인지 아니면 그것이 처음부터 상호 주관적인 차원을 함축하는지 하는 언어철학적인 문제에 상응한다. 상호 주관적인 이해 가능성은 바로 다만 규칙을 따르는 행위의 결과, 즉 그러한 것으로서는 의도되지 않은 결과일 뿐일 수도 있을 것이다. 그에 반대하여 쿨만은 그 경우에 바로 그 이해 가능한 표현은 언어적 표현이 아니라고 논증한다. 그 표현은 오직 그것을 표현하는 주관이 그에 대해 처음부터 그것이 다른 사람들의 찬성이나 반대에 부딪칠 수 있을 거라는 식으로 생각했을 때에만 언어적 표현이라는 것이다 (174).

더욱더 나아가는 이 테제를 위한 쿨만의 논증은 결코 그의 첫 번째 주장을 위한 논증만큼 설득력이 있지 않다. 왜냐하면 자연스러운 일이지만 우리는 쿨만과 더불어 언어란 언제나 이미 가능한 의사소통을 겨냥하고 있다고 정의할 수 있기 때문이다. 그 경우 물론 자신의 테제를 위한 그의 증명은 진부하다. 즉, 그 본질에 의사소통의 의도가 속하는 언어는 분명히 오로지 의사소통이 의도되어 있을 때에만 존재할 수 있다는 것이다. 하지만 철학적으로 흥미로운 물음은 다음과 같다. 즉, 상호 주관적 차원을 전적으로 도외시하지만 물론 다른 주관들의 분석이 접근할 수 있으면서도 이러한 분석이 어떻게든 의도되어 있지 않은 그러한 규칙에 의해 인도되는 언어 행위가 존재할 수 있는가? 쿨만은 비록 그가 이러한 가능성을 배제한 것처럼 행동할지라도(176 f.), 바로 이 물음에 대답하지 못했다.

물론 우리는 우리가 알고 있는 이성존재들, 즉 인간들이 사회적 존재들이며, 그들이 스스로의 사상들을 전통을 매개로 하여 획득하고, 그들의 자기의식의 발전에 대해 상호 주관적인 과정들이 구성적이라고 하는 엄연한 사실$^{brutum\ factum}$을 지시할 수 있다. 이른바 늑대소년들에게서 얻은 경험들은 [192]대화 상대자가 없이 홀로 성장한 아이들이 지속적인 정신적 손상을 입었다는 것을 암시한다.[48] 이 모든 것을 논박하는 것은 나의 관심 밖이다. 그러나 명확한 것은 이러한 논평들이 초월론적 반성들이 아니라 인간학적 통찰들의 지위를 지닌다는 점이다.[49] 하지만 강력한 이론은 각각의 모든 (유한한) 이성존재가 필연적으로 사회적이라고 주장하지 않으면 안 될 것인데, 이것은 내가 올바르게 보고 있다면 초월론적 화용론자들의 요구이며, 이 요구 때문에 그들의 요구가 철학적으로 아주 중요하다. 왜냐하면 첫째, 인간과 상이한 유한한 이성존재들이 배제될 수 없으며(철학은

• • •

48. '늑대소년'에 대해서는 L. Malson/J. Itard/O. Mannoni (1972, 7-104)에서의 말손의 정보가 풍부한 논의를 보라. ── 브루너$^{J.\ Bruner}$(1987)는 아이가 어떻게 언어와 더불어 동시에 자기가 속하는 문화를 배우는지를 훌륭하게 보여주었다.

49. 피히테는 잘 알려져 있듯이 『자연법의 기초$^{Grundlage\ des\ Naturrechts}$』에서 상호 주관성의 연역을 시도했다. 그러나 그의 증명은 강력하지 않다. 왜냐하면 그는 각각의 모든 유한한 정신존재가 다른 정신존재에 의해 자기규정에로 촉구되어야 한다, 다시 말하면 교육되어야 한다는 것을 지적하기 때문이다. 그러나 최초의 유한한 정신존재는 신에 의해 교육되었을 것이다. 그러나 이 가능성이 승인된다면, 신과 단 하나의 유한한 정신존재를 지니는 세계가 배제될 수 없다. 개별적인 정신존재가 이미 자기의식을 가지지 않고서도 유한한 정신존재들이 서로 자기의식의 불꽃을 붙인다고 하는 대안적 증명 시도가 검증되어야 할 것이다.

칸트와 후설과 함께 그리고 헤겔에 반대하여 최소한 방법적 이유들에서 이러한 입장으로부터 출발해야 한다), 둘째, 인간들이야말로 측량할 수 없는 이 우주에서 유일한 유한한 이성존재들이라 할지라도, 그들의 모든 특성들——가령 사회성——이 필연적으로 이성존재에 속하는가 하는 물음은 여전히 해결되어 있지 않기 때문이다. 그러나 내가 보기에 아펠은, 비록 대체로 하이데거의 영향을 받은 철학적 해석학의 의미에서의 인간학적 상수들을 '의사-초월론적quasitranszendentalen'으로 지시하고 있긴 하지만, 이 물음에 대해 구속력 있는 방식으로 대답하지 못한 것으로 보인다. ('의사-초월론적'이라는 말은 때때로 아펠에게서 발견된다. 내게 그것은 대단히 부적절한 것으로, 아니 단적으로 형용모순으로 보이는데, 이는 가령 '반쯤-절대적'이라는 말과 마찬가지일 것이다.)

3.2.2. 사인의 인식들과 의무들. 진리 합의론에 대하여

따라서 다른 인간들의 실존에 관한 어떠한 앎도 지니지 않은 채 구속력 있는 인식에 도달하는 이성존재의 이념은 [193]선험적으로 배제될 수 없는 것으로 보인다. 그 이념은 17-18세기에, 그러므로 그럴 만한 이유에서 유럽의 계몽 시기에 많이 읽히고 (예를 들어 스피노자의 친구에 의해 네덜란드어로) 번역되었음에도 불구하고 초월론적 화용론을 둘러싼 논의에서 내가 아는 한 지금까지 언급된 적이 없는 한 저작에서 가장 순수하고도 가장 엄밀한 일관성을 지니고서 전개되었다. 그 저작은 특히 디포Daniel Defoe에게 영향을 주었다. 내가 생각하는 것은 이븐 투파일Ibn Tufayl(1115-1185년경, 라틴명: 아부바케르Abubacer)의 철학 소설 『하이 벤 야크잔Hayy ben yaqdhan』인데, 그것은 본래적인 철학적 독창성을 지닌 것은 아니지만 아라비아 계몽의 근본 사상을 간단명료하게 요약하고 있다.

여기서 문제가 되는 것이 이 소설의 그저 가장 중요한 이념들만이라도 논의하는 것일 수는 없다. 다만 그 주요 줄거리만은 언급되어야 하는데, 왜냐하면 그것은 초월론적 화용론에 대한 가장 수미일관한 반대 프로그램으로서 이해될 수 있기 때문이다. 이븐 투파일이 인간의 정신사를 그의 발전에서 구체적으로 보여주고 있는 소설의 주인공, 하이 벤 야크잔은 홀로 섬에서 가젤 영양에 의해 양육되며 성장한다. 그는 섬에서 동물들을 지켜보며 그들과 자기를 비교한다. 그는 자기가 도구를 사용할 수 있으며 그에 의해 자기의 육체적 약함을 보완할 수 있다는 것을 인식한다. '엄마'의 죽음 후 그는 그녀를 해부한다. 그는 다른 동물들을 잡아 생체 해부하기 시작하며, 포괄적인 동물학적–해부학적 지식들에 도달한다. 하지만 그는 그에 만족하지 않는다. 그는 자기 주위의 물질적 세계 전체를 분석하며, 모든 것에 공통된 것과 개별적 사물들의 종차를 인식한다. 그는 좀 더 추상적인 개념들을 형성한다. 뇌에 대한 연구 후에 그는 ── 우주론적 신 존재 증명을 거쳐 ── 신에 대한 인식에 도달한다. 그의 윤리학은 그의 합리적 신학에 토대한다. 그는 ── 그가 인식하고 있듯이 지상에서 신에 관해 숙고하는 것은 오로지 그에게만 주어져 있다 ── 비물질적 원인에 더욱더 동화되고자 한다. 그는 자신의 육체에 대한 돌봄을 오직 그것이 그가 마침내 신비적 합일$^{unio\ mystica}$에서 그와 하나가 되는 신을 관조하기 위해 필요한 한에서만 옹호될 수 있는 것으로 간주한다.

소설은 본래적으로는 여기서 끝날 수 있을 것이다. 하지만 우연히 아살 Açal ── 관조적 삶$^{vita\ contemplativa}$의 비유 ── 이 섬에 표류해 온다. 그에게 다른 사람을 만나는 것은 전혀 행운이 아닌데, 왜냐하면 그는 고요히 명상하고자 했기 때문이다. 그의 행태로부터 하이는 아살이 마찬가지로 신을 아는 존재라고 추론한다. 그는 그로 하여금 자기와 의사소통하도록 강요한다. 하지만 난점들이 존재하는데, 왜냐하면 하이는 지금까지 언어 없이 생각해 왔기 때문이다. 아살은 그에게 처음으로 언어를 가져다주어야만 하는데, 이 일을 그는 가련한 야만인의 영혼을 이슬람으로 개종시킬 수 있기를 바라는 만큼 더욱더 기꺼이 행한다. 하지만 너무도 놀랍게도 그는 하이 — 이를테면 이성과 신앙의 일치에 대한 살아 있는 증명 — 가 순수한 사유를 통해 스스로 이미 중요한 모든 신앙 조항들에 도달해 있음을 인식하지 않을 수 없다. [194]아살은 하이에게 민족 종교로서의 이슬람이 단순한 사람들의 환상과 하지 않을 수 없었던 타협들에 대해 이야기하며, 그로 하여금 다른 사람들에게 가서 그들에게 신에 대한 순수한 신앙을 전해 주도록 한다. 하지만 하이의 선교 시도는 실패한다. 그래서 두 사람은 섬으로 되돌아와 거기서 살며 완전히 은거한 채 신에 대한 관조에 몰두한다.

이 저술에서 매혹적인 것은 철저한 방법적 유아론이다. 인식은 전적으로 언어 없이 구상된다. 이 저작에 따르면 우리는 다른 주관들에 대한 어떠한 관련도 없이 자기의식에 도달한다. 최고의 신앙심은 세계의 신적 근거에 대한 헌신과 다른 사람들에 대한 전적인 무관심에 존립한다. 이러한 고독은 결코 지적 발양에서의 결함들로 이어지지 않는다. 반대로 그 저술의 주인공이 전통에 대한 어떠한 관련도 없이 자기의 확신들에 도달했다는 사실에서 이븐 투파일은 철학적으로 해석된 이슬람의 진리에 대한 가장 커다란 보장을 본다.

이하에서는 이븐 투파일에 의해 논의된 수수께끼 문제가 좀 더 상세히 분석되어야 한다. 나는 여기서 그의 처지를 가능한 한 설득력 있게 만들기 위해 이븐 투파일에 맞서 좀 더 많은 변화들을 시도한다. 물론 나는 이하에서 좀 더 상세히 기술되는 사인이 우리의 우주 어딘가에 실존한다거나 심지어 그러한 존재의 발생이 현재 우리에게 알려진 자연법칙들과 양립할 수 있다고 주장하지 않는다. 그러나 분명 나는, 형식 논리적으로뿐만 아니라 또한 우리가 존재하는 모든 것이 원리적으로 경험될 수 있어야만 한다는 초월론적 가교 원리들을 근저에 놓는다면, 객관적인 진리 요구를 지니는 인식들을 지닐 수 있는 사인의 실존이 불가능하지 않다고 주장한다. 내가 보기에 그런 종류의 사유 놀이는 이른바 필연성들에 대해 문제를 제기하기 위해 철학에서 대단히 유용하다.

첫째, 우리의 사인이 호모 사피엔스 사피엔스 종에 속하지 않는다는 것은 인정될 것인데, 왜냐하면 이 종의 유전체는 지적인 성취들을 아주 어린 시절의 상호 주관적인 대화에 연결한다는 것을 대단히 많은 것이 말해 주고 있기 때문이다. 하지만 이 전제는 일반적으로 필요해 보이지 않으며, 따라서 나는 그 정신적 성취들을 객체들과의 대결과 내성 행위로부터 발원하게 할 수 있는 유전체를 지니는 존재가 있을 수 있다고 가정한다. 명확한 것은 그러한 존재가 부화 후 둥지에서 한참 동안 어미에게 양육되는 새 같은 것일 수는 없다는 점인데, 아니 사태를 단순화하기 위해 나는 이 존재가 우연 발생generatio aequivoca에 의해서건 같은 종의 존재의 시체로부터의 무성 생식에 의해서건 발생한다고(그것도 시체로부터 그때마다 단 하나의 그러한 존재가 발생한다고) 가정한다. 둘째, 나는 이러한 ──가사적sterblich이고 가령 동물들에 대한 관찰과 자신의 병의 경험으로부터 자기의 가사성에 대해 [195]아는──사인이 자기의 생애 동안 어떠한 다른 정신존재와도 접촉하지 않는다는 데서 출발한다. 셋째, 나는 우리의 사인이 언어 없이 사유하지 않는다고 가정한다. 나는 퍼스와 아펠에 대해 정신적 행위들이 단순한 '이차성', 그러므로 감각적 성질과 의식과의 충돌일 수 없으며, 오히려 그것들은 '삼차성', 그러므로 이 성질들에 대한 기호 체계에서의 개념적 해석이라는 것을 인정한다. 그러나 이러한 인정은 결코 상호 주관성에로의 이행을 함축하지 않는다. 비록 기호가 주관과 객관 사이에서 항상 매개해야만 할지라도, 이러한 삼분법적인 관계가 필연적으로 다른 주관을 지시하는 것은 아닌 것이다. 더 나아가 우리의 사인이 쓸 수 있다는 것이 인정될 것이다. 그가 쓰는 목적은 나중의 기억을 위한 버팀목을 마련하는 것이다. 우리가 이 사인의 죽음 이후에 그 섬에 와서 그의 기록들을 발견하게 될 거라고 가정해 보자. 그것들은 우리에게 한 정신존재의 산물로서 나타날 것이고, 우리는 그것들을 해독하려고 시도할 것이다. 우리가 이 일에 성공하리라는 것은 결코 배제되지 않는다. 만약 여전히 보존된 자료가 방대하다면, 만약 그 사인이 가령 다양한 단어들을 기호들을 가지고 결합시켜 놓았다면, 만약 우리가 그의 주변의 몇몇 대상들을 알게 된다면, 만약 우리가 그가 논리적으로 사유한다는 데서 출발할 수 있다면, 우리는 그의 언어를 아마도 풀어낼 수 있을 것이다.

우리가 다음과 같은 흥미로운 결론들에 도달하는 것을 무엇이 선험적으로 배제하는가? 내가 보기에 우리는 그의 기록들에서 첫째, 수많은 자연 관찰들을 발견할 수 있을 것이다. 그는 가령 섬에 있는 다양한 생물들에 대해 기술할 수 있을 것이며, 심지어 별들에 대한 관찰로부터 보편적인 천문학 이론을 발전시킬 수 있을 것이다. (내 생각에 이를 위해서는 자연 현실에 대한 신체적인 개입이 전혀 필요하지 않다. 학문의 가능성의 조건으로서의 신체 선험적인 것^{Leibapriori}에 관한 아펠의 테제는, 비록—자연 법칙들이 지금 일단 존재하는 그대로 존재한다는 것이 전제된다면—그것들에 대한 좀 더 상세한 탐구에 있어 실험들이 요구된다는 것이 인정될 수 있다 하더라도, 내게는 잘못된 것으로 보인다. 그러나 우리는 인류의 최초의 엄밀한 경험적 학문이 천문학, 그러므로 실험이 아니라 관찰에 토대한 학문이었음을 잊어서는 안 된다.[50]) 그는 천문학을 위해 물론 수학을 사용하며, 따라서 기대는 그럴 듯하고, 그의 기록들은 또한 수많은 수학적 증명들을 포함할 것이다. 자기 자신과 자신의 욕구들에 대한 관찰들이 [196]심리학적 관찰들로 표현될 것인데, 그것들은 물론 인간의 심리학에서의 아주 많은 것이 상호 주관적 과정들과 관계되는 까닭에 우리에게는 무언가 보잘것없는 것이라는 느낌을 주겠지만, 그럼에도 불구하고 철저한

• • •

50. 우리는 (리드^{Thomas Reid}의 『인간 정신 연구^{An Inquiry into the Human Mind}』에서의 'Idomenians'(시각 자료는 지니지만 촉각 자료는 가지지 못하는 존재들 — 옮긴이)를 좀 더 전개하는 가운데)——이를테면 사유하는 식물로서——줄기에 있는 눈으로만 이루어지고 순수 수학과 응용 수학을 행하는 존재를 표상할 수 있을 것이다. 이 경우가 현실적으로 생각될 수 있는지의 여부는 여기서 해결되지 않을 수 있다. 우리의 사인은 단순성의 이유들에서 장소 이동을 할 수 있을 것이며, 심지어 자연에 관여할 수 있는 능력도 소유할 것이다.

검증을 받을 만할 것이다. 우리는 요컨대 그것들에서 거의 이미 인식론에 속하는 통찰들도 발견하리라는 것이다. 그리하여 우리의 사인은 그에게 올바른 것으로 보이는 어떤 것이 그 다음날 잘못된 것으로 나타나는 일이 여러 차례 있지만, 이러한 불안정성이 그가—특히 수학에서—증명에 성공한 곳에서는 더 이상 사실이 아니라는 경험을 할 수 있을 것이다. 증명된 명제들은 그에게 오늘과 내일 참된 것으로서 나타나는 반면, 추측들은 그러한 지위를 가지지 못한다.[51] 그는 이성이 첫째, 좀 더 커다란 안정성을 소유하는 한에서, 그리고 둘째, 그것이 바로 이 문제를 결정하기 위한 척도인 한에서 가령 환상과 같은 다른 능력보다 좀 더 고차적인 지위를 지닌다는 것을 인식할 것이다. 이러한 통찰은—우리의 사인의 기록들로부터 이렇게 추론될 것이다—그로 하여금 최종 근거짓기 증명이 그 정점을 나타내는—놀라고 있는 초월론적 화용론자들은 그렇게 읽을 수 있을 것이다—반성적 논증들로 추동해 갈 것이다.[52] 물론 그 최종 근거짓기 증명은 위에서 묘사되었듯이 아주 보편적인 것으로 간주될 것인데, 거기서는 의식적으로 상호 주관성에 대한 어떠한 관련도 발생하지 않았다. 이러한 반성적 논증들로부터 우리의 사인은 또한 그 내용에서 칸트의 『인

• • •

51. 물론 우리는 아마도 비트겐슈타인의 다음과 같은 명제를 인정할 수 있을 것이다. "단 한 번 오직 한 사람만이 규칙을 따랐을 수는 없다."(§ 199) 그러나 우리가 그 명제를 말 그래도 받아들인다면, 그 명제에 따르자면—여러 사람이 한 번이나 여러 번 규칙을 따를 때뿐만 아니라—한 사람이 여러 번 규칙을 따를 때에도 규칙 준수에 대해 말할 수 있다. 이하에서 나는 이 후자의 가능성에서 출발한다. 나로서는 모든 철학자가 그 스스로 혼자서 조탁해내고 아무에게도 전달하지 않은(아마도 아무에게도 전달한 의도를 지니지 않은) 사유 과정에서 오류를 발견하고 수정한 경험을 한 번은 했다고 믿는다. 그러므로 진리 요구는 최소한 사실적인 상호 주관적 통제에 결부되어 있지 않다.

52. 우리의 사인이 자기의 최종 근거짓기 증명을 (원리적으로 인식 불가능한 현실에 반대하는) 의미 비판적 성찰들을 가지고서 뒷받침한다는 것이 배제되어서는 안 된다. 왜냐하면 의미 비판은 단연코 방법적 유아론의 기반 위에서도 생각될 수 있기 때문이다.

륜의 형이상학 정초』를 상기시킬 수 있는 윤리적 추론들도 도출할 것이다
(물론 목적의 나라 사상이 결여되어 있을 것이다). '의무들'이라는 일반적
인 제목이 붙은 절에서(역사학적 교양을 지닌 독자라면 그 의무들에서
'자기에 대한 의무들'이라는 제목이 붙은 전통적 서구 윤리학들의 장들에
대한 뚜렷한 유사성을 발견할 것이다) 우리는 가령 약한 죄인으로서의
그가 종종 수학과 철학을 추구하는 대신 열대 과일을 먹고자 하는 유혹
앞에 선다는 것을 읽을 수 있을 것이다. 그러나 그는 [197]열대 과일을 먹는
것이 더 좋은가 아니면 철학 연구가 더 좋은가 하는 물음을 합리적으로
결정하기 위한 능력이 이성이라는 것을 파악할 것이다. 따라서 이성은
저급한 욕구 능력보다 돌봄에 대한 좀 더 고차적인 요구를 지닌다. 실제로
이 물음에 대한 구속력 있는 대답, 그러므로 자신의 삶의 끝에서도 만족할
수 있을 대답을 발견하는 것이 문제가 되는 사람이라면 이성의 편에 서야
만 할 것이며, 최소한 열대 과일 소비가 이성의 최선의 전개에 방해가
되는 한에서 그것을 제한해야만 할 것이다.――그의 기록들에는 물론 상호
주관적 정신의 이론에 대한 기여 및 다른 이들에 대한 의무의 분석이 결여
되어 있겠지만, 반면 미학적 성찰들은 생각될 수 있을 것이다.

아펠과 쿨만은 그러한 사인의 가능성에 반대해서 뭐라고 말할 수 있을
것인가? 쿨만에 따르면 분명 그의 기록들은 언어적 표현들로서 이해될
수 없겠지만, 쿨만의 정의의 자의성과 순환성은 명백하다. 어째서 우리는
――어쨌든 보존된 텍스트들로부터 다음과 같이 추론된다――다른 이성존
재들이 존재하는지의 물음을 결코 제기하지 않았지만, 그럼에도 불구하고
자기의 모든 수학적 증명들을 가능한 한 논리정연하게(다시 말하면 그가
일상적인 비판적 검증에서 계속해서 그것들에 만족할 수 있게) 작성할
수 있도록 성실히 노력한 사인의 기록들을 진지하게 취급해서는 안 되는
것인가? 물론 우리는 한 가지 점에서는 쿨만을 인정해야만 할 것이다.
만약 우리의 사인이 다른 이성존재들의 가능성을 고려한 적이 있다면(내게
는 이러한 가정이 필연적이지 않은 것으로 보인다는 점을 다시 한 번 강조

하고자 한다), 그는 물론 가령 그의 수학적 증명들이, 그러나 또한 그의 최종 근거짓기 증명이 이러한 다른 이성존재들에 의해 참된 것으로서 인정되지 않을 수 없을 거라고 믿어야만 할 것인데, 왜냐하면 그는 바로 그것들이 참이라는 데서, 다시 말하면 이성으로 하여금 그것들을 받아들이지 않을 수 없도록 한다는 데서 출발하기 때문이다. 그러나 그렇다고 해서 그가 진리의 합의론자가 되는 것은 결코 아닐 것이다. 왜냐하면 그는 당연히 어떤 것이 이념화된 조건들 하에서 보편적 합의에 부딪치게 되는 것은 오로지 그것이 참이기 때문이지 그 역은 아니라는 점을 견지할 것이기 때문이다. 특히 그는 "나는 어떤 진술에 대해 그것이 참인지에 관해 이상적 의사소통 공동체의 보편적 합의를 경험하기 전에는 그것이 현실적으로 참인지 아닌지에 관해 확실히 알 수 없다"는 진술이 변증법적으로 모순적인 까닭에 확실히 거짓이라는 것을, 그것도 사인에 대해서뿐만 아니라 또한 혹시 있을 수도 있는 사회적 이성존재들에 대해서도 그렇다는 것을 인식할 것이다.[53] 최소한 최종 근거지어진 인식들에 대해 그는 의사소통 공동체에 호소하는 것을 불필요한 것으로서 인식할 것이다.

사실 진리 합의론이[198] ── 내가 이 자리에서 오직 그것에만 제한하고 있는 이론적 담론에 대해서, 그러나 또한 내가 나중에 보이게 되듯이 대부분은 실천적 담론에 대해서도 ── 동어반복이거나 거짓이라는 점에 대해서는 의심이 있을 수 없다. 참된 것이 최종적인 합리적 합의에서 모든 이성존재들에 의해 인정되리라는 것은 옳지만, 바로 진부한 의미에서 옳다. 그러나 이 합의가 선취될 수 없는 까닭에, 그리고 우리가 그 합의가 언젠가 실제로 존재하게 될 것인지의 여부를 도대체 알지 못하는 까닭에, 그렇게 파악된 진리 합의론은 그 기준에서 공허하다. 그와 마찬가지로 우리는 신이나 무오류의 정신에 의해 참된 것으로서 인정될 것은 참이라고 말할

● ● ●

53. 이에 관해서는 탁월한 논문들인 W. Doelemann (1984), 128과 Ch. Jermann (1987), 362를 보라.

수도 있을 것이다. 물론 우리에게는 의식에 초월적인 신에 이르는 어떠한 직접적인 길도 제시되어 있지 않은 까닭에, 이 이론은 우리에게 "이것이 참인가 아니면 저것이 참인가?"의 물음의 해결에서 아무런 도움도 되지 않을 것이다. 그와 마찬가지로 물론 마찬가지로 거짓은 아니지만 그 기준에서 공허한 형이상학적인 진리 상응론도 도움이 되지 않을 것이다. 왜냐하면 물론 이론들 및 경험 자료들과 구별되는 현실이 존재한다고 가정하는 것은 의미가 있지만, 우리는 다만 이론이 알려진 모든 경험 자료들을 하나의 정합적인 전체로 통합할 때에만 그 이론이 이 현실을 반영한다고 가정할 동기를 지니기 때문이다. 그러므로 내적 기준들이야말로 (분명히 객관성, 주관성 그리고 상호 주관성이라는 세 가지 메타 범주들에 상응하는 참된 이론의 세 가지 **결과들**(타당성 근거들이 아니다)을 거론하자면) 외적 현실을 재현하고, 주관적으로 분명히 이해되며, 최종적 합의의 대상이라고 하는 이론의 주장을 판가름한다.

우리가 바로 지금 논의하고 있는 문제는 구조적으로 플라톤의 『에우튀프론』의 문제 설정과 유사하다. 이 대화에서는 모든 신들이 사랑하는 바로 그것이 경건하다고 하는 테제가 옹호된다(9 c ff.). 소크라테스는 이 등치에 물론 동의하지만, 그럼에도 또 하나의 문제를 본다. 즉, 어떤 것은 신들이 그것을 사랑하기 때문에 경건한가 아니면 그것이 경건하기 때문에 신들이 그것을 사랑하는가?(10 a) 소크라테스는 오로지 ── 신학적 주의주의를 피하는 ── 두 번째 설명만이 의미가 있다는 것을 입증하고자 한다. 그와 마찬가지로 우리가 진리와 무제한적 의사소통 공동체에 의한 인정의 등치를 승인할 수 있는 것은 다만 진리가 이러한 인정에 의존하는 것이 아니라 오히려 이 인정이 한갓 사실적인 동의를 넘어서는 진리 기준들을 전제한다는 것을 견지할 때뿐이다.[54] 이 점이 부인된다면, 분명 진리 합의론은 더

• • •

54. 가령 H. M. Baumgartner (1982)와 L. B. Puntel (1978), 163을 보라. "하버마스가 합의를 우연적으로 사실적인 것으로서가 아니라 근거지어진, 다시 말하면 잠재적으로 보편

이상 [19)]그 기준에서 공허하지 않지만, 그 대신에 전적으로 확실히 거짓이다. "내실이 풍부한 진리론으로서의 합의론은 합의들의 합리성에 대한 형식적인 특성 묘사에 전적으로 매여 있다. 그러나 바로 이러한 형식적인 합리성 조건이 그것을 거짓으로 만든다. 앞서 제시된 것에 따라 명백한 것에 반대하여 합리성 개념을 비-형식적으로 파악하고자 한다면, 합의론은 공허해진다'고 담론 윤리학과 그 진리 개념에 대한 최선의 분석들 가운데 하나는 말하고 있다.[55] (타당성 문제를 미래 발전의 선취에 의해 해결하고자 하는 아펠의 시도와 위에서 그 난점들이 분석된 맑스주의적인 규범 근거짓기 발상의 구조적 유사성은 분명하다.)

하나의 합의는 오직 그것이 합의에 선행하는 일정한 기준들, 요컨대 명증과 정합의 기준들에 따를 때에만 합리적인 합의이다. 이 점을 아펠(1987b)은 승인했다. 그러나 그는 더 나아가 합의 원리에 기준상의 의미를, 아니 이를테면 결정적인 역할을 부여하고자 한다. "이러한 연관에서 합의론의 규제적 기능은 특히 다른 진리론들에서 상론된 진리 기준들 사이에서의 갈등의 경우에 결정 발견의 기능으로서 명료화될 수 있다. 예를 들어 반증-명증들(증거들, 변칙들)과 하나의 이론의 좀 더 커다란 이론적 연관들로의 편입 가능성의 기준 간의 갈등의 경우에 그렇다'.'(147) 하지만 이 경우에도 합의가 명증과 정합과 더불어 똑같은 자격을 지닌 제3의 실질적 기준이 아니라 단연코 모든 탐구의 목표지만 완전히 형식적이고 그 기준에서 공허한 것이라는 점은 어렵지 않게 파악될 수 있다. 어쨌든 아펠에 의해 기술된 갈등이 등장하지 않는 상황들에 대한 어떠한 특수한 구별도 존재하지 않는다. 왜냐하면 ── 학문의 역사에서 사실상 결코 드물지 않은 ── 이러한 갈등의 경우에도 문제가 되는 것은 두 기준들 사이에서 이성적인 타협을

• • •

적인 것으로서 파악한다는 것은 그가 생각하는 합의가 다름 아닌 보편적 정합성을 말한다는 것을 의미한다."
55. A. Wellmer (1986), 72.

발견하는 것이며, 두 기준들 사이에서 그러한 타협의 이성성을 위한 메타 기준은 결코 사실적인 합의에 달려 있는 것이 아니라 오히려 이 경우에서 도 합의는 그에 선행하는 메타 기준을 따를 때 이성적이라는 것이 타당하기 때문이다. 이러한 메타 기준을 좀 더 정확히 해명하는 것은 확실히 단순하지 않으며, 적극적인 진리론이 이 논고의 과제가 아닌 까닭에, 나는 몇 가지 대단히 간결한 언급에 만족할 수 있을 것이다. 하나의 이론에 대한 반증 증거(명증)는 그것이 직접적일수록——이는 오류가 쉽게 끼어들수 있는 지극히 복잡한 근대적 장치들에서는 거의 사실이 아니다——, 그리고 그것이 반대하는 이론이 덜 정합적일수록 더욱더 진지하게 받아들여진다. [200]·정합적kohärent'이라는 것은 단순히 (모든 이론이 그래야 하는 것인) '일관적konsistent'을 의미하지 않는다. 오히려 단순성(다시 말하면 가능한 한 많은 것이 그로부터 연역될 수 있는 가능한 한 적은 수의 독립적인 공리들), (가령 특수 상대성 이론의 근저에 놓여 있는 사유 실험에 의해 보장되는 것과 같은) 확실한 정도의 선험성, 아니 심지어는 아름다움과 같은 기준들이 당연히 중요한 역할을 담당한다. 일반 상대성 이론에 대한 이른바 반증 증거들에 맞선 아인슈타인의 주권은 완전히 정당화되었으며, 그것은 물리학자들의 전체 의사소통 공동체가 어떤 이유들에서든 언제나 저 '증거(명증)'에 근거하여 그의 이론을 포기한다 할지라도 마찬가지일 것이다. 요약하자면, 합의는 결코 그리고 또한 아펠에 의해 요구된 갈등 상황에서도 진리 기준이 아니다.

그럼에도 불구하고 내게는 초월론적 화용론이 올바른 직관을 따르고 있는 것으로 보인다. 우리의 사인에게로 되돌아온다면, 우리는 그가 우주에 다른 유한한 이성존재들이 존재할 것인가 하는 물음을 (비록 이 물음에 대한 자기 관여가 그가 진리 능력이 있는 진술들을 행할 수 있기 위한 가능성 조건은 결코 아니라 할지라도) 언젠가 제기할 거라고 가정한다. 내 생각에 그는——자신이 이성적 세계 속에서 산다는 확신을 지닌다면——이 물음에 대해 사실상 긍정적으로 대답해야만 할 것이고, 심지어는 가능한 한에서 다른 이성존재와 접촉하기 위해 노력해야만 할 것이며, 그것도 세 가지 아주 상이한 이유들에서 그리해야만 할 것이다. 첫째, 각각의 모든 유한한 존재가 (상호 주관적인 통제 없이도) 자기 자신에서 가질 수 있는 오류 가능성의 경험은 그로 하여금 물론 오류 가능하지만 아마도 자신과는 다른 강점과 약점을 지니는 다른 존재들을 알게 되기를 열망하게 만들지 않을 수 없을 것이다. 왜냐하면 이러한 방식으로 그는 그들로부터 배울 수 있을 것이며, 그가 진리를 더 이상 그 뒤로 물러설 수 없는 범주로서 파악한 까닭에, 따라서 무조건적으로 진리를 추구하는 것을 자신의 의무로 여기는 까닭에, 그는 지적인 상호 주관적 교환을 진리 추구에 의해 조건지어진 의무로서 인정할 것이다. 물론 명확한 것은 이러한 방식에서의 상호 주관적 교환이 단지 수단으로서만 가치를 지니지 결코 자기 목적의 성격을 지니지 않을 거라는 점이다. 자기 목적 성격을 지니는 것은 오직 참된 것에 대한 주관적 파악뿐일 것이다. 일정한 경험적 조건들 하에서 — 이를테면 그가 가령 다른 주관들이 본질적으로 그보다 덜 지적이기 때문에 그들로부터 아무것도 배울 수 없다고 확정하게 된다면 — 의사소통은 그에게 있어 모든 가치를 상실할 것이다. 어쨌든 그는 그들에 관해 몇 가지를 배울 수 있을 것이며, 앎에 대한 그의 열망이 그에게 그렇게 할 동기를 부여할 수 있을 것이다. 이러한 목적을 위해 그들과의 일정한 형식의 의사소통은 여전히 유용하겠지만, 그것은 처음 언급된 것과는 다른 구조를 지닐 것이다. 하지만 처음의 형식 — 가령 수학을 공동으로 영위하는 것 — 도 앞에서 말했듯이 항상 도구적인 것으로 남을 것이다. 우리는 [201]윤리학에 대한 아펠의 근거짓기와 연관하여 그 점으로 되돌아올 것인데, 그 근거짓기에서 기이한 점은 — 여기서 이미 명확해지듯이 — 그것이 (롤스와 유사하게) 상호 주관성을 이기주의적인 이익 계산 위에 근거짓고자 한다는 점이다.[56]

●●●

56. Jermann (1987), 363 f.를 참조. 전반적으로 나는 이 절에서 전개된 성찰들에 대한

그러나 둘째, 사인은 또한 그가 다른 이들로부터 아무것도 배울 수 없을 때도 상호 주관성에 관심을 지닐 수 있을 것이다. 그가 객관적 관념자라고 가정해 보자(이것은 불가능하지 않은데, 왜냐하면 객관적 관념론의 근본 사상은 최종 근거짓기와 마찬가지로 또한 사인에 의해서도 통찰될 수 있겠기 때문이다). 객관적 관념론자로서 그는 개인이 일정한 의미에서는 절대자에 맞선 가상이며, 그러므로 예를 들어 관건이 되는 것은 내가 절대자를 파악하는 것이 아니라 유한한 정신 일반이 절대자를 파악하는 것이라는 점을 알 것이다. 이 세계를, 아니 절대자를 파악하는 유한한 정신이 없는 순수하게 자연적인 세계는 그에게 그러한 정신을 지니는 세계보다 덜 가치가 있는 것으로 나타날 것이며, 자기가 언젠가 죽을 것을 고려해야만 하는 까닭에, 그는 자신의 죽음 이후의 세계 상태에 대해 배려해야만 할 것이다. 따라서 그는 (만약 그가 자신의 섬에서 다른 사인을 아무도 만날 수 없고 또 이 섬을 떠날 수 없다면) 있을 수도 있는 다른 이성존재들이 그것을 발견하리라는 희망에서 자신의 통찰을 가령 병에 담아 바다에 띄워 보낼 것이다. 그렇게 되면 그들은 사유의 어려운 노동을 처음부터 다시 시작할 필요가 없을 것이며 그보다 더 앞으로 나아갈 수 있을 것이다. 이러한 반성 상태에 있는 사인에게 있어 타인은 단지 수단으로서가 아니라 그에게로부터 배울 수 있는 누군가로서 흥미로울 것이다. 그는 타자에 대한 의무, 요컨대 진리 전달에 대한 의무를 인식할 것이다. 진리의 파악은 그에게 물론 계속해서 고독한 행위로서 나타날 것이지만, 그러나 그가 보기에 그것은 이 행위가 오직 그에게서만 일어날 때보다 — 통시적으로든 아니면 단연코 또한 공시적으로든─여러 차례 현존할 때 더 가치가 있을 것이다. 하지만 다수의 주관들이 동시에 실존한다 할지라도, 거기서 가치가 있는 것은 다만 저 인식 행위의 증식뿐일 것이다. 이 인식 행위는 다수의 그러한 행위들이 평행하여 서로 나란히─그러나 바로 서로 함께는 아니다 ─ 발생

• • •

수많은 해명적인 자극들에 대해 Ch. 예르만에게 감사한다.

한다 할지라도 구조적으로 항상 사적 본성의 것일 것이다. (이것은 본질적으로 하이의 입장이다.)

그러나 셋째, 우리의 사인은 다음과 같은 성찰들을 전개할 수 있을 것이다. 갑자기 깜짝 놀랄 정도로 새로운 종류의 생각이, 즉—다른 이성존재들이 존재해야 한다면—그들이 서로 함께할 때 개별적인 인식 행위에서보다, 아니 다수의 그러한 행위들이 서로 잇달아서나 서로 나란히 이루어질 경우에서보다 더 고차적이고 더 긍정적인 구조가 실현될 수 있을 거라는 생각이 그를 유혹할 수 있을 것이다. 그가 보기에 다음과 같은 것이 그 점에 대해 찬성할 수 있을 것이다. [202]그는 확실히 주관에서의 자연의 반영이 단순한 자연보다 더 고차적이며, 확실히 주관성의 복잡한 반성적 구조가 동물의 둔탁한 자기 관련성보다, 식물의 감각하지 못하는 자기 보존보다, 그리고 생명 없는 물질의 관성보다 더 고차적인 어떤 것이라고 말할 것이다. 그러나 하나의 주관이 다른 주관에게 탐구 객체가 되지 않고 또한 진리를—기껏해야 평행적으로—고독하게 바라보기 위한 단순한 수단이 되지 않는 두 주관의 만남, 즉 자기 자신을 자기 목적으로서 파악하는 그러한 만남은 고독한 주관성보다 무언가 더 커다란 것이 아닐까? 두 주관의 교호적인 인식은 비대칭적인 주관–객관–관계와, 거기서는 주관과 객관이 서로로부터의 일정한 자립성을 지니지 않은 채 동일적인 것들인 주관성의 반성적인 자기 파악과의 종합이라고 주장할 수 있는 구조가 아닐까?

더 이상 초월론적이 아니라 사변적인 이와 같은 생각들은 사인으로 하여금 겸허한 마음을 지니도록 하지 않을 수 없을 것이다. 왜냐하면 그 생각들은 그가 그때까지 지녀온 자율·자기 지배의 심오한 느낌에 대해 유례없는 방식으로 물음을 제기할 것이고, 또한 그것들은 그가 비록 자신의 주관성을 가지고서 모든 것을 사상할abstrahieren 수 있는 엄청난 능력을 소유한다 할지라도 존재하는 그대로의 사인이 창조된 우주의 최고의 구조가 아니라는 것을 의미할 것이기 때문이다. 오로지 가상적으로만 사인은 다음과 같은 논증, 즉 그에게 있어서는 상호 주관성을 사상^{Abstraktion}의 타당성 근거로 전제함이 없이 그것을 사상하는 것이 가능하다는 논증을 가지고서 안도할 수 있을 것이다. 가령 공동체 내에서 논증적으로 논증 공동체를 논박하는 누군가가 변증법적 모순에 휘말리는 반면, 공동체 내에서 논증하고 자신의 전제들을 해명하는 자는 모순을 회피한다는 것은 분명 올바를 것이다. 이 두 번째 입장은 첫 번째 입장보다 탁월할 것이다. 그러나 우리는 어떤 권리로 이 두 번째 입장을 분명히 논증 공동체를 전제하지 않지만 또한 상호 주관적으로 논증하지도 않는 자의 세 번째 입장보다 더 탁월한 것으로 간주할 수 있을까? 사인이 자기의 입장을 타인에게 전달하는 데 관여한다면 그는 이미 패배한 것이며, 그가 그렇게 하지 않는다면 논증 공동체는 그의 견해들을 어떻게든 고려할 수 있는 가능성을 지니지 않을 뿐만 아니라 또한 그렇게 할 의무도 지니지 않는다는 것은 확실히 옳을 것이다. 그러나 어느 누구도 자신의 유아론적인 견해들을 가지고서 괴롭히고자 하지 않을 만큼 일관적인 (방법적) 유아론자의 입장은 상호 주관성론자의 그것만큼이나 일관되게 가능할 것이다. 모순적인 것은 다만 자기가 유아론자로 머물러도 좋다고 타인들에 의해 인정받고자 하는 유아론자의 입장뿐이다.⁵⁷

그런데 이러한 사유 과정에 대해 사인 자신이 다음과 같이 이의를 제기할 수 있을 것이다. [203]그는 ── 만약 상호 주관성이 존재해야 한다면 ── 참된 것으로서의 저 사유 과정이 또한 다른 모든 유한한 이성존재에 의해 통찰될 수 있을 거라고 말해야만 할 것이며, 그런 한에서 그는 자기 논증의 잠재적인 상호 주관적 타당성을 바로 전제해야만 할 것이다. 다시 말하면, 그는 분명 그에게 상호 주관성에 대한 생각이 언젠가 나타난 적이 없이 진리 능력 있게 사유할 수 있겠지만, 그러나 그 생각이 나타나자마자 그는 상호 주관성에 대한 가능한 관련을 승인해야만 하리라는 것이다.

• • •

57. 이 점은 특히 예르만에 의해 주장되었다(1987; 361).

그와 마찬가지로 그, 즉 사인이 존재한다는 사실(나는 초월론적 화용론자들에 반대해 그것을 불가능한 것으로 간주하지 않는다)도 상호 주관성이 주관성보다 탁월하다는 것에 관한 테제(내가 초월론적 화용론자들과 공유하는 테제)에 반대하는 논증은 아닐 것이다. 왜냐하면 다른 구조에 대한 하나의 구조의 우위를 주장하는 자는 결코 저 결함 있는 구조가 실존한다는 것을 배제할 필요가 없기 때문이다. 가령 사유하는 주관성의 더 이상 그 뒤로 물러설 수 없음을 옹호하는 자도 돌, 식물, 동물과 같은 사유하지 않는 존재들이 존재한다는 것을 논박하지 않는다. 그와 유사하게 내 생각에 우리는 사인의 원리적 가능성을 승인함에도 불구하고 그와 같은 존재가 (그가 어딘가에 실존해야 한다면) 존재의 위계에서 동물들과 사회적 이성존재들 사이의 중간 위치를 차지한다는 것을 견지할 수 있고 또 견지해야 한다. 어째서 사회적 이성존재들이 사인보다 더 고차적인가?

내가 보는 한에서 우리는 이성존재의 세 단계를 구별할 수 있다. 첫째, 결코 상호 주관성의 사상을 파악하지 못한 사인이 생각될 수 있다. 이러한 사인은 내 생각에 전적으로 일관되고도 진리 능력 있게 사유할 수 있지만, 그러나 그는—만약 우리가 상호 주관성을 단지 가능한 것으로서만이라도 승인한다면(그리고 이것은 사실상 어느 누구에 의해서도, 그리고 또한 그 사상을 파악한 사인에 의해서도 논박될 수 없다)—전체적인 세계이론을 가졌다고 주장할 수 없는데, 왜냐하면 이 이론에는 틈이 벌어져 있기 때문이다. 그는 상호 주관성을 주제화하지 못하는 반면, 여기서 공적인 언어로 제시된 것과 같은 상호 주관적 이론은 단연코 사인을 파악한다고 주장할 수 있다. 주관성과 상호 주관성이 자기 자신을 파악하는 두 가지 구조들이라 할지라도 방금 언급된 관점 하에서는 절대적 비대칭이 존재하는바, 고독한 주관이 분명 돌과 식물을 주제화하지만 그들에 의해 주제화될 수 없는 것과 마찬가지로 상호 주관성은 사인을 포괄하지만 그에 의해 사유되지 않는다. 그러나 둘째, 상호 주관성의 사상을 순수하게 주관적 사유를 매개로 하여 파악한 사인이 실존할 수 있을 것이다. 이 경우에는 앞에서 언급된 주관성과 상호 주관성 사이의 비대칭은 존재하지 않을 것이다. 물론 이러한 고차적으로 발전된 사인은 자기의 사상들이 원리적으로 다른 이성존재들에 의해 인정되어야만 한다는 것을 승인해야만 할 것이다. 그리고 그는 자기의 인식 형식 —[204]순수하게 주관적인 사유 — 과 그것의 내용 — 상호 주관성 — 간의 긴장, 즉 상호 주관성의 사상에 결코 도달하지 못한 첫 번째 사인에게서는 존재하지 않았던 긴장을 승인해야만 할 것이다. 그는 바로 이러한 긴장이 오직 상호 주관적으로 다듬어진 상호 주관성 이론의 틀 내에서만 지양될 수 있다는 것을 파악할 것이다. 물론 우리의 사인 자신은 이러한 최종적 사상을 여전히 순수하게 주관적인 사유를 매개로 하여 파악할 수 있을 것이며, 아마도 우리는 그러한 최고 형식의 사인의 기록들에서 순수한 상호 주관성 이론에 대한 기여를 발견할 것이다. 그러나 이러한 기여의 이론적 광휘도 그로 하여금 자신이 주제화하는 것을 자신이 달성하지 못했으며 또 그것에서 형식과 내용이 화해하지 못했다는 것을 보지 못하게 할 수는 없을 것이다. 그는 그렇게 하는 것이 어떻게든 가능해져야 한다면 상호 주관성에로의 발걸음을 과감히 내딛는 것을 자기의 의무로 간주할 것이며, 그것도 최고로 가능한 구조들을 실현할 것을 명령하는 순수하게 의무론적인 윤리학의 기초에서 그렇게 할 것이다. 분명 그는 위에서 묘사된 사변적 논증들에 기초하여 그의 고독한 사변으로부터 그에게 친숙한 모든 것을 능가하는 것으로 보이는 엄청난 인격 확대들과 행운의 경험들을 상호 주관적인 만남들로부터 획득한다고 생각할 수 있을 것이며, 만약 그가 지금껏 허락된 것의 틀 내에서 그러한 상호 주관적 행운의 실현을 위해 애쓴다면 그것은 비도덕적이지 않을 것이다. 그렇지만 만약 그가 영리하다면, 그는 그러한 행운의 달성이 결코 보장되어 있지 않으며, 아니 다수의 유한하고 잘못을 범하기 쉬운 정신들 — 게다가 그 자신으로부터 그에게 친숙한 저 섬뜩한 추상 능력, 즉 악의 원리를 부여받고 있는 정신들 — 의 만남으로부터 아마도 저 행운에 의해 메워질 수 있을 것보다 더 많은 무질서와 고통이 발생하리라는 것을 쉽사리 내다볼 수 있을 것이다. (그는 자신이 최소한 처음부터 다른 이성존재들에 익숙해져 있기를 바랄 것인데, 왜냐하면 그는 당연히 그 경우에 그들을 견뎌내기가 훨씬 쉬울 거라고 가정할 것이기 때문이다. 아니, 아마도 그는 세계의 창조자에게 분노하며 어째서 그가 자신과 같은 사인들이 발생할 수 없도록 배려하지 않았는지 물을 것이다.) 그럼에도 불구하고 그의 섬에 마침내 언젠가 배가 도착해야 한다면, 부드럽지만 약해지지 않는 의무의 목소리가 승리할 것이다. 그의 독백적인 이성의 자율에 근거하여 그 목소리는 그로 하여금 상호 주관적 정신의 세계로의 이행을 감행하도록 권고할 것이다. 그는 자신의 좀 더 고차적인 자아, 즉 보편적 이성을 따라 자신의 십자가를 짊어지고, 모든 것에 대해 최선의 준비를 갖춘 채 저 배로 향할 것이다.[58]

[205]3.3. 최종 근거짓기와 객관적 관념론

객관적 관념론은 확실히 현대의 대중적인 철학들에 속하지 않는다. 그것의 근본이념을 옹호하는 자는 그 이념이 공적인 호의를 누리는 의견들로부터 아주 멀리 떨어져 있는 까닭에 낯설게 보이리라는 것을 고려하지 않으면 안 된다. 내가 처해 있는 어려움은 여기서 문제되는 것이 내 앞에 떠오르는 입장을 체계적으로 전개하는 것일 수 없는 만큼 더욱더 커다랗다. 나는 오히려 초월론적 화용론과 대결하는 가운데 내 생각에 우리가 객관적 관념론의 지반에 들어선다면 제거될 수 있을 그것의 문제들 가운데 몇 가지를

● ● ●

58. 저 배에서 두 명의 선교사, 즉 이슬람 선교사와 기독교 선교사가 내려야 한다면, 사인은 후자의 (철학적으로 순화된) 메시지에서 좀 더 고통스럽지만 좀 더 심오한 진리를 인식할 것이다.

언급하는 데 제한하지 않으면 안 된다. 물론 나는 시대에 적합한 객관적 관념론이 초월론적 화용론으로부터 많은 것을 배울 수 있으며, 그것이 특히 전통적 형식들에 맞서 상호 주관성 이론적인 의미에서 변형되어야만 한다고 생각한다. 그래서 나는 이하에서 첫째, 객관적 관념론의 근본이념을 묘사하고, 둘째, 이 이념을 위한 논증들을 제시하며, 셋째, 상호 주관성 사상을 객관적 관념론에 통합하는 것이 구체적으로 무엇을 의미하는지 암시하고, 넷째, 초월론적 화용론에 대한 객관적-관념론적인 구상의 결정적인 차이들을 다듬어내는 식으로 진행하고자 한다.

3.3.l. 객관적 관념론의 근본 사상

도대체 객관적 관념론이란 무엇을 말하는가? 나는 유명한 철학 체계 유형론에서 자연주의, 주관적 관념론 그리고 객관적 관념론에 대해 말하는 딜타이의 용어법을 받아들인다. 물론 이 유형론도 이념화에 기반하며, 또한 좀 더 분화될 수 있음은 물론이다. 특히 이 유형론은 아펠의 세 가지 패러다임과 결합될 수 있는데, 따라서 우리는 가령 주관성의 주관적 관념론(칸트/피히테)을 상호 주관성의 주관적 관념론(아펠)과, 또는 첫 번째 패러다임의 객관적 관념론(플라톤)을 두 번째 패러다임의 객관적 관념론(헤겔)과 구별할 수 있다. 그러나 이 모든 것은 딜타이의 유형론이 철학적으로 커다란 의미를 지니지 않는다는 것을 의미하지 않는데, 특히 내가(1984) 시도했듯이 만약 철학사를 자연주의로부터 주관적 관념론을 거쳐 객관적 관념론으로 나아가는 발전 논리의 의미에서 재구성하는 데 성공한다면, 그것은 철학적으로 큰 의미를 지닐 것이다. 개별적 이행들의 근저에 놓여 있는 논리는 단순화하자면 다음과 같이 묘사될 수 있다.[59]

• • •

59. 이에 대한 좀 더 상세한 논의에 대해서는 (1987b), 234 ff.를, 그리고 근대 철학에서

[206]1. (일반적으로 자연주의로 귀착되지만, 이것보다 좀 더 보편적인 입장을 나타내는) 실재론에게 있어 본래적인 존재자는 의식 초월적인 실재성, 특히 자연적인 현실이다. ──주관적이거나 집단적 본성의── 의식은 이 현실을 반영한다. 진리 개념은 상응론적인 본성의 것이다. 인식은 가능한 한 수동적일 때 객관적인 것으로서 여겨진다. 경험이 근본적인 인식으로서 간주된다.

경험주의의 문제는 위에서 특수한 형식의 경험주의, 요컨대 논리 경험주의를 다룰 때에 이미 논의되었으며, 여기서는 그저 조금만 더 언급될 필요가 있을 뿐이다. 종합적-선험적 명제들이 없으면 귀납은 존재하지 않지만, 특히 객관적 윤리학과 미학이 존재하지 않는다. 따라서 자연주의적 경험주의는 윤리학과 미학에서 거의 불가피하게 허무주의적인 결론들을 지닌다. 아니, 역설적으로 선험적 종합 명제를 지니지 않는 경험주의는 의식 독립적인 외부 세계의 부인에로 귀착되는데, 왜냐하면 "의식 독립적인 외부 세계는 존재한다"는 명제는 분석적도 경험적도 아니기 때문이다.

2. 주관적 관념론에서 내가 이해하는 것은 주관적 본성의 것이거나 상호주관적 본성의 것이거나 간에 자발적 인식 활동들의 구성적 기능을 지시하고, 인간 인식의 이러한 구성적 성격 때문에 인식에 어떠한 엄밀한 객관성도 돌리지 않는 철학들이다. 물론 여기서는 상이한 형식들이 구별되어야 한다. 한편으로 구성주의는 포퍼의 경우에서처럼 실재성에 의한 반증적인 통제 하에 놓여 있는 '가언적인' 선험적인 것에 대해 말하는 데 제한될 수 있다. 또는 상이한 구성적 구상들에 그때마다 상이한 세계가 상응한다고 가정된다. 이러한 방식으로는 가령 후기 비트겐슈타인과 그의 영향을 받은 노선들에서처럼 언어놀이들의 환원 불가능한 다원성이 견지된다.

• • •

그것이 구체적으로 각인된 모습에 대해서는 지금 이 논고의 첫 번째 부분을 보라.

278

그에 반해 요구하는 바가 많은 주관적 관념론자인 칸트는 선험적 인식에서 단순히 가언적이지 않은 필연적으로 참된 인식을 이해하며 필증적인 선험적 종합 명제들을 가정한다. 물론 칸트는 이러한 선험적 명제들을 현실적으로 객관적인 것으로 간주할 수 없는데, 그것들은 주관에서 유래하는 것이다. 따라서 그는 그 명제들을 다만 주관적으로 필연적인 것으로만 간주한다. 이 점은 윤리학에 대해 수용될 수 있다. 칸트가 윤리학의 명제들을 자연과학적 명제들로 환원될 수 없는 것으로 간주하는 까닭에, 그의 세계는 물론 이원론적으로 규범들의 세계와 사실들의 세계로 분열된다.

[207]이론 철학에서 칸트는 선험적 종합 명제들에 대한 자신의 주관주의적인 해석으로 인해 사물 자체의 문제를 얻게 된다. 사물 자체는 분명 피히테에게서 제거되지만, 아주 비싼 대가를 치른다. 피히테는——외부 세계 문제를 열어 두는 후기 후설보다 더 철저하게——객관적 세계를 가정하지 않는다. 그에게 있어서는 주관이 자연으로부터 설명될 수 있는 것이 아니다. 역으로 자연이 주관으로부터 설명되어야 한다. 구체적으로 그것은 자연이 주관에 맞서 선재하는 것이 결코 아니라는 것, 다시 말하면 자연이 주관적 감각들의 집합체 이외에 아무것도 아니라는 것을 의미한다. 이 입장은 사실 간단히 반박될 수 없다. 그러나 명확한 것은 이 입장이 깊이 뿌리박힌 실재론적 확신들, 아니 근대 자연과학의 프로그램 전체에 반한다는 점이다.[60] 개별적 의식에서 출발하는 피히테와 후설의 입장은 그 점을 넘어서서 유아론이라는 어려운 문제와 씨름해야 한다. 그리고 우리가 일단 의식 내재의 입장에 섰을 때, 이 문제가 해결될 수 없다고 하는 추측은

- - -

60. 내게는 하버마스(1981)가 후설의 생활세계 개념을 다시 붙잡은 것이 제멋대로의 것으로 보인다. 후설을 이용하는 것이 부당하다는 것이 아니다. 오히려 그와 반대이다. 하지만 우리는 후설의 주관적 관념론을 나눠가지지 않고서는 그의 생활세계 개념을 근대의 과학적 세계상에 맞서게 하기가 어려울 수밖에 없다. 그러나 그 주관적 관념론은 지금껏 하버마스가 고백하고 있는 역사적 유물론과 양립할 수 없을 것이다.

근거 없는 것이 아니다.[61] 최소한 우리는 아펠에 대해 그가 이 두 번째 문제를 초월론 철학의 상호 주관성 이론적인 변형에 의해 해결했다는 것을 승인해야만 할 것이다. 하지만 첫 번째 물음, 즉 자연의 위치에 대한 물음은 그에게 있어 해명되지 않은 채 남아 있다. 왜냐하면 한편으로 퍼스에게서 넘겨받은 그의 의미 비판적인 실재론은 그가 단연코 의식에 선행하는 자연을 믿고 있다는 것을 시사하지만, 다른 한편으로 아펠은 후기 퍼스에게서 끌어낸 객관적-관념론적인 결론들을 수용하기를 지금까지 거부해 왔기 때문이다.

3. 하나의 입장이 종합적-선험적 인식이 존재하며, 이 인식은 동시에 주관적-상호 주관적 이성에 선행하는 어떤 것에 대한 인식이기도 하다고 가정할 때, 그 입장은 객관적-관념론적이다. 이러한 견해는 한편으로 선입견 없는 의식에 대해서는 가장 자연스러운 견해지만, 다른 한편으로 이치 추론하는 반성에 대해서는 가장 기이한 것이다. 왜냐하면 한편으로 모든 보통 사람들은 [208]자기가 사유할 수 있는 능력에 의해 사유하지 못하는 존재보다 현실에 더 가깝다고 가정하지만, 다른 한편으로 반성은 스스로에게 다음과 같은 물음을 던지기 때문이다. 즉, 선험적 사유, 그러므로 외부 세계에 대한 관계없이 작동하는 사유가 현실을 파악할 수 있는 것은 어떻게 가능한가? 분명히 유일한 가능한 대답은 다음의 대답이다. 자연은 — 주관적 관념론에서처럼 — 정신에 낯선 것이 아니지만, 그것은 — 실재론에서처럼 — 유한한 정신의 원리지어진 것Prinzipiat이 아니라 자연과 유한한 정신에 마찬가지로 선행하는 원리의 원리지어진 것이다.

• • •

61. 의식 내재 입장의 또 다른 문제는 — 프로이트 이래로 비로소 아는 것이 아니듯이 — 주관 · 주체가 본래 스스로가 그렇다고 표상하는 것이 아니라는 점에 존립한다. 부분적으로 무의식적 과정들에 그 원인이 있는 그의 행위들은 그의 본질에 관해 그의 의식 흐름보다 훨씬 더 많은 것을 알게 해준다.

이 원리는 객관적 이성으로서 파악될 수 있다. 그러한 이성이 말의 가장 완전한 의미에서 존재하고, 그것이 자연으로도 주관적 의식으로도 그리고 또한 상호 주관적 정신으로도 환원될 수 없다고 하는 가정에 객관적 관념론의 핵심이 존립한다. 아니, 그 이상이다. 객관적 관념론은 이러한 객관적 이성을 다른 것들과 나란히 있는 하나의 존재 영역이 아니라 모든 실재적 영역들의 본질로 간주한다. 자연주의가 자연의 존재를, 심리학주의가 의식 상태들을, 초월론적 화용론이 상호 주관적 인정 과정들을 본래적인 최초의 존재로 간주하는 데 반해, 객관적 관념론은 저 객관적 이성을 모든 존재의 근거로 간주한다. 객관적 이성은 동시에 모든 타당성 요구들, 모든 규범들과 가치들의 근거이기도 한데, 왜냐하면 객관적 관념론에게 있어서는 규범적인 것과 이념적인 것이라는 특유한 차원이 모든 사실적인 것(그러므로 자연, 주관적 정신과 상호 주관적 정신)에 대해 초월적이기 때문이다. 이러한 객관적 이성은 감각적으로 지각될 수 없다. 또한 그것은 내성이나 해석의 대상이 아니다. 그것은 사유의 대상이다. 그것은 자연과 달리 공간적이지 않으며, 주관적 의식 행위들과 달리 시간적이지 않다. 이러한 의미에서 그것은 가령 물리적 객체들이 서로 구별되거나 물리적인 어떤 것이 심리적인 어떤 것과 구별되는 것보다 좀 더 엄밀하게 모든 실재적인 것으로부터 구별되어 있다. 그러나 바로 그것이 공간적이거나 시간적이지 않기 때문에, 그것이 다른 장소나 다른 시간에 존재한다는 견해보다 더 오도하는 것은 아무것도 없을 것이다. 그것은 공간에도 시간에도 존재하지 않는다. 그것은 세계의 존재를 규정하고 유한한 사유에 의해 자기 자신에로 되돌아가는 가운데 파악되는 모든 선험적 진리들의 총괄개념이다. 그런 한에서 그것은 모든 존재자에 내재적이다. 객관적 관념론이 실재론과 주관적 관념론의 종합을 나타낸다는 것을 파악하기는 쉽다. 왜냐하면 실재론과 마찬가지로 그것은 주관적이거나 상호 주관적인 사유로부터 독립적인 자연이 존재한다고 가정하고, 또한 주관적 관념론과 마찬가지로 그것은, 비록 사유가 바로 자기의 자발성에서 무언가 절대적인 것, 즉 자기에 의해 정립된 것이 아니라 자기를 정립하는 것에 참여한다 할지라도, 사유가 자발적이라는 데서 출발하기 때문이다.

3.3.2. 객관적 관념론을 위한 논증들

이하에서 나는 객관적 관념론을 위한 세 가지 논증을 제시하게 될 것이다. 첫째—이것은 근거짓기 이론적으로 가장 강력한 논증이다—, 나는 객관적 관념론이 최종 근거짓기 증명에서 따라 나온다는 것을 보이고자 한다. 둘째와 셋째, 나는 오로지 객관적 관념론만이 우리의 두 가지 깊이 뿌리박힌 확신들, 즉 객관적 자연과학이 존재한다는 확신과 인륜법칙이 존재한다는 확신을 근거지을 수 있다는 것을 보이고자 한다. 후자의 이 두 개의 논증은—칸트의 양식에 따라—참으로는 그 자체가 근거짓기를 필요로 하는 해당 직관들의 올바름을 전제한다. 나는 여기서 오로지 객관적 관념론만이 종교를 개념화할 수 있다는 것을 객관적 관념론을 위한 고유한 논증으로서 제시하고자 하지 않는다. 왜냐하면 나로서는 첫째, 이것이 모두에게 명백하다고 생각하고, 둘째, 우리는 오늘날 종교에 대한 철학의 친화성이 그 철학을 위한 논증을 나타낸다는 데서 출발할 수 없기 때문이다. 많은 사람에게는 오히려 그 반대가 사실인 것으로 보인다.[62]

최종 근거짓기 증명은 우리가 이미 보았듯이 주관주의적 해석과 양립할 수 없다(위의 S. 177 ff.를 보라). 최종 근거짓기 증명은 만약 그것이 오로지 주관적 사유 강제만을 재현하는 사적인 의견으로서 해석된다면, 그리고

• • •

62. 나는 여기서 미학적 물음들을 전적으로 도외시해야만 한다. 내게 특히 불명확한 것은 우리가—가령 후설 현상학의 의미에서—순수한 직관으로부터 출발할 수 있는지의 여부이다. 물론 (현상학자들 가운데 객관적 관념론자인) 셸러의 철학은 그 사상이 객관적 관념론과 양립할 수 있다는 추측을 불러일으킨다. 그러나 과연 그 사상이 또한 객관적 관념론으로부터 따라 나오기도 하는가?

그것의 진리가 나의 특수한 통찰에 의존하는 것으로서 나타난다면, 오해되게 될 것이다. 왜냐하면 그 경우 그것은 바로 무전제적으로 타당하지 않을 것이기 때문이다. 그러나 우리는 위에서 그것의 무전제적 타당성이 최종 근거지어진 명제들이 존재한다는 명제의 진리와 등가라는 것을 파악한 바 있다. 그러나 이것은 이미 증명이 그 속에서 자기 자신을 증명하는 객관적 이성의 사행Tathandlung이라는 것을 의미한다. 사정이 그런 것이 아니라 최종 근거짓기 증명이 타당성 이론적인 의미에서 우리의 사유나 심지어 우리의 뇌의 구조에 의존한다고 가정해 보자. 그것은 다만 어떠한 무전제적인 인식도 존재하지 않는다는 것만을 의미할 수 있을 것이다. 그러나 최종 근거짓기 증명은 이러한 가정이 가능하지 않다는 것을 보여주며, 그 증명이 우리의 정신이나 심지어 우리의 뇌의 본성에 관한 가능한 모든 견해들보다 더 기본적인 까닭에(그것은 근거지어진 가정이 도대체 무엇인지를 확정한다), 우리는 그에 기초하여 바로 저 견해를 거부해야만 한다. [210]우리가 자신의 삶의 과정에서 확신할 수 있었던 이른바 인식 인간학적 통찰들을 모든 통찰——그러므로 또한 모든 인식 인간학적 통찰——의 가능성 조건인 이론에 맞서게 하는 것은 불합리할 것이다. 그것으로 우리는 다만 우리가 초월론적으로 사유할 수 없다는 것을, 다시 말하면 최종 근거짓기 증명을 이해하지 못했다는 것을 보여줬을 뿐이다. 왜냐하면 그 증명의 핵심은 진리 요구를 지니는 모든 인식의 가능성의 조건인 어떤 것이 존재한다는 것이기 때문이다. 따라서 이것은 모든 경험적인 개별 인식에 선행해야만 한다. 그러한 인식이 자기의 기초에 모순된다면, 그 인식은 그 자신의 타당성 근거를 파괴할 것이다. 그러므로 그것은 필연적으로 거짓이어야만 할 것이다. 주의해야 할 것은 우리의 사유 능력이 우리의 뇌에 연결되어 있으며, 뇌의 구조들이 오랜 진화 속에서 형성되었다는 것이 배제되지 않는다는 점이다. 나는 이것을 이 자리에서 (비록 내가 해당 가정들의 올바름에 대해 확신하고 있을지라도) 부인도 주장도 하지 않을 것인데, 그 까닭은 그것이 나의 논증의 진행을 위해 전혀 중요하지 않기 때문이다. 왜냐하면 사정이 그렇다면, 그것은 다만 세계가 최종 근거 지어진 인식을 할 수 있는 뇌를 산출할 수 있는 식으로 형성되었어야만 한다는 것을 우리가 선험적으로 안다는 것을 의미할 뿐일 것이기 때문이다. 그러므로 우리는 '유물론적' 인식론이 단연코 최종 근거짓기 증명과 양립할 수 있다는 것을 알게 된다. 아니, 그것은 비-유물론적인 인식론에 비해 심지어 결정적인 장점, 즉 그것이 선험적 자연철학의 일정한 근본 원리들을 도출할 수 있도록 허락한다고 하는 장점을 지닐 것이다.

그러나 비록 비-유물론적인 심신 이론이 올바를지라도 어쩌면 최종 근거짓기 증명에 함축된 범주들에 의해 규정되지 않는 세계가 존재할 수도 있다고 가정하는 것은 최종 근거짓기 증명과 양립할 수 없을 것이다. 왜냐 하면 그것은 다만 최종 근거짓기 증명이 필증적인 인식이 아니라는 것을 의미할 수 있을 뿐이기 때문이다. 앞의 S. 187 f.에서 말해진 것, 즉 객관적 관념론을 위한 결정적 논증을 나타내는 것을 상기해 보라. 최종 근거짓기 증명이 물론 우리의 사유에 대해서는 타당하지만 세계에 대해서는 그렇지 않다는 것을 인정하는 것은 아무 도움도 되지 않을 것이다. 왜냐하면 그러 한 가능한 세계를 생각하고 따라서 최종 근거짓기 증명에 반대하는 것도 언제나 우리일 것이기 때문이다. "어쩌면 우리가 사유할 수 없는 어떤 것이 존재할 수도 있다"는 진술은 변증법적으로 자기 모순적인데, 왜냐하 면 바로 그렇게 함으로써 우리는 그것을 사유하기 때문이다. 그로부터 이미, 그것도 사유의 내재로부터 벗어나지 않고서 최종 근거짓기 증명의 존재론적 가치가, 그리고 바로 그와 더불어 객관적 관념론의 근본 사상이 따라 나온다. 물론 세계가, 최종 근거짓기 증명으로부터 따라 나오는 것이 아니라 오히려 경험적 본성의 것들이자 우리가 그것들에 대해 과연 언젠가 경험하게 될 것인지를 확신할 수 없는 규정들을 지닌다는 것은 배제되지 않는다. 그러나 그러한 것은 [211]최종 근거짓기 증명에 함축된 범주들이 비록 존재자를 위한 충분조건들이 아니라 필요조건들일 뿐이라 할지라도 존재하는 모든 것에 대해 타당하다는 것을 배제하는 것이 아니라 오히려 전제한다. 그러나 바로 이러한 인정만으로도 최종 근거짓기 증명이 그에 선행하지 않는 것은 아무것도 존재하지 않는다고 주장하기 위해 충분하다. 따라서 그 증명은 우리의 인식뿐만 아니라 또한 모든 존재자도 구성한다. 오직 절대자에서의 존재와 인식 가능성의 일치만이 어째서 우리가 그 둘의 차이에 의해 특징지어지는 유한자의 영역에서 원리적으로 진리 능력이 있는지를 설명해 준다. 그리하여 비록 앞에서 말해진 모든 것과 피히테에 따른 견해, 즉 자연은 절대적 원리에 의해 직접적으로 원리지어진 것이 아니라 주관적 정신에 의해 매개되어 있다고 하는 견해가 단연코 양립할 수 있을지라도, 칸트의 양식에 따른 주관적 관념론은 이미 넘어서져 있다. 그러나 앞에서 말해진 것과 피히테가 절대적인 반성적 원리와 가령 시간성을 전제하는 실재 철학적 주관성의 단연코 그 뒤로 물러설 수 있는 구조들을 뒤섞은 것과는 양립할 수 없으며, 따라서 객관적 이성이 우선 자연을 구성하며, 더 나아가 그것이 주관적 정신과 상호 주관적 정신을 산출할 수 있고, 아니 산출해야만 한다고 하는 이론이 떠오른다.

방금 묘사된 견해는 종교적인 것으로 나타날 수도 있다. 그리고 좀 더 심오한 의미에서 그것은 또한 그러한 것이기도 하다. 그러나 그 견해가 근대 과학과 완전히 양립할 수 있으며, 심지어 실제로는 그 기초라고 하는 것은 아무리 강조해도 충분할 수 없다.[63] 왜냐하면 만약 근대 과학이 선험적 종합 명제들을 전제한다고 한다면, 실재론적-경험론적 이론은 과학을 정초할 수 없으며, 또한 만약 근대 과학이 인과 과학적으로 자연으로부터 정신에로의 이행을 해명할 수 있다고 한다면,[64] 마지막으로 언급된 가장

● ● ●

63. 나는 여기서 다만 경험 과학들에 대해서만 말하며, 수학은 도외시한다. 왜냐하면 한편으로 이 학문에서 이념적 존재자들이 존재한다는 가정은 너무도 명백하며, 다른 한편으로 반성적 근거짓기 구조들에 대한 수학적 방법의 관계는 내가 여기서 다룰 수 없는 난점들을 제기하기 때문이다.

64. 나는 진화론적 인식론이 인간 인식의 발생에 대한 몇 가지 중요한 통찰을 내보여야 한다고 확신한다. 그러나 그것은 타당성 문제를 해결하지 못했을 뿐만 아니라

강력한 형식의 주관적 관념론(피히테의 것)도 마찬가지로 과학을 근거지을 수 없기 때문이다. 그에 반해 객관적 관념론은 첫째, 과학의 근거짓기를 위해 필요한 선험적 종합 명제들을 제공할 수 있으며, 둘째, 그것들에 객관적 필연성을 돌릴 수 있다. 모든 기적들 가운데 가장 위대한 것, 즉 어떠한 기적도 있을 수 없으며 자연이 (우리에게 나타나는 대로뿐만 아니라) 그 자체에서 [212]엄밀하게 법칙적으로 파악된다고 하는 것은 오로지 객관적 관념론의 토대 위에서만 개념 파악될 수 있다.

이러한 통찰은 그렇게 새로운 것이 아니다. 근대 과학 프로그램은 합리적 신학, 다시 말하면 객관적 관념론의 이념의 지반 위에서 성장했다. 스피노자, 라이프니츠 그리고 뉴턴은 그 모든 세부적인 결함들에도 불구하고(특히 반성적 근거짓기에 대한 경시가 언급될 수 있다) 철학적으로 순화된 신 개념이 근대 과학에 의해 의문시되는 것이 아니라 오히려 전제된다는 통찰에서 일치하는 객관적 관념론자들이다.

물론 가령 스피노자의 객관적 관념론은 그의 윤리학의 진리 계기들에도 불구하고 인륜법칙의 반-사실적 본성을 정당하게 평가하지 못한다. 흄과 칸트 이래로 윤리학이 존재자에 근거지어질 수 없다는 것은 명확하며, 이것은 쉽사리 칸트의 의미에서의 주관적 관념론을 총애하도록 오도할 수 있을 것이다. 모든 실재론적 철학이 헛되이 시도하듯이 윤리학을 자연과학 위에 근거짓는 것이 가능하지 않다면, 자연과학과 윤리학이 서로에게로 환원될 수 없는 인식의 두 영역이라는 결론은 다만 너무도 명백할 뿐이다. 그러나 이러한 이원론적 입장의 원칙적인 문제는 명확하다. 윤리학의 규범들이 자연적 세계 속에서 실현되어야 하는 까닭에, 다음과 같은 불가피한 물음이 제기된다. 규범들이 자연에서도 현실적으로 실현될 수 있다는 것을 무엇이 보장하는가? 이 문제는 칸트에게서 만족스럽게 해결되지 않는다. 그리고 그의 윤리학의 심정윤리적인 성격은 이러한 해결되지 않은

• • •

결코 문제로서 파악하지도 못했다.

형이상학적 문제의 필연적 결과다. 어쨌든 이 물음 주위를 돌고 있는 그의 요청론 및 그의 세 번째 비판은 객관적-관념론적인 결론들에 접근한다. 그러나 이 물음에 대한 현실적으로 설득력 있는 해결책은 오로지 명시적인 객관적 관념론의 기초 위에서만 가능하다. 다시 말하면 존재가 당위를 근거짓는 것도 아니고 또 존재와 당위가 두 가지의 서로 환원될 수 없는 영역들도 아니며, 오히려 존재가 당위로부터 유래하거나 더 좋게는 (유한한 정신에 특유한) 당위와 존재가 이념적이고 규범적인 영역에 의해 원리 지어진 두 가지 것들이라고 가정될 때에만 그 물음에 대한 현실적 해결책이 가능한 것이다. 따라서 내게는 콜버그가 윤리적 의식의 일곱 번째 단계로서 우주만물에 대한 종교적-형이상학적 해석을 도입한 것이 옳은 것으로 보이며, 콜버그에 대한 아펠의 반론들은 도덕으로부터 종교에로의 이행의 필연성을 놓치고 있다. 왜냐하면 분명 우리는 도덕의 타당성 문제가 도덕적 및 자연적 세계의 근저에 놓여 있는 절대적 원리에 대한 반성들 없이도 해결될 수 있다는 점에 대해 아펠에게 동의할 수 있지만, 그로부터 종교적-형이상학적 물음들이 윤리학에 대해 오로지 아펠이 그 물음에 대해 기꺼이 승인할 수 있는 동기적-심리적인 의미만을 지닌다는 것이 따라 나오는 것은 아니기 때문이다. 오히려 [213]저 절대적 원리의 가정과 따라서 객관적 관념론으로 나아가는 것은 내재적으로 철학적인 문제, 즉 인륜법칙이 경험적 현실에서 유래하지 않는데도 불구하고 왜 전자가 후자를 규정할 수 있는가 하는 문제다.

3.3.3. 상호 주관성과 객관적 관념론

아무리 내가 일관되게 생각하고자 하는 사람에게는 철학으로서의 객관적 관념론이 곧바로 떠오르게 된다고 생각할지라도, 그와 마찬가지로 나는 객관적 관념론의 두 개의 가장 위대한 체계 ── 플라톤의 체계와 헤겔의 체계 — 가 모든 측면에서 만족스럽다고 주장하고자 하지 않는다. 객관적 관념론은 분명 무엇보다 먼저 일관성에 대한 요구를 제기할 수 있는 그러한 철학이다. 그러나 그것이 그렇게 요구할 수 있는 것은 다만 그것의 복잡성 덕분이다. 그리고 바로 그런 까닭에 그것의 완성은 간단하지 않다. 유한한 역사적 본질로서의(우리도 그러하지만 우리만이 그런 것은 아니다) 우리는 객관적 관념론의 체계 그 자체를 발견하기를 바랄 수 없을 것이다. 세계는 이성적 전체라고 하는 가정이 합리적이라 할지라도, 우리는 단연코 세계의 복잡성이 가장 위대한 정신의 소유자들이 표상할 수 있는 그 모든 것마저도 능가한다는 데서 출발해도 좋을 것이다. 물론 이것은 철학의 체계를 다듬어내고자 하는 언제나 거듭해서 새로워지는 시도에 반대하는 논증이 아니다. 오히려 그 반대. 오로지 체계적인 것으로서만 철학은 존재의 전체에 더욱더 정당하게 접근한다고 주장할 수 있는 반면, 비체계적 철학은 분명 일정한 주관적이거나 역사학적인 조건들 하에서는 유일하게 실행할 수 있는 가능성으로서 입증될 수 있지만, 훌륭한 체계가 아무리 잘못을 범할 수 있다 할지라도, 그것보다 항상 불충분한 것으로 머물 것이다. 아니, 우리는 심지어 우리가 객관적 관념론의 전통 및 동시대 과학들의 주요 성과들을 철저하게 연구한다면, 몇 가지 점에서 과거의 저 거인적인 형태들보다 더 멀리 보기를 바랄 수 있을 것이다. 잘 알려져 있는 것처럼 난쟁이들도 그들이 올바른 크기 비례를 계속해서 의식하고 거인들의 어깨 위에 과감히 올라서고자 한다면 더 멀리 볼 수 있는 기회를 갖는다. 과거의 거인들의 주요 결함은 무엇인가? 내 생각에 그것은 전통 철학이 상호 주관성 문제를 충분히 볼 수 없었다는 데 존재한다. 그에 관해서는 이미 이야기한 바 있다. 여기서 문제되는 것은 상호 주관성 문제를 객관적 관념론 안으로 통합하는 것이 구체적으로 무엇을 의미하는지 개략적으로 기술하는 것이다.

우선 명확한 것은 그러한 철학의 메타 범주들이 단순히 주관과 객관일 수는 없다는 점이다. 다른 주관은 객관으로서도 주관으로서도 적절하게 규정되지 않는다. 그것은 오히려 동시에 둘 다이다. 그것을 객관들 아래에 포섭하는 것은 윤리학의 절멸일 것이다. 그것을 주관으로서 범주화하는 것은 [214]가장 긍정적인 상호 주관적 관계들에서도 그리고 바로 그 관계들에서 자아들 사이에서 불가피하게 존재하지 않을 수 없는 차이를 정당하게 평가하지 못할 것이다. 게다가 근세 철학의 고전적인 범주 체계에서 불만족스러운 것은 그것이 이분법적이라는 점인 데 반해, 객관적-관념론적인 철학에게는 이원론의 극복이 특수한 관심사여야만 한다. 철학의 메타 범주들은 그것, 나, 너 내지 객관성, 주관성, 상호 주관성이어야만 하며, 그 점은 변형된 객관적 관념론에 대해서도 타당하다.

실재 철학에서 이것은 다음과 같은 중요한 영향을 지닌다. 헤겔 체계가 존재의 세 개의 영역들로부터 출발하는 데 반해, 참으로는 네 개의 그러한 영역들이 근저에 놓여야만 한다. 이념, 자연, 정신의 헤겔의 삼분법은 이념, 자연, 주관적 정신, 상호 주관적 정신의 사분법으로 분화되어야만 한다. 그렇게 하고자 한다면 우리는 네 개의 세계들에 대해 말할 수 있다. 다만 명확한 것은 이 네 개의 '세계들'이 존재론적으로 환원 불가능한 존재 영역들이 아니라 첫째, 그것들 가운데 세 가지, 요컨대 자연과 주관적 정신과 상호 주관적 정신의 '실재적' 세계들이 이념적 존재 영역의 현현들이라는 점과, 둘째, 주관적 정신이 자연에, 상호 주관적 정신이 자연과 주관적 정신에 토대한다는 점이다. 사실 최소한 육체와 영혼의 상호 관계로부터 출발하는 이론만이 객관적 관념론과 양립할 수 있다는 점에 대해서는 거의 의심이 제기될 수 없다. 우리는 사적 언어 논증과 연관하여 이미 다음과 같은 논증을 언급한 바 있다. 심적인 것이 모종의 법칙적인 방식으로 물적인 것과 상호 관계하지 않는다면, 낯선 심적인 것은 우리에게 원리적으로 계속해서 폐쇄되어 있을 것이다(어쨌든 우리가 영혼들 사이의 직접적인 접촉을 가정하지 않는 한에서). 여기에는, 즉 우리가 다른 주관들을 어떻게 경험하는가 하는 물음에 대한 대답에는 의심할 바 없이 상호 주관성 이론적으로 변형된 객관적 관념론의 주요 과제가 놓여 있다. 명백한 것은 해당 행위가 경험적 본성의 것이라는 점이지만(비록 그것이 선험적인 것들을 전제한다 할지라도), 또한 명확한 것은 그것이 대상의 경험이나 내성에로, 그러므로 칸트적인 의미에서의 외적 경험이나 내적 경험에로 환원될 수 없다는 점이다. 해석학의 근본 물음은 다만 방금 언급된 문제의 특수한 경우일 뿐인데, 왜냐하면 주관의 문화적 객관화들이 주관의 심적인 행위들의 유일한 상관자인 것은 아니기 때문이다. 더 근본적인 것은 가령 우리가 어떤 권리로 얼굴 표정으로부터 고통을 추론하는가 하는 물음, 즉 초월론적 화용론자들이 지금까지 취급하지 않았고(아마도 그들이 부당하게도 의사소통의 유일한 형식은 언어적 본성의 것이라는 데서 출발하기 때문에) 또 그에 대한 여전히 가장 중요한 기여들이 셸러에게서 유래하는 물음들이다. 외면과 내면 사이의 상호 관계는 전적으로 경험적 본성의 것인가, 아니면 [215]선험적 관계가 존재하는가? 우리는 과연 다른 주관들이 가령 동일한 색깔 술어들과 동일한 색 직관들을 결합하는지의 여부를 알 수 있는가, 그리고 만약 그렇다면 어디로부터 알 수 있는가? 이런 종류의 물음들은 칸트에게서 그리고 결국 헤겔에게서도 거의 제기되어 있지 않으며, 하물며 대답은 말할 것도 없다. 낯선 심적인 것에 대한 경험의 포괄적인 이론은 내게는 시대에 적합한 객관적 관념론의 가장 긴급한 탐구 대상들 가운데 하나인 것으로 보인다.

그에 못지않게 중요한 것은 상호 주관적 정신의 형성물들, 그러므로 오로지 다수의 주관들의 정신적 행위들 덕분에만 존립하는 형성물들의 존재 방식에 대한 규정이다. 여기서 내가 생각하는 것은 제도들, 예술 작품들, 이론들, 그러므로 헤겔에게서 객관 정신과 절대 정신에 속하는 것들이다. 그것들의 존재 방식에서 어려운 점은 그것들이 한편으로는 자연적 토대와 주관적 행위들 없이 존재하지 않지만, 다른 한편으로는 그것들을 특정한 순간에 구성하는 그러한 물적인 객체들과 정신적 행위들로 환원될 수 없다는 것이다. 가령 가톨릭교회는 비록 그 사이에 수백 년 전에 그것을 구성한 모든 개인들이 사멸했을지라도, 비록 그 사이에 수백 년 전에 그

제식이 거행된 대부분의 공간들이 변하고, 대부분의 예배 대상들이 좀 더 새로운 대상들로 대체되었으며 미사가 더 이상 라틴어로 드려지지 않는데도 불구하고 여전히 동일한 제도로 남아 있다. 그러나 그 점은 상호 주관적 정신의 형성물들의 그 무엇이든 어떤 담지자가 항상 존재해야만 한다는 점에 아무것도 변화시키지 않는다. 하지만 모든 인간들이 사멸하고, 가톨릭교회가 더 이상 존재하지 않는다 할지라도, (자연법칙들의 근거에 놓여 있는 것과 같은) 수학적 명제들은 계속해서 참된 것으로 머물 것이다.

우리는 계속해서 상호 주관적 정신 내부에서 이념적 영역에 대한 관련이 발생하는 형성물들과 그러한 것이 성립하지 않는 것들을 구별해야만 할 것이다. 철학은 전자에 속하며, 상공회의소는 후자에 속한다. 헤겔의 용어법으로 하자면, 각각은 절대 정신 내지 객관 정신에 속한다. 그러나 단지 제도들만이 상호 주관적 정신에 속하는 것은 아니다. 또한 오이디푸스와 같은 형상화된 인물, 베토벤의 9번 교향곡과 같은 예술 작품, 리만 기하학과 같은 이론도 오로지 집단적 의식 속에서만 존립한다. 비록 리만 기하학의 대상이 무시간적이라 할지라도 말이다. 그러나 무시간적이라고 하는 이 점은 그 대상에 관한 이론, 즉 특정한 시점에 발생하고 가령 사람들과 더불어 다시 사라질 수 있을 그 이론에 대해서는 적용되지 않는다.

지금 여기는 철학에서와 마찬가지로 또한 수많은 보통 사람들의 인륜적 의식에서도 커다란 손해를 야기한 유형의 동음이의어들에 대해 지적할 장소이다. 가령 '이론^{Theorie}'이라는 말은 종종 동음이의어로 사용된다(가령 포퍼의 3세계론에서). 때때로 그것은 이념적인 것의 세계로부터의 무언가를 가리키는 용어로 생각되며, [216]때때로 그것은 상호 주관적 형성물로 이해된다. 동일한 것이 '가치^{Wert}'에 대해 적용된다. 때때로 그것은 상호 주관적 세계에 속하는 어떤 것(가령 SS의 가치들)으로 생각된다. 때때로 그것은 단순히 사회적이거나 실정적-법적인 것 이상의 의미에서 타당한 어떤 것으로 생각된다('타당하다'도 역시 극도로 동음이의적인 단어들에 속한다). 그 단어의 두 가지 의미 사이의 차이는 분명히 엄청나다. 왜냐하면 하나의 의미와 관련해서는 모든 가치들이 역사적이다, 타당하기 위해서는 상호 주관적으로 인정되어야만 한다, 등등이라고 말하는 것이 전적으로 올바르지만, 다른 의미와 관련해서는 이 명제들이 거짓이기 때문이다. 개념 혼란은 상호 주관적 정신의 세계 내부에 경험적으로 재구성될 수 있는 규범적인 것의 영역——내가 생각하는 것은 법이다——이 마찬가지로 존재한다는 점에 의해 강화된다. 가령 우리는 특정한 규범들이 현실에서는 준수되지 않을지라도 일정한 국가들에서 그것들이 타당하다고 말할 수 있다. 이러한 종류의 규범성에서는 해당 법률들이 공포되었다는 것, 그러므로 경험적으로 단연코 재구성될 수 있는 과정이 생각된다. 그러나 과연 인륜법칙과 그로부터 도출될 수 있는 가치들이 타당한가 하는 물음은 완전히 다른 질서, 즉 경험적인 어떤 것으로도 환원될 수 없고 오히려 그것들의 근거를 형성하는 이념적인 것의 질서에 속한다. 따라서 이론적으로 포괄적이고 실천적으로 만족스러운 상호 주관적 정신의 학문은 그것이 이러한 이념적 영역을 모든 존재자의 토대로서 인정할 때에만 가능할 것이다. 막스 베버의 거시 사회학적 연구 프로그램이 이러한 이념적 타당성의 문제 전체를 무시하거나 파악하지 못하는 데 반해, 규범적 물음을 비판적 사회과학——오로지 그것에 의해서만——의 이념 안으로 통합한 것은 하버마스 사회과학 이론의 공적이다. 그러나 규범적 문제에 대한 하버마스의 해결책은 우리가 좀 더 다루게 될 초월론적 화용론적인 규범 근거짓기 프로그램의 원칙적인 약점을 공유한다. 그것은 윤리학에 대해 치명적인 형식주의의 틀 내에 머무르는 것이다. 오로지 객관적-관념론적인 사회과학과 문화과학만이 베버의 실질적 통찰들과 하버마스의 규범적 관심사를 매개할 수 있을 것이다. 그리고 그러한 프로그램은 내게는 무엇보다도 우선 비코의 『신과학』으로부터 배울 수 있을 것으로 보인다.[65]

• • •

65. 나는 이와 관련하여 『신과학*Scienza nuova*』에 대한 나의 서론(1990)을 참조하도록

역사학적 과정에 대한 이해를 위해 중요한 문제는 주관적 정신으로부터 상호 주관적 정신에로의 이행에 관계된다. 비록 내 생각에 개인도 아주 분명히 진리 능력 있게 사유할 수 있을지라도, [217]그는 자신의 통찰들이 상호 주관적으로도 인정되도록 노력할 것이다(어쨌든 이것은 그의 의무다). 그의 이론의 성공이나 실패의 원인들이 항상 그의 이론의 근저에 놓여 있는 합리적 근거들과 관계되는 것은 아닐 것이다(심지어 그의 사적인 발견의 원인들도 이러한 근거들과 다를 수 있을 것이다). 그러나 장기적으로 그것들은 그 근거들과 합치하게 된다. 윤리적 통찰들의 경우에는 과학 이론의 경우에서와는 달리 물론 새로운 도덕에 대한 상호 주관적인 이론적 인정으로부터 제도들로의 그것의 실천적 전환에로의 이행이라는 추가적인 문제가 존재한다. 두 번째 단계가 성취된 이후에 세 번째 단계는 장기적으로 다만 문화의 안정성을 위해 결정적인 집단적 자기 존중의 상실이라는 아주 비싼 대가를 치르고서만 거부될 수 있는 까닭에, 그러나 세 번째 단계가 대부분 수많은 특수 이해관계의 과제와 결부되어 있는 까닭에, 새로운 도덕적 표준의 인정을 위해 투쟁하는 사람은 학문적 천재와는 달리 거의 강제적으로 엄청난 저항을, 아니 증오를 고려해야 한다. 소크라테스와 마찬가지로 위대한 종교 창설자들과 예언자들은 좀 더 고차적인 형식의 상호 주관성을 파악하는 자가 우선은 개인으로서 그의 시대의 실재적 상호 주관성에 맞서야만 하며, 심지어 그가 저 고차적인 형식의 이름으로 자기 자신을 희생물로—그것도 가령 자연에게가 아니라 그의 동료들의 어리석음과 악의에—바쳐야만 한다는 것에 대한 실례이다.[66]

• • •

하고자 한다. —비코^{Vico}는 물론 지오반니 바티스타$^{Giovanni\ Battista}$가 아니라 지암 바티스타^{Giambattista}를 가리킨다. 그 판의 표지에서의 잘못은 출판사의 부주의한 독단으로 소급된다.

66. 가령 구약성서의 예언자들의 개인적 계시에 의한 '부름 받음'은 의미심장하게 인과 과학적으로 재구성될 수 없는 사건들이 발생했다는 식으로 이해될 수 없다. 그러나 확실히 저 사상에서는 인륜적으로 창조적인 사람의—한편으로 규범적

[218]인륜적 천재에게 있어 이러한 투쟁은——자기희생도 포함하여——필수적인 도덕적 의미를 나타낸다. 헤겔의 이론주의의 틀 내에서는 개별자에 의한 절대자 인식이 우주의 최고점을 이루는 데 반해, 상호 주관성 이론적으로 해석된 객관적 관념론의 틀 내에서는 절대자에 대한 상호 주관적인 인정과 절대자의 중요한 규정들을 실재적인 상호 주관성에로 전환하는 것이 최고선으로서 간주된다. 한편으로 사적 언어 논증에 대한 우리의 비판적 논의는 분명 절대자가 개별자에 의해서도 인식될 수 있다는 것을 보여 주었다. 그러나 다른 한편으로 이 개별자도 다만 절대자가 그 최고의 규정에 따라 상호 주관성이라는 것과 그런 까닭에 그의 고독한 인식은 그에 가능한 한 동등화되어 있기를 요구할 수 있는, 그러한 실재성 내의 지점이 아니라는 것을 인식할 수 있을 뿐이다. 왜 그런가? 내가 여기서 다만 그 대강을 묘사할 수 있을 뿐이고 (1987a)에서 헤겔 체계와 관련하여

• • •

연관들에 대한 새로운 통찰로서 행복하게 하고, 다른 한편으로 임박한 대결들을 아는 까닭에 고통스러운——경험, 즉 자기가 단지 개인적으로 타당할 뿐만 아니라 또한 상호 주관적 구속력에 대한 요구를 지니기도 하는 인륜적인 것의 새로운 차원을——비록 그것이 상호 주관적 현실에서 여전히 실현되어 있지 않고 심지어 전혀 인정되고 있지 않을지라도——발견했다고 하는 경험이 표현되고 있다. 예언자는 첫째, 자신의 환경을 자기의 새로운 이념들에 적대적인 생각을 품고 있는 것으로서 인식하고, 둘째, 또한 자기 자신을 가장 새로운 통찰의 강제로부터 벗어나게 하고 싶어 하는 까닭에, 이러한 통찰을 단지 초월적인 존재에게만 돌릴 수 있다. 덧붙이자면, 요나서의 위대함이 이 단편에서 다른 예언서들로부터 잘 알려져 있는, 부름 받은 자의 방어 메커니즘이 기술될 뿐만 아니라 또한 그의 냉혹함이 유머가 넘치는 방식으로 비판된다는 점에 존재한다. 즉, 요나는 자기의 멸망 예언이 성취되지 않을 것임을(그것도 모든 의미심장한 예언과 마찬가지로 그것이 경고 받은 자들의 정화를 야기했기 때문에 성취되지 않을 것임을) 깨달으며, 짐승들도 돌보는 자신의 신에 의해 비로소, 신은 일이 재앙들 없이 진행된다면 그것을 더 좋아한다는 것과, 따라서 신에게는 자기 자신을 파괴하는 예언들이 더 좋다는 것을 상기 받지 않을 수 없는 것이다. 짐작컨대 우리의 시대도 예언자들, 그러므로 새로운 윤리를 위해 전력투구하는 사람들을 필요로 할 것이다. 부디 우리에게도 구약성서 단편 작가의 온화한 유머를 갖춘 사람들이 없지 않기를 바란다.

좀 더 상세하게 다듬어낸 바 있는 두 개의 결정적인 논증들은 내게는 다음과 같은 것으로 나타난다. 첫째, 절대자는 존재자의 모든 본질적인 구조들을 원리지어야만 한다는 것이 — 이를테면 귀납적으로 — 말해질 수 있다. 그러나 만약 절대자에게 상호 주관성이 전적으로 낯설다면, 그가 어떻게 상호 주관적 정신을 구성할 수 있을 것인가? 고전적 주관 철학의 대답은 주관들의 다수성이 그 자체로서 다수성의 영역에 속하는 유한한 정신의 자연스러운 우연성의 결과라는 것이었다. 그러나 그리함으로써 상호 주관적 정신 전체는 주관적 정신의 근본적으로 불필요한 부속물이 된다. 상호 주관적 관계들에 자기 목적 성격을 돌리는 것은 불가능한 것이다. 플라톤에게서 이것은 사랑이 결국 이데아들을 보는 도정에서의 철학자의 자기 오해이며, 동굴로의 하강 — 철학자의 정치적 책임 — 은 그 어떤 논증을 가지고서 근거지어질 수 있는 것이 아니라 오로지 호소를 가지고서만 동기지어질 수 있을 뿐이라는 결론에로 이어진다.[67]

두 번째 논증은 내재적 본성의 것이다. 절대자는 오직 그것이 자기 자신을 근거짓는 반성적 구조일 때에만 절대적일 수 있다. 이것은 쉽사리 절대자를 절대적 주관성으로서 해석하는 데로 이어진다. 가령 헤겔의 『논리의 학*Wissenschaft der Logik*』에서는 그렇게 파악된다. 그러나 절대자는 그것이 자기 외부에 아무것도 갖지 않을 때에만 절대적일 수 있다. 따라서 절대자는 자기 자신을 사유함으로써 가령 자연의 근저에 놓여 있는 것과 같은 선험적 범주들을 함께 사유해야만 한다. [219]따라서 그것은 주관-객관-통일, 주관성과 객관성의 통일이다. 그러나 이러한 통일은 절대자의 최고로 가능한 규정일 수 없다. 왜냐하면 한편으로 이러한 통일은 비대칭적이기 때문이다. 주관은 객관을 사유하지만, 그 자체가 객관에 의해 사유되지 않는 것이다. 그러므로 주관과 객관은 참으로 동일화되어 있지 않다. 다른 한편으로 이러한 사유의 대상은 바로 그런 까닭에 최고로 가능한 대상이

• • •

67. 이에 대해서는 이미 언급된 예르만의 책(1986)을 보라.

아니다. 대상은 오직 그 자신이 주관일 때에만, 다시 말하면 주관-객관-관계가 최고점으로서의 주관-주관-관계에 의해 대체될 때에만 그러한 최고의 대상이다.

물론 절대자를 상호 주관성으로서 파악하는 것은 가령 윤리학을 근거지을 수 있기 위해 충분하지 않다. 왜냐하면 상호 주관성의 비윤리적 형식들도 존재하며, 그것들에 맞서 윤리적 형식들을 부각시키는 것이 본질적이기 때문이다. 그러나 어떻게? 분명히 상호 주관성의 상이한 형식들은 그것들의 논리적 구조에 따라 범주화될 수 있다. 가령 지배 관계는 전이적이지만 비대칭적이며, 적대 관계는 대칭적이지만 전이적이지 않다. 오직 긍정적인 상호 주관적 관계들만이 전이적인 동시에 대칭적이기도 하다. 바로 그런 까닭에 그 관계들은 반성성을 결과로 지닌다. 대칭적이고 전이적인 관계의 결과가 자기 자신과의 통일인 것이다. 하지만 상호 주관적 관계는, 만약 그것이 최고점이어야 한다면, 단순한 수단일 수 없다. 그것은 자기 목적이어야만 한다. 그러나 스스로를 자기 목적으로서 아는 대칭적이고 전이적인 관계는 사랑이다. 상호 주관적 관계들에 의해 매개된 자기 자신과의 이러한 통일, 즉 자기 자신을 동시에 절대자의 결과로서 이해하는 통일에 인간의 최고의 과제가 놓여 있다. 절대자에 대한 한갓된 인식이 아니라 그러한 통일이 저 신과-같이-되기^{Gott-ähnlich-Werden}를 나타내는데, 형이상학적으로 근거지어진 전통적인 윤리학은 그 통일에서 당연히 인간의 최고의 과제를, 아니 우주의 최종적 의미를 간취했다.

3.3.4. 상호 주관성의 객관적 관념론 대 초월론적 화용론: 범주 문제, 선험적 실재 철학의 사상, 설명-이해 논쟁

방금 그 대강의 윤곽이 묘사된 철학적 프로그램은 초월론적 화용론의 프로그램에 대해 어떻게 관계되는가? 유사성들을 제시하자면, 두 가지 점이 강조될 수 있다. 두 발상은 반성적 근거짓기 구조들에서 출발하며, 두 발상은 상호 주관성에서 최고의 철학적 범주를 본다. 하지만 이미 이 두 가지 점에 대한 좀 더 상세한 해석에서 중요한 구별들이 존재한다. 초월론적 화용론은 최종 근거짓기를 오직 주관적–상호 주관적 행위로서만 이해한다. 객관적 관념론에게 있어 그것은 모든 존재자에 선행하는 절대자 자신의 행위이다. [220]초월론적 화용론은 상호 주관성의 우위를 고독한 주관은 진리 요구를 지니는 어떠한 인식도 가질 수 없을 거라는 논증을 가지고서 근거짓는다. 그에 반해 내게는 이러한 주장이 이성의 자율을 파괴하는 것으로 보인다. 내게는 진리가 주관성 논리적 범주인 것으로 보이는 것이다. 그러나 진리를 인식하는 것으로 너무 많은 것이 행해지는 것은 아니다. 진리를 상호 주관적으로 현실화하는 것은 본래적인 최고의 과제이다.

본래적인 차이점들을 제시하자면, 아펠에서의 최종 근거짓기에 대한 비–존재론적 해석으로부터 최초의 중요한 체계적 차이가 따라 나온다. 상호 주관성의 객관적 관념론이 네 개의 존재 영역들이 존재한다는 데서 출발하는 데 반해, 아펠은 오직 상호 주관적 정신의 두 가지 하위 구조들, 즉 이상적 의사소통 공동체와 실재적 의사소통 공동체에 대해서만 다듬어진 이론을 지닌다. 물론 확실히 아펠도 주관성의 영역이 존재한다고 가정하며, 짐작컨대 그는 또한 독자적인 자연도 믿을 것이다. 하지만 우리는 앞으로 객관적–관념론적인 기초 없이는 이러한 믿음이 그 무엇에 의해서도 근거지어지지 않으며, 아펠이 수미일관하게는 자연을 물론 의식 소여들이 아니라 언어적 소여들로 피히테적으로 환원하려고 하지 않을 수 없을 거라는 점을 보게 될 것이다. 그러나 전적으로 확실히 아펠은 경험적 존재자에 선행하는 고유한 이념적 영역을 가정하지 않는다. 분명 그의 이상적 의사소통 공동체는 그의 발상에서 최고의 규범적 심급이며, 확실히 신에 대한 대용물이다.[68] 그러나 그것의 존재론적 지위는 참으로 모호하다. 아펠은 우리 세기의 대부분의 철학자들과 마찬가지로 첫 번째 세계와 네 번째 세계를 한데 합치는 오류에 빠진다.[69] 왜냐하면 이상적 의사소통 공동체는 단지 이념적인 것의 세계 계기만을 제시하는 것이 아니기 때문이다. 그것은 또한 상호 주관적 정신의 범주, 요컨대 헤겔의 용어법으로 하자면 절대적 정신에도 상응한다. 그에 반해 실재적 의사소통 공동체는 객관적 정신과 일치한다. 사실상 아펠은 이상적 의사소통 공동체를 역사적으로 실현된 철학적 반성, 그러므로 경험적 과정과 동일시한다. 그는 이상적 의사소통 공동체가 역사의 끝에서야 비로소 실현될 것임에도 불구하고, 역사(인간의 역사가 생각되고 있다)의 처음부터 현존한다고 주장한다(1978; 173). 그러나 동시에 이상적 의사소통 공동체는 모든 타당성 요구들의 원리이며, 또한——우리는 그렇게 가정해야만 한다——수들과 같은 무시간적 존재들에 관한 명제들 내지 (만약 아펠이 수학에서의 플라톤주의를 거부해야 한다면) 자연법칙들에 관한 명제들의 원리이기도 하다. 그러나 어떻게 [211] 아직 전혀 현실화되어 있지 않고 심지어 언젠가 현실화될 것인지의 여부도 우리가 전혀 알 수 없는 어떤 것, 즉 어쨌든 발생해 있는 어떤 것(왜냐하면 이상적 의사소통 공동체는 시간 속에서 발생해 있기 때문이다)이 시간에 선행하는 어떤 것에 관한 진리의 원리일 수 있는가? 유일한 결론은 이미 말했듯이 이상적 의사소통 공동체에(다시 말하면 유한한 이성존재에) 선행하는 자연을 부인하는 것일 터이다. 이러한 가능성은 물론 직접적으로 비일관적인 것은 아니다. 그러나 그것은 달갑잖은 결론이다. 아펠은 왜 이상적인 것과 구별되는 실재적 의사소통 공동체가 존재하는지를 더 이상 설명할 수 없을 것이다.

사실 이것은 그의 의사소통 공동체 이론의 또 다른 문제이다. 그가 자연

. . .

68. (1972a), 394, Anm. 50을 참조. "신이나 아니면 '초월론적 언어놀이'". 물론 두 개념은 결코 서로를 배제하지 않는다.
69. 앞의 S. 215 f.에서의 '이론'과 '가치' 개념들에서의 동음이의어에 대한 논의를 보라.

의 문제를 본질적으로 무시하는 까닭에, 왜 실재적 의사소통 공동체가 존재하는지는 설명되지 않은 채 남는다. 분명 우리는 아펠에 대해 이상적 의사소통 공동체가 최종 근거지어져 있다고 승인할 수 있다. 그러나 실재적 의사소통 공동체에 대해서는 그렇다고 당연하게 주장될 수는 없을 것이다. 크링스H. Krings는 아펠이 '선험적인 것'이라는 말을 모호하게 사용한다고 비판한다. 이상적 의사소통 공동체의 선험적인 것에 대해 말할 때, 아펠은 전통적인 의미에서의 선험적인 것을 생각한다. 그에 반해 실재적 의사소통 공동체의 선험적인 것은 무언가 전적으로 상이한 것, 즉 "이미 역사적으로 생성된 공동체와 언어 상황으로부터" 출발하는 어떤 것이다(Apel (1978), 175에서). 물론 우리는 경험에서 이상적 의사소통 공동체와 실재적인 그것 사이에 차이가 존재한다는 것을 논박할 수 없다. 하지만 철학적으로 중요한 문제는 과연 그러한 차이가 필연적으로 존재하는가 아니면 그것이 내일 달라질 수 있는 우연적인 사실인가 하는 것이다. 생각될 수 있는 논증은 의사소통 공동체가 자연으로부터 발전되었으며, 따라서 그것에는 그것과 이상적 심급과의 동일성을 저지하는 '지상의 찌꺼기Erdenrest'가 달라붙어 있다는 것일 터이다. 인과 과학적이 아니라 목적론적이기 때문에 더 심오한 것은 오로지 이념성과 실재성의 차이에서만 도덕적 행위가 가능하다고 하는 논증일 터인데, 우리는 그것으로 되돌아올 것이다. 물론 아펠에게서는 그러한 논증이 발견되지 않는다.[70]

• • •

70. 눈에 띄는 것은 아펠의 두 의사소통 공동체와 피히테의 자아와 비아 간의 유사성들이다. '자아' 대신 '이상적 의사소통 공동체'를, '비아' 대신 '실재적 의사소통 공동체'를 놓아 보자. 곧바로 (비록 피히테의 개념들이 더 보편적이고 존재자를 완전한 선언Disjunktion으로 분할한다 할지라도) 유사점이 밝혀진다. 피히테와 마찬가지로 아펠도 이상적 의사소통 공동체 개념에서 무언가 이념적인 것과 무언가 경험적인 것을 한데 합쳐 놓는다(그리고 셸링과 헤겔이 피히테의 자아를 자연 및 유한한 정신에 앞서 놓여 있는 절대적이고 논리적인 구조와, 자연에 의해 매개된 정신의 구조로 나눠놓았듯이, 객관적 관념론의 모든 갱신은 아펠의 이상적 의사소통 공동체를 부분적으로는 이념적인 것에, 부분적으로는 이념적인 것에 접근하는 상호

[222]체계 전체의 근본 구조에 대한 논의 후에 우리가 이제 그에 대한 좀 더 상세한 논구로 향한다면, 아펠에 대해 제기되어야만 하는 주요 비난은 그가 최종 근거짓기 증명을 잘못 해석할 뿐만 아니라 더 나아가 항목별 통찰에 머물러 이를 좀 더 전개하지 못한다고 하는 것이다. 물론 우리는 단연코 마찬가지로 반성적 근거짓기 구조들로부터 출발한 전통의 위대한 객관적 관념론자들 가운데 몇몇이 선험주의를 지나치게 사용했다는 견해를 지닐 수 있다. 그러나 그것은 결코 아펠의 최소 선험주의가 유일하게 가능한 대안이라는 것을 의미하지 않는다. 왜냐하면 형편이 다음과 같기 때문이다. 즉, 한편으로 아펠의 최종 근거짓기는 경험적 학문들을 그것들이 존재하는 그대로 허용하고, 그러므로 그것들에 아무것도 줄 수 없다. 그러나 그 경우 그의 최종 근거짓기는 아무것도 근거짓지 못하는 근거짓기, 아무것도 원리짓지 못하는 원리이고, 그래서 사람들은 그것에 불모의 것이라고 하는 비난을 쏟아 붓지 않을 수 없다. 또는 다른 한편으로 아펠은 최종 근거짓기의 기초 위에서 개별 학문들에 그들의 작업을 인도하는 선험적 범주들을 건네줄 수 있다고 믿는다. 그는 사실 이러한 것을 내가 보기에 그의 가장 중요한 성취들 가운데 하나인 정신사에 대한 자신의 재구성에서 행했다. 그러나 만약 그가 이러한 것을 행하고자 시도한다면, 그는 철학이 선험적 범주들을 발전시킬 수 있다고 가정해야만 한다.

하지만 범주들이 선험적 원천을 지녀야만 하고 또 가능한 경험에 한정되어서는 안 되는 까닭에, 만약 최종 근거짓기 증명으로부터가 아니라면 그 범주들은 어디서 유래해야 할 것인가? 가령 (이념적 영역의 범주들, 즉 순수한 범주들을 제시하자면)[71] 명확한 것은 위에서 수행된 증명에 칸트

• • •

주관적 정신에 부속시켜야만 할 것이다). 피히테와 마찬가지로 아펠도 어떻게 이념적인 것이 실재적 의사소통 공동체에 다가가며 또 어떻게 두 의사소통 공동체가 서로 작용하는지의 물음에 대답하지 못한다.

71. 나는 헤겔과 더불어 그리고 칸트에 반대하여 절대자에 대해 순수한 범주들이 진술

의 범주들이 계기들로서 포함되어 있다는 점이다. 즉, 긍정적 결과는 저 증명에서 부정적 명제의 부정으로부터 출현한다. 증명에서는 세 가지 입장 들이 서로에 대해 제한되어 있다. 증명은 단계들의 다수성(좀 더 정확하게는 삼수성)에서 전개되는(그리고 그럼에 있어 심지어 무한 퇴행의 사상을 포함하는) 단일성이다. 또한 그것은 모든 근거짓기 이론적인 입장들의 전체 성을 분석했다고 주장한다. 증명은 이를테면 [223]절대적 실체인 구조를 기술 하지만, 그 구조가 절대적 실체인 까닭은 다만 그것이 그 자신의 근거이기 때문일 뿐이다. 그 구조는 가상적으로 — 최종적 명제가 그것들에 의해 매개되어 있는 — 변증법적으로 모순적인 명제들에 의해 근거지어진다. 하지만 참으로는 이 명제들이 근거짓기 이론적인 교호작용의 양식에서 저 구조를 언제나 이미 전제한다. 마지막으로 불가능성, 가능성 그리고 필연 성은 명시적으로 분석된 규정들이다. 나는 여기서 특히 주관성과 상호 주관성의 메타 범주들이 다루어져야만 하는 좀 더 상세한 논의를 포기하고 자 한다. 여기서 내게 문제가 된 것은 다만 최종 근거짓기 증명이 범주 문제에 대한 결실 있는 접근을 어느 정도까지 약속하는지를 제시하는 것이 었을 뿐이다.

물론 바로 앞에서 약술된 성찰에서 불만족스러운 것은 방금 범주들에 적용된 질서 원리가 그 자체로 정당화됨이 없이 전통에서 끌어내졌다는 점이다. 우리는 범주들의 질서를 어떻게 정당화할 수 있을 것인가? 나는 이하에서 객관성, 주관성 그리고 상호 주관성의 세 가지 기본적인 메타 범주들, 좀 더 정확하게 다시 말하면, 그것들에 상응하고 우리가 아펠의 최종 근거짓기 정식의 의미에서 선험적 종합 명제들로서 간주할 수 있는

• • •
될 수 있으며, 진리 능력 있는 범주 사용을 위해 직관에서의 어떤 것이 주어질 필요가 있는 것은 결코 아니라고 가정한다. 물론 내게는 헤겔이 『논리의 학』에서 순수한 범주들(예를 들면 근거)과 도식화된 범주들(예를 들면 원인)을 — 후자가 절대자의 술어로서 기능할 수 없음에도 불구하고 — 나란히 취급하는 것은 그의 잘못인 것으로 보인다.

명제들에 집중하고자 한다.[72] 얼마나 많은 그러한 명제들이 존재하는가? 아펠은 그에 대해 아무런 대답도 갖고 있지 않다. 결국 그에게 있어서는 우리가 우연히 만나게 되는 잠재적 후보들이 포착되어 최종 근거짓기 정식의 두 가지 기준들에 비추어 검증되며, 만약 그것들이 기준들에 부응한다면 최종 근거지어진 명제들의 계열 내로 받아들여진다. 그러나 그 경우에도 어떤 원리에 따라 최종 근거지어진 명제들이 질서지어질 수 있는지가 불명확하게 남는다. 최소한 이 마지막 문제는 다음과 같은 방식으로 해결될 수 있다. 개별적인 최종 근거지어진 명제들(과 그것들에 상응하는 범주들)은 선행하는 명제가 명제적인 수준에서는 뒤따르는 명제에 의해 전제되는 데 반해, 수행적인 수준에서는 그 명제 자신이 뒤따르는 명제를 전제하는 방식의 질서 연관으로 정돈되어야 한다.

예를 들자면, "존재자가 존재한다"뿐만 아니라 또한 "참된 인식이 존재한다"도 그리고 또한 "참된 인식은 상호 주관적으로 전달될 수 있다"도 ——그러므로 비존재자에 관한 고르기아스 저술의 세 가지 테제의 부정들은 최종 근거지어진 명제들이다. 이 모든 명제들은 변증법적 자기모순 없이는 논박될 수 없으며, [224]또한 전제되지 않고서는 증명될 수도 없다. 그럼에도 불구하고 그 명제들이 동등한 서열을 지니지 않는 것은 쉽게 파악될 수 있다. 세 번째 명제는 두 번째 명제보다, 두 번째 것은 첫 번째 것보다 더 구체적이다. 나중의 것은 이전의 것을 명제적으로 전제한다. 후자는 전자로부터 연역될 수 있다. 진리의 의사소통은 오직 진리가 존재할 때에만 존재할 수 있다. 진리는 오직 존재자가 존재할 때에만 존재할 수 있다. 그에 반해 보편자로부터 특수자로의 훨씬 더 어려운 이행은 언제

• • •

72. 선험적 종합 명제들은 경험 과학들의 후험적 명제들과 수학의 분석 명제들에 대립되는 철학의 특유성이다. (그렇다고 해서 내가 수학의 공리들이 분석적이라고 주장하는 것은 결코 아니다. 그러나 분명 수학은 오로지 공리들과 정리들의 ——분석적인—— 연역 관계만을 취급한다. 공리들의 진리를 확정하는 것은 수학의 철학의 과제이다.)

나 이미 전제된 것의 해명으로서 파악될 수 있다. 즉, "존재자가 존재한다"는 명제로부터 "진리가 존재한다"는 명제에 이르는 것은 우리가 첫 번째 명제의 진리 요구에 대해 반성하고 그것을 해명할 때이다.

생각될 수 있는 것은 앞에서 제시된 세 가지 명제들에 상응하는, 객관성, 주관성 그리고 상호 주관성의 메타 범주들이 좀 더 분화될 수 있으며, 이러한 방식으로 우리는 범주 문제를 다룰 수 있게 된다고 하는 것이다. 내 생각에 비판적으로 재구성된 헤겔의 『논리의 학』은 많은 점에서 모범으로서 이바지할 수 있을 것이다. 왜냐하면 헤겔의 중심 이념은 존재론적 전통의 범주들을 고전적인 존재론적 범주들——가령 실체성, 인과성, 교호 작용——이 절대적 주관성의 반성적 구조의 발생에서의 계기들로서 입증되는 식으로 자신의 절대적 주관성의 형이상학 내로 편입하는 것이기 때문이다. 따라서 그것들은, 비록 최고의 반성적 범주가 비로소 그것들이 처음부터 전제하는 진리 요구를 해명해 줄 수 있을지라도, 내용적 수준에서는 그것의 전제들이다. 이러한 방식으로 헤겔은 첫째, 피히테에 의해 철학의 시원에 정립되었던 것과 같은 자아의 반성적으로 더 이상 그 뒤로 물러설 수 없음을 좀 더 단순한 규정들에 의해 매개하고, 둘째, 한편으로 절대적 원리의 이론이 그 원리에 관해 말할 때 그 이론에 의해 전제되고, 다른 한편으로 실재 철학적 분과들의 근저에 놓여 있는 저 범주들을 발생시키는 데 성공한다. 헤겔에 대한 결정적인 차이는 물론——위에서 제시된 논증에 따라——최고의 범주가 절대적 주관성으로서가 아니라 절대적 상호 주관성으로서 파악되어야 한다는 것일 터이다. 그러나 우리는 헤겔의 의미에서 한편으로는 좀 더 복잡한 범주로서의 상호 주관성이 주관성에 의해 매개되어 있다는 것을 인정할 수 있겠지만, 다른 한편으로는 주관성이 상호 주관성에서 비로소 자기의 진리에 도달한다는 것을 견지할 수 있을 것이다.

논리적인 것의 범주들에 기초하여 아마도 개별적인 철학적 분과들과, 그것들에 매개되어, 개별 과학들의 근저에 놓여 있는 실재 철학적인 범주들이 획득될 수 있다. 그러나 우선은 다음과 같이 물어야 한다. 왜 일반적으로 선험적 실재 철학이, 그리고 다시 말하면 우선은 실재 철학의 근본적인 분과로서의 선험적 자연철학이 존재해야 하는가? 아펠은 가령 대부분의 동시대인들과 더불어 [225]선험적 자연철학의 사상이 정도를 벗어나 있다는 견해인 것으로 보인다. 이러한 것은 물론 두 가지 중요한 결론들을 지닌다. 첫째, 그로부터는 우리가 왜 세계가 지금 존재하는 그대로 존재하는지 결코 알 수 없을 거라는 것이 직접적으로 따라 나올 것이다. 일단 이상적 의사소통 공동체가 모든 시간의 끝에서 자연에 관한 **궁극적 견해**$^{ultimate\ opin-ion}$을 획득하는 데 성공한다고 가정해 보자. 최종적 통일점으로서의 이러한 의사소통 공동체의 무제한성은 아펠의 체계 구상에서는 확실히 전통적인 선험적인 것을 대체한다. 어쨌든 이것이 아펠의 의도이다.[73] 그러나 의사소통 공동체의 무제한성이 실제로 그렇게 하는가? 비록 모두가 최후에 무한한 검증들에 따라 "그렇다, 자연은 이론 T가 주장하는 그대로 존재한다"는 성과에 이른다 하더라도——그때 그들은 실제로 왜 자연이 지금 존재하는 그대로 존재하는지를 파악했을까? 하지만 이 물음은 개인의 경험 대신에 무제한적 공동체의 경험이 지시되는 것에 의해서는 해결될 수 없다. 이 물음은 이미 칸트가 파악했듯이 오직 경험 그 자체가 초월될 때에만 대답될 수 있다. 아니, 왜 자연법칙들이 가령 **궁극적 견해**를 바로 뒤따르는 순간에 변화되지 않는가 하는 물음마저도 경험 인식에 기초해서는 해결될 수 없다. 그리고 경험이 (칸트에서처럼) 개인적이 아니라 이제부터는 집단적이라는 것에 의해서도 그 점에 아무런 변화도 일어나지 않는다.

그러나 둘째, 퍼스의 영향을 받은 아펠의 의미 비판적 실재론마저도 객관적-관념론적인 선험적 자연철학의 틀 없이는 단지 의미 비판적 **관념론**으로서만 유지될 수 있을 것이다. 어째서? 우리는 앞에서(S. 187 ff.) 이미

• • •

73. 아펠은 언젠가 퍼스를, 칸트의 사물 자체의 역설들이 그에게 있어서는 무한자의 역설들로 되돌아온다고 비판한다(1975; 267). 그 비판은 정당하다. 다만 그것은 초월론적 화용론에도 들어맞는다.

오직 우리가 사유할 수 없는 어떤 것이 존재한다는 가정만이 변증법적으로 모순적이며, 그에 반해 우리가 경험할 수 없는 어떤 것이 존재한다는 가정은 그렇지 않다는 것을 보았다. 그러므로 실재성이 물론 인식된 것은 아니지만 장기적으로 인식될 수 있는 것이라는 아펠의 테제는 오로지 변증법적 모순에 관한 그의 학설에만 의지할 수 없다. (그가 실재성을 인식될 수 있는 것으로서 정의한다면, 그의 명제는 물론 올바르다. 다만 그 경우 그 명제는 사태적인 문제를 해결하지 못하는 동어반복이 될 뿐이다.) 오로지 최종 근거짓기 증명에서 유래하는 범주들을 소유할 때에만, 아펠은 실제로 사물 자체와 관한 칸트의 학설을 거부할 수 있다. 왜냐하면 그때 그는 그러한 학설이 선험적인 것으로서 참으로는 사물 자체에 적용되어서는 안 되는 범주들을 전제한다는 것, 그러나 이러한 범주들을 적용하지 않고서는 일반적으로 그 어떤 사물 자체에 관한 이론도 정식화될 수 없다는 것을 보일 수 있을 것이기 때문이다. 그런데 만약 최종 근거짓기 증명에 함축된 범주들이, [226]진리 요구를 지니는 모든 이론이 증명의 타당성과 더불어 범주들의 타당성을 전제하기 때문에, 보편적 타당성을 지닌다면, 이것은 다만 모든 것이, 그러므로 또한 자연도 그 범주들에 의해 매개되어 있다는 것을 의미할 수 있을 뿐이다. 그러나 최종 근거짓기 증명이 우리의 반성에 의존한다면, 이것은 필연적으로 자연이 우리의 반성 이전에 전혀 실존하지 않는다는 것을 결과로 지닐 뿐이다. 따라서 자연은 피히테에게서처럼—비록 주관적 정신이 아니라 상호 주관적 정신이라 할지라도—정신의 구성물이어야만 한다. 단순하게 정식화하자면 다음과 같다. 즉, 만약 자연이 우리의 사유에서 독립적으로 존립한다면, 도대체 자연이 우리가 그것을 경험할 수 있는 식으로 존재한다는 것을 무엇이 보장할 수 있을 것인가?

내게는 그 자체에서 존재하는 자연에 대한 이러한—아펠에게서는 단지 함축적이지만, 그가 객관적-관념론적으로 사유하기를 거부하는 것에서 필연적으로 따라 나오는—부정이 첫째, 우리의 직관들에, 둘째, 자연과학에, 셋째, 근대 철학에서 점차로 상실되었지만 우리 시대가 다른 모든 것보다 더 긴급하게 필요로 하는, 자연에 대한 존경을 다시 발견할 절실한 필요에 부응하지 못한다는 것은 명백해 보인다. 그에 반해 이 세 가지 결함은 객관적 관념론에서 극복된다. 왜냐하면 객관적 관념론에게 있어 자연은 사실상 실재적인바, 그것은 모든 유한한 주관성과 상호 주관성의 기초이고, 그러한 것으로서 그것들에 선행하기 때문이다. 그러나 자연이 이념적 영역에 의해 구성되어 있는 까닭에, 동시에 그것이 정신에 낯선 것이 아니라는 데서 출발할 수 있다. 자연주의가 자연을 물론 모든 존재의 절대적 기초로서 간주하지만, 그 스스로가 규범적 명제들로 고양될 수 없기 때문에 자연에 어떠한 규범적 위엄도 돌릴 수 없는 데 반해, 객관적 관념론은 자연 속에서 근거 없이 관여될 수 없는 절대자의 창조[74]를 인식한다. 자연은 모든 제작에 선행하며 그런 한에서 무제약자의 비유로서 간주되어야만 하는 어떤 것이다. 만약 자연에 대한 이러한 태도가 완전히 사라진다면, 또한 절대적 존재도 인간들로부터 물러서며, 인간 문화에서의 퇴락 과정이 불가피해진다. 구체적으로 말하자면, 만약 자연이 근대 기술에서처럼 순수한 처리 대상이 된다면, 무언가 범할 수 없는 어떤 것에 대한 믿음의 직관적 기초가 무화된다. 그러나 그와 더불어 자연뿐만 아니라 또한 오로지 인륜법칙의 무제약성이 알려지고 감각될 때에만 존립할 수 있는 인간 문화도 위험에 빠진다.

그럼에도 불구하고 자연은 자기 목적이 아니다. 만약 절대자가 그 최고의 규정에서 주관성의, 아니 상호 주관성의 자기 자신을 근거짓는 반성적 구조라고 한다면, [227]—객관성, 즉 존재 범주에 상응하는—자연은 다만 유한한 정신들을 산출하고 그들에 의해 인식된다고 하는 목적을 위해서만 창조되어 있을 수 있다. 그런데 이러한 통찰은 분명히 네 개의 상이하지만 서로 양립할 수 있는 전략들을 이용할 수 있을 실질적인 선험적 자연철학

• • •

74. 창조가 시간적 행위로서 이해될 수 없다는 것은 명백하다.

을 허락한다.[75]

첫째, 자연에게는 사실적인 것과 경험적인 것의 환원 불가능한 영역이 특유하다 할지라도, 자연은 절대자에 의해 원리지어진 것으로서 이념적인 것의 구조들을 반영해야만 한다는 것은 명확하며, 바로 이 점은 자연의 개념에 속한다. 따라서 내게는 자연이 자연법칙들과 선행 조건들에 의해 규정되어 있다는 사실은 한편으로는 무언가 보편적인 것(이념적인 것)이, 다른 한편으로는 무언가 특수적인 것(실재적인 것)이 그것의 본질을 나타낸다는 것의 표현인 것으로 보인다.[76] 그러나 또한 자연의 실질적 규정들도 논리적 구조들, 가령 공간의 삼차원성, 물질 개념에 대한 대칭의 의미 등등으로 환원될 수 있다. 자연철학에 대한 이러한 양식의 접근은 헤겔의 '자연철학'에서 규정적이다. 그것은 오늘날 많은 사람들이 생각하는 것보다 훨씬 더 결실이 풍부하다.[77] 그에 따르면 자연, 아니 실재적인 것의 세계 전체는 역학의 보존 명제들로부터 생명체의 자기 보존과 동물의 자기-감각을 거쳐 철학이라는 자기 자신을 파악하는 정신에 이르는 반성성의 훨씬 더 고차적인 형식들의 단계적 방식의 현실화이다.[78]

• • •

75. 호킹[Hawking]이 자신의 책(1988)을 다음과 같은 소망으로, 즉 이론 물리학의 완료 이후에 더 이상 오지 전문가들만이 접근할 수 있는 것이 아닌 본래적인 과제, 요컨대 왜 자연이 지금 있는 그대로 존재하는지를 철학적으로 이해하는 과제에 착수했으면 하는 소망으로 끝맺는 것은 아름답다.

76. 선행 조건들과 자연법칙들의 이원성은 공리들과 도출 규칙들의 형식 논리적인 이원성에 상응한다.

77. 이에 대해서는 상대성 이론을 헤겔 자연철학에 토대하여 탁월하게 해석하는 D. Wandschneider (1982)를 보라.

78. 물론 '개념의 자기 운동'은 헤겔의 자연철학에서 실재적으로 작용하는 것으로서 해석될 수 없다. 그럼에도 불구하고 헤겔이 오로지 가능한 긍정적 구조들만을 서술하고자 한다는 이를테면 후설적인 헤겔 해석보다 더 잘못된 것은 아무것도 없을 것이다. (라이프니츠와 후설의 관심사들을 결합하는) 헤겔은 오히려 자연법칙들과 선행 조건들이 앞에서 언급된 긍정적 구조들이 필연적으로 전개되는 양식의 것이라는 데서 출발해야만 한다.

둘째, 순수하게 논리적이지 않은 실재적인 형성물로서의 자연은 단순히 사유될 수 없으며, 그것은 경험될 수 있어야만 한다. 바로 이러한——객관적 관념론의 토대 위에서 목적론적으로 통찰될 수 있는——요청이 칸트의 전략들을 받아들이는 것을 허락한다. 즉, 경험 가능성의 조건에 대한 반성들은 선험적 자연철학에 이르는 유용한 길이며, 그것들은 조작주의적인 논증들에 의해 보완될 수 있는 것이다. 여기서 나는 [228]Ch. S. 퍼스와 브리지먼P. W. Bridgman(1927)의 의미에서 특수 상대성 이론의 근본 사상의 양식에 따라 (가령 동시성과 같은) 물리학적 개념 정의들을 실험 물리학을 위한 조작적 처방들로 대체하고자 하는 논증들을 생각한다. 모든 형식논리적으로 가능한 세계들이 경험 가능한 것은 아니다. 그러나 경험될 수 없는 세계들은 창조를 위한 의미 있는 후보들이 아니다. 그러나 셋째, 자연이 경험 가능하다는 것은 그것이 자기를 경험할 수 있는 존재들을 산출할 수 있는 식으로 구조화되어 있어야만 한다는 것을 의미한다. 물론 그것이 필연적으로 인간이어야만 하는 것은 아니다. 그런 한에서 '인간 원리anthropisches Prinzip'라는 표현은 오도할 여지가 있다.[79] 그러나 그 원리의 근거에 놓여 있는 직관은 적합한데, 우리는 선험적으로 자연법칙들(그것들 내에서 주어지는 자연 상수들도 포함)과 선행 조건들의 선택이 유한한 정신들에 의해 인식될 수 있는 우주를 창조해야 한다는 조건에 의해 제한되어 있다는 데서 출발할 수 있을 것이다. 따라서 그러한 정신들의 실존은 ——최소한 우주의 나중의 시점에서——필연적이며, 그것도 단지 인식론적으로만이 아니라 존재론적으로 필연적이다.[80] 그러나 넷째, 만약 우주의 목표가 오로지 그것의 인식에 존립하는 것이 아니라면, 그리고 만약 이성적 상호 주관성의 실현이 좀 더 고차적인 목표를 나타낸다고 한다면, 우리

• • •

79. 근대 우주론에서의 인간 원리에 대해서는 J. D. Barrow/F. J. Tipler (1988)를 보라.
80. 아펠은 언제나 거듭해서 자신이 선험적인 것의 개념을 존재론적인 것이 아닌 인식론적인 필연성 개념과 결합한다고 강조한다(1978; 176 f.).

는 이념적인 것에 의해 창조되어야 할 세계를 위한 또 다른 제한적 조건을 지닌다.[81]

이러한 성찰들이 현실적 세계를 가능한 최선의 세계로서 입증하고자 하는 라이프니츠의 관심사와 밀접한 연관 속에 서 있다는 것은 쉽게 감지되었을 것이다. 사실 내게는 왜 세계가 지금 있는 그대로 존재하는지를 이해하고자 하는 것은 철학의 어렵긴 하지만 정당한 과제인 것으로 보인다. 그리고 절대자를 인정하는 철학에게 있어 이 물음에 대한 대답을 위해서는 라이프니츠 양식에 따른 문제 설정들이 불가피하다. 형식 논리적으로 가능한 모든 세계들 가운데 분명히 그 모두가 창조주에게 문제가 되지는 않으며, 비록 내가 우리의 현실적 세계가 가능한 최선의 세계이고 또 오로지 이 세계만이 창조될 수 있었다고 주장하고자 하지는 않는다 할지라도, 명백한 것은 앞에서 언급된 네 가지 제한적인 조건들 하에서 선택의 여지는 본질적으로 [229]이 조건들에 관해 숙고하지 않은 누군가에게 나타날 수 있을 것보다 더 적다는 점이다. 분명 창조가 이를테면 절대자가 자기 자신을 부분적인 우연성으로 외화 방기한entäußerte '주사위 놀이'에 존립했을 수도 있을 것이다. 그러나 비유적으로 표현하자면 절대자가 던진 다면체는 더 적은 면을 가졌고, 그 방기는 몇몇 사람이 가정하는 경향이 있는 것보다 덜 철저했다.[82]

• • •

81. 그런 한에서 상호 주관성의 실질적 원리가 선험적 자연철학을 함께 규정하는 까닭에, 사실상 진리 정합론과 합의론의 종합이 가능하다고 말해질 수 있다. 그러나 여기서 '합의'는 그것을 고려하여 세계가 정합적인 전체로서 만들어진 실질적인 상호 주관성을 의미한다.

82. 이것은 내가 창조에 관한 한스 요나스Hans Jonas의 심오한 논고(1988)에 대해 제기하는 것이 허락될 수 있었던 비판이다. 물론 내게 이 저술은 전후 철학의 가장 중요한 성취들 가운데 하나인 것으로 보이며, 이하에서의 성찰들은 그로부터 강한 영향을 받고 있다. 우리는 요나스가 (오로지 그것들 때문에만 철학함이 의미를 지니는) 본래적으로 중요한 물음들을 다루고자 하는 용기를 지니는 것을 해방적인 것으로 서밖에는 달리 느낄 수 없다. 그것을 포기하는 것은 그가 언젠가 구두로 적절히

그러나 도대체 어떻게 그토록 명백히 고통과 악으로 가득 차 있는 세계가 그저 개연적인 것이라 하더라도 절대자에 의한 창조를 위한 후보라고 주장할 수 있는 것인가? 그리고 우리의 세계와 아주 다르지 않은 세계에 대해 다른 대안이 있을 수 없다 하더라도, 도대체 왜 세계가 존재하는 것인가? 어째서 절대자는 자기 내에 계속해서 갇혀 있지 않는 것인가?[83] 이 물음들은 확실히 간단히 대답될 수 없으며, 우리가 명확한 해결책을 소유한다고 믿는 것은 주제넘을 것이다. 그럼에도 내게는 이 물음들이 기각될 수 없는 것으로 보이며, 마찬가지로 내게는 그 물음들이 원리적으로 대답될 수 있어야만 한다는 것이 명확해 보인다. 특히 내게는 절대자와 세계의 관계에 대한 물음의 어려움으로부터 절대자가 있을 수 없다는 결론을 끌어내는 것은 불합리해 보인다. 왜냐하면 만약 절대자와 세계가 양립할 수 없다면, 모든 철학적 영혼은 다만 세계의 비실존만을 추론할 수 있겠기 때문인데, 그 까닭은 절대자의 존재는 흔들릴 수 없기 때문이다. 그것은 최종 근거짓기 증명이 보여주듯이 모든 경험적인 것의, 그러므로 또한 세계의 존재보다 훨씬 더 기본적이다. 세계를 '구하고자' 하는 자는 그것을 절대자와 양립할 수 있는 것으로서 간주해야만 한다. 절대자와의 싸움에서 세계는 다만 패배할 수 있을 뿐이다.

이하에서 나는 아마도 [230]다른 것들보다 덜 불만족스러울 해결 이념을 암시하고자 한다.[84] 객관적 관념론에게 있어 절대자는 선험적 진리들의

• • •

말했듯이 이성의 자기 거세를 의미한다.

83. 변신론 문제는 사실 두 가지 상이한, 서로 독립적인 형식들로 제기된다. 한편으로는 왜 (절대자에 의해 원리지어진 것으로서 이해된) 세계가 대체로 우리의 세계처럼 되어야만 했는지가 제시되어야만 한다. 그러나 이 물음이 대답될 수 있을지라도, 두 번째 물음, 즉 도대체 왜 세계가 존재하는가 하는 물음에 대한 해결책은 아직 주어져 있지 않다. 왜냐하면 가능한 최선의 세계에 대해서도 그 실존이 좋다는 것은 언제나 단지 가언적으로만 말해질 수 있기 때문이다. 즉, 세계가 존재한다면, 이 세계는 좋다는 것이다. 그러나 도대체 왜 세계가 존재해야 하는 것일까?

총체성이며, 상호 주관성의 객관적 관념론에게 있어 절대자의 최고의 규정은 그 실현을 인류법칙이 유한한 이성존재에게 무조건적으로 명령하는 이성적 상호 주관성의 이념이다. 그러나 이제 명확한 것은 절대자 내부에서는 절대적인 상호 주관적 구조를 구성하는 주관들 사이에서의 어떠한 참된 차이에도 도달할 수 없다는 점이다. 주관성과 상호 주관성은 그 속에서는 아직 실재적인 차이에 도달할 수 없는 이념성의 매체 속에서 전적으로 특유한 방식으로 서로에게로 교차된다. (그런 한에서 일신론과 삼위일체론은 서로 배제하지 않는다.) 특히 이념적 구조 내부에서는 상호 주관성을 위하여 주관성을 희생시키는 데 도달할 수 없다. 그러나 바로 그 점에서 주관성에 대한 상호 주관성의 우위가 최고도로 확증된다.

이 사상은 절대자에게 있어서는 인륜적이라는 것이 너무 간단하다는 식으로 표현될 수 있다.[85] 유한한 주관이 자연의 정념들에 대한 자신의 이성 자율을 획득해야만 할 때 비로소, 그리고 그가 자기 자신을 공동체를 위해 희생해야만 하는 상황에 도달할 때 비로소 인륜법칙이 진지하게 생각된다. 오로지 시간적이며 죽을 수밖에 없고 자기의 가사성을 알며 서로를 (또한 자기 자신을) 완전히 꿰뚫어 보지 못하고 따라서 서로를 완전히 믿을 수 없는 존재들만이[86] 인륜성의 최고의 행위, 즉 상호 주관성의 최고의

• • •

84. 또 다른 논증은 절대자의 삼분법적 구조를 지시하는데, 그 구조가 자기 자신에 적용되면, 그것은 그로부터 주관적 정신과 상호 주관적 정신에서 자기에게로 되돌아오는 절대자의 자연에로의 외화 · 방기를 결과로 지닌다. 이에 관해서는 반트슈나이더D. Wandschneider의 심오한 논문(1985)을 보라.

85. 어쨌든 최종 근거짓기 증명의 간접적 성격을 근거로 하여 명확한 것은 또한 절대자에 심지어 실재적인 것의 세계에서 그 전개가 이루어지는 부정적 범주들도 포함되어 있다는 점이다. 그러나 절대자에서 부정적인 것은 단지 계기일 뿐이며, 따라서 이를테면 제어되는 데 반해, 유한자에서 그것은 자립화된다. 철학에서의 오류는 예를 들자면 다른 모든 것과 마찬가지로 그 최종적 근거를 절대자에서 지녀야만 한다. 그것은 절대자의 자기 증명에서 단지 하나의 단계일 뿐인 것이 전체로서 제시되고 잘못되게도 절대화된다는 점에 존재한다.

형식을 획득하고자 하는 목적을 위한 영웅적 자기희생을 [231]실행할 수 있다. 이러한 행위와 그로부터 자라나오는 상호 주관성에 절대적 인륜법칙에 대한 최고의 확증이 존재한다. 그것들 위해 세계는 창조되었던 것이다.[87]

역설적으로 이야기할 수 있는 것은 고통이 없으면, 아니 인륜법칙을 거역하는 유한한 이성존재가 없으면, ── 비록 고통과 악을 최소화하는 것이 인간의 절대적 과제일지라도 ── 세계는 완전하지 않을 것이다. 그러나 선을 위해 투쟁하는 이에게는 모든 천년왕국설적인 기대들에 반하여 좌절에 대한 커다란 내구력이 권고되어야 한다. 그가 언젠가 선의 승리를 보게 되리라는 것은 보장되지 않으며, 만약 그가 자신의 노력을 그러한 보장에 의존하게 하고자 한다면,·그는 이미 도덕적으로 경멸할 만하다. 미래의 열려 있음은 주관적으로 인륜적 행동의 가능성 조건이다.

그럼에도 불구하고 선은 존재에 단순히 외면적일 수 없다. 선은 존재의 원리인 것이다. 따라서 우리는 첫째, 존재와 당위의 차이가 단연코 의미를 지니는 어떤 것이고, 따라서 존재해야 하며, 그러므로 인륜법칙으로부터 따라 나오는 어떤 것이라는 것을 보았던바, 그 차이는 메타 수준에서 다시 지양된다. 그러나 더 나아가 둘째, 내게는 악의 적극적 승리, 창조에서의

● ● ●

86. 이러한 규정들로부터 유한한 이성존재들의 육체성의 필연성이 따라 나온다. 육체는 옷이 육체를 그렇게 하듯이 영혼을 가린다(그리고 드러낸다). 영혼의 불멸성에 대해 이러한 존재들은 최소한 아무것도 알 수 없다. 본디 다른 삶에서의 보상에 대한 희망에 의해 동기지어져 있는, 인륜법칙에 따르는 저 행동에는 무언가 편협한 것이 놓여 있다. 이러한 방식으로는 정언 명령이 가언 명령으로 전환되며 절대자가 놓쳐지는 것이다.

87. 방금 묘사된 사상이 기독교, 즉 그의 신이 인간이 되고 인간을 구원하기 위해 십자가에서 죽은 종교의 철학적 실체라는 것은 자명하다. 물론 하나의 철학적 구상이 역사적으로 생성된 종교와 일치하기 때문에만 그것을 참된 것으로 간주하는 것은 이성 자율의 사상과 더불어 절대자에 배치될 것이다. 그러나 하나의 철학을 그러한 (본래 단지 부분적일 뿐인) 일치 때문에 거부하는 것은 더 불합리할 것이다.

(필연적으로 인간 종이 아닌) 모든 정신적 존재의 절멸이 우주만물의 역사에서의 최종적인 말일 수 있다는 것이 선험적으로 배제되는 것으로 보인다. 왜냐하면 만약 이 승리가 예정되어 있다면, 우주의 창조는 무의미할 것이기 때문이다. 그 승리가 단지 가능하기만 하더라도, 절대자는 세계 내에서의 그 실현을 개별자의 광기 행위에 의존하게 할 것이다. 그런 만큼 절대자의 자기 방기는 있을 수 없다. 세계 내에서의 절대자의 현실화는 객관적으로 열려 있을 수 없다.

물론 나는 호모 사피엔스 사피엔스의 완전한 절멸의 가능성에 반대하는 선험적 논증이 존재한다고는 결코 주장하지 않는다. 이 경우에서 우리는 물론 이 측량할 수 없는 우주 내의 어딘가 다른 곳에도 이성적 존재가 있어야만 한다는 것을 선험적으로 알 것이다. (아니, 호모 사피엔스 사피엔스가 살아남아야 한다 할지라도, 다른 이성적 존재들의 가정은 지극히 개연적이다. 왜냐하면 상호 문화적 경계들의 극복에 이미 무언가 긍정적인 것이 놓여 있다면, [232]결코 똑같은 생물학적 본성을 지니지 않는 이성존재들 사이에서의 의사소통보다 무엇이 자연에 대한 정신의 좀 더 고차적인 승리를 나타낼 수 있겠는가?) 물론 나는 요나스(1988)에게, 만약 다른 이성존재들에 관한 숙고가 우리로 하여금 이 지구상에서의 의무들로부터 눈을 돌리게 한다면 그러한 숙고는 비인륜적이라는 점에 대해 동의할 수 있다. 그리고 이 의무들은 사실 우리에게 할 일을 충분히 부여한다. 그러나 만약 다른 이성존재들에 관한 숙고가 이 목적을 위해 행해지지 않는다면, 내가 보기에 그것은 전적으로 정당하다. 우리 종과의 연대는 사실상 그것을 위한 우리 삶의 희생을 포함해야 할 것이다. 하지만 절대자의 지적인 희생을 그것은 요구할 수 없다.

세계 내에서의 절대자의 현실화는 또한 객관적 관념론의 기초 위에서 아마도 우리가 살고 있는 세계가 가능한 최선의 세계이고 이러한 의미에서 전적으로 필연적이라는 것이 의심될 수 있기 때문에도 열려 있을 수 없다. 그러나 ── 자연법칙들과 선행 조건들이 주어진다면 ── 발생하는 모든 것이 필연적이라는 것은 다만 논박하기 어려울 뿐이다. 왜냐하면 객관적 관념론은 일원론적이어야 하기 때문이다. 비록 세계가 훨씬 더 고차적인 단계들로 전개된다 할지라도, 그리고 비록 '섬광^{Fulguration}'에 의해 범주적으로 새로운 구조들로서의 생명체와 정신적인 것이 출현한다 하더라도, 이러한 것이 자연법칙들과 선행 조건들의 기초 위에서 행해진다는 점에 대해 의심이 존재하기는 어려울 것이다. 자기의 창조물에 개입할 권리를 유보하고 오히려 이 창조물을 그것이 자연적 방식으로 자기의 목적 규정인 바의 것을 산출하도록 설계하지 않은 절대자는 주목할 만한 존재일 것이다. 사실 자연과학들의 오늘날의 상태에서는 실재적인 것의 영역에서 세 개의 커다란 휴지기들^{Zäsuren} 가운데 둘, 즉 비유기체와 유기체 사이의 휴지기와 동물과 인간 사이의 휴지기가, 비록 이미 현전하는 하위 체계들의 결합에 의해 전혀 새로운 속성들을 지닌 체계들이 발생했다는 점에 대해 의심이 있을 수 없다 할지라도, 원리적으로 인과 과학적으로 재구성될 수 있어야만 한다는 것은 단지 커다란 수고를 들여서긴 할지라도 이의가 제기될 수 있다. 내면 없이 존재하는 존재자와 그것을 갖추고 있는 존재자 사이의 틈을 메우는 것은 본질적으로 더 어렵다. 이 물음과 관련하여 자연과학은 어떠한 구체적인 해결책도 가지고 있지 않은 것만이 아니다. 여기서는 바로 우리가 낯선 내면들에 직접적으로 접근할 수 없기 때문에 특수한 방법론적 문제들이 존재한다는 것이 인정되어야 한다. 아니, 근본적으로 우리는 가령 내면과 같은 어떤 것이 어디서 발전하기 시작하는지를 전혀 알지 못한다. 오직 인간에게만 주관성을 승인하는 내지 모든 존재자에게 그렇게 하는 데카르트의 해결책과 라이프니츠의 해결책은 물론 둘 다 반직관적이지만(그것도 데카르트의 해결책이 라이프니츠의 것보다 상당히 더 그렇다), 직접적으로 비일관적이지는 않다. 그러나 만약 우리가 상식을 가지고서 주관성이 동물계의 어딘가에서 발전하기 시작한다고 가정한다면, [233]절대자가 예를 들어 물고기들에게 내면의 체제를 가지고서 자연에 개입하는 영예를 부가해야 했다고 믿기는 어렵다. 따라서 심신 문제의 비-이원론적 해결책은 앞의 S. 188 ff.에서 언급된 이유들에서 여전히 가장 그럴듯한 해결책이다. 물론 그러한 이론을 구체적으로 다듬어내는 것은 확실히 철학적 가장 어려운 과제들에 속한다.[88]

심신 문제의 비-이원론적 해결책과는 오로지 결정론만이 양립 가능하다는 것은 명백하다. 사실 거의 모든 현대 철학자들은 인정될 수 있듯이 심리학적으로 너무도 굴욕을 느끼게 하는 결정론 이론을 조금은 너무 단순하게 다룬다.[89] 칸트는 매우 진지한 이유들로 인해 의지 자유를 위한 자리를 발견하기 위해 세계를 예지계와 현상계로 분리했다. (현대의 대부분의 철학자들과 같이) 더 이상 이러한 존재론을 견지하지 않는 자, 게다가 이원론적 심신 이론 내지 현상학의 양식에 따른 인격 개념을 거부하는 자는[90] 정합적이기 위해 이러한 기초 위에서는 의지 자유를 위한 자리가 없다는 것을 인정해야 할 것이다. 특히 그 문제에 대한 아펠의 해결책은 어떻게든 설득력이 있다고는 주장될 수 없다. 분명 아펠은 정당하게도 칸트적인 이원론을 거부한다. 그러나 그는 의지 자유를 인간이 실험에 개입하는 행위를 지시함으로써 구할 수 있다고 믿는다. 그러나 그것은 거의 진지한

• • •

88. 나는 자연법칙들의 참된 체계가 우리에게 현재 아직 완전하게 알려져 있지 않을 뿐만 아니라(이는 단적으로 진부하다), 또한 질적으로도 자연과학에 대한 현재의 표상들과 구별되어야만 한다는 데서 출발한다. 요컨대 참된 체계에서는 외면으로부터 내면에로의 이행이 법칙적으로 규제되어야만 하며, 그러므로 둘 다를 포괄해야만 한다. 그 밖에 내면의 특정한 상태들이 규범적으로 부각되어야 한다면, 선험적 자연철학을 위한 또 다른 전략이 존재할 것이다.

89. 하나의 예외는 U. Pothast (1980)이다.

90. 이원론적 심신 이론도 결정론과 단연코 양립할 수 있는데, 어쨌든 그것은 빠져나갈 수 있는 더 많은 가능성을 제공하고자 할 것이다. 하지만 가령 칸트의 인과성 원리의 연역에서는 그것이 현상적 자아에 대한 이원론적 해석에서도 타당하다는 것이 강조될 수 있다. 즉, 비록 현상적 자아가 물리적 세계에 의해 조건지어져 있지 않다 하더라도, 그것은 칸트에 따르면 완전히 결정되어 있어야만 하리라는 것이다. 데카르트의 의미에서의 이원론적 이론에서는 내면과 외면의 일치 문제가 결정론적 결론들로 이어질 수 있다.

것일 수 없다. 왜냐하면 바로 다음과 같은 것, 즉 인간의 활동들과 결정들 자체가 마찬가지로 인과적으로 결정되어 있는가 하는 것이야말로 결정론의 근본 물음이며, 하지만 이 물음이 결정론자가 보기에 항상 그에 대한 원인들이 존재하는 인간의 실험을 지시하는 것에 의해 대답되지는 않기 때문이다. [234]일반적으로 아펠이 자연과학을 실험에 연결하는 것은 너무도 불만족스럽다. 첫째, 우리는(S. 195) 이미 실험하지 않는 존재들도 자연과학을 (인정될 수 있듯이 비록 일정한 점까지일 뿐이라 하더라도) 해나갈 수 있음을 보았고, 이와 관련하여 천문학을 상기시킨 바 있다. 그리고 둘째, 하지만 좀 더 밀접한 연관에서도, 만약 주관적-관념론적인 결론들을 피하고자 한다면, 다만 우리는 실험을 통해 법칙적인 인과 연관들을 찾아낼 뿐이라고 주장될 수 있을 것이지 우리가 그것들을 창조한다고는 주장될 수 없을 것이다. 인과성은 객관적-관념론적인 관점에서는 자연의 객관적 원리이다. 그것은 최종 근거짓기 증명에 함축되어 있는, 공간과 시간에 관계된 도식화된 근거 범주이다. 양자론도, 몇몇 사람은 그렇게 가정하긴 하지만, 자유 의지에 결코 공간을 허락하지 않는다. 그러나 소원은 사상의 아버지이다. 왜냐하면 우리가 아직 양자론에 대한 철학적으로 보증된 통일적인 해석을 가지지 못한다는 점을 도외시한다 하더라도(가령 알베르트 아인슈타인이 총애한 숨겨진 매개 변수 이론은 여전히 결코 반박되지 않았다), 인과성 개념의 통계적 변형이 자유와 어떻게 관계되어야 할지 파악하기가 어렵기 때문이다. 내가 갑자기 의지 충동을 갖는다는 것이 단지 통계적으로만 결정되어 있어야 한다면, 이러한 것이 과연 의지 자유와 어떤 관계가 있단 말인가?

그에 못지않게 설명-이해 논쟁에 대한 아펠의 해결책도 그럴듯하지 않다. 물론 설명이 이해가 아니라는 것은 올바르며, 모든 과학주의에 맞서 이해의 독자성을 강조하는 것은 확실히 중요한 과제이다. 하지만 인과 설명과 행위 이해의 보완성에 관한 아펠의 말은 극도로 오도하고 있다 (1979; 105). 왜냐하면 한편으로 이것은 우리가 다른 인간을 결코 단순히 설명해서는 안 되며 우선은 이해하고자 해야 한다는 것을 의미할 수 있을 것이기 때문이다. 사실 그에 대해서는 전혀 이의를 제기할 수 없다. 그러나 아펠은 분명히 더 많은 것을 생각한다. 즉, 우리는 그의 행위들을 설명하는 대신 이해해야 한다는 것이다. 하지만 어째서 하나가 다른 것을 배제하는 가? 아펠은 이데올로기 비판의 경우에서조차 잘못된 확신들에 대한 인과적 설명이 가능하다고 가정한다. 그러나 왜 잘못되고 이해할 수 없는 확신들의 경우에만 그러할 것인가? (설명과 이해의 보완성에 대한 나의 해석은 스피노자의 속성론을 상기시킨다. 최소한 세계 발전의 일정한 시점부터는 모든 경험적인 것이 설명될 수 있을 뿐만 아니라 또한 이해될 수도 있다. 설명은 그것의 실재적(발생적) 측면을, 이해는 그것의 이념적(타당성 이론적) 측면을 파악하며, 그것들은 뗄 수 없이 서로 결합되어 있다. 물론 세계가 이념적인 것에 근거하는 까닭에, 이해에 유리한 비대칭이 존재한다.)

내 생각에 헴펠-오펜하임 설명 도식[91]과 연결되어 베커만Beckermann에 의해 [235]발전된, 인간의 진리 행위 모델은 훨씬 더 상세하다. 그 모델은 논리적-관계-논증, 즉 그에 따르면——가령 가열에서 물체의 팽창과 같은——자연적 원인-결과-관계들에서와는 달리 의도들과 행위들이 개념적으로 결합되어 있다는 논증에 의해서도 타격받지 않는다. 왜냐하면 우리는 곧바로 의도들과 행위들에서 인과적 관계가, 바로 이성존재들이 논리적으로 사유하고 행위할 능력을 소유하기 때문에, 논리적 관계에 상응한다는 것을 인정할 수 있기 때문이다. 그러나 단연코 우주만물의 목표를 이루는 이 능력은 무언가 경험적인 것으로서 그 자체가 인과적으로 발생했다.[92]

• • •

91. 이에 대해서는 C. G. Hempel (1965)을 보라. 헴펠은 이미 말했듯이 모든 설명이 설명되어야 할 사실을 자연법칙들과 선행 조건들로부터 도출한다는 데서 출발한다.

92. 중요한 것은——단 하나의 장소에서만이라도 실재적 사건의 원인들에 대한 물음을 원리적으로 대답될 수 없는 것으로 간주하는 것을 거부하는 데서 따라 나오는——여기서 옹호되는 결정론이 논증하는 사람은 자유를 전제한다는 대중적인 반론

나는 다음과 같이 생각한다. 물론 근거들과 원인들은 구별되며, 그것들을 혼동하는 것은 한 사람에게 생겨날 수 있을 가장 위험한 오류들 가운데 하나다. 만약 누군가가 하나의 이론을 발전시킨다면, 나는 우선 이 이론을 위한 근거들을 분석하여 이 토대 위에서 그 이론이 참인지 거짓인지를 결정해야만 한다. 그러나 근거들이 이념적인 것의 질서에 속하고 그러한 것들로서 실재성 내에서 작용할 수 없는 까닭에, 여전히 계속해서 "왜[93] X는 이 이론을 발전시켰는가?"하는 물음이 남으며, 더 나아가 그의 이론이 완전히 참된 것으로서 입증되어야 할 때도 그렇다. 이 물음은 오직 원인들, 가령 X가 논리적으로 사유하고 근거들을 분석할 수 있는 탁월한 능력을 소유한다는 사실에 대한 지적을 통해서만 대답될 수 있다(왜냐하면 인간은 그에게서 근거들에 대한 통찰이 행위들을 위한 원인으로서 작용할 수 있는, 우리에게 알려져 있는 유일한 존재이기 때문이다). 그 경우 (실재적인 것의 질서에 속하는) 이 능력은 발생적 요인들, 즉 교육, 정신적 영향들 등등으로 환원될 수 있을 것이다. 그러나 ── 아펠은 여기서 이렇게 반론할 것이다 ── 창조적 성취들의 경우에 [236]그러한 설명은 가능하지 않거나 기껏해야 사후에$^{ex\ post}$ 가능하다. 하지만 이것도 아펠이 증명하고 싶어 하는 것, 요컨대 인과 질서에서의 빈틈을 증명하지 못한다. 왜냐하면 한편으로 천재적이지 않은 개인이 천재적인 개인을 설명할 수 없다는 것은 정말로 진부하기 때문이다 ── 일반적으로 전자는 후자를 전혀 이해할 수 없다(그리고 설명

* * *

에 의해 타격받지 않는다는 것을 파악하는 것이다. 왜냐하면 논증하는 자는 단지 합리성과 일정한 교란 자유만을 전제하지만, 이것은 철저한 인과 질서와 단연코 양립될 수 있으며, 심지어 그 구조가 합리적으로 논증하는 유한한 이성존재들을 산출할 수 있도록 설계되어 있는 우주의 목적이기 때문이다. 여기서 옹호되는 비-유물론적인 결정론에 있어 인간의 진리 능력은 물론 우연이 아니라 인식론적으로뿐만 아니라 존재론적으로도 필연적이다.

93. '왜'라는 말도 마찬가지로 종종 오도하는 방식으로 동음이의어로 사용된다. 그것은 근거들에 관계될 뿐만 아니라 원인들에도 관계될 수 있다.

은 이해를 전제한다). 그러나 다른 한편으로는 두 번째 천재가 첫 번째 천재가 일정한 발견들을 할 것이라는 것을 예견한다는 것이 결코 배제되지 않는다. 이를 위해서는 물론 두 번째 천재가 첫 번째 천재가 천재인 분야(가령 물리학)에서 천재적이고 또 첫 번째 천재가 이제 막 하려고 하는 자기의 발견들을 지금까지 비밀로 유지해 왔어야만 하는 것이 아니다. 그는 천재의 심리학 분야에서도 천재적 통찰들을 지녀야만 할 것이다(그러므로 천재적인 신인 발굴자여야만 할 것이다). 그리하여 그는 아마도 첫 번째 천재에 대한 관찰들로부터 이 첫 번째 천재가 곧 그 자신이 비밀리에 이미 성공한 것과 같은 천재적 발견들을 하게 될 거라는 예측을 내놓을 수 있을 것이다. 나로서는 이 경우에 불합리한 것이 무엇인지 알지 못한다. 물론 그 경우가 너무 자주 나타날 수는 없다(이중적 천재성은 단일한 천재성보다 훨씬 더 드물다). 그러나 좀 더 낮은 수준에서 확실히 모든 훌륭한 학문적 교사는 재능이 있는 학생에게서 그가 무엇에 관해 자기의 박사 학위 논문을 쓰게 될 것인지, 아니 심지어 그가 자신의 인격과 재능 구조에 있어 가령 어떤 성과들에 도달하게 될 것인지를 예측한 경험을 이미 언젠가 한 적이 있을 것이다. 게다가 다중적 발견들의 현상은 이 발견들이 이를테면 '시기가 되었다'는 것을, 그리고 한 분과의 일정한 발전 상태에서는 그 발견들이 필연적이었다는 것을 지시한다. 그러한 만큼 역사 발전을 밀고 가는 것은 천재들이 아니다. 오히려 그것은 천재들을 산출하는 역사의 내적인 논리이다.[94]

바로 원인들과 근거들의 구별 때문에 우리는 일정한 의미에서 결정론자로서도 자유에 대해 말할 수 있다. 그에 따르면 합리적 근거들에서 행위하는 자는 자유로우며, 다시 말하면 결국 근거들의 연쇄가 오직 최종 근거짓기에 의해서만 합리적으로 중단될 수 있는 까닭에, 최종 근거짓기를 통찰

• • •

94. 나는 이 주제에 대해 명확히 밝혀 주는 대화를 나눈 데 대해 드미트리 니쿨린[Dmitri Nikulin]과 마르틴 젤[Martin Seel]에게 감사드린다.

하여 자기 행동의 원리로 삼은 자는 자유롭다. 좀 더 낮은 단계에서는 최종 근거짓기로부터 따라 나오는 인륜적 명령들에 따라 행위하는 자도 —비록 그가 그 최종 근거짓기를 개념적으로 추수행할 수 없다 할지라도 —자유롭다. 어쨌든 인륜적 인간, 즉 그의 본질이 좀 더 강한 로고스를 따르는 데 존립하는 인간은 자유로우며, 그런 한에서 우리는 칸트에 대해 인륜법칙이 자유를 전제한다는 것을 인정할 수 있다. 그러나 이 자유, 그러므로 이성의 자기규정이라는 의미에서의 자유는 확실히 [237]인과 질서를 어기는 것을 함축하지 않는다. 누군가가 자유롭게 되거나 부자유하게 머물기 위한 원인들이 존재한다. 개인의 자유나 부자유는 자연법칙들과 선행 조건들에 의해 예정되어 있다.[95]

그러나 결정론은 모든 윤리학을 파괴하지 않는가? 결코 그렇지 않다. 왜냐하면 첫째, 분명 윤리적 행위는 인식상의 결정론과 양립할 수 없지만, 이 인식상의 결정론은 결코 존재론적 결정론의 필연적 결과가 아니며, 사실상 그 어떤 이성적인 것에 의해서도 옹호된 적이 없기 때문이다. 세계는 유한한 존재가 무엇이 일어날 것인지를 정확히 예견한다고 상상할 수 있었던 것보다 훨씬 더 복잡하다. 말의 좀 더 엄밀한 의미에서 자연적인, 그러므로 물리적인 사건들에서조차 계산 가능성은 다만 아주 제한적으로만 타당한데, 나는 다만 삼체문제dreikörperproblem만을 상기시키고자 한다. 카오스 이론[96]에서 철학적으로 매혹적인 것은 바로 다음과 같은 점, 즉 그것이 우리에게 측정 결과들에서의 무한히 작은 빗나감조차(그리고 모든 측정은 경험적 행위로서 근사치이다) 완전히 잘못된 예언으로 이어질 수

• • •

95. 그 어느 것도 스스로를 도덕적 판단의 대상으로 삼는 능력보다 인간적 자기의식을 더 깊이 특징짓지 못한다. 여기에 동물에 대한 절대적 구별이 놓여 있다. 나 자신이 나를 인륜법칙의 판단에 복속시키는 그런 존재라는 것은 인간의 매혹적인 것인바, 거기서는 유한성과 무제약성이 '나'라는 말의 발화에서 구별될 수 없을 정도로 뒤엉켜 있다.

96. 이에 대해서는 글라이크J. Gleick의 매혹적인 입문(1988)을 보라.

있다는 점을 보여준다는 점이다. 그러므로 존재론적 결정론자에게도 미래는, 비록 그것이 객관적으로는 그렇지 않을지라도, 주관적으로는 여전히 열려 있다.

둘째, 우리는 위에서 기술된 자유가 생득적이라는 데서 출발할 수 없다. 그것은 오히려 매개 과정의 결과이다. 인간이 자유롭게나 부자유하게 태어나는 것은 결코 아니다. 보통의 인간은 일정한 경험들, 일정한 논증들에 대한 숙고 등등에 의해 현실화될 수 있는 자유에의 소질을 소유한다. 가능한 한 많은 사람들에서의 이 소질의 현실화는 분명히 자유를 획득한 사람의 의무이다. 그것은 특히 책임 있는 교육의 의무이다. 성인들 측에서의 자유 이념에 대한 중대한 위반들의 경우에는 처벌들이 필요해지며, 아마도 언제나 달성될 수 있는 목적은 아니라 할지라도, 그 가운데 마지막 것이 범죄자의 개선이다. (이로부터 사형의 불법성이 따라 나온다.) 물론 자유 이념의 현실화에 대해 사람은 다만 결정되어 있을 뿐이라는 점에 관해 지속적으로 숙고하는 것보다 더 반-생산적인 것은 아무것도 없다. 자유에 대한 반-사실적인 비방은, 비록 이성적인 자는 범죄자가 좀 더 깊은 의미에서 자유롭지 않다는 것을 정확히 안다 할지라도, 또한 범죄자에 대해서도 가해진다. [238](결정론에 의해 숙명론의 태만함에로 미혹될 수 있는 자는 확실히 비이성적인 자들에 속할 수 있다.)

그러나 이러한 방식으로는 악의 현상이 경시되는 것이 아닌가? 사실 내게는 악이 단순한 의지박약이 아니라는 것에 대한 인정이 중요해 보인다. 교활한 악한의 의지의 군셈은 현상적으로 주어진 흔들릴 수 없는 사실이다. 악한 자는 일반적으로 박약한 인간보다 자신의 자연적 충동들에 훨씬 덜 의존적이다. 그런 한에서 그는 후자를 넘어선 진보를 나타내며, 더 나아가 오히려 사람들은 그에 대해 박약한 사람에 대해서보다 그가 참으로 선한 인간이 될 수 있을 거라고 기대할 수 있다.[97] 종종 그에게서는 악인이 그것

• • •
97. 분명히 악인의 세 가지 형식이 존재한다(그 가운데 첫 번째 형식은 다른 두 형식과

들의 커다란 손상 가능성 때문에 억압했고 인륜법칙에 의한 설명이 접근할 수 있는 좀 더 심오한 인격 층들이 발견된다. 박약한 사람은 결코 성자다운 삶으로 돌아서지 못 할 것이며, 악인은 다마스쿠스로 향하는 도정에서의 일정한 상황들 하에서 미래를 위한 요구의 단적인 무제약성으로 인해 과거를 용서하는 인륜법칙의 목소리를 들을 수 있다.[98] 악인은 박약한 사람에게서 주관성이 가령 식탐, 육욕 등등과 같은 자연적 충동들에 종속되어 있는 한에서 그보다 자유 이념에 더 가까이 서 있다. 그에 반해 악인에게서 주관성은 자기 자신이고자 한다. 그러나 그 주관성은 인륜법칙의 보편자에 반대하고 따라서 상호 주관성에 맞서고자 하는 데 반해, 선인에게서 주관성은 그 존엄과 에너지를 인륜법칙과의 통일로부터 끌어낸다. 악에 대한 의지는 어디서 유래하는가? 분명히 자연에로의 절대자의 외화·방기는 그의 자기 자신과의 통일의 파괴와 그의 개별적 규정들의 자립화를 의미한다. 그러나 이념적 상호 주관성에 대한 주관성의 자립화는 악이다.

[239]악에 대해서는 우리가 동원할 수 있는 모든 에너지를 기울여 싸워야만 한다. 그러나 싸움이 끝나고 악이 무력해지면, 우리는 단연코 연민의 감정에 굴복하여, 우주 전체에서 어느 누구도 자신의 현존재에서 절대자에

• • •

결합될 수 있다). 첫 번째의 이를테면 자연적인 형식은 다른 사람들을 괴롭히는 데서 즐거움을 느끼거나 절대적 이기주의에서 다른 이들의 행복을 전적으로 자신의 이익에 종속시키는 자에게서 존재한다. 이런 사람은 도덕적으로 개선되기가 아주 어렵다. 그런 자에 대해서는 그가 다른 이를 해칠 수 없도록 배려해야만 한다. 더 나아가 지적인 오류를 범해서 잘못된 편을 위해 싸우지만, 주관적으로는 선을 위해 전력투구한다고 믿는 자가 악할 수 있다. 셋째, 지적인 근거들로부터 냉소주의자가 된 자가 악하다. 그는 진지하게 타당한 규범들과 가치들을 찾았지만 아무것도 발견하지 못했다. 회심은 두 번째 경우에서, 그러나 세 번째 경우에서도 가능하다(우리는 한편으로 사울을, 다른 한편으로 만초니Manzoni의 『약혼자들』에서 이노미나토Innominato를 생각할 수 있을 것이다).

98. 내가 회심 사건들을 자연법칙들과 양립할 수 있는 것으로 간주한다는 것은 자명하다. 그러나 그것은 우리에게서 그 사건들에서 절대자의 특별히 강렬한 표현과 그런 한에서 무언가 기적적인 것을 인식할 수 있는 가능성을 빼앗지 않는다.

대한 반항의 궁극적인 헛됨을 보여주는 것으로 예정되어 있는 자보다 더 불행한 운명을 짊어진 자는 없다는 것을 인정할 수 있을 뿐만 아니라 심지어 그렇게 인정해야 할 것이다.[99]

내 생각에 결정론 문제에 대한 방금 묘사된 해결책은 사변적 관점을 유한주의적인 관점과 결합한다. 유한한 동시에 절대적인 존재로서의 인간은 이러한 자신의 이중 본성에 뿌리박고 있는 현실에 대한 세 가지 태도를 지닌다. 가령 스피노자의 철학이 첫 번째 태도를 절대화하는 데 반해, 20세기의 대부분의 철학들에서는——가령 실존주의에서는——두 번째 태도가 유일하게 가능한 태도로 실체화된다.

이론적 태도는 세계를 인과적 연관들의 구조로서 고찰한다. 세계 내에서 일어나는 모든 것은 필연적인 것으로서 간주된다. 주관은 한편으로 기만으로서 나타나는데, 왜냐하면 주관 안에서 이성적이지 않은 것은 자연이며, 그 안에서 이성적인 것은 (자연에 의해 매개된) 절대자 자신이기 때문이다. 다른 한편으로 세계의 관찰자로서의 주관은 세계의 극한점이다. 그는 세계에 참여하지 않는다. 그는 모든 것을 알지만 무력하다. 악에 대해 그는 실천적으로 무관심하지만, 이론적으로 관심을 지닌다. 시간은 엘레아학파에게 그렇듯이 가상으로서 여겨지며, 생기하는 모든 것은 예정되어 있다. 절대적 지성에게 있어 세계는 이를테면 부동의 물체이다. 세계의 관찰은

• • •

99. 악인의 불행을 보고 있는 자에게는 초월론적 세계에서 악인이 어떠한 원인도 없이 강제되고 그의 성격으로 결정되었다는 칸트와 셸링, 쇼펜하우어의 견해가 인간이 도달한 적이 있는 가장 잘못된 가정들 가운데 하나인 것으로 보인다. ——물론 개별적 악에 대한 책임은 절대자에게 해당되지 않는다. 왜냐하면 절대자에게 있어서는 악의 능력이 있는 세계로의 외화 이외에 다른 대안이 없었기 때문이다. 악의 구체적 크기는 자연법칙들과 선행 조건들에 의해 확정되어 있다. ——만약 칸트의 제2비판의 변증론의 문제 설정들에 일반적으로 관여하고자 한다면, 내게는 다른 세계에서의 보상에 대한 요구는 역설적으로 악인의 경우에 고난을 겪는 정의로운 자의 경우보다 본질적으로 더 가까이 놓여 있는 것으로 보인다. 왜냐하면 전자는 형이상학적 실패자이자 계속해서 그러하기 때문이다.

최고의 인륜적 의무로서 여겨진다. 오로지 주관적 실재성을 지니는 세 가지 시간 양태들 가운데 과거가 지배적이다.

실천적 태도에게 세계는 본질적인 의미에서 여전히 만들어져야 하는 어떤 것으로서 간주된다. 인간의 과제는 자연——외적 및 내적 자연——의 모든 장애에 대한 투쟁에서 세계를 인륜법칙에 좀 더 적합하게 만드는 것이다. 행위하는 자는 이를 위해 한편으로는 유한성의 전 영역에 관여하고, [240]악(자기 안의 악과 자기 밖의 악)과의 대결에서 피할 수 없게 자기 앞에 다가오는 고통을 짊어져야 한다. 다른 한편으로 그에게 세계는 항상 낯선 것이자 알려지지 않은 것으로 머문다. 그는 물론 자신의 흔적들을 세계에 남겨 놓을 수 있다. 하지만 자기와 세계의 궁극적 운명에 관해 그는 무지하다unwissend(따라서 일정한 의미에서 또한 비양심적이다ge-wissenlos). 그는 과연 선이 자기 내에서 그리고 인간 내에서 승리하게 될 것인지 알지 못한다. 그의 고독과 죽을 수밖에 없음, 그리고 그의 실존의 일회성과 돌이킬 수 없음은 그에게 절대적으로 의식되어 있는 경험적 사실이다. 그러나 동시에 그는 선을 현실화해야 한다는 것, 악이 극복되어야 한다는 것을 알고 있다. 악을 고려하여 증오와 분노는 그때그때마다 그의 얼굴을 일그러뜨릴 것이다. 그의 관점에서 규정적 시간 양태는 미래, 즉 그에게 어둡고 위협적으로 남아 있는 미래이다.

사변적 태도는 실천적 투쟁을 절대자와 다시 관계시킨다. 가장 어렵고도 지고의 것인 이 태도를 지닐 수 있는 자에게는 유한성에서 절대자의 빛남을 경험할 수 있는 순간이 존재한다. 모든 참된 예술 작품, 모든 고귀한 상호 주관성, 대립의 모든 화해의 특징을 이루는 보편자와 특수자의 통일 속에서 그는 절대자의 현재를 인식하며, 아니 느낀다. 그는 절대자의 현존이 자신에게 스스로가 결코 완전하게는 부응할 수 없는 무조건적인 의무들을 부과한다는 것을 안다. 또한 그는 이 의무들이 극단적인 경우들에서는 자신의 삶의 희생을 포함한다는 것도 안다. 하지만 그는 아무리 자신의 의무에 집중한다 할지라도 결코 자기를 과대평가하지 않는다. 그는 자기가 정신들의 공동체의 극히 적은 부분일 뿐이라는 것을 알며, 더 나아가 그는 자기가 아무런 잘못도 범하지 않았는데도 여러 해 동안의 노력의 결과가 실패로 돌아가고 악이 승리하는 것으로 보이는 순간들에서조차 자기가 존재의 전체에 의해 담지되어 있으며, 이 존재의 전체가 선하다는 것을 감지할 수 있다. 그가 아무리 진지하게 자신의 행위들에 헌신한다 할지라도 그 행위들을 세계의 중심축으로 간주하지 않는 까닭에, 그는 스스로를 이성적 전체성의 부분으로서 아는 자에게만 속하는 저 유머를 소유한다. 악인에 대해 그는 깊은 연민을 느낀다. 그는 자기가 인류법칙에 따라 변화시킬 수 있는 것을 변화시킬 수 있는 힘과, 자기가 변화시킬 수 없는 것을 견뎌내는 인내, 그리고 그 둘을 구별할 수 있는 지혜를 소유한다.[100]

3.4. 최종 근거짓기와 윤리학

3.4.I. 윤리학의 근거짓기에 대하여

[241]이상적 의사소통 공동체와 실재적 의사소통 공동체의 해결되지 않은 이원론이 초월론적 화용론의 존재론 저 너머를 지시하는 문제들을 산출하듯이, 그것의 윤리학도 오로지 이상적 담론에서 모든 가능한 의사소통 상대방에 대해 수용 가능한 것으로서 입증되는 것만이 구속력 있는 것으로서 여겨져야 한다는 메타 규범과, 관계된 상황에서 규범적으로 타당해야 하는 것을 결정해야 하는 구체적 담론들 간의 이원론의 병을 앓고 있다.

• • •

100. 가장 심오한 종교의 언어로 표현하고자 한다면, 세 가지 태도는 아버지의 눈, 아들의 눈 그리고 정신·성령의 눈으로 표현될 수 있다.

메타 규범의 초월론적 화용론적인 근거짓기에 관한 한, 우선 오로지 최종 근거짓기를 위해 애쓰는 철학만이 윤리학이 반드시 그런 것이어야만 하는 그러한 규범적 이론을 근거지을 수 있는 전망을 지닌다는 것이 인정되어야 한다. 둘째, 상호 주관성 범주가 가장 중요한 윤리적 의무들의 근거짓기를 위해 필수적이라는 것이 인정되어야만 한다. 이것은 물론 초월론적 화용론자가 추정하는 것으로 보이듯이 타자에 대한 의무로 환원될 수 없는 자기에 대한 의무란 존재하지 않는다는 것을 결코 의미하지 않는다. 오히려 사인에 대한 논의에서는 이미 절대적으로 고독한 존재도 어느 정도까지 자기 자신에 대한 의무들을 지닐 수 있는지가 제시되었다. 만약 반성적 주관성이 객관성보다 좀 더 고차적인 범주라면, 그리고 만약 두 범주들의 관계에 대해 규정해야 하는 것이 이성이라면, 모든 사람에게는 그 옆에 다른 이성존재들이 존재하는지의 여부와는 완전히 독립적으로 자연 충동을 이성에 종속시킬 데 대한 의무가 존재한다. 그러나 확실히 인정될 수 있는 것은, 바로 상호 주관성이 주관성에 비해 좀 더 고차적인 범주를 나타내기 때문에, 사인에게 있어서도 상호 주관성에로 옮겨가는 것이 의무를 나타낼 것이라는 점이다. 오로지 이러한 통찰만이, 절대자의 고독한 인식이 윤리의 최고점을 나타내고 그에 비해 이중적이고 다중적인 상호 주관적 관계들은 의미를 상실하는 객관적 관념론 전통의 대부분을 특징짓는 이론주의를 극복하는 데로 이어질 수 있다. 그런 한에서 우리는 인식론적인 방법적 유아론의 토대 위에서는 윤리학이 근거지어질 수 없다는 데 대해 아펠에게 동의할 수 있다(1972a; 403).

물론 우리는 롤스와 마찬가지로 아펠 자신도 여전히 방법적 유아론에 붙잡혀 있다고 비판할 수 있다. 이 점은 비록 상이한 정도긴 할지라도 그에게 있어 윤리학의 근거짓기를 위해 발견되는 두 가지 논증 전략들 모두에 대해 타당하다. 한편으로 아펠은 다음과 같이 생각하는 것으로 보인다. 즉, 우리는 합리성에 대한 진지한 의지를 가지고서 다른 모든 이성 존재들을 똑같은 권리를 지닌 상대방으로서, [242]즉 말의 온전한 의미에서 인격으로서 인정해 왔다는 것이다. 이러한 논증은 전통적인 객관적 관념론의 근본 사상과 전적으로 양립할 수 있다. 아니, 그것은 그 틀 내에서 좀 더 명쾌한 근거짓기를 발견한다. 왜냐하면 그에 따르면 나는 나의 특수한 독특성에서는 아무 가치가 없기 때문이다. 나는 다만 절대자(나의 본래적인 본질[101])와 일치하는 한에서, 다시 말하면 로고스에 참여하는 한에서만 가치 있는 어떤 것이다. 그러나 그 점은 (최소한 원리에 따라) 또한 다른 모든 이성존재들에 대해서도 타당한데, 따라서 나는 그들을 나 자신과 똑같이 진지하게 받아들여야만 한다. 명확한 것은 이러한 사고 과정이 모든 이성존재들에 대한 똑같은 취급을 정언적으로 규정하는 한에서 윤리학의 근거짓기를 수행할 수 있으리라는 점이다. 물론 그것이 함축하지 않는 것은 자기 목적으로서 알려지는 상호 주관적 관계들과 제도들이 단순한 정의Gerechtigkeit보다 좀 더 긍정적인 어떤 것을 나타낸다고 하는 것이다. 이 점은 주관성 이론적인 객관적 관념론의 기초 위에서와 마찬가지로 초월론적 화용론의 틀 내에서도 통찰될 수 없는데, 따라서 나는 그것을 '방법적 -유아론적'이라고 불렀던 것이다.

초월론적 화용론의 방법적-유아론적인 성격은 특히 쿨만이 조탁해낸 것과 같은 윤리학의 근거짓기를 위한 그것의 두 번째 시도에서 훨씬 더 걱정스러운 정도로 입증된다. 이 시도는 확실한 유사성들에도 불구하고 결코 첫 번째 시도와 동일하지 않다. 그것은 단순하게 말하자면 다음과 같다. 즉, 하나의 사태에 관해 실제로 알고자 하는 자는 다른 이들에게서 배울 수 있다. 그런 까닭에 그는 그들과 대화에 참여해야만 한다. 이를 위해 그는 그들을 존중해야만 한다. 이론적 담론으로부터 실천적 담론에로

• • •

101. 명확한 것은 객관적 관념론에게 있어서는 절대자가 규정된, 요컨대 규범적인 의미에서 모든 인간의 본질을 이루어야만 한다는 점이다. 물론 우리는 마찬가지로 (다른 의미에서는) 인간의 본질이 인간성이라는 데 대해 인정할 수 있는데, 자명한 일이지만 인간성은 절대자와 동일하지 않다.

의 이행에서의 난점들을 전적으로 도외시한다면,[102] 이러한 근거짓기 시도
의 주요 문제는 그것이 경험적 전제, 요컨대 내가 다른 이들로부터 배울
수 있다는 전제에 의존한다는 점에 존재한다. 부당하게도 쿨만은 혼자서
진리 능력을 지니는 사인의 가능성을 배제한다. 그러나 이러한 특별한
경우와는 독립적으로 내 생각에 대부분의 사람들에게 명확한 것은 그 대부
분의 사람들이 그들로부터 아무것도 배울 수 없음에도 불구하고 존중해야
하는 사람들이 존재한다는 점이다. 이 점은 아마도 초월론적 화용론자들이
그 권리 주체성을 부인하고자 하지 않을 정신 장애자, 노인들, 아이들과
관련해서만 타당한 것이 아니다. 그것은 최고의 천부적 재능의 경우에는
또한 대다수의 인간들과 관련해서도 타당하다. 만약 아인슈타인이 [243]그
들로부터 아무것도 배울 수 없는 사람들을 존중할 필요가 없다면, 그것은
윤리학을 위해 나쁜 것으로 입증될 것이다. 아니, 만약 사람들이 다른 사람
을 오로지 그가 어쩌면 자기의 진리 인식에 도움을 줄 수 있기 때문에만
존중해야 한다면, 다른 사람에 대한 경멸이 내가 단순한 논증을 통해서는
결코 달성할 수 없는 특정한 진리 인식을 위한 필요 불가결한 조건인 곳에
서 내가 이 경멸을 진리 인식이라는 최종적인 목적을 위해 더 작은 악으로
서 수용하는 것은 정당할 것이다. 따라서 인간의 생체 해부들이 가장 유리
하게 정당화될 수 있을 것이다.[103] 하지만 문제되는 경험적 조건이 언제나

• • •

102. Kuhlmann (1987b)를 참조.

103. 이러한 반론은 아펠의 작업들 오래 전에 출간되었고 또 아펠의 입장의 가장
가까운 선취일 뿐만 아니라 이미 그에 대한 몇 가지 주목할 만한 비판적 논증들도
포함하는 논문에서 발견된다(이는 아펠이 그 논문을 알지 못하는 것으로 보이는
만큼 더욱더 놀랄만하다). 그것(1957/58)은 그리피스스A. Ph. Griffiths에 의해 저술
되었는데, 그는 뒤이어 짧고 밀도 있는 요약(1967)을 내놓았다. ──그리피스스에
따르면 도덕적 원리들은 오로지 반대 입장의 귀류법reductio ad absurdum에 의해서만
근거지어질 수 있는데, 왜냐하면 그렇지 않으면 우리는 근거짓기의 무한 퇴행에
빠지기 때문이다(1957/58; 105). 그리고 사실상 다음과 같은 점이 제시될 수 있다.
"누군가가…… 모든 도덕 원리들에 물음을 제기하는 것은 가능하지 않은데……,

타당할지라도, 따라서 내가 각각의 모든 인간이 나를 진리 인식에서 더 멀리 데려다줄 수 있는 까닭에 그들을 인정해야만 한다 할지라도, 타자는 물론 육체적으로는 아닐지라도 지적으로는 언제나 다만 도구화될 뿐이다. 그리고 지적인 도구화도 여전히 도구화이다. [244](아주 이지적인 사람들과 관계하는 사람이라면 누구나 자신의 지적 능력 때문에 도구화된다는 느낌보다 더 그들을 화나게 하는 것은 없다는 것을 안다.) 전략적 태도보다 의사소통적 태도를 부각시키고자 하는 초월론적 화용론적인 근본 관심사는 이러한 토대 위에서는 충족될 수 없다.

앞의 S. 200 ff.에서 이미 제시되었듯이, 상호 주관성에 대한 관심은 다음과 같은 세 가지 근거를 지닐 수 있다. 첫째, 타자가 나를 진리 인식에서 더 멀리 데려다줄 수 있다고 하는 전략적 근거, 둘째, 진리 인식을 타인에게

• • •

왜냐하면 몇몇 도덕 원리들의 수용은 어떤 도덕 원리에 물음을 제기하기 위한 필요조건이기 때문이다."(106 f.) 윤리학 근거짓기의 이런 종류의 초월론적 형식은 유일하게 가능한 형식일 터인데, 왜냐하면 초월적 형식은 자연주의적 오류추리에 굴복하기 때문이다(114). 구체적으로는, 도덕에 대해 말하는 자는 자기의 물음들이 성실하고 편견 없이 대답되어야 한다는 요구를 제기한다는 것이 증명될 수 있다(115). 따라서 모든 합리적 담론에게는 거짓말에 대한 포기가 본질적이다(116). 그럼에도 불구하고 그리피스스 자신은 스스로에게 단순한 합리성이 윤리학의 원리로서 충분하지 않다는 이의를 제기한다. 왜냐하면 이러한 방식으로는 인간의 생체 해부도 정당화될 수 있겠기 때문이다. 더 나아가 담론 윤리학자는 논의를 중단하고자 하는 피곤한 대화 상대방을 계속해서 논의하러 나설 때까지 무자비하게 구타할 권리를 지닐 것이다(117). 마지막으로 그는——천사들과 신들, 그리고 아마도 또한 어느 정도나마 거부도 표현할 수 있을 고통의 능력이 있는 동물들도 포함하여——가능한 모든 대화 상대방들의 관심을 고려하는 것이 문제가 되어야만 한다고 제안한다(118 f.). (1967)에서 그리피스스는 모든 대화의 근저에 놓여 있을 세 가지 최고의 윤리적 원리들로서 '불편부당성impartiality', '합리적 자비심rational benevolence' 그리고 '자유liberty'를 언급한다. 아마도 더 많은 윤리적 원리들이 존재하겠지만, 증명 부담은 그 실존을 주장하는 자에게 놓여 있을 것이다(181). —— 또한 R. S. Peters (1972; 101 ff.)도 아펠의 윤리학 근거짓기의 선구자로서 간주될 수 있다. 하지만 그는 그리피스스와 아펠보다 덜 날카롭다.

도 가능하게 하는 것이 나의 의무라고 하는, 여전히 주관성의 철학 틀 내에 머무르는 도덕적 근거, 셋째, 스스로를 자기 목적으로서 아는 상호 주관적 구조들의 성립이 최고의 의무라고 하는 본래적으로 상호 주관성 이론적인 근거. 분명히 세 번째 입장은 근거짓기가 가장 어려운 입장이다. 이를 위해서는 S. 201 ff., 218 f.에서 묘사된 것과 같은 사변적 논증들이 필요하다.[104] 그러나 첫 번째 입장을 상당히 벗어나는 두 번째 입장은 이미 초월론적 논증들을 가지고서 정당화되어야 한다. 왜냐하면 윤리학에 관해 숙고할 뿐만 아니라 이 숙고를 진술하고 출판하는 사람은 그렇게 함으로써 단지 진리 요구만을 제기한 것이 아니기 때문이다. 그는 그렇게 함으로써 또한 그의 진리의 전달이 진리를 혼자서 보유할 때보다 무언가 좀 더 고차적인 것이라는 것을 전제하기도 한 것이다. 이러한 그의 평가의 근거는 반드시 그가 오로지 이러한 방식으로만 무언가를 배울 수 있다고 하는 것이 아니다. 자신의 견해들의 절대성에 관해 확신하는 철학자가 자기의 테제들을 옹호하는 것은 반드시 무언가를 더 배우고자 하는 희망 때문이 아니라 오히려 이러한 자신의 통찰들의 전달에서 무언가 긍정적인 것을 보기 때문이다. 그리고 만약 전달되어야 할 것으로 여겨지는 철학이 초월론적 화용론이라면, 우리가 그것의 무언가를 비난하기는 어려울 수밖에 없다. 즉, 그 원리가 상호 주관성인 철학을 상호 주관적으로 전달하고자 하는 것은 합리적이고 일관적이다.

그러나 하나의 이론을 전달하고자 하는 것이 일관적이라면, 아니 (만약 외적인 동기를 허락한다면) 그것이 다만 일관적이기만 이라도 하다면, 그

• • •

104. 오로지 진리에 대한 상호 주관적인 인식에 의해서만 충족될 수 있는 상호 주관성에 대한 지을 수 없는 인간적 욕구가 존재한다는 것은 심리학적 사태로서 명백히 그리고 종종 언명되어 왔다. 가령 키케로는 『라엘리우스』('우정에 대하여', 88절)에서 피타고라스주의자인 아르퀴타스가 우주만물에 대한 완전한 인식이 의미하게 될 욕망 획득을, 만약 이러한 인식을 누군가에게 전달하는 것이 가능하지 않다면, 허무한 것으로 설명했다고 보고한다.

것의 근본 사상은 자신의 주관성을 다른 주관성보다 위에 놓는 것인가? 예를 들어 사실성을 넘어서는 사람들의 타당성 요구들을 모두 다 부인하는 가장 수미일관한 입장으로서 권력 실증주의를 취해 보자. [245]권력 실증주의자의 관심에는 다른 사람들도 자신의 신조를 공유하는 것이, 아니 다만 그 자신이 권력 실증주의자라고 하는 것이 일반적으로 알려지는 것만이라도 존재할 수 있는가? 그렇기는 어려울 것이다. 두 경우에 그는 자기 자신을 위태롭게 할 것이다. 첫 번째 경우에 그는 그 밖의 경우에는 시대에 뒤떨어진 순진성에 근거하여 그를 공정하게 취급하게 될 다른 이들이 자기가 그들을 해칠 준비가 되어 있듯이 마찬가지로 그를 해치게 될 것을 무릅쓰게 될 것이다. 그리고 두 번째 경우도 그에게 바람직하지 않을 것인데, 왜냐하면 다른 이들이 그를 경계할 것이고, 그러므로 이러한 방식으로 그는 그들을 이용하기가 더 어려울 수 있을 것이기 때문이다. 다른 이에게 인정을 원리적으로 허용하지 않는 입장은 전달될 수 없는데, 왜냐하면 전달은 다른 이로 하여금 언제나 이미 똑같은 정도로 자신의 — 현실적이거나 사념된 — 진리 소유에 참여하도록 하기 때문이다. 다른 이를 원리적으로 자기와 똑같은 가치를 지니지 않는 자로 간주하는 자는 그에게 더욱더 이러한 자신의 확신, 즉 다른 모든 것의 근저에 놓여 있는 까닭에 가장 귀중한 자신의 소유를 이루는 확신을 알리지 않아야만 한다. 현실적으로 일관된 권력 실증주의자는 자기의 입장에 대해 말하지 않는다. 우리는 그 입장에 대해 말할 수 없으며, 그에 대해 침묵해야만 한다.

이것은 사실 경험적으로도 쉽게 입증될 수 있다. 또한 — 또는 더 낫게는 바로 — 가장 잔혹한 정권도 결코 공공연한 권력 실증주의를 옹호하지 않을 것이며, 오히려 그것을 이데올로기적으로 은폐하고자 할 것이다. 중요한 것은 정력적인 활동에 의해 공산주의나 제국주의를 예방하는 것이며, 나아가 중요한 것은 몇몇 민족의 해충을 제거함으로써 공동의 복지에 필수적인 봉사를 행하는 것이라는 것이다. 근거짓기가 어려운 곳에서 모종의 것들이 은밀히 행해지는 것은 우연이 아니다. 국가 사회주의자들의 유대인

학살에 대해서는 잘 알려져 있듯이 법률적 기초가 없었다. 사람들은 바로 그와 같은 것을 행하기만 할 뿐, 그에 대해 말하지 않는다. 헬러^{H. Heller}는 아주 정당하게 슈미트^{C. Schmitt}에 대해 이미 순수하게 경험적인 수준에서 모든 정치 체계가 정의에 봉사한다고 주장할 거라는 이의를 제기했다. "독재의 선전원들이 주장하듯이 오로지 법치 국가만이 이러한 요구를 제기하는 것은 결코 아니다. 명령 그 자체가 이미 실증적인 '법 가치'를 나타내는 국가나 통치 형식은 존재하지 않으며, '세계에서 최선의 것은 명령이다'라는 정식화는 문화에 지친 권력 심미주의자를 기쁘게 할 수 있겠지만, 모든 종류의 정치적 권력에게 있어 그 명제는 거짓이다. 왜냐하면 권력은 잘 알려져 있듯이 오로지 준수된 명령에 의해서만 근거지어지지만, 그 준수는 언제나 그리고 모든 지배 형식들에서 본질적으로 명령의 믿어진 정당성에 의해 유지되기 때문이다."(1934; 331 f.)

물론 헬러의 논평은 단지 경험적 관찰일 뿐이다. 어쨌든 그것은 앞에서 전개된 좀 더 원칙적인 저 성찰들과 한 짝을 이룬다. 그에 따르면 다른 이를 원리적으로 인정하기를 거부하는 것의 전달에는 수행적 자기모순이 존재한다. 그에 대해서는 [246]최소한 자기의 입장을 확신하고 다른 이를 두려워할 필요가 없는 강력한 권력 실증주의자가 만약 다른 이를 사디즘적인 방식으로 괴롭히는 동시에 자기가 그렇게 하는 것은 자기의 권력 느낌의 고양을 위해서일 뿐이라고 설명한다면 아무런 모순에도 휘말리지 않는다는 반론이 제기될 수 있을 것이다. 그러나 그 반론은 기만이다. 실제에 있어 잔혹성은 부정의의 이론을 전달하는 것보다 훨씬 더 높은 정도로 모순적인 현상이다. 왜냐하면 잔혹한 자는 다른 이에 대해 그가 원리적으로 자기보다 위에 있다는 것, 다시 말하면 자기의 인정을 필요로 하지 않는다는 것을 인정했을 것이기 때문인데, 이는 명백한 모순이다. 윤리적 기괴함으로서의 잔혹성은 또한 논리적 괴물이기도 하다.¹⁰⁵ —— 따라서 물

• • •
105. 따라서 인정 박탈의 가장 미묘한(물론 결국은 마찬가지로 자기모순적인) 방식은

론 그 자체로서 전달되지 않는 부정의한 행동에서의 자기모순은 아직 제시되어 있지 않다. 그러나 어쨌든 이러한 방식으로 모든 권력 실증주의 이론은 기각될 수 있다. 그리고 그것으로 이미 충분한데, 왜냐하면 윤리학은 행동 형식들이 아니라 행동 형식들에 관한 이론들과 대결하기 때문이다.

방금 그 윤곽이 서술된 윤리학의 근거짓기는 이미 소크라테스-플라톤에서 발견된다. 방금 묘사된 논증식은 플라톤이 『트라쉬마코스』와 『고르기아스』에서 전개하는 권력 실증주의에 대한 반박에서 핵심을 이룬다고 할 수 있을 것이다. 이 대화들에서 소크라테스는 아이러니하게도 트라쉬마코스 내지 칼리클레스가 사심 없이 최선의 삶의 형식을 찾는 데서 대화 상대방을 기꺼이 돕고자 하는 데 대한 자신의 기쁨을 표현하는데, 이는 명백히 자기를 전달하는 권력 실증주의자들의 행동에서의 (대화라는 예술 형식의 틀 내에서 특히 쉽게 제시될 수 있는) 화용론적 자기모순에 대한 지적이다.[106] 윤리학의 근거짓기를 위한──앞에서 말했듯이 진리 추구에서 타인에 대한 의존에 호소하지 않는──이러한 논증 전략은 다시 독일 관념론에서, 그것도 피히테에게서 중요해진다. 1798년 『인륜론』에서 도덕적 개선에서 어떠한 인간에 대해서도 절망하지 않는 것이 인륜적 의무라는 것을 증명한 후, 그는 모든 인간에게 선에 대한 싹이──또한 그리고 바로 절대적 이기주의를 가르치는 사람에게도 놓여 있다는 것을 보여주고자 한다. 왜냐하면 바로 참된 것으로서 인식된 것의 가르침에서야말로 가르쳐진 이론에 완전히 모순되는 사회적 충동이 나타나기 때문이다. 피히테는 다음과 같이 쓰고 있다. "여러분은 [247]사람들이 오로지 이기심에 의해서만

• • •

다른 이에게 우리가 그를 더 이상 인정하지 않는다는 것을 그가 파악하는 것에 우리가 전혀 관심 갖고 있지 않다는 것을 이해하도록 하는 데 존재한다. 가령 우리는 우리가 그에 대해 경멸적으로 말할 시간을 갖고 있지 않다고 말한다(디오게네스 라에르티오스, III 21에서 디오뉘시오스에게 플라톤이 그렇게 말한다).

106. Hösle (1984), 330 ff.; Jermann (1986), 118 ff.을 참조.

추동된다는 것, 그리고 그들이 다른 동인도 지닐 수 있는 것으로 여길 때 자기를 몹시 기만한다는 것을 발견했다. 그런데 확실히 그것은 여러분을 위해 좋다. 이 발견을 이용하면, 여러분은 좋아질 수 있고, 여러분의 길은 계속해서 앞으로 나아간다. 그러나 도대체 왜 여러분은 여러분의 발견을 우리에게 전달하는가? 모든 인간이, 그러므로 또한 여러분도 오로지 자기이익에서만 행동할 수 있는 까닭에, 여러분은 이러한 전달에 의해 무엇을 획득할 있을 것이며, 또는 그에 의해 여러분의 어떤 손실을 막을 수 있을 것인가? 저 기만이 손해를 야기한다면, 그것은 최소한 여러분에게 아무런 손해도 야기하지 않는다. 왜냐하면 여러분은 여러분이 단언하듯이 그로부터 완전히 벗어났기 때문이다. 그러나 우리의 손해, 그것은 여러분에게 어떤 손해를 끼치는가? 그리고 여러분 주위의 다른 이들이 손해를 입게 되는 것은 여러분으로 하여금 무엇을 하지 못하게 하는가? 오히려 그것을 즐기고, 그로부터 여러분을 위해 가능한 한 많은 이익을 끌어내라. 게다가 우리가 통찰하는 한, 여러분 이외의 모두가 이러한 오류에 머무는 것은 여러분에게 직접적으로 유익함을 가져다줄 것이다. 그리고 여러분이 일관적이라면, 여러분은 그 오류를 유지하고 확산시키기 위해 모든 것을 해야만 한다. 왜냐하면 여러분은 그에 의해 덕과 공동이익의 구실 하에 여러분의 감추어진 목적들을 위해 우리에게서 획득할 수 있는 수단을 얻어내기 때문이다. 여러분이 솔직히 우리에게 여러분의 사적 이익을 궁극적 목적으로서 고지한다면, 그러한 것은 여러분에게 그렇게 쉽지 않을 것이다. 요약하면, 여러분이 여러분의 발견을 전달하는 것으로부터 전혀 아무런 이익도 가질 수 없는 까닭에, 여러분의 진술은 여러분의 진술에 모순된다."(4.319 f.)

피히테가 위의 인용의 끝에서 말하는 모순은 비록 피히테가 그 용어를 갖고 있지 않다 하더라도 분명히 수행적 모순이다. 왜냐하면 모순은 규범적인(아니, 단지 심리적인 것일 뿐일 수도 있는) 이기주의 이론의 내용 내부에서가 아니라 이 이론의 내용과 그 이론이 다른 사람들을 위해 실존할 수 있는 유일한 형식으로서의 그것의 전달 사이에 존재하기 때문이다. 유사한 모순을 피히테는 아펠과 비슷하게 거짓말을 허용하는 이론에서 발견한다. 이 이론을 전달 받는 사람이 그것이 실제로 참이라는 것을 의심해야만 하는 것만이 아니다──거짓말이 허용된다는 단언 그 자체가 거짓말일 수 있는 것이다. 더 나아가 여기서도 자기가 거짓말을 하고 있다는 것을 다른 사람으로 하여금 알게 하는 것은 그 거짓말하는 자의 이해관계 안에 있지 않다. "그러한 준칙을 실제로 가지는 자는 자기가 그것을 갖고 있다는 것을 말하고자 할 수 없을 것이고 또한 그것을 다른 이의 준칙으로 만들고자 할 수도 없을 것이다. 그는 그것을 주의 깊게 자기 안에 숨기고 오로지 자기 자신을 위해서만 보유하기를 원해야만 할 것이다. 전달되면 그것은 자기 자신을 무화시킨다."(4.287)[107]

[248]이 두 가지 예는 윤리학의 몇 가지 근본 원리들이 일관되게 상호주관적으로 논박될 수 없다는 것을 시사해 줄 수 있을 것이다. 그 원리들의 부정은, 만약 이론에서 무언가 상호 주관적으로 전달할 수 있는 것이 이해된다면, '이론다울 수theoriefähig' 없다. 소크라테스와 피히테의 논증들에서

• • •

107. 여기서 칸트의 영향은 아주 명백하다. 칸트는 1795년의 『영원한 평화를 위하여』에서 "공중성의 능력Fähigkeit zur Publizität", 그러므로 전달 가능성을 준칙들의 도덕적일 뿐만 아니라 또한 법적이기도 한 성격의 확정을 위한 "쉽게 사용될 수 있는, 즉 선험적으로 이성 속에서 만날 수 있는 기준"으로서 간주했다(B 98 f./A 92 f.). 특히 국가법과 국제법에서는 "공법의 초월론적 정식……: '그 준칙이 공중성과 조화되지 않는, 다른 인간들의 권리에 관계되는 모든 행위들은 부당하다'"는 것이 타당하다(B 99/A 93). 그에 상응하는 긍정하는 원리는 다음과 같다. "(자기의 목적을 그르치지 않기 위하여) 공중성을 필요로 하는 모든 준칙들은 법과 정치와 합일되어 조화를 이룬다."(B 110/A 103) 물론 이러한 원리는 칸트에게서 명확하게 근거지어져 있지 않다("그 원리는 공리와 마찬가지로 증명할 수 없게 확실하다", B 100/A 94). 칸트는 간접 증명이라는 유일하게 생각될 수 있는 길을 거부한다. ──칸트에 반대하여 (하버마스(1962)와는 달리 이 구절들을 어디서도 인용하지 않는) 아펠은 물론 정당하게, 이 원리에 반하는 전략적 행위가 정당화될 수 있는 상황들이 존재한다는 것을 견지할 것이다.

궁정적으로 강조될 수 있는 것은 그것들이 진리 인식이 단독 행위에서 불가능하다는 잘못된 가정 위에 토대하지 않는다는 점이다. 왜냐하면 모든 이론에서는, 그것들이 전달되는 한에서, 그것들에 대한 합의가 비로소 이론의 진리를 타당화해야 하지 않을 때에도 다른 주관들에 대한 관계가 주어져 있기 때문이다.

3.4.2. 윤리학의 실행에 대하여

그 모든 결함에도 불구하고 윤리학의 원리에 대한 초월론적 화용론적인 최종 근거짓기가 중요한 근거짓기 시도로서 진지하게 받아들여져야만 한다 할지라도, 그러한 만큼이나 초월론적 화용론적인 윤리학 구상에서의 이단계성은 확신을 줄 수 없다. 단순화하자면 아펠의 해당 이념은 다음과 같다. 우선 모든 개인의 이해관계들의 충족을 위해 타당한 규범의 일반적 준수로부터 예견 가능하게 생겨나는 결과들과 부작용들은 관계된 모두에 의해 강제 없이 수용될 수 있다고 하는 것이 최종 근거지어진다(1986a; 230). 그리고 나서 구체적인 담론에서 무엇이 무제한적으로 합의될 수 있는지가 밝혀진다.

그에 대해서는 분명히 동어반복이거나 거짓인 진리의 합의론에 반대하여 위에서 말해진 것과 동일한 이의가 제기될 수 있다. 윤리학에 있어 딜레마는 다음과 같이 정식화될 수 있다. 어떤 것은 그것이 일반적으로 인정되었기 때문에 (규범적 의미에서) 타당하거나——그러나 그 경우 우리는 집단적 광기에 맞서서는 정의에 의해per definitionem 항상 부당하다——, 아니면 어떤 것은 그것을 인정하는 것이 합리적이기 때문에 타당한 까닭에 인정되어야 한다——그러나 그 경우 우리는 우리로 하여금 이성적 합의를 비이성적 합의로부터 구별할 수 있게 해주는 실질적 기준들을 필요로 한다 ——. [249]그러나 초월론적 화용론은 그러한 기준들을 줄 수 없으며, 아니,

그것은 그것들을 필요로 하지 않는다고 믿는다.

이러한 불길한 확신의 출발점은 사실상 합의가—그것도 합리적 합의가 아니라 합의 그 자체가—규범을 정당화하기 위해 전적으로 충분한 실천적 경우들이 존재한다는 올바른 통찰이다. 가령 모든 관계된 이들이 좌측통행 대신에 우측통행을 도입하는 데 합의한다면, 해당 합의 그 자체는 유보 없는 인정을 받을 만하다. 왜냐하면 분명히 앞에서 언급된 경우에는 첫째, 실질적으로 우연한 규범이 문제가 되고 있기 때문이다. 그러나 저 경우에는 둘째, (인간의 삶을 보호하기 위해) 통일적인 규범화를 달성하는 것이 필요하다. 만약 그러한 통일적인 규범화가 필요하지 않다면, 우리는 물론 그러한 의무적인 규범화의 일반적인 수용이 현실적으로 합리적인지 아니면 여기서 관계된 자들이 물론 일반적으로 인정되지만 그럼에도 불구하고 비합리적인 방식으로 자유 기회를 박탈당하는 것은 아닌지를 자문해야만 할 것이다. 그러나 전적으로 명백히 이 문제는 우리가 합의하는 규범이 실질적으로 우연적이지 않을 때 제기된다. 분명히 여기서도 다시 두 가지 경우가 구별되어야 한다. 첫째,—어쨌든 우선 나는 일단 그렇게 전제한다—그것들이 일반적으로 인정되는지의 여부와는 전적으로 독립해서 선험적으로 타당한 실질적 규범들이 존재한다. 그 점은 자연법적 수준에서와 마찬가지로 도덕적 수준에서도 타당하다. (나는 자연법적 규범들이 도덕적 규범들의 참된 부분집합이라는 데서 출발한다.) 가령 만약 사디스트와 마조히스가 자유로운 협의에서 서로 가장 변태적으로 도구화하기로 결의한다면, 초월론적 화용론의 눈에 그들의 행동은 서로 협의하여 그와 같은 것을 그만두기로 결의하는 동일한 두 존재와 똑같이 도덕적이다. 요컨대 두 경우에는 모두 합의가 존재하는 것이다. 그에 반해 전통적 윤리학은—그리고 내게 그렇게 보이듯이 정당하게—상호적인 협의가 해당 행위의 비도덕적 성격을 그 속에서 강제가 행사되는 행위와 비교하여 분명 감소시키지만[108] 결코 제거하지는 않는다는 데서 출발한다. 아니, 방금 말해진 것은 법적인 수준에서도 적용되는데, 독일 형법에 따르면 인류에 반하는 육체 훼손은 훼손된 자가 동의하는 경우에도 여전히 처벌될 수 있다. 더 나아가 [250]일반성의 쾌락 이득이 소수의 고통보다 더 크다고 해서 그리고 (이것은 여기서 단순성을 위해 전제된다) 모두가 해당 위험을 감수하기로 명시적으로 기꺼이 천명했다고 해서, 가령 연방의회가 민중의 압도적인 동의를 뒷받침으로 하여 추첨에 의해 선발되는 일정한 숫자의 독일인에 대한 생체 해부를 도입할 것을 만장일치로 결의하게 된다면, 그럼에도 불구하고 해당 조처는 독일연방공화국 기본법의 틀 내에서 헌법에 반할 것이다. 왜냐하면 바로 독일의 기본법에서는 어느 누구의——또한 권한을 부여받은 다수의, 아니 심지어 보편성의——처분에 맡겨져 있지 않는 인간의 존엄과 같은 실질적인 근본 가치들이 인정되기 때문이다(GG Art. 79 III).

그와 마찬가지로 형법의 경우에도 국가가 무엇을 처벌할 수 있고 또 무엇을 처벌해서는 안 되는가가 실질적인 자연법적 규범들에 기초하여 확정될 때 이러한 일이 다수에 의해 결정될 수 있을 때보다 시민의 더 커다란 보호가 주어진다는 것은 명백하다. 그 모든 것은 내게 절대적 의미를 지니는 것으로 보인다. 그리고 담론 윤리학적인 형식주의가 이러한 규제의 이성성을 최소한 함축적으로 거부하는 것은 담론 윤리학이 규범적으로 요구하는 바가 많은 윤리학들 가운데 하나인 만큼 더욱더 우울한 윤리적 퇴행을 의미한다. 특히 그것은 칸트에 비한 퇴보를 의미한다. 왜냐하면 칸트가 비록 자신의 가정을 가지고서 오로지 정언 명령으로부터만 실질적 규범들이 연역될 수 있도록 하는 잘못을 범했다 할지라도, 그는 모든 경우에서 구체적인 실질적 규범들을 지니지 않는 윤리학이 무의미한

• • •

108. 따라서 나는 다른 이를 그의 의지에 반해 마구 다루는 사디스트가 자기에게 순종하는 마조히스트를 발견하는 자보다 더 비도덕적으로 행동한다고 생각한다. 그러나 두 파트너의 행위들의 무가치를 합산한다면, 합계는 첫 번째 경우에서보다 두 번째 경우에서 더 클 것이다.

것이라는 것을 정당하게 통찰했기 때문이다. 『인륜의 형이상학』은 물론 근거짓기 이론적으로 칸트의 가장 취약한 저작이라 할 수 있다. 그러나 거기서 칸트의 윤리학이 정점에 도달해야 했다는 것과 이 저작과 그의 후계자들의 저작들(그것들 가운데 가장 중요한 것들이 피히테의 『자연법의 기초』와 『인륜론』 및 헤겔의 『법철학 강요』이다)에 대한 담론 윤리학의 무시가 좋은 것을 거의 약속하지 않는다는 점에 대해서는 의심이 존재하지 않는다. 아니, 그 형식주의로 인해 초월론적 화용론은 칸트가 도달한 실질적 상호 주관성의 수준마저도 저하시킨다. 왜냐하면 칸트는 가령 선행에 대한 의무가 합의에 근거지어질 수 없다는 것을 아주 정확히 알고 있기 때문인데, 심지어 많은 이는, 만약 자신이 다른 이들에 대해 그저 선의가 입증되어야 할 의무보다 못할 뿐이라면, 그 다른 이들에 의해 위급한 상태에 방치될 위험을 기꺼이 무릅쓸 것이라는 것이 『인륜의 형이상학 정초』에서 말해지고 있다(Werke IV 62). 그럼에도 불구하고 칸트는 해당 의무를 견지한다. 칸트가 잘 알려져 있다시피 사회 국가를 요구하지 않았을지라도, 앞에서 언급된 도덕 원리에 대한 법적인 해석으로부터는 사회 국가의 발전이 법치 국가에 비해 진보로서 해석될 수 있다. 사회 국가에서는 상호 주관성의 원리가 개인의 영역들을 단지 부정적으로만 서로에 대해 제한하는 추상적 법치국가에서보다 더 강력하게 관철되리라는 것이다. 그러나 상호 주관성의 원리에 대한 이러한 실질적 해석은 초월론적 화용론에게는 멀리 놓여 있다. [251]초월론적 화용론에게는 사회 국가에 찬성하거나 그에 반대하는 결정이, 만약 그것이 합의에 의거한다면, 똑같은 정도로 수용될 수 있다.[109]

내가 염두에 두고 있는 세 번째 그룹의 규범들은 칸트의 선험적 규범들과 담론 윤리학의 합의적 규범들을 매개하는데, 내가 생각하는 것은 선험

• • •

109. 담론 윤리학의 형식주의를 넘어서고자 하는 주목할 만한 시도를 호네트[A. Honneth](1986)가 내놓았다.

적-경험적 규범들이다. 그것들에서 내가 이해하는 것은 (무어의 『윤리학 원리』의 의미에서) 이를테면 그 대전제가 선험적 본성의 것이고 그 소전제가 경험적 본성의 것인 삼단논법에서 결론으로서 생겨나는 규범들이다. 대전제가 선험적 가치를 확정하는 데 반해, 소전제는 그 실현을 위해 특정한 수단이 필요하다는 것을 확립한다. 결론은 이 수단의 적용을 규정한다. 결론의 타당성은 두 전제의 진리에 의존하며, 이 진리는 분명히 마찬가지로 합의로부터 독립적이다. 그러므로 초월론적 화용론은 전적으로 부당하게 ── 고전적 윤리학에서 사실상 저평가되었지만, 비교적 중요하지 않은 ── 합의적 규범들을 가장 중요한 규범 유형으로 고양시키고 다른 두 유형의 규범들의 본성을 완전히 오해하는 데 반해, 오로지 분화된 삼분법적 규범론만이 전통을 깎아내리지 않으면서도 새로운 규범 유형을 '지양'할 수 있다.

실질적 원리들의 불가피성은 특히 우리가 규칙을 형성하는 경우, 그러므로 (만장일치에 있어서도 원칙적인 문제가 계속해서 존재함에도 불구하고) 통일적인 합의가 놓여 있지 않는데도 규칙을 형성하는 경우를 생각할 때 밝혀진다. 만약 우리가 다수의 테러를 피하고자 한다면, 우리는 그러한 경우에 어떻게 해나가야 할 것인가? 최종 근거짓기가 없이는 어떠한 윤리학도 가능하지 않다는 것을 초월론적 화용론자가 너무도 명확하게 파악했던 까닭에, 그들이 실질적 원리들이 없이는, 아니 가치와 선들의 위계가 없이는 윤리적 물음들에 대한 어떠한 합리적 합의도 달성될 수 없다는 것을 ── 하나가 다른 것과 마찬가지로 명확함에도 불구하고 ── 통찰하지 못하는 것은 놀랍지 않을 수 없다. 만약 A에게 W_1이 최고의 가치인 데 반해 B에게는 최고의 비가치라고 한다면, 그 둘 사이에 어떻게 합의가 가능해야 할 것인가? 분명히 가치들의 합리성에 관해 결정하기 위한 방법이 존재할 때에만 가능할 것이다(가령 그 가치들이 일정한 형이상학적 원리들로부터 따라 나오기 때문에). 그러나 이 방법은 담론에 선행해야만 하지만, 오로지 그것만이 우리가 담론에서 합의에 도달할 수 있도록 보장할 수 있다. 예로서 여기서 나는 다음과 같은 것을 들 수 있을 것이다. A에게 생명은 명예보다 더 높은 가치이며, B에게는 그 역이 타당하다. 따라서 A는 결투를 거부하며 그것을 금할 수 있을 것이다. 그에 반해 B는 그것을 옹호한다. 두 논쟁자들은 도대체 어떻게 합의해야 하는가? 분명히 오직 우리가 가치 위계를 위한, 합의에 선행하는 **논증들을** [252]발견할 때에만 가능할 것이다. 그런데 그것들 가운데 몇 가지가 사실상 존재한다. 가령 우리는 실재적인 전제 관계를 지시할 수 있다. 우리는 명예를 일정한 의미에서 오로지 우리가 살아 있을 때에만 가질 수 있으며, 따라서 타인에 의한 인정을 위해 자기의 생명을 거는 것은 무의미하다. 또한 **초월론적** 전제 관계도 가치 위계를 지시해 준다. 이성은 확실히 쾌락보다 높은 가치인데, 왜냐하면 이성은 가치 위계의 물음에 대해 결정해야 하기 때문이다. 하지만 여기서 문제되는 것이 가치 위계를 구체적으로 전개하는 것은 아니다. 이것은 인정될 수 있듯이 간단하지 않다.[110] 여기서 문제되는 것은 그러한 선험적 가치 위계——그 타당성은 사실적 합의로부터 결과하는 것이 아니라 오히려 그 합의를 비로소 합리적으로 만들 수 있다——가 없이는 도덕적 물음들을 합리적으로 해결할 수 있다는 초월론적 화용론적인 희망이 불합리하다는 단순한 통찰이다. (물론 많은 가치들은 오로지 주관적으로만 타

• • •

110. 나는 대략 같은 서열의 두 개의 가치들 사이에서 결정을 내려야만 하는 현실적으로 비극적인 경우들이 존재한다는 것을 결코 배제하지 않는다. 사르트르(1986; 17 ff.)에 의해 인용된 경우, 즉 점령된 프랑스에서 나치에 대항해 싸울 것인지 아니면 자기의 늙은 어머니를 돌봐야 할 것인지 하는 딜레마 앞에 서 있는 사람의 경우는 유명하다. 그러나 그러한 경우에 특정한 환경 조건들 하에서는(가령 만약 다른 어느 누구도 어머니를 돌볼 수 없다면, 그리고 만약 어머니 자신이 나치에 대한 투쟁을 권유하는 등등을 하지 않는다면 등등) 만족스러운 결정이 내려질 수 없다는 것이 인정될 수 있다 하더라도, 여전히 명백한 것은 두 개의 가능한 행동들이 수많은 다른 가능성들(가령 나치와의 협력이나 유곽의 개장 등등)보다 도덕적으로 뛰어나다는 점과 이러한 판단이 가치 위계 없이는 근거지어질 수 없다는 점이다.

당할 수가 있을 것이다. 그러나 그때에도 우리는 이 경우에 모든 당사자들이 다른 당사자의 가치들을 존중해야만 한다고 말하기 위해 관용이라는 객관적 가치를 필요로 한다.)[111] 특히 초월론적 화용론자들이 윤리학에 합리성을 보장하기 위해 취하는 무한주의적인 평계는 잘못이다. 그들이 객관적 위계의 물음에 관여하고자 하지 않는 까닭에, 그들은 윤리적 쟁점들을 해명하는 것을 무제한적 의사소통 공동체의 과제로 설명한다. 그러나 [253] 무제한적 의사소통 공동체의 모든 구성원들의 의견들이 유한한 시간 내에 수집될 수 없다는 점을 전적으로 도외시한다 하더라도, 그러한 여론 조사는 아무것도 해결하지 못할 것이다. 우리는 단지 더 많은 선택지들에 부딪칠 뿐이겠지만 그것은 우리를 전적으로 혼란시킬 수밖에 없거나 아니면 우리는 공동체가 궁극적 가치들에서 수렴하게 될 거라는 것을 볼 것인데, 그러나 이러한 수렴은 오로지 선재하는 가치 위계가 존재할 때에만 합리적일 것이며, 이 경우 우리는 무제한적 의사소통 공동체에 호소하지 않을 수 있을 것이다.

확실한 일이지만 객관적 가치 위계와 합리적인 윤리적·정치적 결정들을 위한 좋은 논증들에 대한 탐색은 많은 구체적 담론들에 맡겨져 있으며, 처음부터 일정한 문제 설정들과 제안들에 대한 합리적 검증을 허락하지 않는 것은 확실히 비도덕적이다. 그러나 (인간의 유한성과 더불어 필연적으로 주어져 있고 초월론적 화용론자들이 그들의 유한주의에도 불구하고

• • •

111. 이에 못지않게 잘못된 것은 모든 문제들이 우리가 욕구들 사이에서 타협을 맺음으로써 해결될 수 있다고 하는 견해이다. 왜냐하면 물론 우리는 윤리적으로 동등한 권리를 지닌 욕구들 사이에서 타협할 수 있어야만 하지만, 이를 위해서는 우리로 하여금 왜 가령 무제한적인 성적 만족이나 동료 인간에 대한 사디즘적인 학대에 대한 욕구가 세계의 굶주림에 대한 투쟁에 대한 욕구와 동일한 도덕적 요구를 하지 못하는지를 결정할 수 있게 해주는 기준을 필요로 한다. 더욱이 만약 우리가 모든 욕구들을 동렬에 놓고 형식적 타협을 요구한다면, 가장 강력한 욕구들을 가지고서 등장하는 사람이 지지받을 것이다.

간과하는 것으로 보이는) 시간의 제한성 때문에, 현실적으로 중요한 논증들이 발견되고 실체 없는 이치추론의 바다에서 가라앉지 않기 위해서는 선택 전략들이 발전되어야만 한다는 것은 명확하다. 그렇게 하는 것이 비민주적이라고 해서 그러한 선택 전략들의 발전을 포기하는 것은 다만 결정들이 내려지지 못하고 지연되는 것만을 결과로 가질 수 있다. 그런데 의심할 바 없이 결정의 연기가 의미 있는 경우들이 존재한다. 가령 이것이 손실 없이 이루어질 수 있다면, 그리고 미래가 결정의 합리성을 위해 필요한 정보를 가져다줄 거라면 그럴 것이다. 그러나 이것이 사실이 아니라면, 그리고 이후에 새로운 논증들이 떠오를 것이 고려될 수 없다면, 게다가 시간이 촉박하고 기회가 그냥 지나갈 염려가 있다면, 일반적 합의를 기다리는 것은 불합리하다. 그러한 태도는 오히려 종종 자기기만을 나타내며, 많은 경우에는 심지어 특정한 세력 편에서의 다른 사람들에 대한 냉소적 기만, 즉 우리가 그들에 대해 그들이 그 세력 자신보다 더 인내심을 잃을 것이며 따라서 우리 자신이 기꺼이 할 수 있는 것보다 더 그 세력을 받아들이게 된다는 것을 알고 있는 사람들에 대한 냉소적 기만을 나타낸다. 왜냐하면 합의에 대한 기다림, 다시 말하면 결정의 연기는 결코 모든 당사자들에게 똑같이 유리하지 않기 때문이다. 보편적 합의에 근거지어져 있지 않은 결정들을 정당한 것으로서 받아들이는 것에 대한 담론 윤리학적인 거부——스스로 결정하지 않는 것도 이미 결정이라는 것을 파악할 수 없는 무능력에 토대하는 거부——에는 무언가 극도로 보수적인 것, 즉 현 상태를 영구화하는 것과 역사적 위기 시대들에서는 심지어 무언가 무책임한 것이 놓여 있다. 위원회들과 하위 위원회들의 설치, 무능력한 사람들에 대한 자문, 지나치게 복잡한 결정 방식, [254]즉 아무것도 변화시키고자 하지 않는 사람들이 실질적인 통찰들을 갈망하고 이것들을 실천적으로 전환시키고자 하는 이들을 지치게 만드는 이 모든 잘 알려져 있는 전략들은 담론 윤리학에 의해 절대적인 도덕적 정당화를 획득한다. 확실히 우리는 결단주의라는 것에서 특정한 가치들을 위한 비합리적 결정이 이해된다면 그것을 거부해야만 한다(덧붙이자면, 이러한 의미에서 결단주의자들은 모두 객관적 가치 위계를 인정하지 않고, 그러므로 또한 담론 윤리학도 인정하지 않는 자들이다). 그러나 만약 '결단주의'가 우리가 삶에서 일정한 기한 내에 결정해야만 한다는 것을, 아니 많은 경우 잘못된 결정을 내리는 것이 전혀 아무런 결정도 내리지 않는 것보다 낫다는 단순한 통찰을 의미한다면, 어떠한 이성적인 자도 결단주의에 반대하지 않아야 할 것이다.

주의해야 할 것은 여기서 문제되는 것이 정치의 도덕화에 대한, 베버와 슈미트의 영향을 받은 논박이 아니라는 점인데 ── 정치가 모든 규범적 관련점으로부터 분리된다면 오로지 냉소주의와 권력 실증주의만이 남을 뿐이다. 하지만 도덕적 정치를 옹호하는 자도 첫째, 추상적 도덕주의가 정치가 내보이는 규범적 문제에 적절한 방식으로 부응하지 못한다는 것을 파악해야만 한다. 둘째, 그는 도덕적 논증들이 물론 한편으로는 그 타당성을 그것을 부정하는 것이 허무주의의 뿌리인 규범적이고 이념적인 존재 영역으로부터 끌어내지만, 그러나 다른 한편으로는 그것들이 전달된 논증들로서는 상호 주관적 정신에 속하는바, 그 세계에서는 그 논증들 자체가 권력 요소를 나타내며, 그런 한에서 도덕주의자가 표상한 것과는 종종 전혀 다른 본성의 것인 정치적 기능을 행사한다는 것을 통찰해야만 한다. 도덕적 논증들의 이러한 정치적 기능을 인정하려 하지 않는 것은 추상적 심정 윤리의 표현이며 바로 그런 까닭에 비도덕적이다.

위에서 전개된 규범들의 세 가지 유형의 구별은 민주주의의 정당화에서 특별한 중요성을 지닌다. 왜냐하면 합의적 규범들을 예외로 하면 국가에서 실현되어야 하는 규범들의 거의 대부분의 타당성은 실질적인 선험적 가치들과 목적-수단-관계들에 대한 구체적인 경험적 통찰들에 토대하기 때문이다. 만약 우리가 이것을 논박하고 가령 다수(또는 내 경우에는 또한 모두)가 그것을 올바른 것으로 여기기 때문에 정치적 조처가 올바르다고 설명한다면, 그것은 민주주의의 파괴로 이어진다. 하나의 조처는 사태적인 이유들에서 옳거나 잘못이다. 물론 그 경우에 주민의 사실적인 태도는,

만약 우리가 그 자체에서 올바른 해당 조처가 실현될 수 있는지 아니면 그 조처에 대한 저항이 불러일으킬 악이 저 조처가 달성할 수 있을 선보다 훨씬 클 그러한 저항을 계산할 필요가 없는가 하는 물음을 제기한다면, 고려되어야 할 권력 요소이다. [255]사실적 합의의 안정성은 사실상 우리가 덮어놓고 모험을 걸어서는 안 되는 가치이다. 그러나 사실적 합의는 최고의 가치가 아니며 더군다나 유일한 가치도 아니다. 위대한 민주적 정치가는 오히려 사태적으로 필요한 것을 인식한 다음 그에 관해 자신의 민족을 설득하거나, 이것이 가능하지 않다면 적절한 방식으로 올바른 방향으로 이끌어갈 줄 아는 자이다. 그에 반해 어떠한 훌륭한 정치가도 민주주의를 여론 조사로 환원하고 그러한 여론 조사에 의해 무엇이 옳은 것인지의 물음에 대답케 하는 자가 아니다. 그러한 정치인은 오히려 도덕적으로 경멸할 만하며, 역사적인 위기 상황에서는 아무리 크게 평가해도 지나칠 수 없는 정치적 위험이다. 대부분의 서구 민주주의들을 특징짓고 있는 반동성, 장기 전략의 부재, 사회적 갈등들의 완화로의 정치의 축소는 민주주의의 승리가 아니라 몰락이며, 만약 정치적인 것과 국가라는 범주들의 이러한 해체가 스스로를 진보적인 것으로 간주하는 공론장에 의해 환호받는다면, 그것은 심상치 않은 일이다.[112]

• • •

112. 산업 사회의 국가의 위기는 포르스트호프E. Forsthoff(1971)에 의해 뛰어나게 서술되었다. 상대적으로 이른 이 시점에 이미 그는 (그가 좀 더 높은 수준에서 또한 인간의 유산에 대한 취급 문제로도 간주하는) 환경 문제들이 근대 국가가 점점 더 사적 이익들의 노리갯감이 되고 또 그것의 내적 안정성이 그 성과들에 의존하는 산업 사회의 부속물로 위축되는 까닭에 더 이상 그 근대 국가가 감당할 수 없게 된 그것의 운명 문제가 되었다고 파악한다. 포르스트호프는 현대의 근본 문제를 그 정의에 따라 모든 인간적인 것에 무관심한 기술의 자립화에서, 그리고 정신적 내실과 전통들의 급속한 해체에서 본다. 바로 이러한 발전이 점점 더 단순한 법치 국가라는 것에로 축소되고 더 이상 기술 외적 질서의 수호자로서 기술의 틀을 규정할 수 있는 힘을 소유하지 못하는 국가의 권위를 필연적으로 떨어뜨린다. 기술이 이차적인 덕들과 영리한 이기주의에 만족할 수 있는 반면, 전통적인

오해가 생겨나지 않도록 이야기하자면, 나는 [256]민주주의를 최고의 국가 형식으로, 그것도 그것이 자기 목적을 나타내는 가치를 실현할 뿐만 아니라 또한 그것이 올바른 것에 대한 통찰을 쉽게 하기 때문에 그러한 것으로 간주한다. 만약 모두가 방해 받지 않고서 자기에게 올바른 것으로 나타나는 것을 말할 수 있다면, 사실상 이러한 가능성이 주어져 있지 않을 때보다 더 진리에 대한 진전된 접근의 기회가 존재한다. 그러나 바로 민주주의가 최고의 국가 형식이기 때문에, 그것은 가장 전제가 풍부하고 실현되기가 가장 어려운 것이다. 만약 우리가 이성적인 것이 소수의 엘리트에 의해 인식되고 관철되는 국가 형성물과 이성적인 것이 모두에 의해 민주적으로 결정되고 현실화되는 국가 형성물 중에서 선택해야만 한다면, 두 번째 경우로 결정하는 것은 절대적인 도덕적 의무일 것이다. 왜냐하면 우리는 여기서 실질적으로 합리적인 것과 형식적으로 합리적인 것을 가지는 데 반해, 첫 번째 경우에서는 오로지 실질적으로 이성적인 것만이 주어질 것이기 때문이다. 그와 마찬가지로 우리는 언제나 비이성적인 민주주의를 비이성적인 독재보다 더 좋아할 것인데, 그 까닭은 바로 거기서는 최소한 형식적 이성 원리가 지배하고 우리는 좀 더 쉽게 그 통치를 벗어던질 수 있기 때문이다. 그러나 결정적인 점은 실질적 이성과 형식적 이성 사이에서 사전에 확정된 조화가 지배하지 않으며, 그러므로 일정한 역사적 상황들에서는 형식적 이성의 승리가 실질적 이성의 희생을 의미할 수 있다

• • •

의미에서의 국가의 존속은 훨씬 더 요구하는 바가 많은 덕들을 전제하며, 이러한 덕들은 만약 국가가 물론 우주 공간 연구와 같은 야심찬 기술적 기획들이 아니라 분명 자기의 정신적-인륜적 자기 과시를 포기하고 자기의 교육 정책을 산업 사회의 욕구들에 따른 직업 교육 정책으로 대체한다면 계속될 수 없을 것이다. 이러한 발전이 계속 진행되어야 한다면, 포르스트호프는 17세기에 성립하고 19세기에 그 정점에 도달한 형성물, 그러므로 고전적 의미에서의 국가의 종언을 불가피한 것으로 간주하며, 따라서 또한 현대에 국가에 의해서가 아니라 산업 사회에 의해 위협받고 있는 자유권의 보호의 종언도 불가피한 것으로 여긴다.

는 것이다. 여기에 사실상 오로지 개별적 경우에서만 어렵고도 구체적으로 결정될 수 있는 딜레마가 놓여 있다. 그러나 이 딜레마는 그러한 것으로서 인식되어야만 하며, 일면적으로 형식적 이성에 유리하게 이완되어서는 안 된다.

실제로는 권력 분립과 헌법 재판권을 가지는 근대 의회 민주주의가 이미 추상적 민주주의 원리에 대한 중요한 제한을 나타내며, 이러한 제한들, 즉 실질적 이성에 대한 요구들을 가지고서 이루어진 이러한 타협들은 단연코 긍정적으로 파악되어야 한다. 다만 근대 세계의 극도로 커다란 복잡성에 의해 특징지어지는 현대의 상황에서는 단연코 실제로 정말 그 모든 것이 형식적 이성과 실질적 이성 간의 합리적 타협을 발견하기 위해 행해졌는가 하는 물음이 제기될 뿐이다. 우리의 민주주의들은 실제로 한편으로 올바른 가치들에 대한 통찰과, 다른 한편으로 오로지 그 위에서만 공공의 복지에 의해 규정된 올바른 결정이 내려질 수 있는 경험적 연관들에 대한 통찰을 소유하는 지도력을 지니고 있는가? 우리는 실제로 그러한 지도력을 형성하는 제도들을 가지고 있는가? 그러한 물음들이 비민주적이라고 해서 그것들을 추적하기를 거부하는 것은 정치적 책임감의 징표가 아니다. 즉, 그것은 민주주의가 집단적 자살을 위한 결사가 아니며, 민주주의는 그것이 긴급한 실질적 문제들의 해결을 위해 무엇을 할 수 있는가 하는 것에서 측정되어야만 한다는 것을 간과하는 것이다. [257]이러한 과제 앞에서 좌절한다면, 민주주의는 그 정당성을 상실할 수 있다.[113]

• • •

113. 이러한 정당성 상실을 저지하기 위해 모든 것이 행해져야만 한다는 것은 자명한데, 왜냐하면 민주적 권리들의 철폐는——비록 일정한 역사적 조건들 하에서는 정당화될 수 있는 악이라 할지라도——항상 악이기 때문이다. 그러나 정당화될 수 있는 악들도 여전히 악이며, 특별한 이유 없이 그것들이 정당화되는 상황들에 이르게 하는 것은 용서할 수 없다. 더 커다란 악을 피하기 위해 더 적은 악을 정당화하는 어려운 문제에 대해서는 Hösle (1989)를 보라. 또한 합법성과 정당성의 관계에 대해서는 (1987d)를 참조. 나는 현재 도덕과 정치의 관계를 다루는 책을

어쨌든 아펠은 실재적 의사소통 공동체 및 이상적 의사소통 공동체와 관계된 그의 두 가지 근본 규범들 덕분에 실질적 규범들과 형식적 규범들 사이의 긴장을 파악했다. 그래서 그는 가령 생태학적 문제들의 해결을 위한, 잘 알려져 있는 하리히^{Wolfgang Harich}의 독재에 대한 요구(1975)를 훌륭한 논증들을 가지고서 잘못된 것으로 설명하지만, 그것을 논의할 만한 것으로 간주한다(1988b; 469). 사실 아펠의 발상에서는 일정한 상반 감정의 병립이 명백하다. 한편으로 아펠은 전적으로 형식적으로 머물고자 하여 합의 원리를 넘어서기를 거부하지만, 다른 한편으로 그는 이 행성에서의 인간의 삶을 보존해야 한다는 실질적 의무를 인정한다. 아펠은 이 두 가지 견해들 사이에 — 최소한 잠재적인 — 긴장이 존재한다는 것을 보지 못하는 것으로 보인다. 왜냐하면 우리는 인류의 압도적인 다수가 다음과 같이 이야기하는 상황을 생각할 수 있기 때문이다. "자, 우리 다음 10년 동안 삶을 완전히 향유하고, 자연 파괴를 계속하며, 필요한 변화들을 의미하게 될 힘든 일을 받아들이길 거부합시다. 그리고 멸망합시다!" 그러한 결정에 대해 뭐라고 말해야 할 것인가? 일관된 담론 윤리학자에게 있어 그것은 — 최소한 그것이 만장일치로 파악되었다면 — 도덕적이며, 요나스와 같은 실질적 윤리학자에게 그것은 비도덕의 정점이다. 내 생각에 비록 요나스의 입장이 더 전제가 풍부한 것이라 할지라도 그가 옳다는 점에 대해서는 의심이 존재하지 않는다. 이 행성에서의 인간의 삶을 보존해야 한다는 의무는 이를테면 다가올 세대들의 권리에 근거지어질 수 없는데, 왜냐하면 이 세대들은 아직 존재하지 않기 때문이고, 아니 우리가 우리의 행동에 의해 그들이 존재하게 될 것인지의 여부에 대해 결정하기 때문이다. 미성숙하거나 이제 막 태어난 아이들의 경우와는 달리 아직 태어나지 않은 아이들 — 그들의 법적 상태에 대해 초월론적 화용론은 지금까지 결코

• • •

저술하고 있는데, 거기서 나는 여기서는 단지 단편적으로 제기될 뿐인 주제들을 좀 더 근본적으로 분석하고자 하고 있다.

명확한 의견을 표명한 적이 없다——에 대해서는 다가올 세대들에 있어서도 또한 여기서 유기체들의 내적인 목적론적 법칙에 근거하여 현실적 이성존재들로 발전할 수 있는, 그러한 이미 실존하는 잠재적 이성존재들이 문제가 된다고 말해질 수 없다. [258]오히려 우리는 다른 인간들에 대한 의무가 아니라 바로 인류법칙을 파악할 수 있는 존재의 보존을 정언적으로 명령하는 인류법칙에 대한 의무로부터 출발해야만 할 것이다. 이성존재들의 산출이 오로지 그들 속에서만 자기에 도달하는 자연의 목적을 나타낸다면, 인간들이 자기 자신을 절멸시키는 것은 인간 역사의 허용된 목적일 수 없다. 인류의 그러한 집단적 자기 파괴는——비록 그것이 모두에 의해 의욕된다 할지라도, 아니 아마도 바로 그때야말로 특별한 정도로—— 절대자 자체에 대한 섬뜩한 모독 행위일 것인바, 그것은 신 살해Deizid의 시도일 것이다.

만약 대다수의 인간이 이러한 비도덕적 해결책을 선택하게 된다면, 다르게 생각하는 소수가 다수에 맞서 이를 위해 전략적 합리성의 가장 효과적인 수단을 사용할 권리, 아니 의무를 지닌다는 것은 자명하다. 사실 아펠은 자신의 책임 윤리적인 보완 원리를 도입함으로써 악과 싸우고 이러한 목적을 위해 전략적으로 행동할 필연성을 인정했다. 내 생각에 아펠은 그렇게 하는 데서 완전히 옳았다. 좀 더 상세히 말하자면 전략적 행위는 다음과 같은 경우들에서 정당화될 수 있다.[114] 첫째, 전적으로 일반적으로 이상적인 의사소통적 관계들에서조차 전략적 행위에 특유한 위장이 지속적으로 작동된다는 점이 지적될 수 있다. 아이러니의 기능은 바로 이러한 것, 즉 우리가 명백히 드러난 표면 배후에 다른 이가 결코 과소평가해서는 안 되는 심층 차원을 숨겨 놓고 있다는 것을 그 다른 이에게 보여주는 것이다. 만약 내면과 외면의 차이가 주관성에 대해 구성적이라면, 우리는 서로

• • •

114. 나는 이 점을 둘러싼 상세한 논의들에 대해 크리스토프 예르만Christoph Jermann에게 감사한다.

아이러니에 의해 우리가 주관이라는 것을 증명한다. 물론 긍정적 관계들에서 문제가 되는 것은 이러한 차이를 공동으로 인식함으로써 공동으로 극복하는 것이다. 최고의 형식의 의사소통적 관계, 즉 사랑마저도 그러한 종류의 아이러니적인 전략적 위장의 오랜 국면을 통해 매개되어 있다는 것은 명백하며, 이것이야말로 사랑에 빠져 있다는 것의 본질을 이룬다. 곧바로 사태에 도달하기 위한 목적으로 그 국면을 단축시키는 것은 조야함의 징표이며, 필연적으로 더 적은 깊이의 결과로 이어진다. 물론 그 국면을 영구화하는 것은 참다운 열림에 대한 무능력이라는 결과와 더불어 모호함의 영역에 머물며 지속적인 상호 주관성을 불가능하게 만든다.

둘째, 교육적인 관계의 경우에 비대칭들, 즉 부분적으로 전략적인 관계를 정당화하는 비대칭들이 출발점을 형성한다는 것은 명백하다. 물론 [259] 이 비대칭들을 지양하고 원리적으로 의사소통적인 관계를 달성하는 것은 교육 과정의 목표인데, 말할 것도 없이 그 의사소통적인 관계는 현실주의적으로 오로지 처음에 존재하는 비대칭들이 인정된 곳에서만 기대될 수 있다. 잘못 이해된 대칭 욕망에서 실재성이 부인되는 곳에서는 그것이 참으로는 영구화된다. (지난 20년 동안 유럽 교육 체계의 종종 변덕스러운 변형을 함께 체험한 이는 소박한 사람들과 더불어 또한 지적인 탁월성에 근거지어진 자신들의 권력 지위의 영구화에 이해관계를 지닌 냉소적 세력들이 저 반생산적 대칭 욕망을 촉진했다고 하는 의혹을 금할 수 없다.)[115]

셋째, 전략적 관계는 또한 그것이 원리적으로 지양될 수 없는 비대칭들에 토대하지만, 동시에 그것이 관계된 모든 이의 복지를 목적으로 할 때에도 정당화될 수 있다. 모든 사람의 지적 능력이 똑같지는 않다. 이러한 경험적 사태는 흔들릴 수 없으며, 여기서 평등을 만들어내고자 하는 광신

• • •

115. 도덕주의자들과 냉소적 권력 실증주의자들 간의 신성하지 않은 동맹은 열렬한
     도덕화가 정치적 판단력의 해체와 손에 손을 잡고 나아가는 시기의 주요 특징이
     다.

적 의지는 첫째, 가장 커다란 불평등, 요컨대 지적 능력에서 평균 이하의 사람들과 평균 이상의 사람들에게서 자신의 유전자를 넘겨줄 수 있는 권리의 제한으로, 그리고 둘째, 전체주의적 국가에서의 가족 문화의 제거로 이어질 수 있을 것이다. 그러나 지적 능력의 차이가 존재한다면, 민주주의에서도 일정한 상황들에서는 세계의 놀랄 만한 복잡성으로부터 그 필요성이 나타나는 특정한 조처들의 필연성이 모두에 의해 파악될 수 없으며, 따라서 몇몇 상황들에서는 또한 모두에게 전달되는 것이 다만 해결될 수 없는 문제들을 만들어낼 뿐이기 때문에 그렇게 할 필요가 없다고 하는 것이 불가피해질 수 있을 것이다.[116] 그럼에도 불구하고 그와 같은 종류의 조처들은 그것들이 관계된 모든 이의 이해관계를 공정하게 고려할 때에는 ─ 그리고 오직 그때에만 ─ 정당하다. 확실히 우리는 자유로운 시민을 피후견인으로서 표상해서는 안 된다. 그러나 (제3세계의 많은 나라들에서처럼) 정권의 일이 일차적으로 지배하는 당파 측에서의 권력 유지를 목표로 하고 공공복지라는 범주가 [260]특수 이익들 사이에서의 타협의 이념을 위해 사라진 변질된 민주주의들에 맞서 정권이 스스로를 신과 역사에 대한 커다란 책임을 지니는 자기 민족의 후견인으로서 느끼는 계몽된 절대주의는 일정한 역사적 상황들에서는 더 작은 악일 수 있다.[117] 물론 이러한 논증은 남용될 수 있고 부담스럽기도 한데, 왜냐하면 그것은 언제나 거듭해서

• • •

116. 이 점은 특히 비밀 유지가 성과를 위한 첫 번째 조건인 외교 정책 분야에 적용된다. 그러나 좀 더 복잡한 국내 정치적 전략들에 대해서도 앞에서 말해진 것이 타당하다. 아니, 대부분의 경우들에서 요구되는 정치적 스캔들의 폭로에서도 그것을 일반적으로 알게 함으로써 이루어지는 신뢰 상실이 가령 도덕적으로 잘못을 범한 사람의 상세하게 근거지어지지 않은 면직보다 더 커다란 악을 나타내는 것이 아닌지가 항상 구체적으로 고려되어야만 한다.

117. 덧붙여야 할 것은 민주주의가 분명히 보편적인 법적 평등의 사상이 최소한 인구의 다수에 의해 내면화될 때에만, 다시 말하면 중세적인 정신 형식이 극복되어 있을 때에만 기능한다는 점이다. 특정한 국가 형식에는 특정한 사고방식이 상응한다. 양자의 배치는 커다란 문제로 이어지지 않을 수 없다.

또한 어떠한 상황에서도 도덕적으로 정당화될 수 없는 독재의 사회적 정당화를 위해서도 동원되었기 때문이다. 그러나 그것은 그 논증의 원리적 정당성에 아무것도 변화시키지 않는다.

넷째, 전략적 행동은 그것이 전략적 행동을 고안해낸 악한을 향할 때 정당화될 수 있다. 다른 사람을 빠뜨리려고 함정을 판 사람을 그가 자신이 판 함정에 빠지도록 도구화하는 것은 성과에 대한 전망을 둘러싼 열린 대결이 가능할 때에는 비도덕적이다. 그러나 사정이 그렇지 않다면(가령 자연 상태와 유사한 상황에서는), 내게는 악인 그 자신의 무기들을 가지고서 그와 싸우는 것은 정당해 보인다. 다섯 번째 경우, 즉 누군가가 오로지 그렇게 해서만 좀 더 고차적인 목표, 가령 정의의 전쟁에서의 승리를 달성할 수 있기 때문에, 그가 필요에 따라서 도덕적으로 책임이 없는 사람들을 희생시키면서까지 그들을 도구화하는 경우는 확실히 가장 의심스럽다. 하지만 여기서 자제가 명령되는 그만큼이나, 내게는 유감스럽게도 또한 이러한 최종적이고 확실히 너무도 위험스러운 형식의 전략적 행동마저도 정당화될 수 있는 상황들(독일의 완전한 진압 이외에 다른 도덕적 대안이 없었던 지난 세계 대전을 생각해 보라)이 존재한다는 것은 전혀 논박될 수 없는 것으로 보인다.

——정치에서뿐만 아니라, 그러나 특히 정치에서——전략적 행동에 대한 이러한 선택이 실질적 보편주의를 전제한다는 것, 내가 특히 한 국가의 정치가 공공의 복지에서 바로 살아 있는 시민들의 복지를 이해하는 것이 아니라 이 행성의 모든 인간의 복지뿐만 아니라 다가올 세대들의 복지도 포함할 때에만 그 정치가 정당화될 수 있다고 하는 데서 출발한다는 것은 위에서 말한 것으로부터 명백할 것이다. 그러나 나는 담론 윤리학자들 가운데 가장 많이 책임 윤리적으로 사유하는 자, 그러므로 아펠을 포함하여 그 담론 윤리학자들 이상으로 역사에서 법이념의 실현에서의 중요한 발걸음들이 보편주의적인 동시에 전략적으로 사유할 줄 아는 사람들에게 힘입고 있다는 견해이다. 물론 [261]두 사고방식의 논리적 양립 가능성을

구체적으로 증명하는 것은 확실히 상당히 어렵다. 그러나 두 사고방식이 한 인격 안에서 심리적으로 통합되는 것은 더 어렵다. 여기는 그러한 인격의 정신적 구조를 분석하는 장소가 아니다. 그러나 마지막으로 칸트가 해결하지 못했던 것과 마찬가지로 담론 윤리학자들도 거의 문제로서 파악하지 못한 하나의 문제가 논의되어야 할 것이다. 문제가 되는 것은 왜 인간이 도덕적으로 행위하는가 하는 동기 심리학적인 물음이다. 반성적 최종 근거 짓기에 대한 통찰이 도덕성을 위한 필요조건이 아니라는 것은 명확하다. 그러나 유감스럽게도 또한 명확한 것은 그것이 결코 도덕성을 위한 충분조건이 아니라는 점이다. 타당성 문제가 합리주의적으로 해결되어야만 한다고 할지라도, 이것은 결코 동기 문제가 그렇게 해결될 수 있다는 것을 의미하지 않는다.

첫 번째 문제에 관한 한, 특정한 도덕적 느낌들의 경험적 현전존재가 해당 행위의 규범적 구속력을 위한 논증이 아니라는 것은 자명하다. 심지어 노예 소유자가 자기 노예를 죽이는 것의 올바름을 절대적으로 확신할 수도 있으며, 아니 일반적으로 조야하고 광신적인 인간의 확신들이 계몽을 통과한 사람의 확신들보다 훨씬 더 깊이 자리 잡고 있을 수도 있다. 그러나 이러한 사실들은 규범적으로 중요하지 않으며, 우리는 가령 셸러의 정서주의적인 윤리학에 대해 그것이 윤리학을 감정 행위들에 근거짓고자 시도함으로써 칸트 뒤로의 퇴행을 나타낸다고 비판하지 않을 수 없다. 그러나 다른 한편으로 셸러가 윤리학에 대한 감정들의 의미에 대한 통찰에서 전적으로 옳다는 것도 마찬가지로 명확하다. 무엇이 올바른 것인지에 관해 감정들이 결정하는 것은 아니다. 그러나 올바른 것을 감정적으로 깊이 자리 잡게 하는 것은 극도의 중요성을 지닌다.[118] 이 점은 첫째, 그러한 자리 잡음의 결과들과 관련하여 타당하다. 선을 인식할 뿐만 아니라 사랑

* * *

118. 이와 비슷한 것이 상식에 대한 뤽베H. Lübbe의 옹호에도 적용되는데, 상식은 물론 윤리학의 근거짓기 문제를 해결하지 못하지만 엄청난 사회적 기능을 지닌다.

하는 자, 악을 부인할 뿐만 아니라 혐오하는 자는 추상적 지식인과는 전혀 다른 방식으로 선한 행위들로 동기지어질 것이다. 그러나 둘째, 또한 선을 직접적으로 사랑하는 자가 그 자체에서 억지로 도덕적 행위들로 강제되는 자보다 더 고차적인 인륜적 가치를 실현한다는 것도 논박될 수 없다. 확실히 어떠한 내적 투쟁도 없이 자연·본성과 인륜법칙의 조화를 드러내는 아름다운 영혼은 특수한 위험들에 내맡겨져 있다. 어떠한 내적 투쟁도 견뎌본 적이 없는 자는 부정성을 관통해 온 자보다 더 불안정하다. 그러나 우리는 부정성을 바로 관통해 왔어야만 하는데, 그것은 [262]우아와 품위가 고상한 정서 상태로 통합되어 있는 자가 강한 의지에 야만적인 감정들이 맞서 있는 자보다 선호되어야 한다는 것을 의미한다. 위대한 인간은 심오한 데 이르는 지성과 강한 의지를 고상한 감정들과 결합하는 자이며, 비록 이러한 이상이 달성되기 어렵다 할지라도, 그것이 이론적으로 요구되어야만 한다는 것은 명확하다. 이러한 방식으로 또한 행복주의 윤리학의 상대적 권리도 근거지어질 수 있다. 왜냐하면 어떤 것이 행복에로 이어지는 까닭에 선한 것이 아닌 만큼이나 또한 행복이 인륜법칙과 양립할 수 있는 곳에서 그 행복을 실현하는 것도 의무이며, 이를 위해서는 올바른 감정들의 문화보다 더 중요한 것은 거의 아무것도 없기 때문이다. 엄밀한 규범적 윤리학은 선하고 행복한 삶을 배제하지 않는다. 아니, 전혀 정반대로 그것은 개별자가 보편자를 자신의 개별성과 가능한 한 조화롭게 매개할 것을 요구한다. 물론 보편자는 어떠한 상황에서도 개별적인 것을 위해 희생되어서는 안 된다. 그러나 개별적인 것도 마찬가지로 필요 없이 보편자를 위해 희생되어서는 안 되며, 아니 양자의 종합을 달성하는 것은 다른 사정이 같은 경우에는 단연코 의무이다. 오로지 자기를 도덕적으로 보일 수 있기 위해서만 자기와 타인들을 불행하게 만드는 것은 너무도 비도덕적이다.

단지 간결하게 그 윤곽이 제시되었을 뿐인 이러한 사상들에는 미학적 현상들에 대한 가능한 접근 통로가 포함되어 있는데, 왜냐하면 예술은 자연과 정신의 화해를 상징적으로 형태화하는 과제를 지니기 때문이다.

그러나 특별히 그것들은 철학에 의해 지양될 수 없는 종교의 의미를 함축한다. 왜냐하면 물론 스스로 이성 자율의 입장에 선 누군가에게 있어서는 다만 종교의 진리 요구가 철학에 의해 받아들여질 수 있는 한에서만 그 진리 요구가 진지하게 취급되어야 한다는 점에 아무런 의심도 있을 수 없지만, 그에 못지않게 그는 오로지 사변적인 철학적 사상들의 표상적인 매개만이 좀 더 커다란 권역에 도달할 수 있으며 따라서 도덕적으로 명령된 일반적 상호 주관성을 창출할 수 있다는 점을 인정할 수 있고, 아니 그렇게 인정해야만 하기 때문이다.[119] 인류의 도덕적 의식에서 필요한 전환이 [263]오로지 철학에 의해서만 성취될 수 있고 일차적으로 종교들에 의해 성취될 수는 없을 거라고 믿는 것은 불합리할 것이다. 아니, 언젠가 모든 사람이 순수하게 개념적으로 사유할 수 있을 때에도 여전히 그들에게 올바른 감정들을 전달하는 문제가 남을 것이다. 그러나 이러한 일은 분명히 아이들이 아직 합리적 논증들에 다가갈 수 없는 생애의 첫 시기에(그것도 관계된 가장 중요한 인격들, 그러므로 가장 가까운 가족 성원들에 의해) 이루어진다. 가령 아이에게 살인에 대한 혐오를 전달하는 데서 그 아이가 이러한 행위의 비도덕성을 합리적이고 따라서 자율적으로 통찰할 수 있을 때까지 기다리는 것은 불합리할 것이다. 인륜법칙의 무조건성을 아이는 이미 일찍부터 감정적으로 느껴야 하며, 이것을 달성하기 위해서는—이성적인, 다시 말하면 철학에 대한 나중의 열림을 방해하지 않는—종교

• • •

119. 나는 이러한 종류의 논증이 오늘날 종교적인 사람들에게도 또 비종교적인 사람들에게도 환영받지 못한다는 점을 의식하고 있다. 이전에는 상황이 달랐다. 이븐 투파일은 결코 이성 종교와 민족 종교의 차이에서 출발함에도 불구하고 자신의 민족 종교에 충실한 유일한 중세의 신학자가 아니다. 이러한 사상가들에게 있어서는 결코 종교의 사회적 도구화에 대해 말할 수 없는데, 왜냐하면 그들은 민족 종교를 단연코 참된 종교의 모상으로서 해석하기 때문이다. 이러한 틀 내부에서 지식인들과 비-지식인들 간의 의사소통은 오늘날과는 전혀 다른 형식으로 가능했으며, 단순히 파괴적일 뿐인 계몽의 극단은 자기 자신을 정신적으로 제한하는 비관용적 반계몽의 극단과 마찬가지로 똑같이 회피되었다.

적 교육 외에는 다른 대안이 존재하기 어렵다.

그러나 공동의 감정적 토대는 더 나아가 사람들이 사랑과 우정에서와 같은 상호 주관성을 자기 목적으로서 경험하거나 스스로를 특수 이익들의 총계 이상을 나타내는 가족과 국가와 같은 제도들과 동일시하는 것에로 이어질 수 있다. 이러한 영역 전체로——그것의 달성은 행복을 위한 필요조 건이다——초월론적 화용론은 고양되지 못했다. 아펠은 구체적인 규범적 제도론을 어디서도 전개하지 못했다. 아니, 통제되지 않는 담론 원리는 그 자체가 제도들의 외면적 존재에 적대적이다. 만약 담론이 제어되지 않는다면, 그것은 제도들을 결국 해체할 수 있을 뿐이다. 물론 아펠(1962)은 정당하게도 겔렌을 그가 자신의 제도론에서 타당성 문제를 반성하지 않는 다고 비판했다. 그러나 담론 윤리학은 대립된 잘못을 범한다. 그것은 담론 이 오로지 특정한 제도들이 실존할 때에만 결실이 있을 수 있으며, 제도들 에 대한 '비판적' 문제 제기는 시간과 더불어 다만 제도들과 함께 비판의 이념을 해소할 수 있다는 것을 파악하지 못한다. 현실적으로 실체적 비판 의 이념을 견지하는 자는 오로지 비판적 담론을 본질적인 것과 실체적인 것에 집중하는 것만이 이 이념과 더불어 계몽의 이념을 구제할 수 있다는 것을 파악해야만 한다. 담론 보존의 목적을 위한 담론 제한: 이러한 최소한의 공통분모가 합리적 합의의 기초를 제공할 수 있어야 할 것이다.

최종 근거짓기와 상호 주관성: 이 두 근본 사상은 초월론적 화용론의 축을 형성하며, 그들의 결합은 이 학파의 철학사적 중요성의 근거를 부여 한다. 나는 한편으로 이 논고가 왜 이 두 범주들이 시대에 적합한 철학의 중심에 놓이기를 사실상 요구할 수 있는지를, 왜 주관 철학의 상호 주관성 의 철학에로의 변형이 근대 철학의 내밀한 주도 동기를 나타내는지, 그러 나 왜 [264]이 이념이 최종 근거짓기 사상이 없이는 일관되게 옹호될 수 없는지를 보여주었다고 생각한다. 그러나 다른 한편으로 내게는 최종 근거 짓기뿐만 아니라 상호 주관성도 초월론적 화용론에서 그것들에 어울리는 전개를 얻지 못하는 것으로 보인다. 존재론적 기능이 없는 최종 근거짓기,

자기 목적으로서 파악되지 않는 상호 주관성은 참된 최종 근거짓기가 아니며 참된 상호 주관성이 아니다. 오로지 객관적 관념론의 전통에로의 귀환만이 —— 최소한 객관적 관념론이 상호 주관성 범주로써 확대되는 한에서 —— 저 두 이념으로 하여금 자기의 권리를 얻도록 도와줄 수 있다. 그러한 프로그램의 실행의 시도는 내게 그것이 필요로 하는 수고를 기울일 만한 가치가 있는 것으로 보인다.

제2판 후기

[265]시의성 있는 이 저술의 초판이 나온 후 비교적 짧은 시간이 흐른 지금 이미 제2판이 필요해진 것은 나로서는 기쁜 동시에 놀라운 일이다. 이 책에서 그 윤곽이 묘사된 철학이 시대정신이 자기의 견해들을 확증하고자 한다면 반드시 읽어야 할 바로 그런 것이 아닌 까닭에, 나는 오히려 이 저술이 무시될 것으로 짐작했다. 이러한 운명으로부터 그것은 벗어났는데, 아마도 그 까닭은 다만 서론을 이루는 장이 많은 이들을 격분시켰기 때문일 것이다. 어쨌든 그 비난들은 오히려 내가 그러한 종류의 비판에 대한 아무런 권리도 갖지 못한다는 방향으로 나아갔다. 아주 드물게만 현대의 문화 경영과 철학 영위에 대한 나의 비판이 사태적으로 잘못된 거라는 것이었다. 후자는 나를 안도케 한다. 그리고 첫 번째 점과 관련해서는 저 비판이 단연코 또한 자기비판으로서 의도되었다는 점, 그리고 내게는 모든 이가 만약 비판이 오로지 참된 것을 드러낸다면 그 비판에 대한 권리를 지니는 것으로 보인다는 점을 반복하고자 한다. 우리 시대가 모든 것에 관해 비판적으로 그 이치를 추론하지만, 한편으로는 결국 자신의

비판도 믿지 않고(비판이 진리란 존재하지 않는다는 것을 확신했을 때도 어떻게 그것이 그러한 비판일 수 있을 것인가?), 다른 한편으로 자기의 본래적인 문제, 즉 자기의 내적 모순성과 부정직함을 어떠한 비판에 대해서도 보호하고, 아니 곧바로 타부시하는 것은 우리 시대의 수많은 모순들에 속한다. 그와 더불어 논란의 여지가 없는 것은 상처를 건드리는 것이 문제될 때 내 손가락보다 더 부드러운 것들이 존재한다는 점이다. 나로서는 다른 이들의 감수성을 다루는 데서 좀 더 섬세한 손가락의 감각을 지닌다면 기쁠 것이다. 그러나 우리는 이제 일단 지니고 있는 손가락들을 가지고서 일하지 않을 수 없다.

더군다나 철학자에게는 사태 문제들이 본래적인 과제이며, 우리의 전문 분야는 만약 그 논의가 지나치게 인간적인 고려들에 의해 방해받는다면 상당한 고통을 겪는다. 따라서 나는 이 책의 본래적으로 철학적인 부분에 대해 제기된(그러함에 있어 네 세계론과 이해-설명 논쟁에 대한 견해와 같은 몇 가지 중요한 점들은 본래적으로 주제화되지 않았다) 사태적인 비판을 짧게 다루고자 한다. 두 번째 부분, 즉 초월론적 화용론에 대한 서술은 거의 반론에 부딪치지 않았다. 그에 반해 첫 번째 부분과 특히 세 번째 부분은 달랐다. 이 점은 단연코 이해함직한데, 왜냐하면 두 부분들은 그토록 적은 지면으로는 사실상 충분히 다루어질 수 없는 복잡한 주제들을 다루기 때문이다. 이 점은 또한 그저 요구가 아니었다. 오히려 철학사학적이고 철학적인 연구 프로그램이 기획되어야 했는데, 그것을 계속해 나가는 것은 비록 내가 오늘날에는 많은 강조점을 다르게 놓게 될지라도 내게 전혀 줄어들지 않은 의미를 지니는 것으로 나타난다. 첫 번째 부분에 관한 한, 그에 대해서는 ─ 가령 악셀 호네트$^{Axel Honneth}$에 의해(1990년 4월 10일자 [266]『프랑크푸르터 룬트샤우』에서) ─ 그것이 인간의 역사를 너무 일면적으로 의식의 변화들로부터 보고 있다는 비판이 제기되었다. 나는 그 비판을 수용해야만 하는데, 왜냐하면 내가 사실상 이 책에서 현대의 위기를 함께 규정하는 제도적인 변화들을 다루지 않았기 때문이다.

이후의 나의 두 책들에서 나는 호네트의 정당한 요구를 부분적으로 뒤따랐다. 물론 나는 두 가지 점을 견지해야만 한다. 첫째, 내게는 여전히 의식에 확실히 영향을 미치는 제도적인 변화들의 근저에 일반적으로 사유에서의 전환들이 놓여 있는 것으로 보인다. 질을 양으로 전환하는 근세적인 프로그램 없이는 자본주의도 근대 기술도, 비록 그것들의 승리가 저 새로운 확신들을 강화시켰다 하더라도, 충분하게 이해될 수 없다. 둘째, 이 책에서 옹호된 객관적 관념론의 요점은 물리적인 것과 심적인 것 그리고 사회적인 것의 분리에 선행하는, 고유한 범주들을 지니는 이념적 세계의 가정이다. 구별되는 여러 범주들은 새로운 구조들에서 세 개의 실재적 영역들 모두에 뚜렷하게 새겨지는데, 그렇다고 해서 그들의 구체적인 교호작용들에 관해 무언가 어떤 것이 예단되지는 않는다. (아니, 나는 물리적인 것과 심적인 것 사이에 일반적으로 과연 상호작용이 존재하는지 의심을 지니고 있다.)

이 책의 세 번째 부분에 대해서는 본래적인 비판이 이루어졌다. 몇몇 사람은 절대자의 이념이 일반적으로 다시 철학적 반성의 대상이 될 수 있다는 것을 거의 파악할 수 없었다. '오늘날 우리'는 이것을 이미 오래 전에 벗어났다는 것이다. 이 '논증'이 그리 강력하지 않다는 것은 다시 한 번 제시될 필요가 없다. 그 근저에는 역사가 산출한 너무도 평범한 저 형식의 집단적 자기 확증, 즉 단순할 뿐만 아니라 또한 그 배후가 물어지지 않는 진보 신앙에 근거한 현재에 의한 과거의 배제가 놓여 있다. 다른 시대들도 '다른 이들'에 대한 가령 엘리트나 신분 등등의 '우리'라는 탁월성 느낌을 알고 있었다. 그리고 사태 논증들과의 대결이 면제되는 이 모든 형식들이 아무리 불쾌하다 할지라도, 전통적 문화들의 탁월성 느낌들에는 근대적 변형에 대해 아주 특징적인 저 비겁함이 빠져 있다. 평민의 논증들과 대결하는 것을 자기의 품위 이하의 것으로 여기는 귀족은 어쨌든 무언가 위험을 무릅쓴다. 왜냐하면 배제된 자들은 혁명들의 역사가 보여주듯이 최소한 잠재적인 힘을 지니기 때문이다. 그러나 죽은 자들은 무력하다. 따라서 모든 의견들을 똑같은 권리를 지니는 것으로 간주하는 시대에게 있어 이 세대의 본래적인 우상인 과거의 것에 맞선 저 자부심을 통해 자기의 불안정한 정체성을 강화하는 것은 너무도 손쉬운 일이다.

　이러한 비판의 또 다른 변형은 절대자에 대해 사유하는 자가 보수적인 힘들과 동맹을 맺고 있으며, 종교를 소생시키려고 한다는 등등의 것이었다. 철학자가 무엇이 진리일 수 있는지를 그로부터 결정하는 당파 정신보다 그에게 어울리지 않는 것은 아무것도 없다. 그와 반대로 [267]당파들의 노력들은(이것이 없으면 대중 민주주의에서의 정치는 조직화되기 어렵다) 정신적 독립성을 가지고서 수행되어야 한다. 그러나 그때그때마다의 정치적 입장 표명은, 비록 그것이 다수의 지식인들에게 곧바로 환영받는 것과는 다른 방향으로 간다 할지라도, 허용될 수 있다. 비슷한 것이 종교에 관해서도 타당하다. 페트라 브라이틀링Petra Braitling이(1991년 8월 3일자 『차이트』에서) 정당하게 강조했듯이, 이 책의 입장은 이성의 자율의 입장이다. 하지만 그것은 철학이 몇 가지 점에서 종교적 확신들과 일맥상통하는 결과들에 도달한다는 것에 의해 이미 반박되어 있다는 것을 의미하지 않는다. 러셀은 1940년대에 뉴욕에서 교수가 될 수 없었는데, 그 까닭은 그에게 무신론이라는 비난이 제기되었기 때문이다. 그야말로 그 시대의 궁핍한 정신적 자유의 우울한 빈곤 증명서다. 그러나 절대자에 대한 물음이나 나로 말하자면 또한 신에 대한 물음이 참으로 철학적인 문제라는 오늘날 근거지어진 확신이 그와 비슷한, 즉 경력에 손해를 끼치는 결과들을 지닌다는 것은 그에 못지않게 부끄러운 일이다. 특히 그러한 불관용과는 '오늘날 우리'가 관용의 화신이라는 그에 모순되는 신조가 한패를 이루고 있다.

　하지만 나는 이성의 자율과 절대자에 대한 물음 사이에서 아무런 모순도 보지 않는 것만이 아니다. 내게는 곧바로 오로지 최종 근거짓기 이념만이 이성의 자율을 보장하는 것으로 보인다. 우리 세대에게서 지속적으로 논증들과 합리적 담론들을 요구하지만 동시에 전제 의존적인 논증들 이상이 존재한다는 것을 믿지 않는──이는 최종적 결정들이 바로 논증적으로 수용될 수 없다는 것을 말한다——사실보다 더 불쾌한 일은 거의 존재하지 않는다. 언젠가 이 문화가 자기의 합리성 파토스가 근거 없는 것이라는 점에 대한 눈을 뜰 때, 많은 것이 허물어질 것이다. 그리고 탈근대주의가 이러한 방향에서 많은 것을 행한 것을 나는 그 사이에 그것의 공적으로서 평가한다. 확실히 탈근대주의는 우리의 문제들 가운데 단 하나도 해결하지 못하며, 확실히 그것은 어떠한 책임도 알지 못하고 과도한 현실성 상실의 고통을 겪고 있는 인간들의 이데올로기이다. 그러나 그것은 짐작컨대 인간의 의식의 역사에서 필연적인 발걸음일 것이다. 논쟁 이후에 우리는 비판된 것을 그 필연성에서 파악해야 하며, 따라서 나는 오늘날 이성 위기에서 무언가 이성적인 것이 현현한다는 것, 대부분의 동시대인들의 의식에서 절대자가 부재하는 것이 20세기에 그가 현재하는 양식과 방식이라는 것을 단연코 인정하게 될 것이다. 이것을 인식한 것은 내가 이 책에서 서술한 것보다 고전적 형이상학 전통에 더 가까이 서 있는 하이데거가 절대자 이론에 대해 행한 엄청난 기여이다.

이 책에 대한 가장 상세한 비판은 토마스 케셀링Thomas Kesselring(Wiener Jahrbuch für Philosophie 23 (1991)과 Freiburger Zeitschrift für Philosophie und Theologie 39 (1992)) 및 자연스러운 일이지만 초월론적 화용론자인 볼프강 쿨만Wolfgang Kuhlmann(「최종 근거짓기 문제에 대한 논평Bemerkungen zum Problem der Letztbegründung」, in: Transzendentalpragmatik, hg. von A. Dorschel, M. Kettner, W. Kuhlmann und M. Niquet, Frankfurt 1993, 212-237) [268]그리고 뷜러학파원인 그론케H. Gronke(Deutsche Zeitschrift für Philosophie 12/1991)에게서 나왔다. 아펠 자신은 검토와 대결을 약속했지만, 그것은 지금까지 아직 출판되지 않았다. 초월론적 화용론자들로부터 시작하자면, 우선 강조되어야 할 것은 사적 언어 논증에 대한 나의 비판이 어느 누구에 의해서도 논박되지 않았다는 점이다. 그와 더불어 아직 어떠한 동의의 신호도 없지만, 쿨만이 만약 나의 비판에서 어떤 잘못을 발견하게 된다면 그에 대해 무언가 응답할 거라고 내가 말할 때, 나는 나의 높이 평가받는 친구이자

동료인 쿨만을 충분히 잘 안다고 믿는다. 만약 내가 사적 언어 논증을 끝장내는 데 사실상 성공할 수 있었다면, 나는 만족하지 않을 수 없다. 왜냐하면 내 생각에 이 논증은 상당히 많은 손해를 야기했기 때문이다. 지식 사회학적으로 말하자면, 그것은 탁월한 인격들에 대한 대중 민주주의 적인 르상티망을 개념화한다. 왜냐하면 초월적 정당화 심급에 대한 믿음의 붕괴 이후에는 오로지 사회적인 것에 대한 미신만이 주관주의를 제어할 수 있겠기 때문이다. 역사, 사회, 언어는 신을 해소했는데, 이는 본래 개별 자들에 대해, 그러나 또한 우리 세기의 본질을 이루는, 전체주의에 대한 한편으로 잠재적이고 다른 한편으로 좀 더 명확히 드러나는 경향들을 지니 는 자기들의 과도한 요구에 반작용하는 역사, 사회, 언어에 대해서도 전혀 위험하지 않은 것은 아닌 결과들을 지닌다.

앞에서 언급된 논문에서 쿨만(236 f.)은 윤리학의 최종 근거짓기에 대한 자신의 이념을 반복한다. 그에 따르면 타자들의 도덕적 권리들은 합리적 담론에 대한 그들의 예견 가능한 기여를 따르지 않을 수 없을 거라는 나의 반론에 대해 그는 유감스럽게도 동의하지 않는다. 나로서는 가령 몇몇 대화 상대방들로부터 최소한 철학적으로 거의 아무것도 배울 수 없지만, 이 점이 그들이 더 적은 권리들을 지닌다거나 가령 아무런 권리도 지니지 못한다는 것을 의미할 수 없다는 것이 내게 경험적으로 단연코 그럴 듯해 보인다는 점을 반복하고자 한다. 이로부터는 논증 사회 모델이 윤리학의 근거짓기에서 제 기능을 발휘하지 못한다는 것이 따라 나온다. 내가 보기 에 아펠은 여기서 쿨만과는 다르게 그리고 좀 더 다행스럽게 행동하고 있다.

실질적 내용들에 대한 나의 요구는 많이 논의되었다. 다시 한 번 이야기 하자면, 나는 그와 같은 실질적 내용들이 합리적으로 근거지어져야만 한다 는 것을 논박하지 않으며, 또한 이러한 근거짓기가 이상적 의사소통 공동 체에 의해 통찰될 거라는 것에 대해서도 이의 제기하지 않는다. 가령 그론 케가 내가 이상적 의사소통 공동체와 실재적 의사소통 공동체 간의 구별을 간과한다고 비판한다면, 나는 다만 다음과 같이 대답할 수 있을 뿐이다. 즉, 순수한 타당성들의 고유한 이념적 영역들의 가정은 내게 단연코 익숙하며, 만약 우리가 이상적 의사소통 공동체를 저 모든 진리들을 통찰하는 주체로서 정의한다면, 내게 그것은 올바를 수 있다는 것이다. 다만 나는 사람들이 이러한 통찰의 주체를 무한화할 때 그에 관해 지니는 것이 무엇인지 이해하지 못한다. [269]오랜 누스 개념은 이상적 의사소통 공동체와 동일한 것 내지 거의 동일한 것을 수행한다. 왜냐하면 그것의 상호 주관성 이론적인 변형에 대한 요구야말로 바로 이 책과 헤겔에 관한 책의 요점이었기 때문이다. 그와 더불어 기독교의 삼위일체론을 상기시키는 것이 흘려들을 수 없는 것이라는 점은 많은 사람들(과 또한 신학자들)을 괴롭혔다. 내가 그것을 기꺼워하지 않으며 받아들이는 것은 아니다.

그 밖에 나는 담론들이 자신의 견해들을 바로잡는 데에 유용한다는 점에 대해 담론 윤리학자들에게 동의할 수 있다. 그러나 이 담론들은 오직 담론 초월적인 기준들, 가령 상이한 욕구들을 평가하는 기준들이 존재할 때에만 사태적인 성과들로 이어질 것이다. 담론 윤리학의 근본 사상은 순수하게 메타 윤리학적인 본성의 것이다. 본래적인 윤리학에 대해 그것은 그리 많은 기여를 하지 못했다. 이미 롤스의 정의론이 비교할 수 없을 정도로 더 구체적이다. 그러나 그에게 있어서도 첫째, 다른 덕들에 대한 고려가, 둘째, 근본 선들의 위계화가 결여되어 있다. 둘 다 한 조각의 땅을 갖고자 하는 두 사람이 만약 우선소유권jus primi possidentis이든 차이 원리와 필요성을 위한 척도든 그와 같은 공동의 기준들을 갖지 않는다면, 어떻게 그들이 합의하게 되어야 할 것인지 내게는 전혀 불명확하다. 그러나 실질적 합리성을 절차적 합리성으로 대체할 수 있다고 믿는 이 시대에 상응하는 것은 비록 우리가 공동의 결과에 도달하게 되는 것은 오로지 덜 능변인 당파가 담론에 대한 욕망을 상실할 때뿐이라는 것을 우리의 영혼의 근본에서 정확히 안다 할지라도 담론을 설계하는 것이다. 명백한 것은 객관적 해결책에 대한 믿음이 없는 담론에 대한 도덕주의적인 강제란 권력 행사의 하나의 형식이라는 점인데, 그것은 물론 폭력보다는 낫지만 언제나 다만 자신의 노동을 통해 모든 대화가 필요로 하는 제도적인 자유 공간들을 담론 참여자들에게 창출해 주는 사람들을 대가로 치르고서 성립한다.

정당하게도 호네트는 내가 실질적 가치들을 고집하는 것이 물론 한편으로는 공동체주의와 맞닿아 있지만, 다른 한편으로는 내가 사실적인 전수된 가치들로 소급하지 않는다는 점에 의해 그것과 구별된다는 것을 분명히 밝힌다. 공동체주의와의 많은 접촉점에도 불구하고 사실상 두 가지 차이가 존재한다. 첫째, 나는 윤리학의 보편주의적인 기초를 견지하며, 둘째, 나는 하나의 가치가 전통을 만들어 왔다고 해서 그것을 정당한 것으로 간주하지 않는다. 결국 해석학적인 이러한 논증은 고전적인 선의 윤리학 및 가치 윤리학과는 다르며, 바로 그것이 형이상학적 진리들이 아니라 사회적 사실들을 지시한다는 점에서 보수주의의 근대적 형식이다.

그 밖에 마무리된 가치 이론이 이 책 어디에서도 발견되지 않는다는 케셀링의 비판은 전적으로 정당하다. 그것은 지금 작업 중이며 상당히 많이 진척되었지만, 아직 완결되지 않았다. 현재의 책은 다만 실질적 원리들 없이는 윤리학의 최종 근거짓기 파토스가 공허하다는 것을 보여주고자 했을 뿐이며, 그럼에도 불구하고 방금 언급한 작업을 선취하고자 하지는 않았다.

[270]일반적으로 (분명 객관적 관념론의 이념을 인정하지 않았지만 정확히 이해한) 케셀링은 그의 뛰어나고 그 대부분이 내재적인 비판에서 이 책에서의 많은 논증 결함 및 (상대주의 개념과 같은) 너무 모호한 많은 개념들을 드러내 보였다. 가령 결정론에 대한 나의 선택이 충분히 근거지어져 있지 않다는 것인데, 이는 확실히 맞는 지적이다. 여기서 내가 그 물음을 좀 더 상세하게 다룰 수 없는 까닭에, 다만 짧게 말해두고 싶은 것은 내 생각에 라이프니츠에게서 두 가지 독립적인 원리들인 모순율과 이유율이 최종 근거짓기 증명에서는 한데 합쳐져야만 한다는 점이다. 그와 더불어 또한 근거짓기가 다만 확실성에 대해 관심을 지니는 유한한 사유의

활동일 뿐이라는 쿨만의 비판에도 빛이 비쳐진다. 정확히 그것은 이상적인 경우에 사태의 존재론적 구성과 일치하는 근거짓기에 대한 나의 개념에 상응하지 않는다. 물론 유한한 정신에서는 인식의 질서$^{\text{ordo cognoscendi}}$와 존재의 질서$^{\text{ordo essendi}}$가 서로 분리될 수 있다는 것이 인정되어야 한다. 탐정은 간접 증거들로부터 살인자를 추론할 수 있을 것이다. 그러나 그도 동기를 발견했을 때에야 비로소 만족할 수 있을 것이다. 그는 누군가가 살인을 범했다는 자신의 이론을 살인의 원인을 발견했을 때에라야 비로소 완전히 근거지어진 것으로서 간주할 거라는 것이다. 이러한 의미에서 또한 무한한 정신도 근거짓기를 포기하고자 하지 않을 것이다. 그는 개별적 사태들을 결합하는 실재적 인과 관계들의 짜임새를 그 사태들과 함께 인식할 것이다. 비슷한 것이 수학에도 적용된다. 확실히 그에 대해 시간성이 술어화될 수 없는 정신은 피타고라스의 명제를 유클리드의 평행선 공준과 (여기서 오해될 수 있는 용어를 사용하자면) '동시에' 인식할 것이다. 그러나 그는 또한 전자가 후자로부터 따라 나온다는 것도 인식할 것이다. 왜냐하면 증명을 위해 필요한 모든 명제들은 그 증명에 동시에 현재하는 마찬가지로 참된 명제들이기 때문이다. 요약하면, 증명은, 비록 그것이 시간적이고 심적인 행위로서 이해되어서는 안 된다 할지라도, 무한한 정신에 대해서도 명제를 비로소 참되게 만든다. 마지막으로 최종 근거짓기 증명은 내가 보기에 우리가 절대자에게로 돌진하는 도정이 아니다. 절대자 자체가 자기 자신을 증명하는 구조 이외에 다른 것이 아닌 것, 즉 사유의 사유$^{\text{noesis noeseos}}$ 또는 더 좋게는 논증의 논증$^{\text{apodeixis apodeixeos}}$이다. 그 밖에 쿨만은 나에 따르면 근거지어진 명제들이 필연적(그러므로 최종 근거지어진)일 수 없을 거라고 주장할 때 기만에 굴복한다. 하지만 결정적인 것은 그 명제들이 무엇에 의해 근거지어지는가 하는 것이다. 어떤 것이 최종 근거지어진 명제로부터 따라 나온다면, 그것 자체가 최종 근거지어져 있다. 그에 반해 단순히 가언적으로 타당할 뿐인 명제로부터만 따라 나오는 것은 필연적이지 않다. 더 나아가 쿨만은 내가 엄밀한 반성을 단순히 우연적일 뿐인 전제들에 대한 반성과 혼동한다고 비판한다. 나는 내가 그렇게 하지 않는다고 확신한다. 어쨌든 나는 엄밀성의 기준만으로는 두 번째 유형의 반성을 배제하기 위해 충분하지 않다고 생각한다. 이를 위해서는 가령 니케트M. Niquet도 다루었던 추가적인 방법적 노력들이 필요하다. 반성과는 [271]우리가 추상, 변이, 보편화라고 부를 수 있을 어떤 것이 결합되어야만 한다. 따라서 우리가 다만 반성의 행위를 망각하지만 않는다면 함축된 것을 명시화함으로써 수행적 모순들을 의미론적 모순들로 전환하는 것도 문제가 있는 것이 아니다. 오히려 나는 나의 추가적인 성찰들도 여전히 우연적인 전제들을 최종 근거지어진 명제들로부터 구별하기에 전혀 충분하지 못한 것이 아닌가 하는 의혹을 품을 것이다. 이것이 케셀링의 비판의 요점이다.

그러나 쿨만의 본래적인 비판점은 객관적 관념론에로의 나의 이행에 관계된다. 물론 그는 호네트나 케셀링과는 달리 최종 근거지어진 명제들이 현실을 파악한다는 것을 단연코 인정한다. 그러나 그는 그것이 객관적 관념론과 아무런 관계도 없다고 생각한다. 어쨌든 왜 우리가 선험적으로 현실을 인식할 수 있는가 하는 물음은 그렇게 잘못된 것이 아니다. 칸트는 그것을 상당히 상세하게 다루었다. 쿨만은 그 물음을 (아마도 그것이 그가 어떤 이유들에서든 좋아하지 않는 결론들로 이어지기 때문에) 의미 없는 것으로, 어쨌든 불필요한 것으로 여기는 것으로 보인다. 나는 그 이유를 우선은 전혀 이해하지 못한다. 비록 누군가가 산술에 아무런 의심도 지니지 않을지라도, 산술과 산술적 인식의 철학의 탐구 대상은 여전히 권리를 지닌다. 그러나 나는 쿨만에게 한 가지는 인정할 수 있다. 즉, 최종 근거짓기 증명은 모든 인식의, 따라서 우리가 접근할 수 있는 모든 존재의, 따라서 모든 존재의 전제인 무언가 무제약적인 것과 최종적인 것을 파악한다는 것이다. 그러한 것이 어떻게 가능한가 하는 추가적인 반성은 불필요하다. 최종 근거짓기 증명은 정의에 의해 다른 모든 것보다, 그러므로 예를 들어 경험될 수 있는 자연보다 더 근원적이다. 쿨만에 따르더라도 최종 근거짓기 증명은 나의 우연적인 심적인 상태들(치통 등등)에서 독립적인 어떤 것이어야만 한다. 그것은 자연과 우연적인 심적이고 사회적인 구조들에 관한 모든 명제들에 선행해야만 한다. 이러한 확신을 나는 바로 객관적 관념론이라고 부른다. 여기서는 결코 한갓 말을 둘러싼 다툼이 문제되는 것이 아니다. 예를 들어 우리의 자연 개념을 위한 광범위한 결론들이 그것에 달려 있다. 가령 아펠에 의해 역사를 재구성하는 데서 그 근저에 놓인 자기 수용 원리selbsteinholungsprinzip가 어느 정도까지 자연사에 대해서도 타당한가 하는 것은 상당히 중요한 물음이다.

쿨만은 내 책에 대한 자신의 비판을 "반성적 최종 근거짓기와 객관적 관념론 간의 관계는 예를 들어 반성적 최종 근거짓기와 기회 원인론 간의 관계보다 더 밀접하지 않으며, 나는 그것을 특별히 밀접한 것으로 여기지 않는다"(224)는 언급으로 끝맺고 있다. 이에 대해서는 세 가지를 말할 수 있다. 첫째, 물론 반성적 최종 근거짓기와 형이상학적 이론 간의 관계가 얼마나 밀접한지는 바로 그 반성적 최종 근거짓기에 대한 이해에 달려 있다. 그러므로 쿨만은 모든 추상화하는 행함을 거부하고 따라서 필연성들과 우연성들의 경계를 정하는 어려움들을 지니는 자기의 반성적 최종 근거짓기 해석이 객관적 관념론과 그리 밀접한 관계에 있지 않다고 말해야 했다. [272]둘째, 기회 원인론에 대한 지시는 쿨만이 생각하는 것보다 단연코 더 심오하다. 사실 심신 문제에 대한 모든 해결책이 반성적 최종 근거짓기 사상과 양립할 수 있는 것은 아니다. 가령 예를 들어 유물론적인 부수현상론은 그것과 양립할 수 없다. 상호작용론에 대해서는 다른 많은 것이 반대하는 까닭에 그리 많지 않은 숫자의 가능한 해결책들만이 남으며, 기회 원인론은 어쨌든 그것들 가운데 하나다 — 비록 그것이 내가 옳은 것으로 간주하는 것은 아닐지라도, 이 점은 쿨만을 진정시키기 위해 미리 인정되어야 할 것이다 —. 셋째, 나는 아주 일반적으로 쿨만이 — 아펠과 달리 — 철학의 개념을 지나치게 제한적으로 파악한다고 생각한다. 반성적 최종 근거짓기로부터는 놀라울 정도로 많은 것이 따라 나온다. 하지만 어느 경우든 지나치게 많은 것이 그것과 양립할 수 있는 것은 아니다. 이 원리의 결론들의 깊이를 재는 것은 내가 보기에 항상 그 원리의 주위를 도는 것보다 더 결실이 풍부하고 더 흥미롭다. 물론 논증의 증대하는 복잡성 때문에 그 원리를 제거하는 것은 오류들의 위험을 높인다. 그러나 중요한 진리를 간과하는 것에 대한 두려움보다 오류에 대한 두려움을 더 많이 가지는 것은 내게 우리 시대의 철학의 근본 악덕인 것으로 보인다.

비록 내가 지금 이 책에서 많은 불충분함을 인식한다 할지라도, 나는 —내가 그 테제들을 더 훌륭하게 다듬어내지 못한 한에서— 이 두 번째 판이 그 실존 권리를 소유한다고 생각한다.

문고판 후기

[273]비록 이 책의 커다란 결함들을 의식하지 못하는 것은 아니지만, 나로서는 그 세 번째 판이 (그것도 학생들도 구입할 수 있는 문고판 형태로) 나온 것이 기쁘지 않을 수 없다. 그것은 이 주제의 저작에 대한, 그 사이 또한 국제적으로도 관철된 오히려 일상적이지 않은 수용의 징표이다. 가령 브라질의 철학자 만프레도 아라우호 데 올리베이라Manfredo Araújo de Oliveira 의 연구서 『근거짓기에 대하여Sobre fundamentação』(Porto Alegre 1993)의 제3장 '객관적 관념론과 사유의 존재론적 차원의 회복O idealismo objetivo e a retomada da dimensão ontológica do pensar'(S. 87-108) 및 동일한 저자의 저작 『현대 철학에서 언어적-화용론적 전회Reviravolta lingüístico-pragmática na filosofia contemporânea』(Sao Paulo 1996)의 제4부 제1장 '비토리오 회슬레: 객관적 관념론의 혁신Vittorio Hösle: renovação do idealismo objetivo'(351-387)은 본질적으로 이 책과의 대결들이다(이전의 논문 「객관적 관념론의 근거짓기 물음들Begründungsfragen des objektiven Idealismus」은 1991년에 카를로스 써니 리마Carlos R. V. Cirne Lima, 『체계의 근거짓기로서의 화용론적 모순에 대하여Sobre a

·*Contradição Pragmática como Fundamentação do Sistema*』, in: Síntese Nova Fase 18 (1991), 595-616에서 논의되었다). 페터 바르디^{Péter Várdy}는 헤이예르만^{E. Heijerman}과 부테르스^{P. Wouters}에 의해 편집된 모음집 『이성의 위기. 문화의 전망*Crisis van de Rede. Perspectieven op cultuur*』(Assen/Maastricht 1992)에 「비토리오 회슬레의 절대적 규범 정초 프로그램^{Vittorio Hösles programma van een absolute normenfundering}」이라는 제목의 기고문을 집필했으며(S. 357-365), 그의 제자 마리스카 알데링크^{Mariska Aalderink}는 1996년 8월, 엔셰데의 트벤테 대학에서 지금까지 출간되지 않은 완결된 논문 「특히 절대적 원리들의 존재에 대한 회슬레의 증거 내에서 배중율의 의미와 그 타당성 범위^{De betekenis van de wet van het uitgesloten derde en haar geldigheidsbereik, in het bijzonder binnen Hösles bewijs voor het bestaan van absolute grondslagen}」를 발표했다. 뤽 랑글루아^{Luc Langlois}는 프랑스-캐나다 잡지 『라발 신학과 철학*Laval théologique et philosophique*』 50/3 (1994), S. 637-649에 「윤리학과 이성의 최종 근거짓기. 비토리오 회슬레의 작업에 관한 고찰^{Éthique et fondation ultime de la raison. Considérations sur un ouvrage de Vittorio Hösle}」을 출판했다. 독일어로 이루어진 최근의 대결들 가운데서는 다만 안드레아스 그래저^{Andreas Graeser}, 「최종 근거짓기를 위한 증명?^{Ein Beweis für Letztbegründung?}」, in: Zeitschrift für philosophische Forschung 49 (1995), 450-455 및 시빌 퇴니스^{Sibylle Tönnies}, 「언제나 이미 전제되어 있는 것. 아펠, 하버마스, 회슬레^{Was immer schon vorausgesetzt ist. Apel, Habermas, Hösle}」, in: Merkur 552, 267-273만을 지적해 둔다. 구두 비판들 중에서는 에센 대학의 철학 세미나에서의 강연들에서 칼 프리드리히 게트만^{Carl Friedrich Gethmann}과 게오 지그바르트^{Geo Siegwart}에 의해 이루어진 것만을 언급하고자 한다.

이 책에 대한 앞에서 언급된 이들과 다른 많은 비판자들의 출발점과 인식 관심은 그야말로 다양하며, [274]내가 그들에게 공정함을 입증할 수 있기 위해서는 다만 그 책을 새로 써야만 할 것이다. 내가 지금 이 저작 전체에 대해 그렇게 하기는 불가능하다. 어쨌든 나는 실천 철학에 대한 나의 최종적인 기여로서 이해되는 것으로 알고 있고 또 이 책에서 발견되는 윤리학과 정치 철학에 대한 분산된 자극들을 상론하고 체계화하는(그리고 특히 유기체의 철학, 그러므로 자연 철학의 부분에 대한 개요를 포함하는) 포괄적인 저술인 『도덕과 정치*Moral und Politik*』(München 1997)를 지시해 두고자 한다. 이론 철학에 대해 나는 지금까지 그와 비교될 수 있는 것을 달성하지 못했으며, 그것이 이루어지지 않은 한에서 『현대의 위기와 철학의 책임』은 그 실존 권리를 지닌다. 왜냐하면 이 책의 중요한 관심사는 나의 주저 『도덕과 정치』의 근저에 놓여 있는 메타 윤리학적 입장과 양립할 수 없는 저 존재론적, 인식론적, 언어 철학적 견해들을 물리치는 것이기 때문이다. 나의 입장은 도덕적 실재론, 즉 윤리학의 근본적 명제들이 인간적 경향들과 역사적 발전들에서 독립적인, 선험적으로 인식 가능한 정언적 명령들이며, 그 명령들이 일정한 방식으로 또한 자연과 역사도 규정한다고 하는 것이다. 존재가 당위를 근거짓는 것도 아니고 또 존재와 당위가 서로 전적으로 독립적인 존재 영역들인 것도 아니다. 오히려 당위가 최소한 부분적으로 존재의 원리를 이룬다. 그러한 구상은 근대 철학의 많은 철학적 흐름들과 통합될 수 없으며(이 점이 그에 반대하는 것은 아니다), 따라서 첫째, 고전적 합리주의를 파괴하는 주요 단계들의 역사학적 개요를 제시하는 것이 필수적이었는데, 그 파괴의 폐허 속에서 현대 독일의 대부분의 강단 철학들이 움직이고 있으며, 그것도 역사학적 상기의 격정적인 몸짓을 지니지만 가령 칸트, 피히테 그리고 헤겔이 의욕했던 것을 계속 발전시키는 체계적 힘을 지니지 못한 채 그렇게 하고 있는 것이다. 우리는 신칸트주의를 많이 비판할 수 있지만, 신칸트주의는 20세기 초의 자연과학들과 정신과학들의 다리 놓기를 수행했던바, 우리는 오늘날의 대부분의 칸트와 헤겔 연구자들에 대해서는 유감스럽게도 그렇게 말할 수 없다. 근대 철학에 대한 나의 개요가 충분히 정치하지 못했다는 점에 대해서는 곧바로 인정하지 않을 수 없다. 그러나 나의 철학사학적이고 철학사 철학적인 작업들 이후에 나의 목표는 체계적인 철학으로 돌진하는 것이었으며, 이를 위해 20세기 철학의 빠른 통과가 필요했다. 그 대가가 철학사학적으로도 체계적으로도 완전히 만족스러울 수 없는 연구였다는 점을 나는 기꺼이 인정하고자 한다. 철학사적인 발전에 대한 좀 더 상세한 분석들을 추구하는 이에게 나는 나의 저작 『철학사와 객관적 관념론』*Philosophiegeschichte und objektiver Idealismus*』(München 1996)을 지시해 두고자 한다.

[275]둘째, 객관적 관념론이 처해 있는 일정한 정신적 고립을 고려할 때 주의를 끌기 위해서는 공적인 논의를 규정하는 흐름에 연결하는 것이 필수적이었다. 그런 까닭에, 그러나 오로지 이 이유에서만은 아니지만, 이 책의 두 번째 부분에서 초월론적 화용론과의 대결이 이루어졌다. 이 두 번째 부분에 대해서는 물론 어느 누구에 의해서도 그것이 초월론적 화용론의 근본 사상들을 왜곡한다는 비난이 제기되지 않는다. 그러나 분명 그것은 독자로 하여금 담론 윤리학과의 동질성을 믿게 만드는데, 참으로는 그러한 것은 전혀 존재하지 않는다. 세 번째 부분에서의 철학적 기획은 우리가 도대체 두 부분이 어떻게 연관되는지를 보지 못할 정도로 초월론적 화용론적인 관심사들로부터 멀리 떨어져 있는 것이다. 이것은 특히 하버마스를 ─ 내 생각에는 부당하게 ─ 비판하여, 그는 스스로 얼마나 많이 아펠에게 빚지고 있는지를 오로지 불충분하게만 표현하는 데 반해, 역으로 나는 스스로를 추종자로 내세우지만 실제로는 그렇지 않다고 하는 S. 퇴니스의 요점이다. 그녀는 다음과 같이 쓰고 있다. "그의 책은 만약 그것이 합의론을 더욱더 높이 발전시키는 외양을 갖추고서 나타나는 것이 아니라 모든 행들에서 실제로 그것이 그러한 것으로서, 즉 합의론을 절멸시키는 비판으로서 나타난다면 하나의 보석처럼 빛날 수 있을 것이다." 퇴니스는 하나의 중요한 점, 즉 초월론적 화용론과 객관적 관념론 사이의 커다란 거리를 파악하는데, 이는 오늘날 내게 1990년에서보다 더 크게 나타난다. 그러나 그녀는 그녀 자신의 관점에서 이 거리를 지나치게 크게 평가한다. 철학의 규범적 분과들의 반성적으로 근거지어져야 하는 아르키메데스적인 점에 대한 인정에서 아펠과 나는 상호 주관성 테마를 제일철학 내로 편입하는 데서와 마찬가지로 의견이 하나다. 비록 윤리학에서 가령 셸러의 실질적 표상들이

아펠의 형식주의보다 내게 더 가깝다 할지라도, 나는 계속해서 그의 메타 윤리학적 성찰들이 나타내는 방법론적 진보가 또한——그의 진술들이 정언 명령의 근거짓기를 위해 결코 충분하지 않은——칸트도 넘어선다는 것을 인정한다. 정당하게도 M. 아라우호 데 올리베이라(1993, S. 108)는 초월론적으로 근거지어져야 하는 형이상학의 이념이 전-비판적인 형이상학 기획들과는 원칙적으로 구별되어야 한다는 것을 강조한다.

다른 측면에서는 하버마스가 "그의 철학적 기획과 아펠의 그것과의 가까움에도 불구하고 이상하게도 이 책에서 빠져 있다(étrangement absent de cet ouvrage, malgré la proximité de son projet philosophique avec celui de Apel»"(Langlois, 647)고 하는 이를테면 보완적인 비판이 제기되었다. 이 점은 사실상 이 책의 틀 내에서 담론 윤리학에서 나를 매혹시킨 것이 초월론적인 윤리학 근거짓기에 대한 그것의 성찰들이며, 이 성찰들은 무어라 해도 아펠과 쿨만에게서 하버마스의 보편 화용론에서보다 더 진지하고 더 야심차다고 간주될 수 있다는 것을 가지고서 설명될 수 있다. 기탄없이 말하자면, 내게는 제일 철학에 관한 한 아펠에 대한 하버마스의 의존성이 크게 보이는데, 이 점은 역으로 부분적인 공동의 프로그램에 관한 한 하버마스의 탁월성이 명백한 것과 마찬가지다. [276]하버마스처럼 그토록 광범위한 동시에 그토록 심오한 사회과학적 지식을 지닌 철학자는 아주 소수만이 존재한다. 그가 세계 공론장에서 본질적으로 아펠보다 더 강하게 감지되는 것은 한편으로 그 점과 더불어 그가 저술한 좀 더 많은 숫자의 중요한 책들과 관계되며, 다른 한편으로는 확실히 많은 독자들이 스스로를 동일시할 수 있었고 또 그럴 수 있는 그의 정치적 과거와도 연관된다. 하버마스가 아펠보다 훨씬 더 분명하게 타당성 차원을 (사회적 세계의) 내재로 편입시키는 경향이 있는 데 반해, 여기서 제안된 객관적 관념론의 핵심은 바로 모든 사실적인 것에 맞선 규범적인 것의 환원 불가능한 초월을 견지하는 것에 존립한다. 랑글루아가 "비토리오 회슬레의 관념론적 일원론은…… 대화 안에, 그러므로 엄격하게 인간적인 요인 위에 정초된 도덕의 이념에 내림표를 기입했다le monisme idéaliste de Vittorio Hösle ... a mis un bémol à l'idée d'une morale fondée dans le dialogue, donc sur un facteur strictement humain"(649)고 확정할 때, 그는 올바르다. 이러한 내림표를 지각하지 못하고서는 우리는 여기서 새롭게 제시된 철학적 구성의 음악을 올바르게 해석할 수 없다.

제안된 발상을 과거와 현재의 철학적 담론 내로 정돈하는 것과 더불어 여러 비판자들에 의해 본래적인 사태 문제들이, 특히 최종 근거짓기 증명이 다시 관심의 대상이 되었다. 이에 대한 모든 언급들이 분명히 해명해 주는 것은 아닐지라도(가령 그래저에서 요점(iii)은 제멋대로인데, 왜냐하면 나는 (1)과 (2)를 ── 그러므로 최종 근거짓기가 불가능하다는 명제와 그것이 필연적이지는 않다는 명제를 ── 아주 정확히 구별하고 양자를 반박하고자 시도하지만, 그 자신의 인정에 따르면 (2)보다 더 강력한 (3)만은 언급하지 않기 때문이다), 그래저(요점(vii)과 부분적으로 또한 요점(v))와 특히 알데링크는 정당하게도 최종 근거짓기 증명이 논리학의 규칙들에 대해 어떤 관계를 맺고 있는지가 내 책에서 전적으로 불명확하게 남아 있다는 점을 지적했다. 이 논리학의 규칙들은 전제되는가? 그러나 그 경우 최종 근거짓기의 요구는 그릇된 것일 터인데, 왜냐하면 그리함으로써 최종 근거짓기는 다른 것을 전제하기 때문이다. 또는 논리학이 최종 근거짓기 증명에 의해 근거지어져야 하는가? 그러나 그 경우 분명히 순환의 의혹이 제기될 것이다. 특히 알데링크는 최종 근거짓기 증명이 이치 논리학의 전제 하에서 논리적으로 타당하겠지만("증명은 이치 논리학의 전제 하에서 논리적으로 타당하다onder de voorwaarde van een tweewaardige logica is zijn bewijs logisch geldig", S. 64), 바로 이러한 전제가 임의적이라는 결과에 도달한다. 그녀의 논구에서는 그녀가 루카치에비츠Lukasiewicz와 더불어 또한 결정론을 회피하는 가능성으로서도 평가하는 직관주의 논리학에 대한 강력한 공감을 인식할 수 있다. 사실 일반적으로는 초월론적 논증들이 그리고 특수하게는 최종 근거짓기 증명이 다양한 논리들의 틀 내에서, 그러므로 고전 논리학과 직관주의 논리학과 더불어 또한 가령 최소 논리학 내부에서도 어떻게 재구성될 수 있는지를 탐구하는 것은 중요한 과제다. [277]확실히 최종 근거짓기 증명의 포괄적인 이론은 내가 여기서 행한 것보다 훨씬 더 깊이 논리학과 특히 (그래저가 정당하게 언급하듯이 형식 논리학과 구별되어야만 하는) 양상 논리학의 철학 및 언어 철학과 인식론에로 들어가야만 할 것이며(단지 분석 명제들과 종합 명제들의 경계 설정만 생각해 보는 것으로 충분할 것이다), 특별히 마레샬학파의 초월론적 형이상학 근거짓기 구상(가스통 이자예Gaston Isaye를 떠올릴 수 있을 것이다)과 마찬가지로 이 책에서 무시된 앵글로색슨의 연구를 주제로 수용해야만 할 것이다.

나는 그렇게 해서 언급된 물음들을 이 후기의 틀 내에서 해결할 수 없지만, 아마도 다른 곳에서 그 물음들로 되돌아올 것이다. 그렇지만 최소한 두 가지 사상만은 여기서 강조되어야 한다. 첫째, 최종 근거짓기에 대한 나의 성찰들은, 이 책에서 제시되었듯이 아리스토텔레스에게서 제기되어 (그는 그것을 직관주의적인 방식으로 해결하고자 한다) 아그리파에 의해 개념화되었고 그의 다섯 가지 트로푸스가 섹스투스와 디오게네스에 의해 우리에게 전해진 이른바 뮌히하우젠 트릴레마와의 대결로 소급된다. 그러나 그와 더불어 섹스투스는 또 다른 인식론적 문제, 즉 기준의 문제를 취급한다. 요컨대 우리는 증명 그 자체를 확인하기 위해 기준을 필요로 하지만, 동시에 이 기준 자체가 증명되어야만 하며, 따라서 순환과 무한 퇴행 또는 절차 단절이 불가피하다는 것이다. 현대 인식론에서 이 문제를 가장 집중적으로 다룬 것은 『지식의 이론Theory of knowledge』에서의 치좀R. Chisholm인데, 그는 여러 형식의 해결책들을 제안하지만 그 모두를 불충분한 것으로 간주한다. 분명히 그 두 문제는 서로 동일하지 않다. 뮌히하우젠 트릴레마는 공리들의 근거짓기에 관계되고, 기준 문제는 도출 규칙들의 근거짓기에 관계되며, 사실상 둘 다 증명을 성취하기 위해 필요하다. 그러나 두 문제 영역이 구별되어야만 한다 할지라도 그것들은 서로 가까운데, 왜냐하면 도출 규칙들의 근거짓기에서는 전제들의 그것에서와 비슷한 대안들이 제기되기 때문이다. 내가 이 책 S. 164 ff.에서 이미 암시했듯이 최종 근거짓기 증명의 근본 사상은 기준 문제의 해결책에 적용되어야만 하며, 내게는 논리학의 근거짓기 문제가 후자의 부분 문제로서 제기된다. 그 내부에서 인식 과정의 자기 수용이 가능한 저 논리학은 탁월하며, 만약 이러한 방식으로 고전 논리학이 특별한 명예에 이르러야 한다면, 그것은 유감스러워 할 일이 아닐 것이다.

왜냐하면 사실상—둘째로—다음과 같은 것은 명확하기 때문이다. 즉, 최종 근거짓기 증명 배후에 놓여 있는 이념과는 단지 개연적으로만 모든 논리학들이 양립할 수 없는 것이 아니다. 전적으로 확실히 그 증명과는 모든 논리철학들이 통합될 수 없다. [278]가령 구성주의적 논리철학이나 후기 비트겐슈타인의 논리철학이 바로 최종 근거짓기 증명이 (자유를 제거하기 위해서가 아니라 그것을 가능하게 하기 위해) 제한할 수 있는, 주관적이거나 사회적인 행함의 저 전능에서 출발한다는 것은 자명하다. 따라서 우리가 추구하는 목적들에 따라 각각 서로 다른 논리 체계를 형성했다고 하는 견해는 잘못이다. 그에 대해서는 다음과 같은 것들이 반대한다. 첫째, 우리는 어떤 수단이 어떤 목적에 이바지하는지를 확정하기 위해 분명히 이미 논리학을 필요로 한다. 둘째, 논리학을 우리의 목적들 아래 종속시키는 것은 최소한 논리적 기준들에 따른 목적들의 가치 평가를 불가능하게 만든다. 왜냐하면 바로 이 구상에 따르면 개별적인 논리적 규칙 체계를 구성하는 것은 목적들이기 때문이다. 만약 우리가 최소한 윤리학에서는 정언적으로 타당한 명제가 존재한다는 명증성에서 출발한다면, 우리는 논리학에서 똑같은 정당성을 지니는 연역 체계들의 다원성을 선호할 수 없는데, 왜냐하면 그렇게 해서는 최소한 저 명제의 적용 가능성에 관한 한 그 명제의 정언성이 위태롭게 될 것이기 때문이다. 아니, 우리는 초월론 논리적인 양상 개념에 부합하지 않는 형식 논리학적인 양상 개념을 간단히 수용해서는 안 된다. 세계를 반성하는 누군가가 없는 세계는 초월론 논리적으로 바로 가능하지 않은 것이다. 내가 이러한 사상을 가지고서 형식 논리학을 초월론적 논리학에 종속시키고 후자를 윤리학에 연결한다는 것은 올바르지만, 나는 왜 그것이 잘못이어야 하는지 알지 못한다. 철학은 통일적인 형성물이며, 우리가 어떻게 사유해야 하는지에 관한 진술들은 이 물음과 관련하여 서로 일치하는 논리학과 윤리학에 똑같은 방식으로 속한다. 그런 한에서 나는 그래저가 비록 나의 윤리학적 관심과 나의 근거짓기 이론적인 관심의 너무 밀접한 결합을 비판하는 것처럼 보이면서도 동시에 내게 그에 대한 고려를 권유하는 정합론적인 인식론들과 부분적으로 단연코 일치한다. 다만 그와 같은 발상들은 참된 이론들을 일관된 망상체계들과 구별하기 위해 아르키메데스의 점을 필요로 할 뿐이다.

P. 바르디에 의해서는 본래적으로 최종 근거짓기로부터는 윤리학을 위해 무엇이 따라 나오는가 하는 물음이 제기된다. 우선은 일단 저 증명은 정언 명령이 아니라 오로지 가언 명령만이 존재할 수 있다고 하는 특정한 메타 윤리학적 이론을 거부할 것이다. 윤리학의 구체적인 근거짓기는 두 개의 추가적인 사상들, 즉 한편으로는 내 생각에 이성존재의 추상 능력으로부터 출현하는 보편화 가능성 요청의 사상과 다른 한편으로는 초월론적 논증들을 가지고서 정당화되는, 비-정신적 가치들보다 정신적 가치들을 상위에 놓는 사상을 이용한다. 첫 번째 사상은 윤리학의 이를테면 수평적 차원을, 두 번째 사상은 수직적 차원을 보증한다. 후자의 차원은 또한 개인의 자기 관계에서의 도덕적 규범들의 가능성도 보장한다. 윤리학의 최종 근거짓기 프로그램으로부터 개인의 자유에 대한 위협이 나온다는 염려가 어느 정도 정당한가 하는 것은 [279]『도덕과 정치』의 독자 스스로 결정할 수 있을 것이다. 자명한 일이지만, 누군가가 이 책에서 기획된 메타 윤리학적인 프로그램을 공유하지만, 부분적으로 경험적인 다른 많은 전제들을 지니는 실천 철학에서의 나의 구체적인 상론들에 동의하지 않는 일이 생각될 수 있다. 그리고 또한 역으로 누군가가 저 구체적인 상론들에 마음이 끌리지만 그것들이 기반하는 이론적 토대를 잘못된 것으로 간주하는 것도 가능하다. 후자의 사람에게 나는 마무리하는 의미에서 다음과 같이 말하고자 한다. 즉, 나는 단연코 비슷한 윤리적 추론들을 허용하는 대안적 토대를

알고 싶어 한다. 그러나 내가 여기에 제안된 절대자 이론을 숙고할 만한 가치가 있는 것으로 간주하는 까닭은 단지 그것이 도덕적 실재론을 용이하게 하기 때문만이 아니다. 절대자의 이론, 즉 형이상학은 단연코 윤리학을 위한 그것의 유용성과는 독립적인 독자적 가치를 지닌다. 그렇다고 해서 윤리학이 낮게 평가되어서는 안 됨은 물론이다.

참고 문헌

H. Albert (1975): Transzendentale Träumereien, Hamburg 1975

───── (1978): Traktat über rationale Praxis, Tübingen 1978

───── (1980): Traktat über kritische Vernunft, Tübingen ⁴1980

───── (1982): Die Wissenschaft und die Fehlbarkeit der Vernunft, Tübingen 1982

───── (1989): Hösles Sprung in den objektiven Idealismus, in: Zeitschrift für allge-
meine Wissenschaftstheorie 20 (1989), 124−131

C. Amery (1976): Natur als Politik. Die ökologische Chance des Menschen, Reinbek
1976

K.−O. Apel (1959): Sprache und Wahrheit in der gegenwärtigen Situation der Philosophie
(1959), jetzt in: (1976a), I 138−166

───── (1960): Sprache und Ordnung: Sprachanalytik versus Sprachhermeneutik
(1960), jetzt in: (1976a), I 167−196

───── (1962): Arnold Gehlens "Philosophie der Institutionen" und die Metainstitution
der Sprache (1962), jetzt in: (1976a), I 197−221

───── (1963a): Die Idee der Sprache in der Tradition des Humanismus von Dante

bis Vico, Bonn 1963

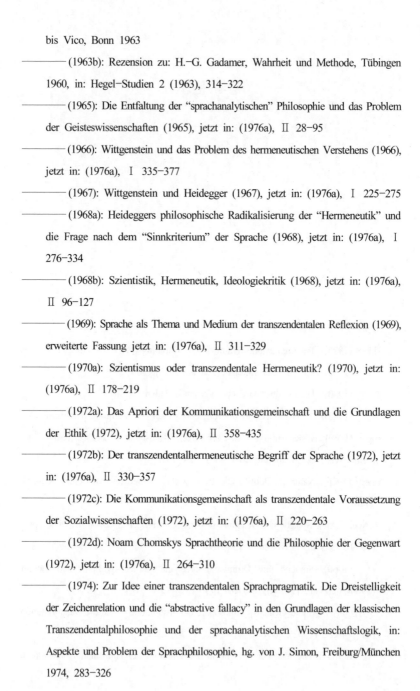

—————— (1963b): Rezension zu: H.–G. Gadamer, Wahrheit und Methode, Tübingen 1960, in: Hegel–Studien 2 (1963), 314–322

—————— (1965): Die Entfaltung der "sprachanalytischen" Philosophie und das Problem der Geisteswissenschaften (1965), jetzt in: (1976a), II 28–95

—————— (1966): Wittgenstein und das Problem des hermeneutischen Verstehens (1966), jetzt in: (1976a), I 335–377

—————— (1967): Wittgenstein und Heidegger (1967), jetzt in: (1976a), I 225–275

—————— (1968a): Heideggers philosophische Radikalisierung der "Hermeneutik" und die Frage nach dem "Sinnkriterium" der Sprache (1968), jetzt in: (1976a), I 276–334

—————— (1968b): Szientistik, Hermeneutik, Ideologiekritik (1968), jetzt in: (1976a), II 96–127

—————— (1969): Sprache als Thema und Medium der transzendentalen Reflexion (1969), erweiterte Fassung jetzt in: (1976a), II 311–329

—————— (1970a): Szientismus oder transzendentale Hermeneutik? (1970), jetzt in: (1976a), II 178–219

—————— (1972a): Das Apriori der Kommunikationsgemeinschaft und die Grundlagen der Ethik (1972), jetzt in: (1976a), II 358–435

—————— (1972b): Der transzendentalhermeneutische Begriff der Sprache (1972), jetzt in: (1976a), II 330–357

—————— (1972c): Die Kommunikationsgemeinschaft als transzendentale Voraussetzung der Sozialwissenschaften (1972), jetzt in: (1976a), II 220–263

—————— (1972d): Noam Chomskys Sprachtheorie und die Philosophie der Gegenwart (1972), jetzt in: (1976a), II 264–310

—————— (1974): Zur Idee einer transzendentalen Sprachpragmatik. Die Dreistelligkeit der Zeichenrelation und die "abstractive fallacy" in den Grundlagen der klassischen Transzendentalphilosophie und der sprachanalytischen Wissenschaftslogik, in: Aspekte und Problem der Sprachphilosophie, hg. von J. Simon, Freiburg/München 1974, 283–326

————— (1975): Der Denkweg von Charles S. Peirce, Frankfurt 1975 (als Einführung zu einer zweibändigen Auswahl von Peirce' Schriften erstmals 1967 und 1970 erschienen)

————— (1976a): Transformation der Philosophie, 2 Bde. (1973), Frankfurt ²1976

————— (1976b): Das Problem der philosophischen Letztbegründung im Lichte einer transzendentalen Sprachpragmatik, in: Sprache und Erkenntnis, Festschrift für G. Frey, hg. von B. Kanitscheider, Innsbruck 1976, 55—82

————— (1976c): Sprechakttheorie und transzendentale Sprachpragmatik zur Frage ethischer Normen, in: Sprachpragmatik und Philosophie, hg. von K.—O. Apel, Frankfurt 1976, 10—173

————— (1978): Protokoll der Diskussion vom 11. 6. 1976, 15—18.30 Uhr zu: "Der Ansatz von Apel", in: Materialien zur Normendiskussion, hg. von W. Oelmüller, Bd. I : Transzendentalphilosophische Normenbegründungen, Paderborn 1978, 160—203; Schlußdiskussion: Versuch einer Zusammenfassung, ebd., 204—228

————— (1979): Die Erklären:Verstehen—Kontroverse in transzendentalpragmatischer Sicht, Frankfurt 1979

————— (1983): Kant, Hegel und das aktuelle Problem der normativen Grundlagen von Moral und Recht (1983), jetzt in: (1988a), 69—102

————— (1984): Läßt sich ethische Vernunft von strategischer Zweckrationalität unterscheiden? Zum Problem der Rationalität sozialer Kommunikation und Interaktion, in: Rationales Handeln und Gesellschaftstheorie, hg. von W. van Reijen und K.—O. Apel, Bochum 1984, 23—79

————— (1985): Significato linguistico o intenzionalità, in: Annali della Facoltà di Lettere e Filosofia dell'Università di Macerata 18 (1985), 71—101 (engl. Fassung unter dem Titel: Linguistic meaning and intentionality: The compatibility of the "linguistic turn" of meaning—theory within the framework of a transcendental semiotics, in: Semiotics and Pragmatics, ed. by G. Deledalle, Amsterdam/Philadelphia 1989, 19—70)

————— (1986a): Kann der postkantische Standpunkt der Moralität noch einmal in substantielle Sittlichkeit "aufgehoben" werden? Das geschichtsbezogene Anwendungsproblem der Diskursethik zwischen Utopie und Regression (1986), jetzt in: (1988a), 103–153

————— (1986b): Verantwortung heute — nur noch Prinzip der Bewahrung und Selbstbeschränkung oder immer noch der Befreiung und Verwirklichung von Humanität? (1986), jetzt in: (1988a), 179–216

————— (1986c): Die transzendentalpragmatische Begründung der Kommunikationsethik und das Problem der höchsten Stufe einer Entwicklungslogik des moralischen Bewußtseins (1986), jetzt in: (1988a), 306–369

————— (1987a): Podiumsdiskussion mit K.–O. Apel, G. Bien, R. Bubner, in: Hegel–Jahrbuch 1987, 13–48

————— (1987b): Fallibilismus, Konsenstheorie der Wahrheit und Letztbegründung, in: Philosophie und Begründung, hg. vom Forum für Philosophie Bad Homburg, Frankfurt 1987, 116–211

————— (1987c): Konfliktlösung im Atomzeitalter als Problem einer Verantwortungsethik (1987), jetzt in: (1988a), 247–269

————— (1988a): Diskurs und Verantwortung, Frankfurt 1988

————— (1988b): Zurück zur Normalität? — Oder könnten wir aus der nationalen Katastrophe etwas Besonderes gelernt haben? Das Problem des (welt–)geschichtlichen Übergangs zur postkonventionellen Moral aus spezifisch deutscher Sicht, in: (1988a), 370–474

————— (1988c): Die Herausforderung der totalen Vernunftkritik und das Programm einer philosophischen Theorie der Rationalitätstypen, in: Philosophie und Poesie. Otto Pöggeler zum 60. Geburtstag, hg. von A. Gethmann–Siefert, Stuttgart–Bad Cannstatt 1988, 17–43

————— (1988d): Diskursethik als Verantwortungsethik und das Problem der ökonomischen Rationalität, in: (1988a), 270–305

K.–O. Apel/D. Böhler/G. Kadelbach (1984): Funk–Kolleg Praktische Philosophie/Ethik: Dialog, 2 Bde., hg. von K.–O. Apel, D. Böhler und G. Kadelbach, Frankfurt 1984

K.–O. Apel/J. Manninen/R. Tuomela (1978): Neue Versuche über Erklären und Verstehen, hg. von K.–O. Apel, J. Manninen und R. Tuomela, Frankfurt 1978

R. Aschenberg (1978): Über transzendentale Argumente. Orientierung in einer Diskussion zu Kant und Strawson, in: Philosophisches Jahrbuch 85 (1978), 331-358

————— (1982): Sprachanalyse und Transzendentalphilosophie, Stuttgart 1982

J. L. Austin (1962): How to do things with words, Oxford 1962

A. J. Ayer (1954): Can There Be a Private Language? (1954), in: G. Pitcher (1968), 251-266

J. D. Barrow/F. J. Tipler (1988): The anthropic cosmological principle, Oxford/New York 1988

H. M. Baumgartner (1982): Geltung durch Antizipation?, in: W. Kuhlmann/D. Böhler (1982), 46-53

J. Beattie (1974 f.): The philosophical and critical works, 4 Bde., Edinburgh 1776-1793, Nachdruck Hildesheim/New York 1974-1975

A. Beckermann (1977): Gründe und Ursachen, Kronberg 1977

A. Berlich (1982): Elenktik des Diskurses. Karl-Otto Apels Ansatz einer Transzendental-pragmatischen Letztbegründung, in: W. Kuhlmann/D. Böhler (1982), 251-287

R. Bernstein (1965): Perspectives on Peirce, ed. by R. Bernstein, New Haven/London 1965

A. Bloom (1987): The Closing of the American Mind, New York 1987

D. Böhler (1985): Rekonstruktive Pragmatik, Frankfurt 1985

P. Bourdieu (1988): Homo academicus (frz. 1984), Frankfurt 1988

P. W. Bridgman (1927): Logic of Modern Physics, New York 1927

J. Bruner (1987): Wie das Kind sprechen lernt (engl. 1983), Bern/Stuttgart/Toronto 1987

F. Capra (1983): Wendezeit. Bausteine für ein neues Weltbild, Bern/München/Wien [4]1983

————— (1984): Das Tao der Physik (engl. 1975), München 1984

R. Carnap (1931): Überwindung der Metaphysik durch logische Analyse der Sprache, in: Erkenntnis 2 (1931), 219-241

G. Deleuze (1976): Nietzsche und die Philosophie, München 1976

A. Diemer (1956): Edmund Husserl, Meisenheim 1956

W. Doelemann (1984): Philosophische Methodik: Apel vs. Habermas, in: Rationales Handeln und Gesellschaftstheorie, hg. von W. van Reijen und K.-O. Apel, Bochum

1984, 115-130

J. Donoso Cortés (1970): Obras completas, hg. von C. Valverde, 2 Bde., Madrid 1970

W. Edelstein/G. Nunner–Winkler (1986): Zur Bestimmung der Moral, hg. von W. Edelstein und G. Nunner–Winkler, Frankfurt 1986

W. K. Essler (1982): Einige Anmerkungen zur Grundlegung der Transzendentalpragmatik, in: W. Kuhlmann/D. Böhler (1982), 333-346

V. Farias (1989): Heidegger und der Nationalsozialismus (frz. 1987), Frankfurt 1989

L. Feuerbach (1975): Werke in sechs Bänden, hg. von F. Thies, Bd. 3, Frankfurt 1975

P. Feyerabend (1976): Wider den Methodenzwang (engl. 1975), Frankfurt 1976

J. G. Fichte (1971): Werke, hg. von I. H. Fichte, 11 Bde., Nachdruck Berlin 1971

Th. Fontane (1975): Der Stechlin, Frankfurt 1975

E. Forsthoff (1971): Der Staat der Industriegesellschaft, München 1971

K. von Fritz (1978): Schriften zur griechischen Logik, Bd. I : Logik und Erkenntnistheorie, Stuttgart–Bad Cannstatt 1978

H. G. Gadamer (1975): Wahrheit und Methode (1960), Tübingen ^{4}1975

C. F. Gethmann/R. Hegselmann (1977): Das Problem der Begründung zwischen Dezisionismus und Fundamentalismus, in: Zeitschrift für allgemeine Wissenschaftstheorie 8 (1977), 342-368

J. Gleick (1988): Chaos. Making a New Science, Harmondsworth 1988

A. Glucksmann (1984): Philosophie der Abschreckung, Stuttgart 1984

N. Goodmann/C. Elgin (1988): Reconceptions in Philosophy and Other Arts and Sciences, Indianapolis/Cambridge 1988

A. Gorz (1985): Wege ins Paradies, Berlin 1985

G. Grant (1986): Technology and Justice, Notre Dame/Indiana 1986

A. Ph. Griffiths (1957/58): Justifying moral principles, in: Proceedings of the Aristotelian Society, New Series, 58 (1957/58), 103-124

————— (1967): Ultimate moral principles: their justification, in: The encyclopedia of philosophy, hg. von P. Edwards, Bd. 8, New York/London 1967, 177-182

J. Habermas (1962): Strukturwandel der Öffentlichkeit, Neuwied/Berlin 1962

————— (1968): Erkenntnis und Interesse, Frankfurt 1968

—————— (1973): Wahrheitstheorien, in: Wirklichkeit und Reflexion, Festschrift für W. Schulz, hg. von H. Fahrenbach, Pfullingen 1973, 211-265

—————— (1976): Zur Rekonstruktion des historischen Materialismus, Frankfurt 1976

—————— (1981): Theorie des kommunikativen Handelns, 2 Bde., Frankfurt 1981

—————— (1983): Moralbewußtsein und kommunikatives Handeln, Frankfurt 1983

W. Harich (1975): Kommunismus ohne Wachstum? Babeuf und der "Club of Rome", Reinbek 1975

M. Hartwig (1987): Die Krise der deutschen Staatslehre und die Rückbesinnung auf Hegel in der Weimarer Zeit, in: Anspruch und Leistung von Hegels Rechtsphilosophie, hg. von Ch. Jermann, Stuttgart–Bad Cannstatt 1987, 239-275

S. Hawking (1988): A Brief History of Time, Toronto u. a. 1988

G. W. F. Hegel (1969 ff.): Werke in zwanzig Bänden, Frankfurt 1969-1971

M. Heidegger (1929): Kant und das Problem der Metaphysik, Bonn 1929

—————— (1961): Nietzsche, 2 Bde., Pfullingen 1961

—————— (1962): Die Technik und die Kehre, Pfullingen 1962

—————— (1979): Sein und Zeit (1927), Tübingen ^{15}1979

R. Heiss (1932): Logik des Widerspruchs, Berlin/Leibzig 1932

—————— (1959): Wesen und Formen der Dialektik, Köln/Berlin 1959

H. Heller (1934): Staatslehre (1934), jetzt in: Gesammelte Schriften, 3 Bde., Leiden 1971, III 79-406

C. G. Hempel (1965): Aspects of Scientific Explanation and Other Essays in the Philosophy of Science, New York/London 1965

J. Hintikka (1962): Cogito, Ergo Sum: Inference or Performance?, in: The Philosophical Review 71 (1962), 3-32

O. Höffe (1982): Kantische Skepsis gegen die transzendentale Kommunikationsethik, in: W. Kuhlmann/D. Böhler (1982), 518-539

A. Honneth (1986): Diskursethik und die implizites Gerechtigkeitskonzept. Eine Diskussionsbemerkung, in: Moralität und Sittlichkeit, hg. von W. Kuhlmann, Frankfurt 1986, 183-193

M. Horkheimer/Th. Adorno (1971): Dialektik der Aufklärung (1944), Frankfurt 1971

V. Hösle (1984): Wahrheit und Geschichte. Studien zur Struktur der Philosophiegeschichte unter paradigmatischer Analyse der Entwicklung von Parmenides bis Platon, Stuttgart–Bad Cannstatt 1984

———— (1986): Die Transzendentalpragmatik als Fichteanismus der Intersubjektivität, in: Zeitschrift für philosophische Forschung 40 (1986), 235–252

———— (1987a): Hegels System. Der Idealismus der Subjektivität und das Problem der Intersubjektivität, 2 Bde., Hamburg 1987

———— (1987b): Begründungsfragen des objektiven Idealismus, in: Philosophie und Begründung, hg. vom Forum für Philosophie Bad Homburg, Frankfurt 1987, 212–267

———— (1987c): Moralische Reflexion und Institutionenzerfall. Zur Dialektik von Aufklärung und Gegenaufklärung, in: Hegel–Jahrbuch 1987, 108–116

———— (1987d): Carl Schmitts Kritik an der Selbstaufhebung einer wertneutralen Verfassung in "Legalität und Legitimität", in: Deutsche Vierteljahrsschrift 61 (1987), 3–36

———— (1989): Morality and Politics: Reflections on Machiavelli's *Prince*, in: Politics, Culture, and Society 3 (1989), 51–69

———— (1990): Vico und die Idee der Kulturwissenschaft, in: G. Vico, Prinzipien einer neuen Wissenschaft über die gemeinsame Natur der Völker, übs. von V. Hösle und Ch. Jermann und mit Textverweisen von Ch. Jermann, 2 Bde., Hamburg 1990, XXXI–CCXCIII

K.–Th. Humbach (1962): Das Verhältnis von Einzelperson und Gemeinschaft nach Josiah Royce, Heidelberg 1962

E. Husserl (1973): Zur Phänomenologie der Intersubjektivität. Texte aus dem Nachlaß, hg. von I. Kern, 3 Bde. (= Husserliana XIII–XV), Den Haag 1973

Ibn Thofaïl (1936): Hayy ben Yaqdhan. Roman philosophique ..., texte arabe avec les variante des manuscrits et de plusieurs éditions et traduction française ... par L. Gauthier, Beyrouth [2]1936

Ibn Tufail (1987): Der Ur–Robinson, München 1987

K. Jaspers (1932): Philosophie, 3 Bde., Berlin 1932

——— (1977): Philosophische Autobiographie, erw. Neuausgabe, München 1977

Ch. Jermann (1986): Philosophie und Politik. Untersuchungen zur Struktur und Problematik des platonischen Idealismus, Stuttgart–Bad Cannstatt 1986

——— (1987): Zum transzendentalpragmatischen Normenbegründungsmodell, in: Hegel–Jahrbuch 1987, 357–365

H. Jonas (1979): Das Prinzip Verantwortung, Frankfurt 1979

——— (1988): Materie, Geist und Schöpfung, Frankfurt 1988

O. R. Jones (1971): The Private Language Argument, ed. by O. R. Jones, London/ Basingstoke 1971

I. Kant (1956 ff.): Werke in sechs Bänden, hg. von W. Weischedel, Darmstadt 1956–1964

J. von Kempski (1952): Charles S. Peirce und der Pragmatismus, Stuttgart/Köln 1952

Th. Kesselring (1984): Die Produktivität der Antinomie, Frankfurt 1984

H. Keuth (1983): Fallibilismus versus transzendentalpragmatische Letztbegründung, in: Zeitschrift für allgemeine Wissenschaftstheorie 14 (1983), 320–337

——— (1988): Fehlbarkeit oder Sicherheit, in: Zeitschrift für allgemeine Wissenschaftstheorie 19 (1988), 378–390

H. D. Klein (1973 ff.): Vernunft und Wirklichkeit, 2 Bde., Wien/München 1973–1975

L. Kohlberg (1974): Stufe und Sequenz: Sozialisation unter dem Aspekt der kognitiven Entwicklung, in: Zur kognitiven Entwicklung des Kindes — Drei Aufsätze, Frankfurt 1974

——— (1981): Essays on Moral Development, Vol. I : The Philosophy of Moral Development, San Francisco 1981

——— (1983): Moral Stages. A Current Formulation and a Response to Critics, Basel 1983

P. Koslowski (1988): Die postmoderne Kultur, München ^{2}1988

S. A. Kripke (1982): Wittgenstein on rules and private language, Cambridge, Mass. 1982

P. O. Kristeller (1983): "Creativity" and "Tradition", in: Journal of the History of Ideas 44 (1983), 105–113

W. Kuhlmann (1985a): Reflexive Letztbegründung. Untersuchungen zur Transzendentalpragmatik, Freiburg/München 1985

———— (1985b): Reflexive Letztbegründung versus radikaler Fallibilismus, in: Zeitschrift für allgemeine Wissenschaftstheorie 16 (1985), 357–374

———— (1987a): Was spricht heute für eine Philosophie des kantischen Type?, in: Philosophie und Begründung, hg. vom Forum für Philosophie Bad Homburg, Frankfurt 1987, 84–115

———— (1987b): Zur Begründung der Diskursethik, in: Hegel–Jahrbuch 1987, 366–374

W. Kuhlmann/D. Böhler (1982): Kommunikation und Reflexion. Zur Diskussion der Transzendentalpragmatik, hg. von W. Kuhlmann und D. Böhler, Frankfurt 1982

Th. S. Kuhn (1976): Die Struktur wissenschaftlicher Revolutionen (engl. 1962), Frankfurt 1976

H. Lenk (1973): Metalogik und Sprachanalyse, Freiburg 1973

Ch. Lohr (1984): Christianus arabicus, cuius nomen Raimundus Lullus, in: Freiburger Zeitschrift für Philosophie und Theologie 31 (1984), 57–88

P. Lorenzen/K. Lorenz (1978): Dialogische Logik, Darmstadt 1978

G. Lukács (1954): Die Zerstörung der Vernunft, Berlin 1954

———— (1963): Die Theorie des Romans, Neuwied/Berlin ²1963

L. Malson/J. Itard/O. Mannoni (1972): Die wilden Kinder, Frankfurt 1972

G. Marcel (1945): La métaphysique de Royce, o. O. 1945

M. Maren–Grisebach (1982): Philosophie der Grünen, München/Wien 1982

G. H. Mead (1968): Geist, Identität und Gesellschaft (engl. 1934), Frankfurt 1968

F. Nietzsche (1955 ff.): Werke in drei Bänden, hg. von Schlechta, München 1955–1966

J. Passmore (1961): Philosophical reasoning, London 1961

Ch. S. Peirce (1931 ff.): Collected papers, Bd. I–VI, ed. by Ch. Hartshorne and P. Weiss, Cambridge 1931–1935; Bd. VII–VIII, ed. A. W. Barks, Cambridge 1958 (1.339 bedeutet Bd. I, Abschnitt — nicht Seite — 339)

S. Petrucciani (1988): Etica dell'argomentazione, Genova 1988

R. S. Peters (1972): Ethik und Erziehung (engl. ⁵1968), Düsseldorf 1972

J. Piaget (1973): Das moralische Urteil beim Kinde, Frankfurt 1973

G. Pitcher (1968): Wittgenstein. The Philosophical Investigation, ed. by G. Pitcher, London/Melbourne 1968

K. R. Popper (1935): Logik der Forschung, Wien 1935

————— (1965): Das Elend des Historizismus, Tübingen 1965

U. Pothast (1980): Die Unzulänglichkeit der Freiheitsbeweise, Frankfurt 1980

L. B. Puntel (1978): Wahrheitstheorien in der neueren Philosophie, Darmstadt 1978

W. V. Quine (1960): Word and Object, Cambridge, Mass. 1960

J. Rawls (1975): Eine Theorie der Gerechtigkeit (engl. 1971), Frankfurt 1975

H. Rickert (1928): Der Gegenstand der Erkenntnis. Einführung in die Transzendental-
philosophie, Tübingen ^{6}1928

R. Rorty (1981): Der Spiegel der Natur (engl. 1979), Frankfurt 1981

H. Rosenberg (1937): Der Mythus des 20. Jahrhunderts, München 1937

J. Royce (1919): Lectures on modern idealism, New Haven 1919

————— (1968): The Problem of Christianity, with a new introduction by J. E. Smith,
Chicago/London 1968

————— (1969): The basic writings, ed. by J. J. McDermott, 2 Bde., Chicago 1969

J.-P. Sartre (1943): L'étre et le néant, Paris 1943

————— (1986): Ist der Existenzialismus ein Humanismus? (frz. 1946), in: Drei Essays,
Frankfurt/Berlin 1986

J. R. Searle (1969): Speech Acts, Cambridge 1969

————— (1983): Intentionality, Cambridge 1983

G. Simmel (1900): Philosophie des Geldes, Leipzig 1900

J. E. Smith (1950): Royce's Social Infinite. The Community of Interpretation, New York
1950

Ch. P. Snow (1969): The two cultures: and a second look, Cambridge 1969

J. Strangas (1984): Bemerkungen zum Problem der Letztbegründung, in: Archiv für
Rechts- und Sozialphilosophie 70 (1984), 475-493

L. Strauss (1977): Naturrecht und Geschichte (engl. 1953), Frankfurt 1977

B. Stroud (1968): Transcendental Arguments, in: The Journal of Philosophy 65 (1968),
241-256

M. Theunissen (1965): Der Andere. Studien zur Sozialontologie der Gegenwart, Berlin
1965

I. Tóth (1972): Die nicht–euklidische Geometrie in der Phänomenologie des Geistes, Frankfurt 1972

───── (1982): Gott und Geometrie. Eine viktorianische Kontroverse, in: U. R. Schriftenreihe der Universität Regensburg, Bd. 7, Evolutionstheorie und ihre Evolution, Dezember 1982, hg. von D. Henrich, 141–204

A. Trendelenburg (1840): Logische Untersuchungen, 2 Bde., Berlin 1840

H. Ulrici (1841): Ueber Princip und Methode der Hegelschen Philosophie, Halle 1841

P. Várdy (1979): Some Remarks on the Relationship between Russell's Vicious–Circle Principle and Russell's Paradox, in: Dialectica 33 (1979), 3–19

F. Waismann (1967): Wittgenstein und der Wiener Kreis, Frankfurt 1967

D. Wandschneider (1982): Raum, Zeit, Relativität, Frankfurt 1982

───── (1985): Die Absolutheit des Logischen und das Sein der Natur, in: Zeitschrift für philosophische Forschung 39 (1985), 331–351

───── (1990): Das Antinomienproblem und seine pragmatische Dimension, © erscheint in: Pragmatik, hg. von H. Stachowiak, Hamburg 1986 ff., Bd. IV

G. Wartenberg (1971): Logischer Sozialismus. Die Transformation der Kantschen Transzendentalphilosophie durch Ch. S. Peirce, Frankfurt 1971

M. Weber (1904): Die "Objektivität" sozialwissenschaftlicher und sozialpolitischer Erkenntnis (1904), jetzt in: (1973), 146–214

───── (1917): Der Sinn der "Wertfreiheit" der soziologischen und ökonomischen Wissenschaften (1917), jetzt in: (1973), 489–540

───── (1919): Wissenschaft als Beruf (1919), jetzt in: (1973), 582–613

───── (1973): Gesammelte Aufsätze zur Wissenschaftslehre (1992), Tübingen [4]1973

K. Weimar/Ch. Jermann (1984): "Zwiesprache" oder Literaturwissenschaft?, in: Neue Hefte für Philosophie 23 (1984), 113–157

A. Wellmer (1986): Ethik und Dialog, Frankfurt 1986

H. Wennerberg (1962): The pragmatism of C. S. Peirce, Uppsala 1962

A. L. Wheeler (1925): Topics from the Life Of Ovid, in: The American Journal of Philology 46 (1925), 1–28

P. Winch (1966): Die Idee der Sozialwissenschaft und ihr Verhältnis zur Philosophie (engl. 1958), Frankfurt 1966

L. Wittgenstein (1970): Über Gewißheit, Frankfurt 1970

————(1977): Philosophische Untersuchungen (1958), Frankfurt 1977

————(1979): Tractatus logico—philosophicus (1921), Frankfurt 1979

G. H. von Wright (1971): Explanation and Understanding, Ithaca 1971

Zur Lage der Welt (1989): Worldwatch Institute Report. Zur Lage der Welt — 89/90.
Daten für das Überleben unseres Planeten, hg. von L. Brown u. a. Frankfurt 1989

옮긴이 후기

　이 『현대의 위기와 철학의 책임 − 초월론적 화용론, 최종 근거짓기, 윤리
학』은 Vittorio Hösle, *Die Krise der Gegenwart und die Verantwortung der
Philosophie. Transzendentalpragmatik, Letztbegründung, Ethik*, Verlag C. H.
Beck, München, 1990을 옮긴 것이다. 이 번역에는 저자에 의한 1994년의
제2판 후기와 1997년의 문고판 후기도 함께 포함되어 있다. 저자 비토리오
회슬레는 1960년, 이탈리아의 밀라노에서 태어나 독일 튀빙겐 대학에서
『진리와 역사 − 파르메니데스에서 플라톤까지의 발전에 대한 범례적인
분석에 비추어 본 철학사의 구조에 관한 연구』(*Wahrheit und Geschichte.
Studien zur Struktur der Philosophiegeschichte unter paradigmatischer Analyse
der Entwicklung von Parmenides bis Platon*, Stuttgart−Bad Cannstatt, 1984)로
철학 박사 학위를 취득했다. 그는 이 『진리와 역사』로 가다머로부터 "2,500
년 서양 철학사에서 드물게 나오는 천재"라는 극찬을 받기도 했다. 이후
그는 뉴욕 신사회연구소의 교수, 에센 대학의 교수 및 하노버 철학연구소

의 소장을 역임했으며, 1999년 이후에는 미국의 노터데임 대학에서 철학을 가르치고 있다.

회슬레는 『진리와 역사』 이후 교수 자격 취득 논문인 『헤겔의 체계 ─ 주관성의 관념론과 상호 주관성 문제』(*Hegels System. Der Idealismus der Subjektivität und das Problem der Intersubjektivität*, Hamburg, 1988), 『생태학적 위기의 철학 ─ 모스크바 강연』(*Die Philosophie der ökologischen Krise. Moskauer Vorträge*, München, 1990), 지금 이 『현대의 위기와 철학의 책임』(1990), 『근대 세계에서의 실천 철학』(*Praktische Philosophie in der modernen Welt*, München, 1995), 『철학사와 객관적 관념론』(*Philosophiegeschichte und objektiver Idealismus*, München, 1996), 『도덕과 정치 ─ 21세기를 위한 철학적 윤리학의 기초』(*Moral und Politik. Grundlagen einer philosophischen Ethik für das 21. Jahrhundert*, München, 1997), 『객관적 관념론, 윤리학, 정치학』(*Objective Idealism, Ethics and Politics*, Notre Dame, Indiana 1998), 『철학과 과학』(*Die Philosophie und die Wissenschaften*, München, 1999), 『플라톤 해석』(*Platon interpretieren*, Paderborn, 2004), 『철학적 대화 ─ 시학과 해석학』(*Der philosophische Dialog: Eine Poetik und Hermeneutik*, München, 2006), 『독일 철학사』(*Eine kurze Geschichte der deutschen Philosophie*, München, 2013) 등의 수많은 저서와 편저서, 논문과 강연들을 통해 이론 철학과 실천 철학, 철학의 역사, 과학과 예술을 비롯한 광범위한 영역에 걸쳐 자신의 철학적 사유를 펼치고 있다. 회슬레의 많은 저작들은 출간되자마자 유럽과 미국의 철학계에서 뜨거운 논쟁을 불러일으키고 여러 언어들로 옮겨졌으며, 몇몇 경우에는 회슬레의 주장을 주제로 한 연구 논문집들이 출간되기도 했다. 우리말로 읽을 수 있는 회슬레의 저서와 논문들로는 『죽은 철학자들의 카페』(김선희 옮김), 「헤겔과 스피노자」(이신철 옮김), 『객관적 관념론과 그 근거짓기』(이신철 옮김), 『헤겔의 체계 Ⅰ』(권대중 옮김), 『비토리오 회슬레. 21세기의 객관적 관념론』(나종석 옮김) 등이 있으며, 그 밖에 회슬레의 철학 사상에 대한 여러 연구 논문들도 찾아볼 수 있다.

비토리오 회슬레는 이 『현대의 위기와 철학의 책임』에서 한편으로 현대
철학의 위기와 다른 한편으로 긴급한 생태학적 문제에 직면하여 이 시대에
적합한 윤리학을 위한 전제들을 근거짓고자 철학 일반의 원리와 특수하게
는 윤리학의 원리에 대한 철학적 숙고를 시도하고 있다. 그의 성찰의 출발
점은 근대 철학의 주요 흐름들 가운데 어느 것도 윤리적 합리성의 근거짓
기를 수행할 수 없고 따라서 현대 철학이 철학의 이념에 더 이상 부응하지
못한다는 의혹이며, 성찰의 목표는 시대에 적합한 윤리학의 근거짓기를
위한 논증적으로 입증된 제안이다. 새로운 윤리학에 이르는 도정에서 그에
게 가장 유망한 것으로 나타나는 것은 칼-오토 아펠의 초월론적 화용론인
데, 이를 비토리오 회슬레는 객관적 관념론적인 형이상학과 윤리학으로
비판적으로 더욱 발전시키고 있다.

　　비토리오 회슬레는 일반적으로 상대주의적이고 회의주의적인 현대의
철학적 상황에서 '객관적 관념론'의 부흥을 시도하고 그로부터 현대의
시급한 과제에 대응하는 실천 철학의 가능성을 근거짓고자 하는 철학자로
서 알려져 있다. 그런 한에서 회슬레의 사유에 다가가기 위해서는 먼저
객관적 관념론 철학의 일반적 견해와 다른 철학 유형들에 비교하여 그것이
지니는 설득력을 이해할 필요가 있을 것이다. 그런데 옮긴이가 몇 년 전
옮겨 출간한 『객관적 관념론과 그 근거짓기』가 그러한 주제들을 강령적으
로 전개하고 있고 또 거기에 붙인 옮긴이의 글이 자기 나름대로 그에 대한
해설을 시도하고 있는 한에서, 여기서는 다만 객관적 관념론이란 만약
논리적이고 이념적인 것의 절대성이 개념적으로 파악될 수 있고 증명 가능
하다면, 오로지 그것만이 현실적이고 절대적인 원리로서 고찰되어야 한다
는 철학적 견해, 다시 말하면 논리적이고 이념적인 것이 주관적 관념론에
서처럼 한갓 주관적인 사유 원리일 수만은 없고, 이를테면 플라톤적이고
헤겔적인 의미에서 객관적으로 그 자체의 존재 영역을 구성하고 있는 것으
로 여겨져야 하며, 나아가 그와 같이 한갓 주관적인 것이 아니라 객관적인

성격이 부여되는 이념적인 것이 동시에 자연과 주관 정신 및 객관 정신과 같은 현실적인 존재를 근거짓는 원리로서 파악되어야 한다고 주장하는 철학적 견해라는 점을 지적하는 것으로 그칠 수 있을 것이다.

　그와 마찬가지로 지금 이『현대의 위기와 철학의 책임』의 문제의식과 주제 그리고 출간 이후 그것을 둘러싼 철학적 논쟁의 모습에 대해서도 특별히 회슬레 자신이 머리말과 제2판 후기 그리고 문고판 후기에서 이미 상세하게 설명하고 있는 까닭에 옮긴이로서는 따로 덧붙일 것이 없어 보인다. 하지만 '현대의 위기'의 본질을 확인하고 그로부터 벗어날 돌파구를 모색하기 위해서나 '철학의 책임'의 본래적인 모습을 구체화하기 위해 이제 막 회슬레에 접근하는 독자들을 위해서는 이『현대의 위기와 철학의 책임』이 회슬레의 철학 전개에서 차지하는 위치에 대해 몇 마디 할 수 있을 것인데, 그것은 요컨대 이 저작이 회슬레의 이전 작업의 총괄과 이후 작업의 과제 지시의 역할을 하는 한에서 일종의 '회슬레 입문서'의 임무를 수행할 수 있다고 하는 것이다.

　물론 회슬레는 이『현대의 위기와 철학의 책임』에서 무엇보다도 우선 칼-오토 아펠의 초월론적 화용론에 대한 비판적 검토를 중심으로 하고 있다. 하지만 회슬레는 이를 위해 먼저 초월론적 화용론의 배경으로서의 이성의 위기를 철학사학적으로 추적하고 있는데, 이는『진리와 역사』에서의 철학사학적 작업과 체계적 작업의 통일 시도를 배경으로 하여 그것을 요약해 보여주고 있다. 또한 회슬레는 아펠 철학을 비판적으로 소화한데 기초하여 객관적 관념론의 상호 주관성 이론적인 변형과 윤리학의 최종 근거짓기를 시도하고 있지만, 객관적 관념론의 상호 주관성 이론적인 변형은 다름 아닌『헤겔의 체계』에서 헤겔 체계에 대한 체계 이론적인 검토의 성과를 토대로 하고 있으며, 윤리학의 최종 근거짓기 시도가 지니는 의의는 한스 요나스에게 바쳐지고 있는『생태학적 위기의 철학』과의 상호 연관에서만 이해될 수 있는 것이다──그래서 회슬레의 철학은 현대 독일 철학 맥락에서 아펠과 요나스의 지양적 통일로서 이해되기도 한다──. 하지만

『현대의 위기와 철학의 책임』이 회슬레의 철학적 전개에서 이전 작업의 총괄의 의미에 그치는 것은 아니다. 왜냐하면 이후의 그야말로 방대한 정치철학적 작업인『도덕과 정치』——여기서는 21세기를 위한 정치윤리학의 개요를 시도하되, 정치철학이 윤리학에 근거지어져야만 한다는 고전적인 확신과 윤리학적 논증들 그 자체가 정치적 기능을 갖는다는 좀 더 근대적인 개념의 종합을 탐구하고 있다——는, 회슬레 스스로 말하고 있듯이,『현대의 위기와 철학의 책임』에서 단지 단편적으로 제기될 뿐인 주제들을 좀 더 근본적으로 분석하고자 하는 것이기 때문이다. 그렇다면 우리는 이『현대의 위기와 철학의 책임』을 통해 요컨대 회슬레 철학 전체에 대한 입문의 통로를 발견할 수 있는 것이다. 고백하지 않을 수 없는 것은 적어도 옮긴이에게는 회슬레의 저작들이 미로와 같이 얽혀 있는 철학의 영역들과 문제들에서 스스로 길을 찾아 나설 수 있는 빛을 던져주었다는 점이다. 바라건대 이러한 경험이『현대의 위기와 철학의 책임』을 통해 독자들에게도 공유되었으면 한다.

옮긴이는 책을 옮기고 출판하는 과정에서 많은 분들의 도움을 받았다. 그에 대해 감사드리는 것은 당연한 인간적 도리겠지만, 그것은 누구보다도 우선 저자인 회슬레 선생께 돌려져야 할 것이다. 선생께서는 번역이 진행된다는 소식을 전해 듣고는 작업의 추이에 깊은 관심을 표현하셨는데, 그 관심이 게으른 옮긴이를 추동하는 힘이 되었다. 계획된 이후의 작업들에서는 부지런해질 것을 작정하는 것으로 고마움을 표현하고자 한다. 회슬레 선생의 제자인 나종석 교수는 이번에도 귀찮은 몇 가지 일을 배려해주어 옮긴이가 작업을 결심하고 진행해 나갈 수 있도록 해주었다. 나 교수에게 진심으로 감사드린다. 이번에도 심철민 박사는 초고를 검토하고 격려와 충고를 아끼지 않았다. 옮긴이의 작업들에 대해 기울이는, 깊은 인격에서 우러나는 그의 우정 어린 관심에 대해서는 무어라고 고마움을 전해야할지 모르겠다. 마지막으로 이『현대의 위기와 철학의 책임』의 가치에 귀 기울여주고 출판을 결정해 준 도서출판 b의 조기조 사장과 편집부의 백은주, 김장미 두 선생께서는 그야말로 총력을 기울여 어려운 저작의 독해 가능성을 높이는 작업에서 탁월한 성취를 보여주었다. 언제나처럼 이번에도 감사의 뜻을 표현하지 않을 수 없다.

2014년 1월
섬밭로 우거에서
이신철